KB271014

임화문학의 재인식

A New Understanding of Im Hwa's Literature

김신정 연세대 강사
김영민 연세대 교수
김재용 원광대 교수
박진영 연세대 강사
양문규 강릉대 교수
유성호 한국교원대 교수
이경훈 연세대 교수
이현식 문학평론가
최현식 연세대 강사
하정일 원광대 교수

임화문학의 재인식

1판 1쇄 인쇄 2004년 2월 5일
1판 1쇄 발행 2004년 2월 15일

지은이 / 문학과사상연구회
펴낸이 / 박성모
펴낸곳 / 소명출판
출판고문 / 김호영
등록 / 제13-522호
주소 / 137-878 서울시 서초구 서초동 1621-18 (란빌딩 1층)
대표전화 / (02) 585-7840
팩시밀리 / (02) 585-7848
somyong@korea.com / www.somyong.com

ⓒ 2004, 문학과사상연구회

값 17,000원

ISBN 89-5626-064-8 93810

임화문학의 재인식

A New Understanding of Im Hwa's Literature

문학과사상연구회

소명출판

문학과사상연구회에서 이번에 공동 연구로 펴내는 『임화 문학의 재인식』은 그동안 꾸준히 기획하고 발간해왔던 '재인식' 시리즈의 네 번째에 해당하는 저작이다. 염상섭을 처음으로 진행된 작업이 채만식·한설야를 거쳐 이번에 임화에 이르게 된 것이다. 우리가 기획한 '재인식' 시리즈의 의미는 크게 두 가지로 나누어 생각해볼 수 있다. 한국 근대문학 연구에서 빈번하게 다루어진 작가들을 대상으로 할 경우는 그 작가에 대한 새로운 시각의 해석을 통해 새로운 문학사적 의미를 도출하려고 하였고, 그동안 적지 않게 나루어져왔지만 여전히 재·월북 등 정치적 제약으로 문학적 생애의 전체가 제대로 드러나지 않은 작가들을 대상으로 할 경우는 그 실체적 전모를 가급적 편견 없이 드러내려고 하였다. 염상섭과 채만식이 전자의 경우에 해당하고, 한설야나 임화는 후자의 경우에 해당할 것이다.

이번에 우리가 대상으로 한 임화는 재·월북 작가 해금 이후 많은 연구자들이 다루어온 대상임에 틀림없다. 한국 근대문학을 연구하는 사람 가운데 임화의 글을 읽지 않은 이는 드물 것이고, 또한 임화에 대해서 이러저러한 견해를 나타내지 않은 이들 또한 드물 것이다. 그렇지만 임화의 경우처럼 여전히 그 전모와 문학적 가치 평가의 기준이 불투명한 경우도 달리 찾기 어렵다.

우선 그가 월북한 후 북쪽에서 숙청을 당할 때까지 어떤 작품 활동을 했고 이것이 그의 문학적 전체에서 어떤 의미를 갖는가 하는 것에 대한 실체적 논의가 아직 이루어지지 않고 있다. 이는 한국 근대문학 연구자들이 북쪽에서 나온 자료를 접하기가 쉽지 않고 또한 북에 대한 편견이 강하게 작용하기 때문에 나타나는 현상일 것이다.

다음으로는 임화의 문학이 워낙 편폭이 커서 생겨나는 시각의 다양성 때문에 그에 대한 통일적 인상 마련이 어렵다는 점이다. 물론 모든 문제적 작가들은 한결같이 그에 대한 통일적 시각을 허락하지 않는다. 하지만 임화의 경우는 그 편차가 너무도 크다. 임화는 사유의 탄력성이 매우 큰 문학가 중 한 사람이기 때문이다. 이를테면 그는 감상적 낭만주의자로 문학적 생애를 시작하여 다다이스트의 무산계급 문학을 거쳐 프롤레타리아 국제주의자로 나아갔고, 나중에는 정치한 민족문학을 주장하는 모습을 보여준다. 그렇기 때문에 그의 문학적 실체를 총체적으로 규명하기란 여간 어려운 일이 아니다. 따라서 임화를 바라보는 논자에 따라 시각이 다양할 수밖에 없는 것이다.

임화를 다루고 있는 이 책 역시 매우 다양한 시각을 담고 있다. 하지만 이는 내부적 토론도 없이 단순하게 집적된 그런 성질의 것들이 결코 아니다. 일년이 넘는 기간 동안 필자들이 쓰고 발표하고 토론을 거쳐 나온 글들이기 때문에, 이 글들 안에 다양한 시각이 드러나 있다고 하더라도 그것은 의미있는 차이라 할 수 있을 것이다.

문학과사상연구회는 앞으로도 계속하여 '재인식' 기획을 진행하고자 한다. 다음에는 월북 작가 가운데 한 사람인 이태준을 다룰 것이다. 하나의 학문 공동체가 일관되게 이러한 작업을 한다는 것이 한국 근대문학 연구사에서 그리 흔한 일은 아니다. 그런 점에서 그동안 펴냈던 일련의 작업이 연구자들로부터 의미 있는 방향을 얻었던 것처럼, 이 책 역시 여러 연구자들에게 단순히 스쳐 지나가는 것이 되지 않기를 바란다.

2003년 12월
문학과사상연구회

解放戰士의 노래

林 和

一、戰士들아 이러나거라
　　英雄흔아 이러나거라
　　歷迫의사슬은 끊어지고
　　自由와希望의 날이 왔다
　　어머내거라 戰士들아
　　아ー解放朝鮮은 人民의나라

二、서백리아 바탐찬벌찬
　　玄海灘의 거친파도여
　　恨많이 쓰러진 수없는 生命
　　族人발은밝어니 피에젓었다
　　잊지마러라 革命同志을
　　아ー解放朝鮮은 人民의나라

三、등불도없이 거머오든
　　눈물도없이 울어오든
　　엄둔밤우리의 머리높이
　　호울로빛나는 그대들이볼
　　놀에들에떠 戰士의旗ㅅ발
　　아ー解放朝鮮은 人民의나라

四、戰士들아 눈을감어라
　　英雄들아 눈을감어라
　　夢昧에못잇든 그대의나라
　　自由와解放의 새날은왔다
　　높이드리라 自由의旗ㅅ발
　　아ー解放朝鮮은 人民의나라

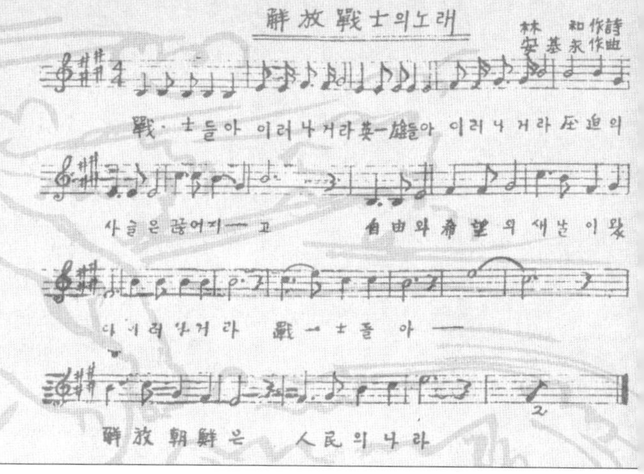

解放戰士의노래
林　和作詩
安基永作曲
戰士들아 이러나거라 英雄들아 이러나거라 壓迫의
사슬은 끊어지―고 自由와希望의 새날이왔
다 이러나거라 戰―士들아―
解放朝鮮은 人民의나라

해방직후 임화의 민족문학과 통일독립__298
: 좌우와 남북 ‖ 김재용

임화의 문학사 인식

임화의 신문학사(新文學史) 연구의 성과와 의미

신문학의 발생 및 성장 과정에 대한 논의를 중심으로

김영민

1. 머리말

임화는 1935년부터 1940년대 초반에 이르기까지 한국 근대문학에 대한 정리를 시도한다. 1935년은 〈카프〉의 해산이라고 하는 문학사적 사건이 있던 해이다. 1935년 5월 〈카프〉 해산계를 제출한 임화는 그 해 8월 마산에 내려가 머물게 된다. 10월 9일부터 11월 13일까지 『조선중앙일보』를 통해 발표한 「조선신문학사론 서설」은 〈카프〉의 해산이 있은 지 얼마 지나지 않아 쓴 것이다. 신병 치료를 이유 삼아 마산에 체류하던 임화는, 신경향파 문학 및 그와 연관된 프로문학에 대한 세간의 평가를 보며 문학사 정리를 시도한다. "신경향파 문학의 역사에 대한 전혀 부당한 수삼(數三)의 논문을 비판의 대상으로 하는 국한된 목적으로 기초된 것"[1]이라고 하는 「조선신문학사론 서설」의 전언(前言)은 그가 문학사 정리에 나서게 된 구체적 동기의 한 단면을 보여준다.

임화의 문학사 정리 및 연구 작업은 여기에서 그치지 않는다. 본격적인 작업이 1939년부터 1941년까지 약 1년 반 사이에 걸쳐 이루어지는 것이다. 임화는 『조선일보』에 「개설 신문학사」(1939.9.2~11.25)와 「신문학사」(1939.12.5~12.27) 및 「속 신문학사」(1940.2.2~5.10)를 발표하고, 『인문평론』에 「개설조선신문학사」(1940.11.~1941.4)를 발표한다. 이렇게 신문학사의 흐름과 관련된 일련의 글을 연재 집필하는 사이에 그는 『동아일보』에 「조선문학 연구의 일 과제-신문학사의 방법론」(1940.1.13~1.20) 및 「소설문학의 20년」(1940.4.12~4.20) 등의 글도 함께 발표한다.

임화의 일련의 문학사 연구 작업 가운데서 특히 주목할 만한 것은 문학사 연구 방법론에 대한 체계적 고찰과 신문학의 발생 및 성장 과정에 대한 구체적 정리라고 할 수 있다. 이 글에서는 이러한 임화의 문학사 연구 작업의 성과를 신문학의 발생 및 성장 과정에 대한 논의를 통해 살펴보고자 한다. 이를 통해 한국 근대문학사 연구에서 임화가 거둔 성과와 한계가 무엇인가를 밝히고자 하는 것이다.

---

1) 임화, 「조선신문학사론 서설」, 『조선중앙일보』, 1935년 10월 9일. 임규찬·한진일 편, 『임화신문학사』, 한길사, 1993, 315면. 신경향파 문학에 대한 부당한 수삼의 논문이란 구체적으로 김기진·신남철·이종수 등의 글을 지칭한다. 특히 1935년 9월호 『신동아』에 실린 신남철, 「최근 조선문학사조의 변천-'신경향파'의 대두와 그 내면적 관련에 대한 한 개의 소묘」 및 이종수, 「신문학 발생 이후의 조선문학-민족문학시대의 문학사상 변천」은 임화가 이 글을 쓰게 된 직접적 계기가 된다. 『신동아』 1934년 2월호에 실린 김기진의 「프로문학의 현재수준」이나, 1935년 1월호에 실린 「조선문학의 현계단」 역시 임화가 비판의 대상으로 삼았던 글이다.

2. 임화의 문학사 연구를 바라보는 몇 가지 시각

1970년대 이후 문학사의 정리 과정에서 임화는 비판과 극복의 대상으로 떠오른다. 그가 앞에 든 일련의 근대문학사 서술에서 이른바 이식문학론을 주장했기 때문이다. 김윤식·김현의『한국문학사』는 임화의 이식문학론에 대한 비판과 극복을 명시적으로 내세우고 나온 최초의 본격적 문학사 연구서라 할 수 있다. 이 책의 필자들은 다음과 같은 말로 임화를 비판한다.

> 이식문화론(移植文化論)과 전통단절론(傳統斷絶論)은 이론적으로 극복되어야 한다. 예의 임화(林和)는 계속해서 다음과 같이 말하고 있다. 〈신문학(新文學)이 서구적(西歐的)인 문학(文學) 장르를 채용(採用)하면서부터 형성(形成)되고 문학사(文學史)의 모든 시대가 외국문학의 자극과 영향과 모방으로 일관되었다 하여 과언이 아닐만큼 신문학사(新文學史)란 이식문화(移植文化)의 역사다.〉 시간적인 거리가 지나치게 짧았기 때문에 얻어진 단견이라는 것을 감안한다 하더라도 채용(採用), 이식문화(移植文化) 등의 어휘는 대단한 반발을 일으킨다. 서구라파의 제도를 탁월하고 높은 단계의 것으로 설정하였기 때문에 그것의 채용(採用)은 아무런 논리적·감정적 비난을 받지 않고 오히려 조장된다. 더구나 그것은 일제(日帝)를 극복하기 위해서라는 식으로 민족주의(民族主義)와 결부되어 있다. 그래서 자신이 속한 사회의 문화를 이식문화(移植文化)라고 대담히 말할 수 있게 된다. 선초(鮮初)의 유학자들이 변방의 나라라고 스스로를 낮춰 부른 것과 마찬가지이다. 문화가 이식되었다는 생각은 당연한 결과로 전통의 단절이라는 명제를 부른다.[2]

하지만, 이러한 임화에 대한 이러한 비판은 1980년대 후반을 지나면서 조금씩 그 양상을 달리하게 된다. 김재용은 임화의 문학사 연구가 거둔

---

2) 김윤식·김현,『한국문학사』, 민음사, 1973, 16면.

성과와 한계에 모두 주목하면서 다음과 같은 견해를 제시한다.

시민계급이 봉건적 질곡 속에서 벗어나 자신들의 사명을 다하기 전에 일본 제국주의가 침입했기 때문에 시민계급은 더 이상 자신의 진보적 역할을 수행할 수 없게 되었다. 이때 이 위기를 뚫고 나오려고 했던 것이 자연주의문학이나 낭만주의문학이었지만 소시민의 부정적 리얼리즘과 공허한 이상주의로 인해 더 이상 진전할 수 없었다. 그렇기 때문에 이 진보적 사명은 프롤레타리아의 두 어깨에 올려지게 되었고 이것의 구체적 발현이 프로문학이었다. 프로문학은 신경향파문학을 기점으로 점차 성장하게 되었다. 따라서 이미 자신의 진보적 역할을 잃어버렸음에도 불구하고 계속 자신의 헤게모니 안에서 당대사회를 이끌어 가려는 민족개량주의는 복고주의의 형태로 자신의 문학을 표출하였다. 이에 반해 시민계급과 같은 보수적인 태도는 배척했지만 신흥하는 프롤레타리아계급처럼 전진할 수 없는 소시민계급은 현실에 무관심한 개인주의적 문학으로 자신들의 열망을 그려내었다. 그렇기 때문에 프로문학만이 현실의 객관적 발전과정을 그 전체 속에서 형상화해낼 수 있는 유일한 문학이라는 것이 그의 주장이었다. 이런 논지를 근저에 깔면서 조선의 문학사 속에서 프로문학의 역사적 필연성을 이광수의 문학으로부터 프로문학의 초기 형태인 신경향파문학에 이르기까지의 변증법적 과정을 통하여 보여준 것이 1935년에 쓴 「조선신문학사론 서설」이다.[3]

김재용은 임화의 일련의 문학사 집필 작업이 프로문학의 역사적 필연성을 보이기 위한 체계적 시도였다는 사실을 지적함으로써, 그의 문학사 연구 작업을 적극적으로 평가한다. 그런 한편 임화의 문학사 연구에서 발견되는 제국주의적 관점에 대한 인식의 결여가 가져온 문제점에 대해서는 다음과 같이 비판적으로 접근한다.

과거 프로문학에 대한 비판과 새로운 시민문학의 완성을 희망한 임화는 과거

---

3) 김재용, 「진보적 문학가 임화의 삶과 문학」, 『민족문학운동의 역사와 이론』, 한길사, 1990, 157면.

에 자신이 비판했던 복고주의 문학과 소시민적 개인주의 문학에 대하여 과거와 같은 비판을 더 이상 하지 않게 된다. 제국주의 관점의 결여로 인하여 그는 조선의 역사를 부패한 봉건주의와 신흥하는 시민계급의 대립으로 파악하게 되고 이런 역사적 전망 위에서 조선의 신문학사를 파악하였으며 이것의 구체적 결과가 1939년부터 40년까지 발표되는 일련의 신문학사였다. 이것은 일본 제국주의의 침략으로 인해 새롭게 편성된 조선사회의 성격, 즉 식민지 반봉건을 무시하고 시민계급의 성장이라는 서구의 근대를 그 기준으로 삼았다는 사실에 기인한다고 볼 수 있다. 그런 점에서 이 시기의 임화가 근대화론자였다는 사실을 부인하기는 어렵다. 이런 문학사적 해석은 이 시기에 그가 설정했던 문학운동 이념이 시민문학이라는 사실과 밀접하게 관련된다. 또한 당대 조선사회의 성격을 파악하는 데 있어 제국주의적 규정성에 대한 몰각은 결국 일본 침략에 대한 수긍에 지나지 않게 되어 당시 그의 친일행위의 내적 근거로 작용했을 것이 틀림없다.[4]

하정일은 임화의 일련의 문학사 연구 작업이 거둔 성과를 더욱 적극적으로 평가한다. 그는 소설사란 바로 과학적 문예학의 한 영역이며, 따라서 과학적 문예학의 전체적 구도 속에서 소설사 서술이 이루어져야 한다는 점을 강조한다. 이 점을 염두에 둘 때 임화의 문학사 연구 방법론은 우리나라 소설사 연구 수준 가운데 최고를 점하게 된다는 것이다.[5] 하정일은 특히 그 동안 비판의 대상이 되어왔던 임화의 이식문학 주장에 대해서 역시 다음과 같이 새로운 견해를 제시한다.

임화는 「개설 신문학사」에서 우리의 근대문학사는 "서구문학의 수입과 이식의 역사"라는 유명한 명제를 제시했다. 이 명제는 70년대 이후 이식문학사론이라는 호된 비판을 받으면서 비(非)주체적 문학사관의 전형으로 악명을 떨치기도 했다. 하지만 엄밀히 따지면, 한국 근대문학의 이식성은 엄연한 역사적 사실

---

4) 김재용, 「진보적 문학가 임화의 삶과 문학」, 『민족문학운동의 역사와 이론』, 한길사, 1990, 160면.
5) 하정일, 「소설사 연구 방법론에 대한 문제제기적 검토」, 『민족문학의 이념과 방법』, 태학사, 1993, 70면 참조

이다. 한국 근대문학이 서구나 일본의 근대문학을 받아들이면서 시작되었음은 누구도 부인할 수 없다. 임화는 그 객관적 사실을 지적했을 뿐이니 그것을 가리켜 이식문학사론이라고 비판하는 것은 사실의 왜곡일 뿐이다. 오히려 임화는 실학파 문학에 대한 고찰을 통해 주체적 근대화의 가능성을 진지하게 탐색함으로써 이식문학사론과는 길을 달리하는 모습을 보여주기도 한다.[6]

하정일의 이러한 견해에 따르면, 임화의 이식문학 주장은 이식문학사론을 펴기 위해 창안된 것이 아니라 객관적 문학사 연구의 결과일 뿐이다. 더 나아가, 임화가 한국문학사의 이식성을 강조한 까닭은 그것이 한국 근대문학의 파행성을 낳은 역사적 연원임을 밝히기 위한 것이 된다. 이식성과 관련해 임화가 관심을 기울였던 또 하나의 주제는 이식의 극복에 대한 것이며, 여기서 우리는 임화의 이식문학론이 이식이라는 현상에 대한 가치중립적 기술의 차원을 넘어 이식성의 극복이라는 실천적 문제의식을 바탕으로 하고 있음을 알 수 있다는 것이다.[7]

한기형 역시 임화의 '문학사 서술 관점과 안목에서의 과학적 방법론의 획득'이라는 측면을 중시한다. "임화의 문학사 기술이 관통하는 일관된 원칙은 우리 나라 근대문학에서 현실주의의 관철과 그 발전의 구체성을 확인하는 것이며 이를 통해 그는 우리 문학의 특수성이 세계문학의 보편적 발전에 접목되어 있음을 해명코자 했다"[8]는 것이다. 한기형은 특히 그 동안 학계에서 이루어진, 임화의 '신문학 발생의 외래적 요인 거론'에 대한 비판이 잘못된 것임을 지적하면서 다음과 같이 주장한다.

김태준과 임화가 모방과 이식을 거론했을 때 그 의도는 근대소설 형성의 주

---

6) 하정일, 「20세기 한국문학과 근대성」, 『20세기 한국문학과 근대성의 변증법』, 소명출판, 2000, 174면.
7) 하정일, 「민족문학론의 역사와 탈식민성」, 2000년 11월 25일, 문학과사상연구회 월례세미나 발표자료, 7면 참조.
8) 한기형, 「임화의 문학사 서술에 대한 관점의 몇 가지 문제」, 『한국근대소설사의 시각』, 소명출판, 1999, 314면.

체적 기반을 원천적으로 부정하는 것이 아니었다. 임화가 『신문학사』에서 신소설과 전대소설의 상관성을 누차 지적한 것을 상기할 필요가 있다. 그의 문제의식은 중세소설에서 근세소설로 비약하게 된 조건과 계기가 무엇이었는가를 따지는데 있었다. 따라서 김태준과 임화의 '이식과 모방'이라는 표현은 '주체적 가능성의 포기'로 읽을 문제가 아니라 문화 현상의 국가(민족)간 이동과 확산이란 차원에서 이해해야 할 것이다.9)

이렇듯 임화의 근대문학 연구에 대한 기존의 평가는 크게 엇갈린다. 그럼에도 불구하고 그가 최초로 과학적 방법과 객관적 서술 태도에 바탕을 둔 근대문학사 연구를 시도했다는 점만은 분명하다. 아울러, 한국문학사의 전통과 이식에 대한 문제를 제기함으로써 이를 두고 여러 가지 해석의 가능성을 낳았다는 점 역시 중요하게 지적할 수 있다. 어떤 의미로건 임화의 문학사 연구는 한국 근대문학사 연구를 위해 짚고 넘어가야 할 시발점으로 자리잡고 있는 것이다.10)

---

9) 한기형, 「신소설 형성의 양식적 기반」, 『한국근대소설사의 시각』, 12~13면.
10) 이밖에 임화의 신문학사에 대해 논의한 글로는 다음의 것들을 늘 수 있다.
　　박진영, 「임화 신문학사론 연구」, 연세대 대학원, 1996; 성진희, 「임화의 신문학사론 연구」, 서울대 대학원, 1992; 신승엽, 「이식과 창조의 변증법―임화의 '이식문학론의 정당한 이해를 위하여'」, 『창작과비평』, 1991년 가을; 오현주, 「임화의 문학사서술에 대한 고찰」, 『현상과인식』, 1991년 봄·여름; 이상경, 「임화의 소설사론과 그 미학적 근거에 대한 비판적 검토」, 『창작과비평』, 1990년 가을; 이훈, 「1930년대 임화의 문학론 연구」, 서울대 대학원, 1993; 임규찬, 「임화의 신문학사에 대한 연구(1)」, 『문학과논리』 1호, 태학사, 1991년 10월; 전승주, 「임화의 신문학사 방법론에 대한 연구」, 서울대 대학원, 1988.

3. 신문학사 연구의 성과와 의미

1) 신문학사 집필의 계기

「조선신문학사론 서설」은 임화의 문학사 정리 작업과 관련된 첫 번째 의미있는 시도이다. 그러나 이는 전반적인 임화의 작업 성과라는 측면에서 보면 제목 그대로 '서설'에 지나지 않는 것이다. '문학사적 연구의 현실적 의의'라든가 '근대문학의 형성과 신경향파' '춘원문학의 역사적 가치' '신경향파 문학의 사적 가치' 등이 거론되는 이 글에서는, 문학사 연구 방법론이라든가 근대소설의 발생 및 발전 과정에 관한 논의가 그렇게 깊이 있게 다루어지지는 않는다.11) 이 글의 초점은 '신경향파 문학에 대한 역사적 검토를 거쳐 조선의 프로문학 운동 전반의 평가 기준을 바로 잡고, 현재로부터의 창조적 실천의 방향을 제시'하려는 데 있다. 임화는 여기서, 신경향파 문학과 프로문학을 비판하기 위해 사용된, 문학과 생활의 이원적 분리의 관념론을 강도 높게 비판한다. 이는 그것이 바로 과거 〈카프〉의 와해를 가져온 변질주의의 이론적 무기였다는 판단에 근거한 것이다.

문학사 연구 방법론이라든가 근대소설의 발생 및 발전 과정에 관한

---

11) 이와 관련하여서는 임화의 다음 서술을 참고할 필요가 있다. "이곳에서 '사론(史論)'에 상응하는 풍부한 내용을 기다린다면 적지 않은 실망을 가질 것을 미리 말해두는 바이다. 필자 병와(病臥)한 지 년여(年餘)에 하등의 자료도 없이 단지 낡은 수첩 일개의 힘을 빌어 이 소설(小說)을 여지(旅地)에서 적었으므로 독자는 충분한 양해 밑에 보아주기 바란다. 오직 우리들의 문학사 연구에 대한 필자의 연래(年來)의 소회(所懷)의 일단을 기술할 기회를 얻은 바이니 독자의 연구에 자(資)함이 있으면 만행(萬幸)이라 생각한다"(임화, 「조선신문학사론 서설」, 『조선중앙일보』, 1935년 10월 9일; 임규찬·한진일 편, 『임화신문학사』, 한길사, 1993, 315면). 임화의 이러한 말은 단순한 겸양의 수사가 아니라, 당시 그의 집필 환경의 열악함을 확인시켜 주는 사실 진술로 받아들여야 할 것이다.

논의들이 심도 있게 나타나기 시작한 것은 『조선일보』에 연재한 「개설 신문학사」부터이다. 「개설 신문학사」 이후 일련의 문학사 작업은 「조선 신문학사론 서설」과는 우선 기술의 목적과 방식에서 차이가 난다. 「조선 신문학사론 서설」의 집필이 외적 동기에 의해 촉발된 것이라면, 「개설 신문학사」는 내적 욕구의 분출에 의해 기획된 것이라고 말할 수 있다.

임화는 「개설 신문학사」의 서두에서 자신이 '우리 신문학의 기술적 통사(記述的通史)'를 기도하고 있지는 않다고 했다. 자신이 기술 대상으로 삼는 신문학사가 불과 30년의 단기간이기는 하지만, 그 사이에는 19세기와 20세기라는 세기의 변천이 들어 있고, 서구문학사의 기백년간에 필적할 내용이 들어 있다. 세기의 변화가 가져온 문화적 상황의 복잡성과 이 시기에 발생한 정치사정의 중대변화는 30년에 불과한 조선 신문학사를 간단히 정리할 수 없게 하는 중요한 요인이 된다는 것이다. 이 시기에 발생한 정치사정의 중대변화란 물론 일제에 의한 조선의 식민지화를 지적하는 것이다. 거기에 아직은 문학사에 대한 기초적 또는 보조적인 제 연구가 전무한 상태에서 신문학의 기술적 통사가 쓰여질 수 없음은 자명한 사실이라는 것이다.

하지만 그럼에도 불구하고 임화가 이 작업을 통해 궁극적으로 의도한 것은 신문학 통사였다. 그는 자신의 작업이 통사에 기초가 될 중요 자료의 정리, 연결 관계의 천명, 문제의 발견과 체계화의 시험 등에 있다고 하면서, 이 작업이 앞으로 기술적 통사가 나올 때까지 그 것의 역할을 대신할 지도 모른다는 기대를 표명한다. 이러한 문맥 속에서 우리는, 현실적 조건들이 그것을 어렵게 할 뿐, 임화 자신이 의도하는 것은 결국 '우리 신문학의 기술적 통사'였음을 알 수 있는 것이다. 「조선신문학사론 서설」이, 몇몇 사람에 의해 제기된 신경향파 문학과 프로문학에 대한 그릇된 평가를 반박하기 위해 쓰여진 것과는 달리, 「개설 신문학사」는 자신의 기획에 의해 쓰여진 것이다. 「개설 신문학사」는 다양한 종류의 자료를 인용하면서 서술 내용 곳곳에 각주를 달고 있다는 점에서도 「조선

신문학사론 서설」의 서술 방식과는 차이를 보인다.

임화가 1939년에 들어 본격적인 신문학사 집필에 뜻을 두게 된 이유를 분명히 밝히기는 어렵다. 하지만, 이 무렵부터 일제의 검열이 더욱 심해지고 그 해 3월 조직된 황군작가위문단(皇軍作家慰問團)의 실행위원으로 임명되는 등 친일의 압박이 거세지던 당시의 정황이 임화로 하여금 현실성이 강한 글보다는 그것과 일정한 거리를 유지하면서도 자신의 사상을 드러낼 수 있는 글쓰기를 선택하게 했을 가능성이 높다. 그렇게 해서 선택한 글쓰기 가운데 하나가 문학사 집필인 것이다.

임화의 신문학사 집필의 또 다른 계기가 된 것은 김태준의 『조선소설사』 증보판의 발행이라고 할 수 있다. 1937년말 마산에서 서울로 올라온 임화는 도서출판 학예사(學藝社)를 맡아 운영하게 된다. 당시 이른바 '동서고금의 학예·문예·철학·과학 등 고전적 가치가 있는 출판물의 발간'을 목적으로 출범한 학예사의 소유주는 최남주였지만, 편집과 출판에 대한 실질적 권한은 대부분 임화가 맡아 행사한 것으로 알려져 있다. 원래 김태준의 『조선소설사』는 1933년에 청진서관(淸進書館)에서 초판이 발행되었으나 당시 절판 상태에 있었다. 그 책의 원고를 구해 학예사에서 증보판을 발행한 것은 1939년 7월이다. 그런데, 이 책의 서문을 보면 증보판의 출간을 망설이는 김태준을 임화가 여러 차례 독려하여 원고를 받아낸 것으로 기록되어 있다. 당시 사정을 이해하기 위해 서문의 일부를 인용하기로 한다.

> 이런 방면의 저서에 대하여 날이 갈수록 독자의 요망이 높아짐을 볼 때 내가 직접 출판의 직에 당하고 있지 않다 하더라도 이 책을 그냥 절판(絶版)채로 내버려두기는 너무 어려웠다.
> 그래서 초판 그대로라도 중간(重刊)하여 많은 독자의 수요에 공(供)하고 싶었다. (…중략…) 그래서 여러 가지로 권하던 끝에 이 책을 초판 그대로 낸다해도 아직 한 권의 문학사나 문화사가 없는 조선에 있어 아직도 이 책이 줄 수 있는

역사적 지식을 이야기하여 군(君)으로 하여금 중간(重刊)의 결심을 하게 한 것
이다.

　그래서 원고를 받고 보니 초판과는 면목이 다를 만큼 각항에 주필(朱筆)이
더해 있음을 알았다. 아마 그 보유(補遺)와 개정한 것을 모두어 구성을 새로이
한다면 어디에 내어놓아도 부끄럽지 아니할 책이 될 것을 그대로 판을 고치니
저자에게 여간 미안하지 않았다.

　다음날 새 면목으로 이 책이 세상에 나올 것을 기대하고 무사(蕪辭)로써 서
(序)에 대신한다.12)

　임화가 이 글을 쓴 것이 1939년 6월 13일이므로, 그가 김태준의 원고
를 받아 본 것은 이보다 최소한 수개월 전의 일일 것이다. 임화가 문학
사에 대해 관심을 갖게 된 것은 위 인용문에도 나와있듯이, 이런 방면의
저서에 대한 독자의 높아지는 관심과는 달리 아직 이렇다할 문학사 한
권 없는 현실에 대한 불만 때문이기도 했다. 김태준의 『조선소설사』는
그 다루는 범위가 넓고, 서술의 초점도 조선시대 문학에 맞추어져 있으
며 정작 임화가 관심 갖던 신문학사 부분의 서술은 상대적으로 간략하
게 기술되어 있었다. 그런 상황 속에서 임화는 1939년 초반부터 김태준
의 문학사 원고를 읽으며 자신이 사는 현시대 문학의 직접적 토대가 되
는 신문학사 기술에 대한 생각을 구체화시켜나갔다는 추정이 가능해지
는 것이다. 임화의 신문학사에 대한 기획이 김태준의 『조선소설사』에서
촉발되었다고는 단정할 수 없지만, 그것이 적어도 임화의 신문학사 기획
에 적지 않은 영향을 미친 것만은 분명하다. 임화의 신문학사 기획이
『조선소설사』의 영향 속에서 이루어졌다고 하는 것은, 그가 「개설 신문
학사」의 곳곳에서 김태준의 『조선소설사』를 인용하며 각주를 달고 있다
는 사실 등에서 확인된다.13) 「신문학사」나 「속 신문학사」의 경우에는 각

---

12) 임화, 「서를 대신하여」, 『조선소설사』(김태준, 학예사), 1939, 3~4면. (단, 맞춤법은
　　현대어 표기로 바로잡았음.)
13) 『조선소설사』를 인용하고 각주 처리를 한 부분이 3곳, 김태준의 「고전섭렵수감」 등

주가 달려 있지는 않지만, 본문에서 직접 김태준의 『조선소설사』가 자주 언급된다.

2) 신문학사 연구의 내용과 성과

(1) 신문학의 개념과 이식성 논의

임화는 「개설 신문학사」에서 '신문학'이라는 말이 누구의 창안으로 쓰여지기 시작했는지는 알 수 없지만, 그것이 과거에는 지금보다 훨씬 광의로 사용되었고, 주로 신학문과 동일한 의미를 지니고 있었다고 정리한다. 신문학이라는 용어가 신학문의 의미를 떠나 문학예술의 한계 내로 정착된 것은, 진정한 의미의 서구적 문학이 형성된 육당 춘원시대부터라는 것이 임화의 생각인 것이다. 임화는 다음과 같은 말로 신문학의 개념에 대한 설명을 이어 나간다.

> 신문학이란 개념은 그러므로 일체의 구문학과 대립하는 새 시대의 문학을 형용하는 말일뿐더러 형식과 내용상에 질적으로 다르고 새로운 문학을 의미하는 하나의 개념이 될 수 있다.
> 따라서 신문학사는 조선에 있어서의 서구적 문학의 이식으로부터 시작되는 것이다.
> 이 점이 다른 곳에서는 근대문학 혹은 현대문학이라고 불리워지는 것이 조선서는 통틀어 신문학으로 호칭되는 소이(所以)다.
> 그렇다고 조선문학의 역사가 신문학에서 시작되는 것은 아니다.
> 시조, 가사, 구소설, 혹 이두문헌, 또는 한문전적(漢文典籍)까지도 서구적 의미의 문학, 즉 예술문학적인 성질의 유산은 전부 문학사 가운데 포함되는 것이다.
> 그러나 거듭 말하거니와 신문학사는 근대 서구적인 의미의 문학의 역사다.[14]

다른 글을 인용하거나 기타 견해를 각주로 달아 처리한 부분이 모두 4곳 있다.
14) 임화, 「개설 신문학사」, 『조선일보』, 1939년 9월 7일; 임규찬·한진일 편, 『임화신문

임화의 이 말 속에는 조선문학의 역사는 과거의 모든 문학적 전통과 이어지는 것이지만, 신문학사는 서구문학의 이식으로부터 시작되는 것이라는 생각이 담겨 있다. 조선문학사의 전통과 이식의 문제를 함께 거론하는 것이다. 그는 이 신문학이라는 용어는 근대문학이라는 용어로 대치되어도 무방하다고 생각한다. 따라서 임화의 신문학사는 곧 근대문학사의 다른 이름인 것이다.

임화는 근대문학에 대해 설명하면서 이식과 전통의 문제를 더욱 구체적으로 거론한다. 그는 특히 "동양의 근대문학사는 사실 서구문학의 수입과 이식의 역사"15)라고 단정지어 말함으로써 이른바 이식문학론의 주창자라는 평가의 근거를 마련했고, 그것은 또한 임화를 전통단절론의 선구자로 자리매김하는 근거가 되기도 했다.

그 동안 학계에서 행해진 임화의 이식문학론 주장에 대한 비판은 충분히 개연성이 있는 비판이다. 그가 신문학사 서술 곳곳에서 근대문학과 관련된 서구문학의 이식성을 반복 강조하고 있기 때문이다. 그러나, 여기서 다시 생각해 보아야 할 것은 그가 이식문학론을 주장했다고 해서 그것이 곧 전통단절론을 주장한 것으로 볼 수는 없다는 사실이다. 이식과 전통이 양자 택일의 문제가 아니라고 하는 사실, 즉 이식과 전통은 함께 거론될 수 있고 더 나아가 한국 근대문학의 발생 및 발전 과정이 이식과 전통 계승의 양 측면을 함께 지니고 있다는 사실은 「개설 신문학사」의 여러 곳에서 확인된다.16)

학사』, 한길사, 1993, 17면.

15) 임화, 「개설 신문학사」, 『조선일보』, 1939년 9월 8일; 임규찬·한진일 편, 『임화신문학사』, 한길사, 1993, 18면.

16) 현재 우리가 문학사 연구에서 '이식'이라는 개념을 다분히 부정적 가치 판단이 개입된 개념으로 사용하는 것과는 달리 임화는 그것을 가치 중립적 개념, 사실 진술을 위한 개념으로 사용했다. 그렇기 때문에 임화의 신문학사에서는 이식과 전통이 충돌 없이 교차하면서 기술될 수 있었던 것이다. 임화는 경우에 따라 '이식'의 영향을 긍정적으로 바라보기도 했다. '언어적 해방'에 대한 기술이 그러하다. 그는 "조선의 문학이란 신문학의 시대가 비롯하기 전엔 자기의 국유어(國有語)로 표현될 자유를 갖지 아니했

특히 임화는 신문학사와 그 이전 조선문학과의 관계를 거론하면서, 조선 언문학사와 조선한문학사가 모두 신문학사의 토대가 된다는 사실을 밝히고 있다.

> 말하자면 신문학사는 신문학의 선행하는 두 가지 표현 형식을 가진 조선인의 문학생활의 역사의 종합이요 지양(止揚)이다.
> 그런 의미에서 신문학사는 일반 조선문학전사 가운데 최근의 일 시대로서 쓰여져 무방한 것이다.
> 그러므로 신문학사 연구는 서구적 형태의 문학이 성립하고 발전한 역사를 중심으로 가능한 한, 이상의 두 문학사적 조류와의 교섭을 천명하는 것으로 스스로 제 구극(究極)의 과제를 삼을 것이다.
> 이 점이 또한 신문학사 연구가 일반 조선문학전사(朝鮮文學全史)를 해명하는데 중요한 공헌을 하는 소이(所以)다.[17]

조선언문학사와 조선한문학사가 신문학사의 토대가 되고, 이들 세 문학사 즉 조선언문학사, 조선한문학사 그리고 신문학사가 모여 조선문학전사(全史)를 이룬다는 것이 임화의 생각의 틀인 것이다.

이식과 전통 계승의 양 측면에 대한 논의는 그의 신문학사 연구 방법론을 구체적으로 밝힌 「조선문학 연구의 일 과제」에서도 나타난다. 임화는 신문학의 '토대'를 논하는 자리에서 "신문학사는 조선의 근대 사회사의 성립을 토대로 하여 형성된 근대적 문화의 일 형태인 만큼 신문학사는 조선 근대문화사의 일 영역"[18]이라고 함으로써 조선의 신문학이 조선 근대문화를 기반으로 성장하고 있음을 서술한다. 그러나, 임화는 신

었다"라고 하면서 신문학 이후의 우리문학에 보편화된 한글 사용이라는 현상에 주목한다. 그런데, 이렇게 자국어를 사용하는 문학 현상의 유포 역시 서구 근대문학의 영향이라는 것이다.

17) 임화, 「개설 신문학사」, 『조선일보』, 1939년 9월 9일; 임규찬·한진일 편, 『임화신문학사』, 한길사, 1993, 21면.

18) 임화, 「조선문학연구의 일 과제」, 『동아일보』, 1940년 1월 14일; 임규찬·한진일 편, 『임화신문학사』, 한길사, 1993, 376면.

문학 생성과 발전의 '환경'을 논의하면서는 신문학의 이식성을 다음과 같이 강조한다.

> 신문학이 서구적인 문학장르(구체적으로는 자유시와 현대소설)를 채용하면서 부터 형성되고 문학사의 모든 시대가 외국문학의 자극과 영향과 모방으로 일관되었다 하여 과언이 아닐만큼 신문학사란 이식문화의 역사다.[19]

신문학사의 이식성을 매우 단정적으로 서술하고 있는 것이다. 하지만, 이 역시 신문학과 '전통'을 논하는 장으로 가면 다음과 같이 문맥이 변화한다.

> 인접문학의 압도적 영향하에 생성되어 발전한 신문학사, 다시 말하면 이식문화사로서의 신문학사가 조선의 고유한 전통과 교섭을 가졌다는 것은 일견 심히 기이한 일 같다. 그러나 문화의 이식, 외국문학의 수입은 이미 일정한 한도로 축적된 자기 문화의 유산을 토대로 하지 않고는 불가능하다. 그러므로 일찍이 토대를 문제삼을 때 물질적 토대와 아울러 정신적 배경이 문제된 것이다.[20]

그는 이렇게 이식과 전통을 선택의 문제가 아닌 공존의 양상으로 거듭 기술하고 있는 것이다. 이로 미루어보면, '그동안 행해진 임화에 대한 비판이 일련의 신문학사 작업에 대한 오독에서 나온 것'이라고 하는 최근의 연구들은 충분히 주목할 만한 가치가 있다. 하지만, 그럼에도 불구하고 임화의 이식문학론에 대한 주장이 이후 문학 연구자들에게 줄곧 적지 않은 영향을 미쳤고, 그것이 곧 한국 근대문학의 발생 과정을 전통 단절의 과정으로 이해하게 하는 근거로 작용했다는 사실 역시 간과할 수 없다. 이는 선명한 '이식' 논의에 비해 '전통' 논의를 상대적으로 불분

---

19) 임화, 「조선문학연구의 일 과제」, 『동아일보』, 1940년 1월 16일; 임규찬·한진일 편, 『임화신문학사』, 한길사, 1993, 378면.
20) 임화, 「조선문학연구의 일 과제」, 『동아일보』, 1940년 1월 18일; 임규찬·한진일 편, 『임화신문학사』, 한길사, 1993, 380면.

명하게 한 임화의 문학사 서술 태도에서도 연유한다. 아울러 신문 연재 방식을 통한 발표에서 오는 논점의 산재(散在) 현상 역시 그 중요한 원인 으로 꼽을 수 있다. 임화의 신문학사 연재물은 그 전체 구조를 염두에 두지 않을 경우 얼마든지 부분적 논지에 대한 오독이 가능한 구조로 이 루어진 텍스트이다. 1년 반이라는 짧지 않은 기간 동안, 그것도 여러 지 면에 걸쳐 산발적으로 연재한 텍스트의 의미를 수용자들이 전체적으로 종합해 이해하고 판단을 내린다는 것은 결코 수월한 일이 아니다. 텍스 트를 임의적으로 그리고 단절적으로 접할 수밖에 없었던 대개의 수용자 들은, 문학사의 전체 구조를 파악하고 그 대의를 이해하기보다는 부분이 지닌 의미에 함몰될 가능성이 더욱 높았던 것이다. 그런 점에서 임화의 신문학사에 대한 오독이 문제가 되는 경우 그것을 꼭 수용자들만의 책 임으로 돌리기는 어렵다.

(2) 신문학사 연구의 성과와 의미

임화는 「개설 신문학사」에서 신문학 발생의 토대를 물질적 배경과 정 신적 배경으로 나누어 기술한다. 그는 여기서 "새로운 문학의 직접적 배 경이 되는 것은 새로운 정신문화의 준비이나 새로운 정신문화는 또 새 로운 물질적 조건을 배경으로 하여서만 준비되는 것"[21]이라고 함으로써 신문학의 발생에는 정신문화보다 물질적 배경이 중요하다고 하는 사실 을 강조한다. 이러한 진술을 통해서는 이른바 유물사관에 입각한 문학사 연구 태도의 일단을 확인할 수 있다.

물질적 배경은 근대적 사회를 위한 여러 조건의 성숙을 일컫는다. 그 러나, 자주적 근대화를 위한 제 조건이 이조 봉건사회 내부에서 자생적 으로 발전하지 못한 것이 조선 근대사의 기본적 특징이라는 것이 임화

---

21) 임화, 「개설 신문학사」, 『조선일보』, 1939년 9월 14일; 임규찬・한진일 편, 『임화신문
학사』, 한길사, 1993, 23면.

의 진단이다. 지리적·정치적 특수성으로 인한 개국의 지연 역시 조선 근대사의 특징이다. 이러한 상황 속에서 조선의 근대화 과정은 먼저 지나(支那) 근대화 과정의 영향 속에서, 다음으로는 서구제국과의 직접적인 관계 속에서, 그리고 마지막으로 일본을 통한 서구 자본주의의 유입을 통해 진행된다.

이러한 물질적 토대 속에서 신문학 발생을 위한 정신적 준비는 우선 실학의 발생과 함께 진행되었고 갑오개혁의 시행은 조선 근대문화 탄생의 위대한 신호가 된다. 자주의 정신과 개화사상의 발현, 그리고 신문화의 이식과 발전은 신문학 발생과 발전의 기본 토대가 되었던 것이다. 신문화의 이식과 발전은 구체적으로는 첫째 유학생의 해외 파견 등 신교육의 발흥, 둘째 신문·잡지의 간행 등 저널리즘의 발생과 성장, 셋째 성서번역과 언문운동 등으로 나타난다. 이러한 물질적 정신적 제 조건에 토대를 두고 우리 신문학은 태어났던 것이다.

임화는 「개설 신문학사」에 이은 「신문학사」에서, 여러 유형의 작품을 거론하며 신문학의 발생과 발전 과정을 구체적으로 기술하기 시작한다. 그는 여기서 신문학의 전개 과정을 설명하기 위해 '과도기 문학'이라는 단계를 설정한다. 과도기문학이란 곧 신문학 초기의 문학을 말하는 것이다.

> 따라서 내가 신문학사에서 쓰는 과도기라는 말은 육당의 신시와 춘원의 새 소설이 나오기 이전, 그리고 한문과 구시대(이조적인)의 언문문학이 지배권을 상실한 중간의 시대를 지정하는 좁은 의미에 한정된다. 이 시기엔 자연히 구문학이 제(諸)전래의 신용과 위엄을 상실한 대신 신문학은 당연히 가져야 할 새 위의(威儀)를 채 갖추지 못하여 일종 반구반신(半舊半新)의 문학으로 충전되었다.22)

과도기란 신구의 교차가 이루어지는 시기인데, 이 시기에는 양자의 승

---

22) 임화, 「신문학사」, 『조선일보』, 1939년 12월 5일; 임규찬·한진일 편, 『임화신문학사』, 한길사, 1993, 129~130면.

패가 모두 확정적이 아니다. 우리 문학사에서 과도기 문학의 내용, 다시 말해 구문학을 붕괴시키고 신문학을 형성시킨 근원적인 동력은 무엇인가? 그것은 주로 외래문화의 영향 아래 생장한 근대 시민적인 문화의식이라는 것이 임화의 대답이다. 이른바 자주의 정신과 개화의 사상을 핵심에 품은 넓은 의미의 계몽운동의 일환으로 신문학이 생겨났다는 것이다. 구문학으로부터 신문학이 탄생하는 과정은 구문학으로부터의 급격한 결별 과정이라기보다는, 오히려 구문학으로부터의 서서한 해탈 과정이다. 우리의 신문학사는 다른 후진 제국의 근대문학사가 그러한 것처럼 재래의 형식을 빌어 새 사상을 표현하는 절충적인 곳에서 출발한다. 이것을 임화는 '낡은 용기에 새 술을 담은 격'이라고 표현한다. 이러한 과도기 문학에 해당하는 것이 첫째 정치소설과 번역문학, 둘째 새로 생긴 창가(唱歌), 그리고 셋째 신소설이다.

새로운 정신을 담고 있는 '낡은 용기'란 무엇인가? 임화는 그것이 한문문화의 유산이 아니라 이조 언문문화의 전통이라고 설명한다. 이조시대 언문문학의 양식적 전통이 상당한 기간 신문학을 지배한 요인 가운데 하나라는 것이다. 그리하여 임화는 다음과 같은 말로 신문학의 과도기적 문학 양식들인 정치소설이나 창가, 그리고 신소설이 지닌 신구의 양면성에 대해 설명한다.

> 한말에 신문이나 잡지 및 공문서에 사용되던, 한문에 토만 단 것은, 혹은 한문을 번역한 것 같은 언한문혼용체가 현대문장이 한문으로부터 해방되는 제일보였다면, 그 시대의 문학형식인 정치소설이나, 창가나, 신소설은 현대문학이 이조의 언문문학으로부터 탈출하는 제일보였다고 말할 수 있다.
>
> 이것은 이조의 언문문학과 신문학과의 교섭을 주로 부정적인 측면에서 고찰한 것이나 돌이켜 신문학 형식에 있어서 이조의 언문문학이 연(演)한 역할을 생각하면 또한 그 공적이 불소(不少)함을 놀라지 아니할 수 없다.[23]

---

23) 임화, 「신문학사」, 『조선일보』, 1939년 12월 8일; 임규찬·한진일 편, 『임화신문학사』, 한길사, 1993, 133면.

그런데, 모든 조선의 언문문학이 신문학의 발생에 영향을 미친 것은 아니다. 이조 언문문학 유산들은 그 가운데 새 시대의 문학에 가장 가까운 형식들만이 새 정신을 담는 낡은 용기가 될 수 있었다. 새 시대의 문학은 평민의 정신을 내용으로 한 문학이다. 따라서 이에 어울리는 것은 전대의 문학 중에서도 비교적 평민적 문학이었던 소설과 창곡 그리고 가사의 일부였다는 것이 임화의 주장이다.

임화는 「신문학사」에서 "새로운 조선의 정치적 이상을 선전하고, 깨우지 못한 민중을 계몽하려는 의도가 직접적, 또한 노골적으로 표현된 정치소설에서 시작한다"[24)는 말로 정치소설의 위상을 논의한다. 정치소설이야말로 과도기 문학의 선구가 된다는 것이다. 그는 정치소설의 대부분은 정론적(政論的)인 성격을 띤 반정론(半政論)·반소설(半小說)의 문학이라 이야기한다. 한말 정치소설의 대부분은 독립자주를 이야기하는 것인데, 이는 국가 흥융과 약진의 정신 및 그것에 반하는 고난의 극복을 다룬 일본 정치소설과 구별된다. 임화가 여기서 정치소설의 예로 들고 있는 작품들은 「서사건국지」, 「의대리독립사」, 「미국독립사」, 「피득대제전」, 「나파륜전사」 등의 번역물과 장지연의 「애국부인전」, 신채호의 「을지문덕」, 「최도통전」 등이다. 임화가 여기서 정치소설로 분류하고 있는 이러한 작품들은 그에 앞서 쓰여진 안자산의 『조선문학사』나 김태준의 『조선소설사』에서는 모두 역사소설로 다루던 것들이다. 임화의 정치소설에 대한 이해나, 안자산·김태준의 역사소설에 대한 이해는 거의 유사하다. 안자산은 역사소설을 '당시의 정치적 상황과 연관을 갖고 뜻있는 인사들에 의해 성장한 소설'로 기술한다.[25) 김태준 역시 역사소설을 '정치사상과 국가 관념을 반영한 시대적 산물'로 본다.[26) 이렇게 본다면 임화는 안자

---

24) 임화, 「신문학사」, 『조선일보』, 1939년 12월 9일; 임규찬·한진일 편, 『임화신문학사』, 한길사, 1993, 135면.
25) 안자산, 『조선문학사』, 한일서점, 1922.
26) 김태준, 『조선소설사』, 학예사, 1939.

산이나 김태준이 역사소설이라고 분류했던 일련의 작품들에 대해, 그 창작 동기나 성격 등에 대해서는 실제로 거의 같은 생각을 지녔으면서도 단지 용어를 정치소설이라고 바꾸어 사용했음을 알 수 있다.

그런데 여기서 특기할 만한 것은 임화가 정치소설 속에 안국선의 「금수회의록」을 함께 넣어 다루고 있다는 점이다. 안국선의 「금수회의록」은 엄밀히 말하면 정치소설이기보다는 사회소설이며 혹은 정치소설과 〈신소설〉의 중간에 속하는 것이지만, 이인직의 작품들에 비하면 훨씬 정치소설에 가깝기 때문에 여기에 넣어 다룬다는 것이다. 이렇게 「금수회의록」을 정치소설에 넣고 보면 「금수회의록」이 조선 정치소설 중 최고 걸작이 된다는 것이 임화의 주장이다.

「신문학사」에 나타난 임화의 정치소설 분류는 지나치게 포괄적이다. 그가 사용하는 정치소설이라는 용어 속에는 창작 〈역사·전기소설〉과, 역사전기류 번역물, 그리고 신소설의 일부가 포함되어 있는 것이다. 그는 안국선의 「금수회의록」뿐만 아니라 그의 단편집 『공진회』 역시 세상을 풍자했다는 이유를 들어 정치소설로 거론한다. 이러한 임화의 정치소설 분류는 매우 포괄적일 뿐만 아니라 막연하게까지 보인다. 그 이유는 무엇인가. 그것은 임화가 〈창가〉나 〈신소설〉에 대해 논의할 때와는 달리 〈정치소설〉에 대해서는 양식적 접근을 하고 있지 않기 때문이다. 임화는 신문학사 초기의 대표적 '문학 형식'으로 〈정치소설〉, 〈창가〉, 〈신소설〉을 꼽았다. 하지만 그는 〈창가〉나 〈신소설〉에 대해 접근할 때와는 달리 〈정치소설〉에 대해 접근할 때는 전혀 형식론적 접근을 하지 않았다. 그는 〈정치소설〉이라는 용어를 사용하면서, 양식적 특성에 대한 이해를 생략한 채 내용 분석에만 치중했다. 따라서 형식에 큰 관계없이 일정하게 정치적 색채를 띠고 있는 소설들을 막연하게 정치소설이라고 서술할 수밖에 없었던 것이다. 정치소설에 대한 임화의 이러한 정리는 「신문학사」 서술 가운데 가장 거친 서술 가운데 하나이다. 문학 양식의 역사성에 대한 이해 없이 기술된 부분이기 때문이다.[27]

「신문학사」에서 〈창가〉에 대한 임화의 정리는 매우 간략하다. 사흘 정도의 신문 연재 분량이 그 전부인 것이다. 〈창가〉에 대한 정리는 〈정치소설〉의 경우와는 정반대로 양식에 대한 논의가 주를 이룬다. 내용 논의는 매우 소략한 것이다. 임화는 "조선의 신시 ― 엄밀히 말하여 자유시 ― 는 조선시가의 전통적 형식이었던 4·4조에다 신사상을 담는 데서부터 시작하였다"[28]고 본다. 조선의 신시는 낡은 운문에 새로운 정신을 불어넣는 일로부터 출발하였다는 것이다. 이것은 창가의 내용인 신시대의 정신이 아직 자유율(自由律)을 획득할 만큼 성숙하지 못했기 때문이라는 것이 임화의 판단이다.

〈신소설〉에 대한 논의는 임화의 신문학사 정리 작업에서 매우 중요한 부분을 차지한다. 논의 분량으로나 깊이의 측면에서나 이는 앞의 두 가지 양식의 경우와는 차원을 달리한다. 신문학사 연재물 가운데 「속 신문학사」와 「개설 조선신문학사」는 모두 〈신소설〉 연구로 채워져 있다. 임화는 「속 신문학사」에서 〈신소설〉에 대한 논의를 양식문제에 대한 접근에서부터 시작한다.

임화가 〈신소설〉의 양식 문제에 대해 깊은 관심을 드러낸 것은, 문학사란 외면적으로 양식의 역사라는 생각을 하고 있었기 때문이다. 문학사 연구 방법론인 「조선문학 연구의 일 과제」에서 그는 다음과 같은 생각을 드러낸 바 있다.

---

27) 안자산과 김태준이 역사소설이라 칭했고, 임화가 정치소설이라고 칭했던 문학 작품 가운데 일부인 '역사·전기소설'의 역사성에 대해서는 필자의 『한국근대소설사』(솔출판사, 1997) 중 '역사·전기소설'의 형성 과정에 대한 논의를 참조할 수 있다. '역사·전기소설'은 조선의 군담소설과 개화기의 인물기사 그리고 해외 역사·전기물의 번역 작업 등을 통해 형성된 것이다. 그와 달리 안국선의 「금수회의록」은 조선 후기 야담, 그 가운데서도 한문단편에 토대를 둔 개화기의 논설적 글쓰기에 토대를 두고 발전한 문학양식에 속하는 작품으로 보아야 한다. 신채호 박은식 등의 역사전기소설과 안국선의 「금수회의록」은 공통점보다는 차이점이 더 많은, 서로 다른 양식적 계통을 밟아 형성된 작품들이다.

28) 임화, 「신문학사」, 『조선일보』, 1939년 12월 21일; 임규찬·한진일 편, 『임화신문학사』, 한길사, 1993, 149면.

문학사는 외면적으로는 언제나 이 양식의 역사다. 모든 통속적 문학사가 이 양식의 역사를 기술하고 있다. 그러나 양식의 역사는 기실 정신의 역사의 형식에 지나지 않는다. 양식의 역사를 뚫고 들어가 정신의 역사를 발견하고 못하는 것이 언제나 과학적 문학사와 속류 문학사와의 분기점이다. 문학사는 예술사의 대상일 뿐만 아니라 실로 사상사, 정신사의 대상이기도 하기 때문이다.[29]

이는 결국 양식의 역사 속으로 들어가 정신의 역사를 발견하는 것이 과학적 문학사임을 천명한 것이다.

「신문학사」에서 임화는 이인직에 대해 언급하며, 그는 가장 우수한 신소설 작가일 뿐만 아니라 〈신소설〉이라는 양식을 창조한 사람이라고 단언한다. 그는 이인직의 작품들이 후기 작품으로 올수록 전대소설의 영향을 벗어나 현대소설로 접근해갔다고 평가[30]함으로써, 이인직 소설에서의 전대소설적 요소와 현대소설적 요소에 대해 모두 언급한다. 거기에 정치소설과 번역문학 역시 〈신소설〉 출현의 토대가 된다는 것이 임화의 생각이다.

하지만 〈신소설〉 발생에 대한 이러한 생각은 다음의 진술에 와서는 철저하게 외래적 요소를 강조하는 것으로 바뀐다.

> 그러면 통틀어 이러한 신소설은 어떻게 생겼는가 하면 어떤 의미에서는 재래의 여항소설을 개조한 것이나 결정적으론 외국문학의 수입과 모방의 산물이다. 더욱이 초기 메이지(明治)문학의 영향이 강했으리라는 것은 중요한 신소설 작자들이 모두 일본 유학생이나 그렇지 않으면 일본문학의 애독자였다는 사실을 보아도 알 수 있다.[31]

---

29) 임화, 「조선문학 연구의 일 과제」, 『동아일보』, 1940년 1월 19일; 임규찬·한진일 편, 『임화신문학사』, 한길사, 1993, 384면.

30) 참고로, 임화는 신소설의 효시가 되는 이인직의 첫작품을 『치악산』으로 적는 등 서지 정리에서는 사실과 다른 언급을 하고 있다.

31) 임화, 「속 신문학사」, 『조선일보』, 1940년 2월 8일; 임규찬·한진일 편, 『임화신문학사』, 한길사, 1993, 165~166면.

임화는 이렇게 조선의 〈신소설〉 작가들이 일본화된 서구문예의 영향을 받아 반구반신(半舊半新)의 〈신소설〉을 만들었다는 주장을 펼쳤던 것이다.32)

임화는 〈신소설〉의 특색을 첫째 문장의 언문일치, 둘째 소재와 제재의 현대성(혹은 신시대성), 셋째 인물과 사건의 실재성(혹은 사실성) 등으로 정리한다. 이러한 세 가지 요소는 〈신소설〉에서 뿐만 아니라 현대소설도 가지고 있는 특징이나 〈신소설〉에 있어서는 현대소설만큼 완성되어 있지 않고 겨우 발아하기 시작한데 불과하다는 것이 임화의 견해이다.

〈신소설〉은 새로이 발아하고 성장하는 개화의 조선, 청년의 조선보다는 더 많이 낡은 조선, 노쇠한 조선의 면모를 더욱 똑똑히 표현한다. 와해 과정 가운데 있는 봉건조선의 모습을 그린 것이 〈신소설〉의 주목적이라고 할 만큼 〈신소설〉은 전편이 모두 배경도 양반의 세계요, 인물도 낡은 인물이 주를 이루며, 사건도 낡은 배경을 중심으로 일어난다.

임화는 〈신소설〉이 이렇게 낡은 인물과 사건 및 배경을 다루는 문제에 대해서, 그것이 개화조선에 비하여 봉건조선의 실재력(實在力)의 강대함의 반영이면서 아울러 개화조선의 당면 목표가 새로운 것의 건설보다는 낡은 것의 파괴에 있었기 때문이라고 해석한다. 그렇기 때문에 본래는 개화 조선의 성장 앞에 무참히 붕괴되는 구세계 봉건조선의 모습이 그려져야 함에도 불구하고, 오히려 〈신소설〉에는 강대한 구세계의 세력 하에 무참히 유린당하는 개화세계의 수난의 역사가 그려진다는 것이다. 그런데 이러한 현상은 독일이나 러시아 혹은 일본의 계몽시대에서도 공통으로 볼 수 있는 현상이다. 그러므로 다른 나라의 계몽문학처럼, 현재에는 구세력이 강하여 수난을 당하지만 그 수난과 고생 끝에는 신세력의 승리와 행복이 오는 '아이디얼리즘'이 〈신소설〉의 기본 색조가 되고 구조 원리가 된다는 것이다.

---

32) 앞에서도 지적한바, 임화의 이러한 진술 방식은 임화의 문학사를 이식문학론에 토대를 둔 문학사로 이해하게 하는 결정적 빌미가 된다.

임화는 그러나 이러한 신세력의 주관적인 아이디얼리즘에 바탕을 둔 〈신소설〉은, 사실상의 비극이 개화조선에 있기보다는 봉건조선에 있다는 사실을 깨닫지 못한다고 비판한다. 〈신소설〉은 그들이 전력을 다하여 묘사하려고 한 구세계의 실상을 옳게 알지 못했다는 것이다.

아울러 그는 〈신소설〉이 새로운 배경과 새로운 인물군을 가졌음에도 불구하고 천편일률로 선인·악인의 유형을 대치하는 구소설의 구조를 거의 그대로 답습하고 권선징악이라는 구소설의 운용법을 별로 개조하지 않고 그대로 사용한다고 비판한다. 〈신소설〉의 가장 큰 구소설적 유제를 인물의 선인 악인식 분류와 권선징악에 있다고 본 것이다. 그 결과 〈신소설〉은 그 자신의 가장 대표적 특징이며, 구소설의 허구성과 비현실성에 대립되며 새로운 가치로 평가받는 사실성마저 극히 중도반단적인 것으로 떨어져 머무르게 된다. 〈신소설〉 가운데 있는 리얼리즘은 결국 부분적 국부적인 리얼리즘, '트리비얼'한 리얼리티임을 면치 못한다는 것이다.

하지만 임화의 이러한 비판이 〈신소설〉의 문학사적 가치를 근본적으로 부인하는 것은 아니다. 그는 위와 같은 한계들이 있음에도 불구하고 〈신소설〉의 문학사적 가치가 리얼리즘의 구현에 있음을 다음과 같이 강조한다.

> 그러나 이러한 정도의 사실성이나마 구소설에 비하여 창조적인 가치요, 〈신소설〉 가운데 보옥처럼 귀히 들어와 그 뒤의 현대소설로 하여금 일층 자기의 길을 개척하기에 용이케 한 무기가 된 것이다.
>
> 그러한 소득으로는 먼저 우리는 〈신소설〉들이 우수하면 할수록 그때 세상의 시대상의 반영을 들 수 있다. 청일전쟁이라든가, 러일전쟁이라든가, 동학난이라든가 하는 대사건을 위시로 오리(汚吏)로 충만한 정부의 부패와 세정(世情)의 변천, 풍속의 추이에 이르기까지 구소설에서는 볼 수 없는 것이 묘출되었다. 그러한 외적인 것보다 더 중요한 것은 전반적인 구사회의 부패상의 폭로와 봉건적 가족제도의 혼란과 부패의 정치한 묘사다.

　　여기서 점차로 일반화해 가는 반상(班常)의 평등, 평민의 성장이 그려도 지고 혹은 자녀들의 성장이 표현도 되고 미신도 폭로되고 하여 개화를 계몽하는 데 가장 확실한 예술적 사업이 수행되고 있다. 이러한 리얼리즘은 개화의 주관적인 주장보다 훨씬 강하게 그 사상의 필연성을 인식시킨다. 이것은 또한 〈신소설〉이 갖고 있는 불멸의 가치다.[33]

　　여기서 임화는 〈신소설〉이 지닌 문학사적 가치가 현실의 객관적 사실적 묘사 부분에 있음을 강조한다. 현실에 대한 리얼리즘적 묘사는, 개화기 〈신소설〉 작가의 주관적인 개화 주장보다 더욱 현실의 개화와 계몽을 위한 효과적 수단이 된다는 것이다. 〈신소설〉 작가들의 주관적 아이디얼리즘에 근거한 역사적 세계관의 한계성에 대해 비판한 임화가, 〈신소설〉 작가들의 외면적 주장 때문이 아니라 〈신소설〉이 보여주는 리얼한 현실 묘사로 인해 〈신소설〉이 곧 개화 계몽의 효과를 거두게 될 것이라고 주장한 대목은 매우 흥미롭다. 〈신소설〉 작가들의 세계관에서 근대성을 보는 것이 아니라, 그들이 선택한 방식에서 우리문학의 근대성을 읽어내고 있기 때문이다.

　　임화의 〈신소설〉에 대한 논의의 바탕에는 김태준의 『조선소설사』가 중요하게 자리잡고 있다. 임화는 〈신소설〉의 특색에 대해 정리하며 그것이 김태준의 글에 토대를 둔 것임을 밝힌 바 있다. 그는 '현대소설－신소설－구소설'이라는 연결 고리의 제시를 통한 〈신소설〉의 소설사적 자리매김 과정에서도 김태준의 글을 직접 인용한다. 신소설을 현대소설로 가는 '과도기'의 소설로 정리한 것 역시 김태준이었다는 점에서, 임화가 신문학사에서 중요한 개념으로 활용하던 '과도기'라는 용어 역시 김태준에게서 나온 것으로 보아 큰 무리가 없다. 임화는 「속 신문학사」에서 〈신소설〉이라는 용어를 문학사적 의미를 지닌 고유명사로 주로 사용한다.

---

33) 임화, 「속 신문학사」, 『조선일보』, 1940년 2월 8일; 임규찬·한진일 편, 『임화신문학사』, 한길사, 1993, 165면.

이러한 성과 역시 김태준의 『조선소설사』에 근원을 두고 있다.

　김태준은 『조선소설사』에서 〈신소설〉이라는 용어를 구소설에 대한 상대적 용어로 사용하면서, '구소설, 신소설, 소설'이라는 역사적 대비구도를 보여주었다. 그는 『조선소설사』 증보판의 「신문예운동 40년간 소설관」에서 〈신소설〉과 현대소설 사이의 관계를 설정하고 〈신소설〉의 문학사적 의미를 다음과 같이 설명한다.

> 이 신소설(新小說)은 사회가 많은 고대적(古代的) 유제 (遺制)를 포함한 채 근대적 구성을 일러 이것이 이 나라의 사회의 특성을 이룬 만큼 이도 시민의 단순한 오락과 소견(消遣)에서 시민들의 부르짖는 신문화의 계몽적 정신이 팽배한 이상주의(理想主義)였고, 이는 구소설(舊小說) 즉 이야기 책에서, 춘원(春園)·동인(東仁)·상섭(想涉) 제씨(諸氏)가 쓰기 시작한 현대적 의의의 소설에 이르기까지의 교량(橋梁)을 이루어 이른바 과도기적(過渡期的) 혼혈이라. 이야기 책에서 대번에 현대소설(現代小說)이 나온 것이 아니라 이러한 과정을 밟아서 현대소설은 발달하여 온 것이다.
>
> 춘원 이후의 여러 작가의 수법이 전혀 구라파적 수입에서가 아니라 이러한 전대(前代)의 전통을 토대로 하고 즉 이야기 책의 장구한 발전과 유명무명의 신소설 작가의 은은한 그러면서도 막대한 노력의 성과 위에 입각함으로써 현대의 문학적 세계의 건설이 성공된 것이다.[34]

　김태준은 여기서 〈신소설〉이 구소설과 현대소설의 교량적 역할을 한 과도기의 소설이라는 점을 강조한다. 그는 '신소설이란 조선조 소설이 끝난 이후부터 이광수의 소설이 시작되기 전까지 나오던 소설'이란 생각으로 이 용어를 사용했다. 임화는 김태준의 이러한 정리를 발판으로 삼아 〈신소설〉이란 용어를 문학사적 개념으로 확립시키고, 그것을 특정한 시기에 나온 특정한 문학 양식[35]을 지칭하는 용어로 우리 문학사에 정

---

34) 김태준, 『증보 조선소설사』, 학예사, 1939, 247~248면.
35) 임화가 '신소설'이라는 용어를 특정한 문학 양식을 지칭하는 용어로 이해하고 있었다는 사실은, 그가 「속 신문학사」 집필기에 창작되는 '신소설'에 대해 '현대소설'이라

착시킬 수 있었던 것이다.36)

4. 마무리

임화의 일련의 신문학사 연구와 정리 작업을 통해 얻어진 성과는 적지 않다. 이는 우선 최초의 본격적인 근대문학사 정리 작업이었다는 점에서 의미가 있다. 여기서 임화는 특정한 문학 양식과 구체적 작품의 형성 과정 구명을 위해, 그 원인과 결과의 상관관계 고찰이라는 방식을 사용함으로써 과학적 문학사 서술의 토대를 마련했다. 근대문학의 발생 및 성장 과정을 정리하기 위해 물질적·정신적 토대에 대한 고찰로부터 시작한 것 역시 그의 과학적 접근 태도를 보여준다. 아울러, 정신적 토대에 앞서 물질적 토대의 중요성을 강조한 것은 그의 세계관의 일단을 보여주는 것이기도 하다.

〈신소설〉이라는 용어를 역사성을 지닌 분명한 문학사적 용어로 정착시킨 것 역시 임화의 신문학사 작업의 성과이다. 이러한 생각이 김태준의 연구성과에 토대를 둔 것이기는 하지만, 그것을 일관되게 문학사적 의미를 지닌 용어로 사용해 정착시킨 임화의 성과 역시 적지 않은 것이다. 임화에 의해 이렇게 자리잡은 '신소설'이라는 용어의 의미는 해방 이후의 문학사 정리 작업을 거쳐 오늘날까지 자연스럽게 이어질 수 있었다.

표피적 양식사로서의 문학사를 넘어 정신사를 포함한 심도 있는 양식사를 기술하려는 임화의 노력은 '신소설' 연구에서 유감 없이 발휘되었

칭하지 않고 '현대 신소설'이라 칭했던 점에서도 분명히 확인된다.

36) 임화 및 김태준의 '신소설' 연구와 관련된 더욱 자세한 서술은 김영민, 『한국근대소설사』, 128~135면 및 141~144면 참조.

다. 그러나, 신문학사의 중요 대상이 되는 세 가지 형식을 '정치소설', '창가', '신소설'로 규정했지만 '창가'에 대한 연구가 상대적으로 소홀했고 특히 '정치소설'에 대한 접근이 모호하게 이루어진 것은 그의 신문학사 연구가 지닌 한계가 아닐 수 없다. '정치소설'에 대한 연구가 실패한 이유는 문학사 서술 방법론과 현실적 실천의 괴리, 즉 유독 이 장에서만 양식론적 접근이 전무한 데에 그 결정적 원인이 있다.

그는 신문학사 기술의 전과정을 통해 '이식'과 '전통'이 양자 택일의 문제가 아니라 상호 병존할 수 있는 것이라는 생각을 드러냈지만, 서술 태도와 발표 방식에서 오는 문제점으로 인해 그것이 바르게 전달되기 어려웠다. 이른바 임화의 신문학사는 오독이 가능한 텍스트로 산재(散在)해 왔던 것이다.

임화의 신문학사 작업은 한국 근대문학의 중요한 유산이다. 신문학사 텍스트 해석이 지닌 문제점이나 그것으로 인한 이후의 영향 등을 생각하면서, 우리는 근대문학의 유산에 대한 체계적 정리의 필요성을 더욱 실감하게 된다.

임화의 한국 근대소설의 인식과 문제점

양문규

1. 머리말

이 글은 식민지 시기부터 해방 직후까지 이뤄진 임화의 한국 근대소설에 대한 인식 틀과 그 구체적 내용을 검토하는 것이 주요 목적이다. 이를 위해 이 글은 한국 근대소설사의 내용을 시기별 또는 작가별로 구분하여, 이에 대한 임화의 소설사 인식의 틀을 살펴보고자 한다. 그리고 실제로 각 시기의 소실 작품에 대하여 구체적으로 어떠한 평가를 내리는가를 살펴봄으로써, 그의 한국 근대소설사 연구의 성과와 문제점은 무엇인가를 검토하고자 한다. 더불어 그의 논의 전개 과정에서 다양한 내용으로 변주되었던 이원론적 계기 ― 임화는 역설적으로 이를 늘 강하게 비판했다 ― 에 주목하여 그것이 한국근대소설에 대한 올바른 이해를 어떻게 제약하고 있는가를 살펴보고자 한다.

2. 본론

1) 신소설 작가 이인직 · 이해조—사상성과 수법

임화는 「개설 신문학사」(1939~1941, 이하 「신문학사」)에서 '우리의 신문학사는 서구문학의 수입과 이식의 역사'라는 그 유명한 이식문학론의 명제를 제기한다. 그러나 그는 신문학사가 '신문학의 선행하는 두 가지 표현형식—조선어문학사와 조선한문학사—을 가진 조선인의 문학생활의 역사의 종합이요 지양임'을 덧붙여, 신문학사 연구는 서구적 형태의 문학이 성립하고 발전한 역사를 중심으로 이뤄지되, 신문학에 선행한 두 문학사적 조류와의 교섭을 천명하는 것으로 스스로 제 구극(究極)의 과제를 삼아야 함'[1]을 주장한다.

임화가 이렇게 신문학과 전통문학의 연속성을 주목하면서도 궁극적으로 신문학이 전통문학과 단절되면서 서구문학의 영향 아래 놓일 수밖에 없다고 보는 것은 주지하다시피 개화기 조선이, 봉건조선 내부에서 자주적 근대화를 이룰 수 있는 물질적 조건이 자생적으로 성숙, 발전하지 못했기 때문에 서구 근대사회의 촉발과 수입과 이식으로 근대화될 운명에 놓여 있기 때문이다.

특히 임화는 봉건조선의 물질적 토대의 미성숙을, 당시 마르크스주의자들 일부에서 유행하였던 이른바 '아시아적 생산양식' 혹은 '아시아적 정체성'에 의거하여 설명하고 있다.[2] 이러한 토대의 미성숙은, 신문학사를 구시대 문학의 태내에서 자라고 있던 평민문학의 전면적 비약이 아니라 외래문학의 영향 아래로 이끌게 된 근본적 제약이라고 규정한다. 즉

---

1) 임화, 『신문학사』(임규찬 · 한진일 편), 한길사, 1993, 21면.
2) 김재용, 「임화의 이식문학론과 조선적 특수성 인식의 명암」, 『문예연구』 22, 1999년 가을 참조.

우리 문화전통이나 유산이 결코 저질의 것이기 때문이 아니라, 물적 토대의 미성숙성으로 인하여 단지 근대문화의 성립에 있어 그것을 새 문화 형성에 도움이 되도록 개조하고 변혁해놓지 못했기 때문3)으로 본다.

임화의 이식문학론은 한때 민족적 주체성을 강조하는 문학사 연구자들에 의하여 반박을 받은 이후 부정적인 평가를 받아 왔지만 근자에 그것이 외래적인 것과 전통적인 것을 통일적 관계 속에서 이해하려고 했던 논의로 평가된다.4) 예컨대 임화는 「조선문학 연구의 일 과제―신문학사의 방법론」(1940) 등의 글에서, 문학사 연구가 한 나라의 문학을 둘러싸고 있는 인접문학(환경), 즉 외래문학의 이식과정에 주목해야 하면서도, 문화의 이식, 곧 외국문학의 수입이란 이미 일정한 한도로 축적된 자기 문화의 유산(전통)을 토대로 하지 않고는 불가능함을 주장한다.

따라서 "동양 제국(諸國)과 서양의 문화교섭은 일견 그것이 순연한 이식문화사를 형성함으로 종결하는 것 같으나, 내재적으로는 또한 이식문화사를 해체하려는 과정이 진행되는 것"5)임을 강조한다. 따라서 우리 문학사는 '이식'만으로 구성되거나 유지되는 것이 아니라, 이식적 요소와 전통적 유산 간의 교섭을 통해 이뤄지는 것으로, 그 과정에서 이식문화가 주도적 위치를 갖기도 하지만 진정한 가치의 구현은 그 양자의 지양에 의한 문화창조의 성숙에 의해 이뤄진다는 것이다.6)

이러한 관점은 임화가 「신문학사」에서 이인직·이해조 등의 신소설이 어떻게 전대의 소설에 빚지고 있으며 또 외래문학으로부터 어떠한 영향을 받고 있는지, 한편으로는 훌륭한 작품의 경우 이러한 영향의 틀을 어떻게 극복해나는가를 구체적으로 분석할 수 있게끔 한다. 물론 임화는

---

3) 임화, 『신문학사』(임규찬·한진일 편), 한길사, 1993, 56면.
4) 신승엽의 「이식과 창조의 변증법―임화의 '이식문학론'의 정당한 이해를 위하여」(『창작과비평』, 1991년 가을)가 그 대표적인 예다.
5) 임화, 『신문학사』(임규찬·한진일 편), 한길사, 1993, 381면.
6) 신승엽의 「이식과 창조의 변증법―임화의 '이식문학론'의 정당한 이해를 위하여」, 『창작과비평』, 1991년 가을, 189면.

신문학에 영향을 미친 이러한 재래 형식을 서구의 잣대에 맞춰 일방적으로 "낡은 형식"으로 타매하기는 했다. 그러나 한편으로는 조선시대 언문문학 가운데 생생한 조선어의 보옥(寶玉)이 숨어 있다[7]고 보며, 이것이 근대문학에 재생되고 있음을 한 예로 주목한다.

그리고 임화는 신소설을 검토하면서 역시 토대와 문학과의 관계에 주목하는바, 신소설이 왜 재래의 형식을 빌어 새 사상을 표현하는 절충적인 과도기 문학이 될 수밖에 없었는가를 토대와의 관계에서 적절히 설명한다. 예컨대 외래문화의 영향 아래 생장한 조선의 시민문화는 아직 자력으로 구문화와 구사회 관계를 양기(揚棄)하고 일거에 신문화와 신사회를 건설할 만큼 역량이 성장하지 못했다. 따라서 초기 신문학은 "투쟁의 문학"이 아닌, "계몽의 문학"의 성격을 가질 수밖에 없었던바, 이는 곧 구문학으로부터 급격한 결별을 시도하기보다는, 서서한 해탈 과정을 거치는 과도기 문학으로서의 성격을 지닐 수밖에 없음을 설명한다. 신소설을 바라보는 이러한 문학사 인식 틀과 비평적 방식을 결합하여 임화는 신소설의 양대 작가 이인직, 이해조의 작품론을 실제적으로 전개한다.

그런데 임화는 이들 작가의 구체적 작품 분석에 들어가면서, 그 특유의 이원론적 시각을 보여 준다. 그는 일단 신소설 시대에 이인직과 어깨를 견줄 작가로 이해조를 언급한다. 가령 이해조는 여러 가지 점에서 이인직의 도달 수준에 육박하고 특히 경성어(京城語) 구사에서 능숙하고 정교함을 드러낸다고 본다. 그리고 이해조의 「구마검」을 거론하면서, 시정 현실의 자연스러운 재현이라는 점에서 이해조의 "수법"은 이인직보다 훨씬 위임을 지적한다.

그럼에도 불구하고 이해조는 아직도 권선징악의 낡은 소설적 방법에서 해방되지 못했고,[8] 이인직은 이해조와 달리, "시정 대신에 더 넓은 의미의 사회란 것"[9]이 있다는 사실을 들어, 이인직 문학의 우월성을 지적

---

7) 임화, 『신문학사』(임규찬 · 한진일 편), 한길사, 1993, 133면.
8) 임화, 『신문학사』(임규찬 · 한진일 편), 한길사, 1993, 172면.

한다. 이러한 임화의 평가에는 사상성과 예술성이라는 대립된 이원론적 설정이 숨어 있다. 요컨대 임화는 예술성과 사상성을 분리하여, 이해조는 수법의 측면에서, 이인직은 사상성, 주제의 측면에서 우월하다고 본다.

그리하여 임화는 이인직 소설에서 강하게 드러나는 사상성, 즉 반(反)봉건의 정치적 사상성을 높이 평가한다. 물론 이를 이인직의 예술적 성과와 통일 시켜 보지는 못한다. 예술상의 문제와 사상의 문제를 궁극적으로 통일시켜 보지 못할 경우, 결국 이인직 소설의 예술적 결함은 물론 더 나아가 사상적 결함의 본질적 실체를 파악할 수 없게 한다.

가령 임화는 이인직 작품에 나타난 계몽의 "새로운 사상"에서 '새로움'만 주목하고 이에 대한 비판적 성찰로 나아가지 못한다. 그리하여 이인직 문학의 양식적 결함은 단지 "새로운 정신"에 못 미치는 예술적 결함일 뿐, 이인직 문학의 사상적 한계와 내적으로 관계 맺지 못한다.[10] 하찮은 예로 임화는 「귀의성」이 구소설의 낡은 양식을 차용하는 것 외에도 일본 신파극이나 탐정소설의 영향을 받고 있음을 지적하지만, 이것을 단순히 이식의 차원에서만 설명할 뿐, 이인직의 사상성과 내적 관계를 맺게 하지 못한다.

이인직 문학의 사상적 결함, 이는 다름 아닌 이인직 문학의 근대주의가 안고 있던 관념성 혹은 추상성, 그리고 무엇보다도 매판적 성격의 문제다. 예컨대 「혈의루」를 분석하면서, 임화는 청일전쟁과 이와 관련된 일본, 또 그것이 가져오게 된 갑오경장 이후의 개혁들을 긍정 일변도로 평가한다. 즉 "청일전쟁은 한 사람의 또는 한 가정에 또는 한 국가에 적지 않은 변동을 야기하면서도 조선의 역사를 전체로 낡은 세계로부터 새로운 세계로 내밀은 추진력"[11]으로 본다. 그리하여 임화는 「혈의루」가

---

9) 임화, 『신문학사』(임규찬 · 한진일 편), 한길사, 1993, 282면.
10) 일체의 상대적 대립자를 이원론적 대립으로부터 분리시키는 것은 변증법적 맞짝이 내적으로 상호 관계되어 있는 반면, 이원론적 맞짝은 외적으로 관계되어 있다는 사실이다. (J. 이스라엘, 황태연 역, 『변증법』, 까치, 1983, 167면.)
11) 임화, 『신문학사』(임규찬 · 한진일 편), 한길사, 1993, 245면.

바로 이러한 정치적 사건의 역사적 의미(사상성)를 일상성의 형식(예술성)으로 형상화했다는 점을 높이 평가한다.

그러나 작품 초반부 전장(戰場)의 일상성은, 옥련이 일본인 군의관의 도움으로 도일하고, 구완서와 기연의 만남으로 미국으로 유학을 가면서 점차 상실돼 간다는 점을 임화는 주목해야 한다. 주인공들이 유학을 떠나는 미국의 공간은 당대 독자들에게 선망의 대상일지언정 그것은 신기성(新奇性)마저 띤 비일상적 공간이다. 그리하여 그 공간 안에서 벌어지는 주인공들의 행위 역시 임화의 표현을 빌리더라도, "개화사상을 표현하는 데 사용된 로봇에 그치며 …… 육체는 정지하고 있는"12) 양상을 드러낸다.

그러나 임화는 바로 이러한 예술적 결함을 이인직 문학의 사상적 결함과 결합하여 보지 못한다. 이해조 소설 등에서는 결코 발견할 수 없는 「혈의루」에 나타난 "화성돈(華盛頓)" 등의 비산문적이며, 비일상적인 공간은 야만의 조선 현실과는 대립된 추상적 문명 공간으로13) 이러한 공간의 선망 및 형상화는 조선의 현실을 절망적으로 바라본 이인직의 민족허무주의에서 비롯된다. 조선 현실에 대한 이인직의 절망적 태도는 그의 작품 도처에서 나타난다. 「은세계」에서도 부패한 봉건조선에 대한 절망적인 비판은 필연적인 망국론을 유도하기도 한다.

이러한 필연적 망국론은 곧 일본 등 외국 세력의 개입에 대한 합리화를 위한 전제가 된다.14) 임화가 이러한 점을 주목하지 못하고 있다는 사실은, 곧 「신문학사」가 우리 근대문학의 출발점 및 신소설을 다루면서, 막연한 시민문학론에의 경사를 드러내, 식민지 체험을 한 민족문학으로서의 입장이 약화될15) 수밖에 없는 비판을 받게끔 한다. 우리의 경우 위로부터의 길이었지만 부르주아 권력의 확립이 요구되는 개혁운동은

---

12) 임화, 『신문학사』(임규찬·한진일 편), 한길사, 1993, 247면.
13) 양문규, 「신소설에 나타난 일상성의 문제」, 『연세어문학』 19, 1986 참조.
14) 김영민, 「신소설〈은세계〉 연구」, 『매지논총』 7, 1990.2 참조.
15) 최원식, 「개화기 소설 연구사의 검토」, 『신문학과 시대의식』, 새문사, 1981 참조

1884년 갑신정변에서 시작된다. 이 운동은 1894년 갑오경장을 거쳐 1890년대 후반기 독립협회와 만민공동회 등의 대중적 정치운동으로 전환되고, 1905년 이후 이른바 애국계몽운동의 형태로 변화한다. 임화는 이 시기에 등장한 신소설 특히 이인직의 작품을 이러한 부르주아 개혁운동의 토대가 된 개화파들의 생각을 반영하는 것으로 보고, 동시에 이를 우리 근대문학 출발의 중심으로 강조하고 있는 셈이다.

그러나 19세기 말과 20세기 초 나타난 근대 민족국가 수립을 위한 모색으로는, 시민계급의 이데올로기를 대변하는 개화운동뿐만 아니라, 무전(無田) 농민의 입장을 대변한 동학, 의병, 활빈당 운동 및 봉건적 경제를 기반으로 하는 위정척사운동 등도 존재한다. 특히 후자의 두 운동이 반외세의 문제를 진지하게 제기하는 데 반해, 개화운동은 민족의식 보다는 근대화를 우선으로 하는 근대주의를 지향한다. 따라서 임화는 당시 근대문학으로의 움직임을 개화파와 관련지어 이에 조응하는 이인직의 신소설 같은 시민문학의 성격에만 초점을 맞추고 있는 셈이다. 즉 임화의 관점은 부르주아적 근대관에 입각하여 반봉건을 그리는 근대문학에 초점을 맞추고 있을 뿐, 민족사적 과제에 대응한 근대문학의 실상을 파악하는 데 약점을 드러낼 수도 있다.

반면 이해조 소설의 경우, 임화는 그의 문학의 시정성(市井性)에 주목한다. 즉 시정생활의 반영이야말로 새로운 소설의 근본성격의 하나가 될 산문 정신임을 강조한다. 이인직 문학의 가장 부족한 점이 바로 이 산문성이라는 점에서, 임화는 이해조 문학이 소위 예술성의 측면에서는 이인직보다 우월하다고 본다. 단 사상성의 측면에서는 이인직에 훨씬 못 미치는바, 전술했다시피 이해조는 낡은 권선징악의 주제로부터 벗어나지 못하기 때문이다.

그러나 임화가 예술적으로 인정한 이해조 소설의 시정성은, 양반계급의 윤리적 가치들을 파괴하는 하층계급의 비속한 일상사가 펼쳐지는 경우에만 제한적으로 그 생동감을 드러낸다는 점을 주목해야 한다.16) 즉 윤리적인 양반 또는 개화양반 계급은 추상적으로 형상화되지만, 이들을 모해하는 기생, 무당, 노비 또는 상민들의 야비(野卑)한 일상은 생동감 있게 형상화된다. 그리고 이러한 비속한 일상사 안에 전개되는 하층계급의 저급하고 부정적인 삶은 작가의 도덕주의와 교훈적인 설명과 함께 항상 질타의 대상이 된다. 따라서 이해조 소설에서는 이인직과 달리 작가의 진부한 교화적인 설명이 작품 곳곳에서 이어진다. 이해조가 권선징악의 구투로부터 벗어나지 못했다는 임화의 지적은 당연하다.

이해조는 「화의혈」 서문에서 소설의 교훈성과 오락성의 양면을 두루 강조하는데, 그의 교훈성의 내용은 바로 유교적 윤리로 재무장된 양반질서의 회복이며, 오락성은 이러한 질서의 가치를 와해시키는 하층계급의 비속한 시정의 삶에서 찾고자 하는 것으로, 그의 소설론은 파행적 이원론에 기초하고 있다. 임화는 「자유종」을 분석하면서 이해조의 개화사상을 "근대적으로 개장(改裝)하려는 귀족의 사상"[17]으로 규정하여 그 한계를 올바르게 지적하기는 한다. 그러나 이러한 사상성의 한계를 이해조 문학의 시정성이 드러내는 예술적 한계들과 통일시켜 설명할 수 있어야 했다. 역으로 임화가 강조한 이해조 문학의 시정성이 갖고 있는 나름의 예술적 성취를 역시 그의 문학이 제한적으로나마 갖고 있던 사상의 진보적인 부분과 통일 시켜 설명할 수 있어야 했다.

2) 이광수·염상섭 등의 부르주아 리얼리즘─전체와 개인

임화는 「조선 신문학사론 서설」(1935, 이하 「서설」)에서 한국 근대소설의 통시적 전개 과정을 최초로 정리했다. 이 글은 비록 신소설, 이광수 소설로부터 초기 프로소설에 이르기까지 짧은 시기로 한정하고는 있지만, 초

---

16) 양문규, 「신소설에 나타난 일상성의 문제」, 『연세어문학』 19, 1986, 204면.
17) 임화, 『신문학사』(임규찬·한진일 편), 한길사, 1993, 256면.

기 문학사를 정리하면서 각 시기의 소설과 토대의 관련성을 예리하게 규명하고 있다. 그리고 더 나아가 단순히 소설사가 토대를 반영하여 어떠한 문학적 현상으로 구성되어 있느냐는 것을 정태적으로 관찰하는 데 그치지 않고, 소설적 현상들의 총체가 어떠한 형성, 발전 과정 속에 놓여 있는 전체인가 하는 변증법적 방식을 구사하여 소설사 기술이 나열식의 연대기적 기술 틀에서 벗어나게 한다. 그리하여 이인직·이해조 소설이 진화하여 이광수 소설이 이뤄지고, 동시에 이광수 소설은 동인·상섭·빙허 등의 자연주의 소설에 일 매개적 계기가 된다는 변증법적 관점을 유지한다.

물론 이 글은 임화 이미 스스로 밝혔다시피, 원래 당대의 프로문학이 선행한 문학으로부터 제 유산과 부채를 어떻게 계승하고 있는가를 과학적 문예학의 조명 하에 드러내고자 하는 모색에서 비롯되었다. 그리고 문학사 연구를 단순히 순문학적인 것이 아니라, 당대 프로문학이 직면한 위기에 대처하여 향후 우리 문학의 창조적 실천의 행로와 방향을 모색코자 하는 실천적 과제와의 관련에서 비롯되었다.

그럼에도 불구하고 임화는 「신문학사」에서 날카로운 문제의식으로 프로문학의 전사(前史)로서의 이광수와 염상섭 문학에 대한 핵심적인 평가를 내리고 있다. 가령 「서설」에서 임화가 애초 갖고 있는 중요한 문제의식 가운데 하나는, 사상성과 예술성을 이원적으로 분리시키고 이를 바탕으로 신경향파 소설을 평가하는 논의들에 대한 반론에서 비롯되었다. 가령 김기진, 신남철 등이 신경향파소설이 기법적으로 미숙함에도 불구하고, 이광수 소설보다 사상적 우위를 갖는다고 주장하는 것은 겉으로는 신경향파문학을 옹호하는 듯한 발언으로 보이지만, 임화가 보기에 실제로 이는 사상과 예술성을 분리하면서 결국은 박영희 등과 같이 카프의 조직적 와해를 촉진시키는 변질주의의 이론적 무기로 사용될 수밖에 없음을 지적한다. 요컨대 사상의 발전과 예술의 발전은 병행하는 것으로, 문학사가란 이 양자를 통일적으로 파악할 수 있어야 함을 강조한다. 따라서 그는 신문학으로부터 신경향파 소설로의 소설사 발전 과정을 사상과 예술성의 통일된 발전적 과정 안에서 이해하고자 한다.

임화의 이 같은 관점은 「서설」에서 적어도 신경향파 소설 이전 시기, 즉 이광수 소설에서 자연주의 및 낭만주의로 이어지는 소설사 발전 과정을 구체적인 생동감으로 파악하게끔 한다. 예컨대 우리 신문학 초기 자본주의 발전의 특이한 부자연성에 기인한 토착부르주아 및 소시민 계급의 세계관상의 제한성을 거론하면서, 그것이 이광수 소설의 예술적 묘사의 사실성을 날카롭게 제한한다는 평가를 내린다.

이어 3·1운동 후 민족부르주아의 이상주의가 갖고 있던 낭만적 환상이 소멸되면서 현실폭로의 전면에 나선 소시민 문학을 자연주의 문학으로 규정한다. 그리고 염상섭으로 대표되는 자연주의 문학은 이전 문학과 달리 현실 폭로의 기능을 전면화했기에, 적확한 묘사를 통해 그것을 정시(呈示)해야 했으며, 따라서 춘원과 비교할 때, 자연주의 소설은 소설문학의 생명인 묘사가 진전될 수밖에 없다는 지적을 한다. 이러한 지적들은 모두 예술과 토대 또는 예술성과 사상성을 통일시키면서 변화, 발전하는 소설사를 기술코자 하는 임화의 모색이 반영된 결과라고 볼 수 있다.

그러나 임화는 1930년대 후반 「소설문학의 20년」(1940, 이하 「20년」)에 이르면 이광수와 염상섭 문학에 대하여 「서설」의 경우와 비슷한 발언을 하는 듯하면서도 평가의 기본 관점이 달라진다. 즉 「20년」을 쓰게 된 시기인 1930년대 후반 객관적 정세의 악화는 임화로 하여금 우리 근대문학의 최종 도달점이 프로문학이라는 전제를 거둬들이게 한다. 그리하여 프로문학은 선행된 부르주아 문학과 동일선상에 놓여 상대화되고, 프로문학의 전사로서의 이광수, 염상섭의 문학이라는 설정도 수정된다.

대신 임화는 「20년」에서 우리 소설의 전개 과정을 살펴볼 모범적 잣대로서 '본격소설'이라는 19세기 서구 소설의 형식을 상정하여, 그것의 실현 정도에 따라 우리 소설의 발전 과정을 해명코자 한다. 즉 소설은 개인으로서의 성격과 환경을 통일하여, 그 운명을 그리는 예술이다. 그런데 우리 신문학의 전개 과정에서 이광수 소설은 개성보다는 전체가 앞선 봉건적인 신문학이었고, 경향소설 역시 개성적이기보다는 지나치게 집단적인 성격을 띠고 있어 소설 양식(본격소설)을 완성하지 못한다.

이광수 문학이나 신경향파문학이 이렇게 된 데는 우리의 반(半)봉건성의 두터운 잔재 때문인데, 즉 개성의 가치를 알려줄 소설의 근대적·시민적 전통이 완성되지 않았기 때문이다. 물론 자연주의 문학을 통과하면서 개성이 소설 가운데 구현되기 시작하지만, 자연주의 소설에서는 전체적(역사적·사회적) 관심이 수축된 상태였기에, 개인을 전체에서 보는 입장을 상실하고 대신 개성이 전면에 나타나 역시 온전한 소설 양식을 구현해내지 못한다.

「20년」에서는 우선 「서설」과는 대조적으로 애초부터 소설사를 형성, 발전 과정 안에 놓인 전체로서 보는 변증법적 관점이 사라진다. 이는 프로소설을 우리 소설사의 완결로 보는 관점으로부터 벗어나지만, 프로소설이나 부르주아 소설 모두가 우리 소설사 자체의 자연스러운 발전 과정 안에 놓인 것이 아닌, 서구 또는 이의 매개가 된 일본의 것을 이식한 것이라는 관점이 우세해지기 때문이다. 따라서 우리의 소설은 20세기에 놓여 있지만 안타깝게도 19세기 서구의 고전적 본격소설의 성과에도 도달해보지 못한 한계를 가지고 있다는 것이 이 시기 임화의 문제의식이다.

따라서 임화는 변증법적 관심 대신, 작가와 현실, 인물과 환경 또는 개인과 전체의 조화 및 통일로 정의한 본격소설의 특징을 준거 삼아 그것의 실현 정도에 따라 우리의 소설 발전 과정을 설명하는 식의 소설사 인식을 드러낸다. 이러한 인식 방식은—임화의 본격소설론이 리얼리즘 소설론이든 무엇이든 간에—역사성의 범주를 탈락시켜 소설사를 형식주의적으로 이해할 공산이 커지게끔 한다. 그리고 결국 이는 우리 소설사를 역사의 변화, 발전 과정 안에서 볼 수 없게끔 한다.

즉 임화는 본격소설을 설명하는 개인과 전체, 인물과 환경, 관념과 묘사라는 다양한 형태의 이원론적 설정에 의거하여 우리 소설사를 이 양자가 시기별로 강약의 세를 드러내는 것으로 본다. 그것은 전술한바, 소설사를 형성, 발전에 놓인 전체로서 바라보지 못하게 하니, 한 예로 역사적 순차와도 관계없고 또 이념적 연관성이 없는 이광수·염상섭 등의 부르주아 작가와 이기영·한설야 등의 프로 작가의 작품을, 환경과 작가의 조화 다시 말해 본격소설을 불충분하게나마 추구했다는 점에서 형태상의 공통성을 갖고 있다[18]는 식의 평가를 내리게 한다. 이러한 방식은 소설 작품 개개에 대한 구체적 진상을 왜곡할 수도 있다.

그리하여 임화는 「20년」에서 이광수를 평가하면서, 그의 소설이 개인과 전체의 통일을 지향하고 있지만, 신소설의 옛 투를 벗어나지 못하는 것은 우리의 후진성에 기인하는바, 인물의 개성이 소설 안에서 철저히 구현되지 못하기 때문이라고 본다. 그리하여 이광수 소설이 "설사 전체에의 관심을 가졌더라도" 개성의 형상화가 제대로 이뤄지지 않아, 근대적인 것으로 나아갈 수 없음을 지적한다. 그러나 이는 개성의 문제만이 아닌, 이광수가 관심을 둔 전체가 올바른 것이냐 하는 질문과 함께 통일된 방식으로 이뤄져야 한다. 이광수의 전체는 식민지 현실이 제거된 이른바 '거짓된 전체'이기 때문이다.

한편 임화의 이원론적 방식은 염상섭의 「만세전」을 자연주의 소설의 최고의 결정이라고 하면서, 그 작품적 성과를 묘사의 충실성에만 국한시키게끔 한다. 예컨대 자연주의 문학은 개인(성격)과 환경, 관념과 묘사의 통일에서, 성격보다 세부 묘사가 중시되어 불가불 정치(精緻)한 묘사의 기술을 초래하게 된다고 본다. 그리하여 프리체의 견해를 빌려, 자연주의에서는 대상에 대한 부정적 의식(페시미즘)이 대상의 철저한 묘사로 작가를 인도한다고 덧붙이며, 바로 「만세전」의 도저한 페시미즘이 이러한 성과를 드러냈다고 본다.

그러나 「만세전」의 성과를 "묘사"로 보느냐, "관념"으로 보느냐 하는

---

18) 임화, 『문학의 논리』, 학예사, 1940, 369면.

것은 무의미한 문제 제기다. 중요한 것은 「만세전」이라는 구체적인 작품을 역사적 범주 안에 놓고 그것의 리얼리즘의 달성된 측면과 그 한계를 지적해야 한다. 그러나 이 시기 임화에게 이는 애초부터 불가능한 일이다. 왜냐하면 그에게 「만세전」은 본격소설에 이르지 못한 이른바 자연주의 문학일 따름이기 때문이다. 당연히 그것은 묘사와 관념의 통일에 이르지 못하고 있으며 따라서 묘사냐? 관념이냐? 하는 이원화된 틀을 갖고 평가를 하니, 「만세전」이 우리 소설사 발전에 기여하게 되는 핵심적 본질이 파악될 수가 없다.

한편 해방 이후 임화는 「조선소설에 관한 보고」(1946, 이하 「보고」)에서는 결코 예술성을 배타적으로 옹호한 것은 아니지만, 예술성과 사상성을 분리하여 소설사를 검토하고자 하는 태도가 강화된다. 그리하여 이광수의 경우, 서구의 것을 이식한 그의 소설을 우리 소설문학의 본격적 출발점으로 설정한다. 특히 종전에는 별로 언급이 없던 이광수의 단편소설 양식을 순전히 서구 내지는 일본을 통해 이식된 것으로 보고, 이러한 양식에서야 비로소 우리 소설이 이야기 체의 전통적 형식으로부터 완전한 분리가 이뤄지며 예술적인 일대 비약을 갖는다고 평가한다.

3) 프로소설과 1930년대 후반 소설－사상성과 예술성

「서설」에서 임화는 이인직·이해조의 소설이 진화하여 이광수 소설이 이뤄지고, 동시에 이광수 소설은 동인·상섭·빙허 등의 자연주의 소설에 일 매개적 계기가 된다고 본다. 그리고 신경향파 소설은 이인직·이광수에서 자연주의로 계승 발전되는 사실주의의 문학적 유산과, 자연주의가 갖는 진보적 역할이 종언되면서 과도적 국면에 나타난 낭만주의 양자를 계승한다고 본다. 그리하여 신경향파 문학은 이후 프로문학으로 발전하여 자연주의와 낭만주의적 유산을 고도로 종합하는 사실주의 단계에 도달하고 본다.

전술한 바 한국 초기 근대소설을 바라보는 임화의 이러한 관점은 당대의 프로문학이 선행한 문학으로부터 제 유산과 부채를 어떻게 계승하고 있는가를 과학적 문예학의 조명 하에 드러내고자 하는 모색에서 비롯되었다. 그런데 문제는 「서설」에서 프로문학 이전의 문학사에 대한 객관적이고 상대적인 평가와는 달리 이광수-자연주의-낭만주의가 귀결되는 신경향파 소설의 구체상을 정립하면서 나타나는 이른바 이원론적 방식과 관련된 평가다. 이는 역설적으로 임화 스스로 「서설」에서 김기림·박영희·신남철을 공격하는 근거이기도 한 셈이다. 임화는 신경향파 문학을 이전의 신문학이 가지고 있던 고전적인 것(사실적 정신)과 낭만적인 것(진보적 정신)이 종합되어 나타나며, 신경향파문학은 이후 프로문학으로 발전하면서 자연주의와 낭만주의적 유산을 고도로 종합하는 사실주의 단계에 도달한다고 본다.

이러한 식의 신경향파소설 평가에는 이 시기 임화가 주창했던 혁명적 낭만주의론과 연관되기도 하고,19) 기본적으로는 역시 임화의 소설사 논의에서 여러 가지 형태로 변주되어 나타나는 이원론적 방식과 관련되어 있다. 임화는 「서설」을 쓰기 전 「낭만적 정신의 현실적 구조」(1934)에서 문학사 현실의 양대 조류를 "사실적인 것"과 "낭만적인 것"이라는 상호 배타적인 대립물로 설정한다. 따라서 문학사의 전개 과정은 이 양자가 상호 삼투, 대립, 상충하는 복잡한 작용 및 특수화된 작용으로 본다.

그리하여 낭만적인 것과 사실적인 것이라는 양자는 초시대적인 범주적 원리가 되어 각 시기에 걸쳐 다양한 상호 대결 작용을 전개해나간다. 임화는 그 중에서도 근대 시민사회의 문학은 바로 이 낭만적인 것과 사실적인 것이 최대한도로 대립하고 있는 예로 본다. 물론 향후의 문학은 이 양자의 통일을 지향해야 하며, 그렇게 되리라는 기대를 하고 있다. 이

---

19) 이상경, 「임화의 소설사론에 대한 비판적 검토」, 『창작과비평』, 1990년 겨울, 302면.

는 그가 이원론자로 비판했던 프리체의 방식, 즉 아이디얼리즘의 정반대편에 리얼리즘을 설정하고, 예술사를 리얼리즘과 아이디얼리즘의 반복 과정으로 보는[20] 이원론적 방식을 차용하면서, 한편으론 이에 덧붙여 양자의 통일을 역설하고 있는 셈이다.

그리고 임화는 낭만적인 것과 사실적인 것이라는 범주들을, 그가 비판한 사상성과 예술성의 분리된 이원론적 방식으로 대치한다. 가령 「낭만적 정신의 현실구조」에서 낭만적인 것은 "서정적인 것"에서 "의식성"으로, 사실적인 것은 "서사적인 것"에서 "현실성"으로 뒤섞여 사용된다. 결국 「서설」에서는 박영희, 김기진 등의 선전, 선동을 앞세운 수준 미달의 작품을 낭만적인 것을 대표하는 작품으로 설정하여 이를 사실적인 경향의 소설과 대립선상에 놓음으로써, "낭만적인 것=진보적인 사상성", "사실적인 것=묘사 등의 예술성"으로 대입된다.

그리하여 임화는 신문학으로부터 신경향파 소설로 이어지는 계승, 대립, 변화의 합법칙성을 기술하는 과정 중 신경향파소설 부분에서는 도식화로 빠진다. 가령 이 부분에서는 실제 자연주의 문학과 낭만주의 문학이 어떻게 초기 프로소설의 사실적 경향과 낭만적 경향으로 이어져 왔는가에 대한 분석적 검토도 없이, 이를 주관적 관념의 표현과 객관적 현실의 묘사라는 공통성만으로 낭만적인 것과 사실적인 것의 대립적 구도 안에 설정해버려 초기 프로소설의 다양한 발전 과정에 대한 분석을 포기한다.[21]

애초 「서설」에서 소설사를 형성, 발전 과정 안에 놓인 전체로 보는 임

---

20) 하정일, 「프리체의 리얼리즘관과 30년대 후반의 리얼리즘론」, 『현대문학의 연구』 4 (한국문학연구회 편), 1993, 73면 참조.
　　참고로 임화가 (조선의) 자연주의 문학에서 "사실주의가 최고의 절정"을 이뤘고, 이기영의 사실주의는 "고도의 종합적 사실주의"라든지 하는 식(임화, 『신문학사』, 한길사, 1993, 366면 참조)의 표현을 하는 것은, 「서설」을 쓰던 시기 그의 사실주의에 대한 이해가 프리체와 크게 다를 바 없음을 보여 준다.
21) 김재용, 「일제하 프로소설사론 연구」, 연세대 대학원, 1992, 5면.

화의 온당한 관점에도 불구하고 초기 프로소설을 평가하면서 드러내는 임화의 형식주의적 사고 방식은 무엇에 기인하는 것일까? 이는 프로문학에 대해 거리를 갖지 못하고 또 이를 문학사의 귀결점으로 보고 싶었던 카프 문인 임화의 조급한 욕구와 관념적 정열에 기인하는 듯하다.

이 시기 우리 문학사를 프로문학으로 귀결되는 완결된 폐쇄 체계로 구성하고 싶었던 임화의 의도는 신경향파 소설 역시 형성하면서 발전하는 "과정의 전체"22)에 놓여 있는 한 계기임을 망각케 한다. 일정한 사실 또는 사태를 논의하면서 그것이 전체성의 범주로부터 벗어날 때 이원론적 계기들이 등장한다. 따라서 임화는 낭만적인 것과 사실적인 것이라는 섣부른 이원론적 설정을 전제하고는, 양자의 공허한 통일을 지향함으로써 프로문학에 대한 객관적이고 공정한 분석을 막는다.

그러나 1930년대 후반 임화는 프로소설을 우리 소설사의 완결로 보며, 그것의 독자적 성격을 강조하는 소설사적 구도를 수정한다. 즉 임화는 우리 초기의 부르주아 문학을 궁극적으로 프로문학으로 전진해 나가기 위한 전사로 설정하여 궁극적으로 우리 근대문학의 최종 도달점이 프로문학임을 전제하고 있는 근대문학사 구도로부터 벗어나, 우리의 근대문학사를 새롭게 다시 정립코자 하는 모색을 드러낸다.

가령 임화가 「신문학사」를 기술하면서 제기한 이식문학론은 우리의 근대문학 전반은 하나의 이식된 것에 지나지 않는다는 인식으로 귀결된다. 당연히 근대문학의 발생에서부터 부르주아 문학은 말할 필요도 없고, 우리의 프로문학 역시 그것이 역사적 현실에 기초한 것이 아니고 외부에서 수입된 이식의 문학으로서 그 내부에 물질적 기초가 없는 관념상의 것임을 주장하는 근거로 제시된다. 그리고 이러한 이식성이 프로문학의 공식주의를 낳게 될 수밖에 없음을 주장하기에 이르게 된다.23)

---

22) 변증법적 이성은 전체는 불변적인 것이 아니라, 계속해서 변혁과 초월의 과정으로 나타나며, 전체성은 생산되는 것이라는 사실, 그것도 자기 자신 내부에서 생산되는 것으로 본다. (J. 이스라엘, 황태연 역, 『변증법』, 까치, 1983, 139면.)

그리하여 전술한바, 우리 소설의 전개 과정을 살펴볼 모범적 잣대로서 '본격소설'의 틀에 의거하여 프로소설이나 이광수 등의 부르주아 소설 모두가 우리 소설사 자체의 자연스러운 발전 과정 안에 놓인 것이 아닌, 서구 또는 이의 매개가 된 일본의 것을 이식한 것이라는 관점에 서게 된다. 그리하여 앞서 보았듯이 이념적 연관성이 없는 이광수·염상섭 등의 부르주아 작가와 이기영·한설야 등의 대표적인 프로 작가의 작품이 본격소설을 불충분하게나마 추구했다는 점에서 형태상의 공통성을 갖고 있다는 식의 평가를 내리는 것이다.

프로문학을 바라보는 1930년대 후반 임화의 시각은 해방 직후에도 대체로 이어지며 그 비판적 태도는 오히려 강화된다. 즉 프로문학은 종래 신문학의 미약한 진보성과 계몽성을 혁명성과 대중성의 방향으로 발전시켰고, 형식에서 리얼리즘을 확립하고, 문학을 민중에게 해방한 공로는 있지만, 수입된 사조의 모방으로 인한 공식주의적 약점을 드러내며, 좋은 의미의 민족성을 부르주아적이라고 부정하는 과오를 지닌다고 비판한다. 그리하여 프로문학은 문학 유산의 계승이라든가 예술적 완성이라든가 하는 문제를 적당히 취급하지 않았다고 본다.

이러한 문제의식으로부터 임화는 「보고」에서는 프로문학의 결점을 지적하는데 그치지 않고, 우리 소설사를 검토하면서 부르주아 소설과 프로 소설을 대등한 관계로 올려놓기에 이른다. 즉 1920년대의 자연주의를 거치면서, 이를 토대로 성장한 1930년대 이후의 작가군을 두 계열로 나누는데, 그 하나는 이태준·채만식·박태원·안회남 등의 민족적 문학으로 이들은 소설의 예술적 측면의 완성에 노력을 했다고 본다. 또 하나는 이기영·한설야 등의 계급적 문학으로 그들은 소설의 사상적 방향을 중시했다고 본다. 그러나 이 양자의 구분은 1930년대 후반 파시즘의 강화와 더불어 의미가 없어지며, 문학계는 친일계와 비친일계로 양분된다고 본

---

23) 김재용, 「임화의 이식문학론과 조선적 특수성 인식의 명암」, 『문예연구』 22, 1999년 가을 참조

다. 그리하여 임화는 해방 이후 새로운 민주적 민족문학의 건설을 위한 단계에서 계급적 문학의 사상성과 민족적 문학의 예술성을 통일적으로 발전 시켜야 된다고 본다.

임화의 이러한 시각에는 어떠한 문제가 있는 것인가? 식민지 시대의 소설사를 사상성과 예술성의 이원론에 근거하여 이를 계급문학과 민족 문학에 대입하여 보는 것은 우리 소설사 발전의 역동성을 제거한다. 오히려 우리는 식민지 시대의 소설사를 검토할 경우, 프로문학의 사상성 자체가 올바른 지향점을 갖고 있는 지의 여부, 그리고 그러한 점들이 예술성과 내적으로 어떻게 관계 맺는가, 한편 민족적 문학이 드러냈다고 하는 예술성이라는 것이 단순히 예술성 자신의 실존을 지향하면서 사상성과 배타적인 관계를 맺는 것은 아닌가 하는 시각에서 소설사를 검토 해야 그를 역동적으로 파악할 수 있으리라 생각한다. 임화는 이론적으로 는 늘 사상성과 예술성 양자의 통일을 주장하면서도 실제 우리 소설사 를 인식하는 과정에서 그것은 서로 분리된 두 개의 실체이며 따라서 양 자는 상호의존적이지도 않고 상호 영향을 미치기를 꺼린다. 이러한 태도 는 당연히 프로문학은 사상성을 중시했고, 민족적 문학은 예술성을 중시 했다는 결론에 이르게 한다.

예컨대 「보고」가 정리한 1930년대 후반의 소설사 흐름 내용을 다시 검토해보자. 「보고」는 1930년대 후반 파시즘의 강화에 따라 계급적이든 민족적이든 우리 소설은 유표(有標)한 주제를 피하고 시정의 묘사, 세태 의 표현으로 혹은 연대기적 기술로 방황하면서 리얼리즘의 길을 닦는다 고 본다. 그리하여 예의 환경과 주인공의 분리, 묘사와 표현의 분리가 이뤄지며 소설에서 주인공의 결여를 초래하는 결함을 낳는다고 본다. 이는 다름 아닌 임화가 「본격소설론」에서 드러낸 견해의 연장이다.

즉 「본격소설론」은, 이기영의 『고향』 이후 객관적 상황의 악화로 우리 소설은 본격소설의 실현 가능성으로부터 더욱 멀어지며, 세태소설 또는 내성소설의 양극으로 치닫는다고 본다. 따라서 박태원의 「천변풍경」 등을 세태소설로 거론하면서, 그것이 "묘사기술의 진보는 있을지언정, 사고력의 쇠퇴를 가져 왔다"[24]는, 바꿔 말하면 예술성은 진전되었지만 사상성은 후퇴해버렸음을 지적한다.

그러나 임화가 지적한 「천변풍경」의 묘사 기술의 진보는, 단순히 기술의 문제만은 아니다. 그것은 가난하고 비천한 자들이 오히려 지닐 수도 있는 익살스럽고 아름다운 인정기미에 대한 작가의 애정 또는 연대의식에서 비롯된다. 더불어 계급적 시각에서 조명된 것은 아니지만, 도시문명의 한 부분이면서도 동시에 공동체적 삶의 전통이 여전히 생활의 이름으로 살아 있는 천변에 대한 생명력 있는 묘사를 통해, 작가는 도시화에 의해 재편되는 새로운 식민지적 근대 구조 또는 식민지 자본주의에 대한 근본적인 질문 내지 비판을 보여 준다.[25] 즉 「천변풍경」은 사상성이 후퇴한 것이 아니라, 당시의 변화하는 새로운 현실에 대응한 새로운 주제의식을 보여준다. 이러한 새로운 주제의식이, 결코 예전에는 발견할 수 없던 새로운 묘사의 진보를 낳게 한 셈이다.

임화가 명명한 세태소설뿐만 아니라 내성소설 역시 기존 프로소설의 현상적인 내용성 또는 현실 전망의 관점에서만 볼 때 현실비판력이 떨어지는 것이 사실이다. 그러나 실제로 이들은 프로소설과는 또 다른 방식으로 근대의 본질에 대한 깊이 있고 풍부한 인식으로 나아갈 가능성을 드러내기도 한다. 예컨대 박태원 및 이상 소설의 내면에 칩거하는 룸펜 주인공들은, 프로문학의 농민, 공장 노동자 또는 혁명가와 더불어 자본주의적 삶을 첨예하게 가늠하게 하는 또 다른 강력한 주인공들인 셈이다.[26]

임화가 이러한 점들을 고려하지 못하는 것은 사상성과 예술성이라는

---

24) 임화, 『신문학사』, 한길사, 1993, 415면.
25) 하정일, 「'천변'의 유토피아와 근대 비판」, 『한국근대문학연구』(구중서·최원식 편저), 태학사, 1997 참조.
26) 이경훈, 「모더니즘 소설과 돈」, 『현대문학의 연구』 12, 1999, 356면.

분리된 이원론적 소설사 인식 방법에 기인함은 재론할 필요가 없겠다. 물론 사상성과 예술성은 항상 일치하는 것은 아니다. 그러나 양자가 상이한 언어로 표현하되, 그것은 궁극적으로 한 대상을 취급하고 있다는 시각을 저버리지 말아야 한다.[27) 그런데 임화는 이론적으로는 늘 사상성과 예술성 양자의 통일을 주장하면서도 실제 우리 소설사를 인식하는 과정에서 그것은 서로 분리된 두 개의 실체이며 따라서 양자는 상호의 존적이지도 않고 상호 영향을 미치기를 꺼린다. 이러한 태도는 당연히 프로문학은 사상성을 중시했고, 민족적 문학은 예술성을 중시했다는 결론에 이르게 한다.

한편 임화는 「보고」의 마지막 부분에서 1930년대 후반과 달리, 이제 즉 해방 이후 우리 소설은 민족적 문학과 계급적 문학의 통일, 사상성과 예술성의 통일, '본격소설론' 식으로 얘기하자면, 묘사와 표현의 통일이라는 가능성을 실현시킬 수 있음을 희망적으로 밝히고 있다. 왜냐하면 이러한 통일은 문학 자체로서는 불가능하고 결국 새로운 현실의 전개만이 그 가능성을 창조해낼 수 있기 때문이다. 현실 조건의 개선 없이는 현실과의 조화를 탐구하는 본격소설의 모색은 무위에 그칠 수밖에 없다고 주장하는 것은, 문학이 결국은 현실에 투항할 수밖에 없게 되는 상황을 옹호하고 있는 듯하다.

「보고」에서 우리 소설사를 사상성과 예술성의 대립 구도 안에서 설명해놓곤, 양자의 통일을 낙관적으로 기대하는 임화의 모습은, 「서설」에서 문학사를 낭만적인 것과 사실적인 것의 양대 경향으로 분리시키고 프로문학을 이의 통일로 보고자 했던 그의 모습을 다시 보는 듯하다. 이는 이론적으로는 항시 예술성과 사상성의 통일을 주장하면서도, 정작 소설사 인식이라는 실천 과정에서는 항시 그 양자를 이원적으로 분리하여 보는 태도와의 모종의 관련을 보여 준다.

---

27) 이원론의 극복에 관해서는 J. 이스라엘, 황태연 역, 『변증법』, 까치, 1983, Ⅳ장 참조.

3. 맺음말

이 글은 식민지 시기부터 해방 직후까지 이뤄진 임화의 한국 근대소설에 대한 인식 틀과 내용을 검토했다. 특히 그의 글에서 다양한 내용으로 변주되는 이원론적 계기에 주목해보았는데, 이상의 논의를 요약해보자면 다음과 같다.

첫째, 임화는 우선 근대 초창기 신소설에 주목하여 이인직과 이해조 두 작가를 중심으로 이의 성과를 살펴본다. 특히 신소설이 어떻게 전대의 소설에 빚지며 또 외래문학으로부터 어떠한 영향을 받는지를 분석한다. 그런데 임화는 이인직과 이해조의 작품을 비교, 분석하면서 그 특유의 이원론적 시각을 드러낸다. 예컨대 임화는 예술성과 사상성을 별개 분리하여, 이해조는 수법의 측면에서, 이인직은 사상성, 주제의 측면에서 우월하다고 본다. 그러나 임화가 긍정적으로 평가한 이인직의 반봉건 사상의 이면에는 매판성이 놓여 있다. 따라서 임화는 이인직 문학의 사상성이 갖고 있는 성과만이 아니라 한계를 그의 작품에 나타난 예술적 결함과 통일 시켜 평가해야 했다. 한편 임화가 긍정적으로 평가한 이해조 소설의 시정성이라는 것 역시 실제로 양반계급의 윤리적 가치들을 파괴하는 하층계급의 비속한 일상사가 펼쳐지는 경우에만 제한적으로 성과를 드러낸다. 따라서 이해조 문학 역시 그것이 제한적으로나마 가졌던 사상의 진보성과 한계를 이해조 문학의 시정성이 갖는 예술적 성취 및 한계와 역시 통일 시켜 설명할 수 있어아 했다.

둘째, 임화는 「서설」에서는 이광수에서 자연주의로 이어지는 소설사의 발전 과정을 적확하게 파악하고 있다. 그러나 임화는 1930년대 후반에 이르면 소설사를 형성, 발전 과정 안에 놓인 전체로서 보는 변증법적 관점을 버리고, 작가와 현실, 인물과 환경 또는 개인과 전체의 조화 및 통일로 정의한 본격소설의 특징을 준거 삼아 우리의 소설 발전 과정을 설명한다. 그리하여 임화는 이광수를 평가하면서, 그의 소설이 개인과 전체의 통일을 지향하지만, 옛 투를 벗어나지 못하는 것은 인물의 개성이 철저히 구현되지 못하기 때문이라고 본다. 그리하여 이광수 소설이 전체에의 관심을 드러냈지만 개성의 형상화가 제대로 이뤄지지 않아, 근대적인 것으로 나아갈 수 없음을 지적한다. 그러나 이는 개성만이 아닌, 이광수가 관심을 둔 전체가 올바른 것이냐 하는 질문과 함께 통일된 일원적 방식으로 이뤄져야 한다.

한편 임화는 이원론적 방식에 의거하여 「만세전」의 성과를 묘사의 충실성에만 국한시킨다. 예컨대 자연주의 문학은 관념과 묘사의 통일에서, 성격보다 세부 묘사가 중시되어 불가불 정치한 묘사의 기술을 초래하게 된다고 본다. 그러나 「만세전」의 성과를 "묘사"로 보느냐 아니면 "관념"으로 보느냐 하는 문제 제기보다는, 「만세전」이라는 구체적인 작품을 역사적 범주 안에 놓고 그것의 리얼리즘의 달성된 측면과 그 한계를 지적해야 한다.

셋째, 임화는 「서설」에서는 프로문학에 대해 이원론적 방식을 사용한 주관적인 평가를 내린다. 예컨대 신경향파 문학을 이전 신문학이 가졌던 사실적 정신과 진보적 정신이 종합되어 나타난 것으로 보며, 그것은 이후 프로문학으로 발전하면서 자연주의와 낭만주의적 유산을 고도로 종합하는 사실주의 단계에 도달한다고 본다. 그러나 임화는 초기 프로소설을 낭만적인 것과 사실적인 것의 대립적 구도 안에 설정해놓곤, 프로문학이 이의 통일을 지향한다고 손쉽게 언급하여 프로소설의 다양한 발전 과정에 대한 분석을 포기한다. 이는 임화가 이 시기 우리 문학사를 프로문학으로 귀결되는 완결된 폐쇄 체계로 구성하고 싶은 나머지, 프로소설 역시 형성하면서 발전하는 '과정의 전체'에 놓여 있는 한 계기임을 망각한데서 비롯된다.

그러나 1930년대 후반 임화는 프로소설을 우리 소설사의 완결로 보는 소설사적 구도를 수정한다. 가령 부르주아 소설, 프로소설 모두가 우리

소설사 자체의 자연스러운 발전 과정 안에 놓인 것이 아닌 이식된 것이라는 관점에 선다. 그리고 「보고」에서는 1930년대 이후의 작가군을 두 계열로 나누어, 민족적 문학은 소설의 예술적 측면의 완성에 노력을 했고, 계급적 문학은 소설의 사상적 방향을 중시했다고 본다. 식민지 시대의 소설사를 사상성과 예술성의 이원론에 근거하여 이를 계급문학과 민족문학에 대입하여 보는 것은 우리 소설사 발전의 역동성을 제거한다. 오히려 우리는 식민지 시대의 소설사를 검토할 경우, 프로문학의 사상성 자체가 올바른 지향점을 갖고 있는 지의 여부, 그리고 그러한 점들이 예술성과 내적으로 어떻게 관계 맺는가를 살펴보아야 한다. 거꾸로 민족적 문학이 드러냈다고 하는 예술성이라는 것이 단순히 예술성 자신의 실존을 지향하면서 사상성과 배타적인 관계를 맺지는 않는가 하는 시각에서 소설사를 검토해야 한다.

임화가 이러한 점을 고려하지 못하는 것은 사상성과 예술성이라는 분리된 이원론적 소설사 인식 방법에 기인한다. 물론 사상성과 예술성은 항상 일치하는 것은 아니다. 그러나 양자가 상이한 언어로 표현하되, 그것은 궁극적으로 한 대상을 취급하고 있다는 시각을 저버리지 말아야 한다. 그런데 임화는 이론적으로는 늘 사상성과 예술성 양자의 통일을 주장하면서도 실제 우리 소설사를 인식하는 과정에서 그것은 서로 분리된 두 개의 실체이며 따라서 양자는 상호의존적이지도 않고 상호 영향을 미치기를 꺼린다. 이러한 태도는 당연히 프로문학은 사상성을 중시했고, 민족적 문학은 예술성을 중시했다는 결론에 이르게 한다.

이식·근대·탈식민

하정일

1. 왜 다시 이식문학사론인가

아마도 임화의 이식문학사론만큼 평가가 극과 극으로 갈리는 경우도 드물 것이다. 한편에서는 식민사관에 포섭된 문학사론으로 비판하면서 한국근대문학사 연구가 무엇보다 먼저 극복해야 할 대상으로 폄하하는가 하면, 다른 한편에서는 한국근대문학의 한 본질적 특징을 포착해낸 탁월한 문학사적 통찰의 예로 상찬(賞讚)한다.

전자가 임화의 이식문학사론에 대한 심각한 오독(誤讀)의 산물인 것은 분명하다. 이식문학사론의 문제의식에서부터 실제 내용에 이르기까지 잘못 해석한 경우가 대부분이다. 오독의 바탕에는 내재적 발전론이 깔려 있다. 한국사의 발전이 민족 주체의 내적 노력에 의해 추동되어 왔다는 시각에서 보면 한국근대문학의 형성이 이식을 매개로 이루어졌다는 임화의 설명은 받아들이기 힘들었을 터이다. 이로부터 정체성론, 타율성론, 서구중심주의, 속류 유물론 등과 같은 험악한 비난들이 임화의 문학사론 위에 쏟아지게 된 것이다. 하지만 비판의 이론적 근거였던 내재적 발전론 자체가 흔들리고 있는 지금의 시점에서 보건대 이런 유(類)의 비판은 이제 오독 여부 이전에 '이론적으로' 존립하기 어렵게 되었다.1)

문제는 아직도 이러한 비판이 학계에서 통념적으로 널리 수용되고 있다는 사실이다. 물론 비판의 논리는 과거보다 세련되게 다듬어졌다. 가령 '근대'가 서구의 고안물이라는 점에서 그것을 한국문학의 지향점으로 설정한 것 자체가 서구 중심주의 아니냐는 비판이 한 예일 터이다. 이런 식의 탈근대론적 비판이 내재적 발전론에 입각한 비판보다 한결 세련되고 발본적인 비판임은 분명하다. 하지만 이 역시 임화가 구상했던 '근대'에 대한 면밀한 분석을 결여하고 있기는 마찬가지다. 요컨대 식민지적 근대의 특수성이라든가 근대의 양면성에 대한 임화 특유의 구상을 제대로 읽어내지 못하고 있는 것이다.

그에 비해 후자는 이식문학사론의 문제의식이 이식의 극복에 놓여 있음에 주목해 이식의 내적 역학에 대한 임화의 입장을 적극적으로 이해하려는 모습을 보여준다.2) 이러한 노력은 식민주의의 극복이라는 내재적 발전론의 합리적 핵심을 수용하면서 민족주의에 의해 왜곡된 문학사 연구의 객관성을 회복하려는 고민을 배경으로 하고 있다. 그런 점에서 임화의 이식문학사론에 대한 재조명은 한국근대문학사를 좀더 '과학적으로' 바라보려는 노력과 맞닿아 있다. 하지만 이식문학사론의 전체 구도나 기본 관점을 조망하는 데 치우치다보니까 정작 이식문학사론의 구체적 내용에 대해서는 무관심한 상태이다. 이러한 한계는 기

---

1) 임화의 이식문학사론에 대한 비판이 갖는 문제점에 대해서는 신두원, 「이식과 창조의 변증법」(『민족문학을 넘어서』, 소명출판, 2000) 2장 참조

2) 구중서와 신두원의 연구가 대표적 성과이다. 구중서, 「한국문학사 방법론들에 대한 종합적 검토」, 『한국문학과 역사의식』, 창작과비평사, 1985; 신두원, 「이식과 창조의 변증법」, 『민족문학을 넘어서』, 소명출판, 2000.

왕의 연구가 주로 「신문학사의 방법」(『동아일보』 연재시의 제목은 「조선문학 연구의 일 과제)을 중심으로 이루어진 것과 관련이 깊다. 이식문학사론의 구체적 내용이 「개설 신문학사」에 담겨 있다는 점에서 「신문학사의 방법」을 중심으로 한 연구는 이식의 역사적 연원, 과정과 결과, 이식의 의미와 양면성 등 이식문학사론의 주요 내용을 제대로 규명하기 어려울 수밖에 없다.

임화의 이식문학사론에 대한 다양한 연구가 지난 10여 년간 이루어져 왔고 적지 않은 성과를 거두기도 했지만, 그럼에도 불구하고 여전히 답보 상태라는 느낌을 지울 수 없는 주된 이유 가운데 하나가 이식문학사론에 대한 이런저런 이야기들은 많지만 정작 그것의 구체적 내용에 대한 천착은 부족한 때문이라는 것이 필자의 판단이다. 따라서 본고는 「개설 신문학사」를 중심으로 이식의 의미와 원인, 과정과 결과, 해체와 극복의 전략 등을 가능한 한 있는 그대로 정리해보려 한다. 그럼으로써 임화의 이식문학사론에서 이식 개념이 갖는 의미와 역할이 무엇인지를 규명하는 것이 본고의 주제이다. 그와 함께 임화의 이식문학사론과 관련된 가장 심각한 오해라 할 수 있는 서구 중심주의에 대해 검토한 연후 이식문학사론의 탈식민적 의의를 해명하는 데까지 나아가보고자 한다.

2. 이식의 의미

동양의 근대문학사는 사실 서구문학의 수입과 이식의 역사다.
그러면 어째서 수입되고 이식된 외래문학을 근대문학사의 주제로 삼는가? 이 해답이 우리의 근대문학사를 신문학사라 하여 문제삼는 둘째 이유이다.

왜 그러냐 하면 근대에 이르러서 잔존해 왔고 현재도 그 면영(面影)을 찾을 수 있는 재래의 문학은 우리가 어떠한 이미(理味)에서도 근대문학이라고 명칭할 수 없기 때문이다.

근대문학이란 단순히 근대에 쓰여진 문학을 가리킴이 아니라 근대적 정신과 근대적 형식을 갖춘 질적으로 새로운 문학이다.

시조, 가사, 운문소설, 한시, 기타는 현대에 이르도록 전통적 문학으로 생존해 있으나 결코 근대문학은 아니다. 그것들은 오직 현대에서 볼 수 있는 구시대 문학의 약간의 유제(遺制)에 불과하다.

시민정신을 내용으로 하고 자유로운 산문을 형식으로 한 문학, 그리고 현재 서구문학에서 보는 바와 같은 유형으로 분백(粉白)된 장르 가운데 장착된 문학만이 근대의 문학이다.

이러한 문학은 역사적으로 개혁된 계단과 일신(一新)된 사회를 배경으로 하여서만 탄생하는 것이다. 이것은 또한 인간의 정신문화사상(精神文化史上)에 있어 하나의 커다란 자각의 산물이기도 하다.

이러한 개혁과 자각이 자력으로 수행되지 아니한 곳에서 이식문학을 가지고 그곳에서 독자적으로 성생(成生)해야 했을 근대문학사에 대신하는 것은 당연한 일이다.

그러나 이러한 이식문학으로 자기 나라의 독자적인 근대문학에 대신한 동양에서 우리가 특히 신문학이란 용어에 구애됨은 또 하나 다른 이유를 들 수도 있다.

그것은 언어적 해방이다. 조선의 문학이란 신문학의 시대가 비롯하기 전엔 자기의 국유어(國有語)로 표현될 자유를 갖지 아니했었다.[3]

위의 구절은 근대문학과 이식성에 대한 임화의 생각을 압축하고 있는 것으로 유명한 대목이다. 인용문에 따르면, 임화에게 근대문학은 최소한 네 가지 요건을 갖춘 문학을 의미한다. ① 근대적 내용—시민정신, ② 근대적 형식—자유로운 산문, ③ 근대적 장르—장르의 분화, ④ 민족어 문학—언어적 해방.

---

3) 임화, 「개설 신문학사」, 『임화 신문학사』(임규찬·한진일 편), 한길사, 1993, 18~19면.

이식은 이 네 가지 과제가 '자력으로 수행'되지 못했을 때 발생하는 현상이다. 요컨대 외국문학을 일방적으로 수입, 모방함으로써 문학적 근대성이라는 과제를 해결할 때 이를 가리켜 이식이라고 부른다. 이때 중요한 것이 임화가 외국문학과의 교류나 영향관계를 이식으로 보지 않았다는 점이다. 가령 실학에 대한 천주교나 서구 과학의 영향이라든가 프로문학의 도입 등은 이식과는 관련이 없다. 전자는 '자주적 근대화'의 측면에서 이해되며, 후자는 내적 요구의 산물로 설명된다. 따라서 임화는 이식을 철저히 '좁은 의미'로 사용하고 있다.

> 자주의 길은 선진 국가가 주는 경제적 문화적 전래물 가운데 침닉하지 않고 그것을 자주적인 입장에서 섭취함으로써 쇄국주의적인 고립보다 더 많이 '자기 부강'을 꾀해가는 길이다.[4]

> 십년간 프로레타리아문학이 이론적 창조적으로 문학계의 주류를 이룬 것은 단순히 외래 사조나 문학적 유행의 결과도 아니며 (…중략…) 타협화하고 있는 시민에 대한 반대투쟁을 추진하면서 노동자계급은 자기의 반제국주의투쟁을 계급적 형식으로 전개한 것이다.[5]

위의 인용문에서 알 수 있듯이 임화는 선진 문화를 '자주적인 입장에서 섭취'하는 것을 '자주의 길'로 보고 있으며, 나아가서 프로문학의 도입 또한 노동자계급에 의한 반제국주의적 투쟁이라는 내적 요구의 산물로 이해한다. 물론 프로문학을 '수입된 사조의 모방'으로 비판하기도 하지만, 그것은 프로문학의 도입기보다는 이후에 그것이 전개되는 과정에서 나타난 현상을 지적한 것으로 이해하는 것이 적절하다.

이렇게 볼 때 임화는 이식을 예속성 내지는 종속성, 즉 넓은 의미에서

---

4) 임화, 「개설 신문학사」, 『임화 신문학사』(임규찬·한진일 편), 한길사, 1993, 54면.
5) 임화, 「조선 민족문학 건설의 기본과제에 대한 일반보고」, 『임화 신문학사』(임규찬·한진일 편), 한길사, 1993, 413면.

의 식민성의 표현으로 보고 있다고 할 수 있다. 그러므로 한국의 근대문학이 서구문학과 '결과적으로' 비슷한 모양을 갖게 되었다 하더라도 그것이 교류와 영향의 산물이라면 이식이라고 하기 어렵다. 임화에게 중요한 것은 결과가 아니라 의도와 과정이기 때문이다. 다시 말해 어떤 의도로 외국문학을 받아들였고 수용의 과정이 어떤 방식으로 진행되었는가의 여부가 이식성을 가늠하는 척도인 것이다. 따라서 내적 요구가 있었고 주체적으로 수용했다면 그것은 영향이나 교류가 될 것이고, 반대로 외국문학을 절대화해 비주체적으로 수입하고 모방했을 때 이식이 된다.

그런 점에서 임화는 자주성의 문제를 대단히 중시했다. 자주성이야말로 이식이냐 교류냐를 판가름하는 척도이기 때문이다. 임화가 실학을 자주적 근대화 노력의 전범으로 주목하는 것도 그래서이다. 하지만 자주는 '국수(國粹)'를 뜻하지 않는다. 임화는 자주주의와 쇄국주의를 구분한다.

> 쇄국주의는 비록 청국과의 종속관계를 유지하고 있으나 자기의 근대화에 기익(寄益)하는 일체의 국가와 수교를 거부함으로써 진정으로 고립적일 뿐 아니라 보수적이다. (……)
> 여기서 자주의 길은 곧 개화의 길로 전개되는 것으로, 이것은 정치적인 독립과 개국의 정신적 연원인 동시에 문화가 또한 그러한 과정을 더듬는 것이다.
> 내지의 국학이 양학의 출발점이 된 사실이라든가 조선의 실학이 학문적인 자주주의임과 동시에 개방주의였던 점이 모두 이러한 문화과정의 표현이었다.[6]

여기서 임화가 실학을 '자주주의임과 동시에 개방주의'라고 해석한데 주목할 필요가 있다. 임화는 실학이 청의 고증학이리든가 시양 근대과학의 영향을 받아 형성되었다고 말한다. 그렇다고 해서 실학이 이식의 산물이냐 하면 그렇지 않다는 것이 임화의 해석이다. 오히려 임화는 실학을 자주적 근대화를 위한 학문적 실천으로 적극 평가한다. 그 까닭

---

6) 임화, 「개설 신문학사」, 『임화 신문학사』(임규찬 · 한진일 편), 한길사, 1993, 53~54면.

은 '자주주의와 개방주의'가 자주의 요체이기 때문이다. 말하자면 자주란 주체적 개방에 다름 아니다. 그런 점에서 이식은 비주체적 개방이 되는 셈이다.

이식을 영향이나 교류와는 구별되는 비주체적 개방으로 본다는 것은 임화가 이식을 식민성의 반영 내지는 내부 식민주의로 이해하고 있음을 뜻한다. 이는 달리 말하면 임화가 이식을 단순히 문화적 후진성 혹은 정체성의 산물로만 보지는 않았다는 것을 의미한다. 가령 "만일 서구 자본제의 동점이 없이 장구한 동안 동양 혹은 조선 봉건제를 그대로 두었다면 먼 장래에 독자적으로 근대사회로의 전화를 수행했을지도 모른다"[7)]는 진술에서 우리는 그러한 생각의 일단(一端)을 발견할 수 있다. 요컨대 임화는 자주적 근대화의 가능성을 인정하고 있는 것이다. 그런 점에서 임화의 이식문학사론은, 일정한 영향을 받은 것은 사실이지만, 타율적 근대화론의 이론적 근거를 이루는 아시아적 정체성론과 분명 거리가 있다. 따라서 임화가 이식의 원인을 어떻게 설명하고 있는지에 대한 보다 섬세한 분석이 요구된다.

3. 이식의 원인과 과정

임화는 한국근대문학이 이식의 형태로 진행된 중요한 요인으로 세 가지를 꼽는다. ① 사회경제적 후진성, ② 자주정신의 부족, ③ 타력에 의한 근대화.

---

7) 임화, 「개설 신문학사」, 『임화 신문학사』(임규찬 · 한진일 편), 한길사, 1993, 26면.

1) 사회경제적 후진성

> (근대적 사회의―인용자) 제조건이 이조 봉건사회 내부에서 자생적으로 성숙, 발전치 못한 것은 불행히 조선 근대사의 기본적 특징이 되었었다. 이 점은 모든 연구자의 일치된 결론이었다.
> 왜 그러한 제조건이 결여 미비되었는가? 근대사회의 어머니인 봉건사회 자체가 충분히 성숙되어 있지 못했기 때문이다.[8]

임화는 한국의 봉건사회가 충분히 성숙되지 못한 까닭에 자생적 근대화가 지지부진한 상태에서 '서구 자본제의 동점'을 맞이한 결과 이식이 발생했다고 본다. 여기서 임화가 지적하는 것은 두 가지이다 하나는 봉건사회의 미성숙이고 다른 하나는 자생적 근대화의 미흡이다. 임화의 이식문학사론은 아시아적 정체성론에 기반하고 있다.[9] 따라서 봉건사회의 미성숙을 거론한 것은 당연하다. 그러나 이 점이 이식문학사론의 한계와 직결되지는 않는다. 왜냐하면 임화는 그와 동시에 자생적 근대화의 미흡을 애기하고 있기 때문이다. 이 말은 자생적 근대화가 부족했으되 그러한 지향이 존재했다는 것을 뜻한다. 임화가 '서구 자본제의 동점'이 유예되었다면 자생적 근대화가 가능했으리라고 설명하는 것은 그래서이다.

자생적 근대화와 관련해 임화가 주목하는 것이 실학이다. 임화에 따르면, 실학은 '개화문명사상과 실증정신의 모태'였다. 곧 자주적 근대화의 사상적 표현이었다.

> 새로운 시대의 정신적 준비는 이조 재래의 정신분화기구가 붕괴하는 곳에서 시작한다.
> (…중략…)

---

8) 임화, 「개설 신문학사」, 『임화 신문학사』(임규찬 · 한진일 편), 한길사, 1993, 23~24면.
9) 아시아의 사회구성이 유럽 봉건제에 비해 자본주의로의 이행에 불리한 체제인가에 대해서는 많은 논쟁이 있어 왔다. 이에 대해서는 A. 갤리니코스, 박형신 · 박선권 역, 『이론과 서사』, 일신사, 2000, 270~278면 참조

　　선조, 인조 양차대란의 결과라든가 혹은 청조 고증학파의 영향이라든가 당파
의 여파라든가 각종의 동기를 들 수 있으나 실학은 최초부터 구사회에 대한 개
혁의 요망(비록 부분적이나)과 더불어 생성 발전한 것이라 단언할 수 있다.[10]

　이처럼 임화는 실학에서 자주적 근대화의 싹을 읽는다. 흥미로운 것은
임화가 실학파를 '대두하기 시작한 상인, 서민 등의 세력'의 사상적 반영
으로 보고 있는 점이다. 말하자면 임화는 실학의 형성을 중세적 사회관
계의 동요와 관련시키고 있는 셈이다. 상인／서민의 대두란 계급관계의
재편이 시작되었음을 뜻하고, 이는 곧 기왕의 지배질서가 내부로부터 흔
들리고 있음을 말하기 때문이다. 추정컨대, 임화는 평민층의 대두와 실
학사상의 등장을 봉건체제가 내부로부터 무너지기 시작한 징후로 보았
음에 틀림없다. 이처럼 조선 봉건제 내부로부터 자생적 근대화의 싹이
트고 있었다면, 아시아적 정체성은 이식의 근본적 연원은 아닌 셈이다.
　그렇다면 임화는 이식의 연원을 어디서 찾고 있을까. 그 대답은 때이
른 '서구 자본제의 동점'이다. 임화는 조선 후기로 오면서 자생적 근대화
의 과정이 서서히 진행되고 있었다고 본다. 그런데 자생적 근대화가 본
격화되기 전에 서구 자본주의가 들이닥친 것이다. 흥미로운 것은 임화가
이를 자본주의의 세계화라는 커다란 흐름 속에서 바라보고 있다는 점이
다. 임화는 "상업과 화폐에 의한 모든 지방의 세계화가 이 시대(근대─인
용자)의 특징"[11]이라고 설명한다. 그런 점에서 '서구 자본제의 동점'은 우
연한 사건이 아니라 역사 필연적인 경향이다.[12] 요컨대 임화는 자본주의

---

10) 임화, 「개설 신문학사」, 『임화 신문학사』(임규찬·한진일 편), 한길사, 1993, 47~48면.
11) 임화, 「개설 신문학사」, 『임화 신문학사』(임규찬·한진일 편), 한길사, 1993, 26면.
12) 월러스틴은 자본주의란 본질적으로 세계적 범위의 분업을 통해서만 존립할 수 있는
　'세계경제'라고 설명한다. 그런 점에서 세계화는 식민화와 불가분리(不可分離)의 관계
　를 맺고 있다. 월러스틴에 따르면, 유럽의 봉건제에는 그러한 확대와 팽창으로 나아갈
　수 있는 혹은 밖에 없는 조건들이 마련되어 있었던 데 비해 가령 중국의 '녹봉제적 관
　료체제'에는 그러한 여건들이 결여되어 있었거나 필요 없었다. 따라서 '서구 자본제의
　동점', 곧 식민주의적 팽창은 자본주의의 세계경제적 성격에서 비롯된 필연적 현상이
　었다.

와 식민주의의 내적 연관을 읽어내고 있었던 셈이다. 임화가 이식을 불가피한 사태로 본 것도 그래서이다. 자본주의가 곧 식민주의 — 세계화 — 라면, 세계체제에의 편입이 후진국의 피할 수 없는 운명이듯 이식 또한 세계체제에 의해 필연적으로 강요된 사태가 되기 때문이다.

물론 이식으로 나아가지 않을 수도 있다. 임화는 '서구 자본제의 동점'을 맞아 조선이 택할 수 있는 길은 두 가지, 곧 '쇄국이냐 개국이냐'였다고 말한다. 임화는 그 가운데 개국만이 살 길이었다고 단정한다. 쇄국으로는 설혹 그것이 성공하더라도 "세계사에서 뒤떨어지고 내부적으로 약화되어" 가기 때문이다.

2) 자주정신의 부족

개국 혹은 개화가 '서구 자본제의 동점'을 맞이한 조선에 주어진 근대화의 유일한 길이었지만, 그렇다고 해서 그것이 곧 이식을 발생시키는 것은 아니다. 임화는 자주적 개화의 길을 말한다. 임화는 이러한 자주적 개화의 예를 갑오개혁에서 찾는다. 임화는 갑오개혁을 "자주와 개화, 문화적 회귀와 재전개가 한 점에 통합되어 있는 전형적인 사례"라고 말한다. 하지만 동시에 임화는 "갑오 이후에 전개되는 개화의 과정은 구문화의 개조와 유산의 정리 위에 새 문화를 섭취하는 과정이기보다는 오로지 구미문화의 일방적인 이식과 모방의 과정"[13]에 불과했다고 혹평한다. 이처럼 갑오개혁이 자주적 개화가 되지 못한 결정적인 까닭은 자주정신의 부족 때문이다. 다시 말해 "자기에의 철저한 회귀, 심원한 반성, 깊은 침잠 없이, 바꿔 말하면 자주정신의 진정한 실현을 보지 못하고 개화의

유럽과 중국, 곧 봉건제와 녹봉제적 관료체제에 대한 자세한 비교는 I. 월러스틴, 나종일 외역, 『근대세계체제』 1, 까치, 1999, 1장 「중세적 서곡」 참조

13) 임화, 「개설 신문학사」, 『임화 신문학사』(임규찬·한진일 편), 한길사, 1993, 55~56면.

마당으로 창황히 달려나간 데서 오는 결과"14)였다.

'자기에의 철저한 회귀, 심원한 반성, 깊은 침잠'이란 전통과 주체성에 대한 자의식을 가리키는 말로 보아도 무방할 것이다. 그런 점에서 자기 곧 주체로 회귀하고 반성하고 침잠한다는 것은 전통의 비판적 계승 혹은 전통의 근대적 전유와 비슷한 의미라 할 수 있을 터이다. 이럴 때 '자주정신의 진정한 실현'에 바탕한 개화가 가능했을 터인데, 불행하게도 우리는 그 과정이 미흡한 상태에서 개화로 나아간 것이다. 그 결과 전통과 근대의 바람직한 교섭, 즉 "구문화의 개조와 유산의 정리 위에 새 문화를 섭취"하지 못하고 이식으로 빠져들게 된다.

3) 타력에 의한 근대화

자주정신이 부족한 상태에서 "개화의 마당으로 창황히 달려나간" 것은 자주적 개화의 주체가 누구냐는 문제와 긴밀히 연관되어 있다. "고유 문화의 유산이 새 문화 형성 위에 실질적으로 발흥하는 여부라든가, 거기에 따라 새 문화가 얼마나 개성적 가치를 취득 창조하는 여부가 모두 자주정신의 건립자인 신세력의 정치적 실력에 의존하기 때문이다."15)

문제는 개화의 주체가 "토착 신세력에 있지 않고" 외래세력에 있었다는 점이다. 임화는 외래세력―일본―이 근대화를 주도한 것이 이식의 결정적 요인이었다고 본다. 외래세력이 개화의 주체가 된 것은 일차적으로는 토착 신세력의 힘이 약했던 때문이다. 그러나 그와 함께 임화는 자주정신의 부족을 거듭 지적한다. 특히 근대문학의 형성과정에서 전통의 창조적 역할이 거의 없었던 것이야말로 그 단적인 사례라는 것이 임화의 생각이다.

---

14) 임화, 「개설 신문학사」, 『임화 신문학사』(임규찬·한진일 편), 한길사, 1993, 55면.
15) 임화, 「개설 신문학사」, 『임화 신문학사』(임규찬·한진일 편), 한길사, 1993, 55면.

　　토착 신세력이 자주정신과 세력의 부족으로 인해 개화의 주체가 되지 못했다는 것은 결국 외래세력이 개화의 주체가 되었음을 의미한다. 그런데 이 말은 거꾸로 하면 자주정신과 세력만 충분했다면 우리가 얼마든지 자주적 근대화를 이룰 수 있었다는 뜻이 된다. 이 점은 아무리 강조해도 지나치지 않은데, 왜냐하면 이 대목이야말로 임화가 정체성론자가 아니었음을 보여주는 결정적 증좌이기 때문이다. 이와 관련하여 다음과 같은 진술은 매우 중요하다.

　　　이조말 사회는 비록 자주적으로 근대화될 만한 기본조건이 결여되었었다 할지라도 북미나 호주처럼 근대적 생산양식과 접촉하자마자 전(全)사회기구가 허물어져버릴 정도는 아니었다.
　　　미숙하고 불충분하나마 그 정도에 상응한 **근대적 생산양식의 맹아를 장(臟)하고 있었으며** 이조 말기에 가까워지면서 상기한 세 길을 통한 대외관계로부터 오는 자극과 봉건 자체의 성숙과 아울러 그것은 **성장하고 있었다.**[16] (강조—인용자)

　　이 진술은 전형적인 자본주의 맹아론이다. 자본주의 맹아론 자체가 이제는 여러 면에서 비판받고 있고 그 비판이 일리가 있는 것도 사실이다. 하지만 자본주의 맹아론은 단순히 생산력의 측면에서만 볼 일은 아니다. 그것은 임화도 지적했다시피 봉건적 사회관계의 동요라든가 다양한 근대적 요소들—근대적 생산관계를 포함해—의 출현 또는 서구 근대와의 교류와 영향 등을 포괄해서 접근해야 한다. 자본주의 맹아를 그렇게 이해한다면, '근대적 생산양식의 맹아를 지니고 있었고 그것이 성장하고 있었다'는 임화의 진술은 나름대로 설득력이 있다. 어쨌든 설득력 여부와는 별개로 임화가 자본주의 맹아론을 이야기하고 있다는 것은 그가 자주적 근대화의 가능성을 최소한 '소극적으로라도' 인정하고 있었고,

---

16) 임화, 「개설 신문학사」, 『임화 신문학사』(임규찬·한진일 편), 한길사, 1993, 42면.

따라서 적어도 아시아적 정체성론의 '적극적' 지지자는 아니었음을 말해
준다.

그러므로 임화가 말하는 '타력에 의한 근대화'는 두 측면에 주목해야
한다. 하나는 자주정신과 세력의 부족이며, 다른 하나는 식민주의이다.
전자가 내적 요인이라면 후자는 외적 요인이다. 특히 이식과 관련해 중
요한 것이 후자이다. 앞에서도 지적했듯이 자본주의는 세계화를 본질로
한다는 것이 임화의 생각이다. 그런데 자본주의의 세계화는 역관계를 매
개로 해서 진행되기 마련이다. 다시 말해 정치·경제·군사적 힘이 센
쪽에서 약한 쪽으로 세계화의 물결이 흘러간다는 것이다. 이는 달리 말
하면 중심부에 의한 주변부의 포섭과 종속이 된다. 그런 점에서 세계화
는 식민화이다. 임화는 바로 이 점에 주목했던 것이다. 말하자면 자주정
신이 부족하고 토착 개혁 세력의 힘이 약할 때 타력에 의한 근대화가 근
대화의 유일한 길이 되는데, 자본주의의 세계화라는 식민주의적 논리의
작용으로 말미암아 문화적 근대화는 '구미문화의 일방적인 이식과 모방
의 과정'이 될 수밖에 없었다는 것이 이식문학사론의 이론적 전제인 셈
이다.

4. 이식의 결과

신문화의 형성자들은 구문화를 변혁하여 새 문화 형성에 사용하는 대신 왕왕
그것과 타협함에 이르렀던 것이다.[17]

사회경제적 후진성, 자주정신의 부족, 타력에 의한 근대화로 말미암아

---

17) 임화, 「개설 신문학사」, 『임화 신문학사』(임규찬·한진일 편), 한길사, 1993, 56면.

한국근대문학의 전개과정에서 이식성은 불가피한 사태가 된다. 그래서 임화는 이식과 모방이 '조선 신문화 건설의 유일한 길'이 되었다고 단언한다. 이 단언이 이식을 정당화하는 발언이 아니라 이식의 불가피성을 강조하는 말임은 물론이다. 요컨대 이식의 길만이 남게 되었다는 것이다. 이식이 '낡은 문화를 구축하는 최대의 방법'이라는 말의 의미도 마찬가지다. 세 가지 요인으로 말미암아 전통의 자기 갱신이 불가능해졌다면, 이제 이식은 구문화를 청산하는 마지막 방법인 셈이다.

하지만 임화는 이식의 양면성을 동시에 강조한다. 이식의 길만이 구문화를 청산하고 문화적 근대화를 이루는 유일한 길이었다는 것이 이식의 한쪽 측면 — 이식의 긍정적 측면 — 이라면, 이식이라는 방식으로 문화적 근대화가 진행된 결과 구문화의 청산을 제대로 이루지 못하고 그것과 '타협'하는 사태를 낳은 것이 이식의 또 다른 측면 — 이식의 부정적 측면 — 이다. 이러한 임화의 시각은 신소설이 어째서 새로운 내용을 낡은 형식에 담게 되었는지를 설명해준다. 계몽기문학을 과도기로 규정한 것도 그런 맥락에서 이해할 필요가 있다. 임화는 신문학을 전통의 창조적 혁신이나 이식과 전통의 조화로 보지 않고 전통과의 타협으로 해석·비판한다. 이렇게 된 것은 전통 자체의 결함 때문이 아니라 전통을 새로운 문학에 맞도록 적절하게 '개조하고 변혁해 놓지 못했기 때문'이라고 임화는 설명한다. 곧 이식이 낳은 부정적 결과인 것이다. 전통이 새로운 문학의 자양분이 되지 못하고 바람직한 근대문학 형성의 건설을 저해하는 역기능을 한 것도 그래서이다.

그렇다고 해서 임화가 전통의 긍정적이고 능동적인 역할을 무시하고 있지는 않다. 이를테면 다음과 같은 대목에서 우리는 다시 한번 임화의 변증법적인 통찰력을 발견하게 된다.

새로운 정신을 담은 낡은 용기를 얘기함에 있어 우리는 그것을 한문문화의 유산이 아니라 이조의 언문문화의 전통을 의미하는 것임을 다시 하나 밝혀둘 필요가 있다.

　(……)

　한문과 결별하여 그야말로 의지할 곳이 없는 문학으로 하여금 재출발의 기점이 되어준 것도 이조의 언문문학이요, 아직 자기의 형식을 발견하지 못하여 방황하던 나신(裸身)의 새 시대 문학정신에다 풍의를 피할 의장을 입혀준 것이 또한 이조의 언문문학이다.

　요컨대 비록 낡은 양식 가운데 결합되었다 할지라도 이조의 언문문학 가운데는 생생한 조선어의 보옥이 숨어 있었다. 그 보옥들을 가지고 새 시대의 문학은 오직 새로운 양식을 구조하면 그만이었다.

　이 점에 있어 특히 간과할 수 없는 점은 시조, 가사, 창곡, 소설 등의 수다한 이조 언문문학의 유산 중 새 시대의 문학에 가장 가까운 형식의 문학만이 새 정신을 담는 낡은 용기가 될 자격을 얻은 점이다.

　바꾸어 말하면 평민의 정신을 내용으로 한 새 시대의 문학에 있어 전대의 문학 중에서도 비교적 평민적인 문학이었던 소설과 창곡, 그리고 가사(이것은 또한 조선의 민요의 형식과 근사한 것임을 기억해야 한다)의 일부분이 재생된 데 불과하다.18) (강조—인용자)

임화는 '이조의 언문문학', 그 중에서도 평민문학에 주목한다. 신문학이 낡은 형식을 계승했지만, 그리하여 구문화의 창조적 혁신이 아닌 타협을 낳았지만, 그 타협 속에는 나름의 합리적 핵심이 들어 있다는 것이다. 그 합리적 핵심이란 평민문학의 전통이다. 임화는 평민문학의 전통이 갖는 긍정적 의의로 민족어문학의 형성과 평민적 형식과 정신의 계승을 꼽는다. 말하자면 신문학이 구문학과의 타협 속에서도 한글문학으로 출발한 것과 평민적 형식을 차용한 것은 근대문학이 바탕하고 있는 평민 정신에 조응하는 구문학을 취사선택한 결과라는 것이다. 이것이 전통의 무의식적 역할이며, 전통이 이식의 해체에 기여하는 소이(所以)라 할 수 있다.

---

18) 임화, 「개설 신문학사」, 『임화 신문학사』(임규찬 · 한진일 편), 한길사, 1993, 133면.

이렇게 볼 때 임화는 이식의 결과를 긍·부정으로 양단하지 않고 양
면성에 관심을 가졌던 것으로 보인다. 한편으로는 자주정신을 결여한 일
방적 이식이 구문화와의 타협을 낳음으로써 근대문학이 파행으로 나아
갔다면, 다른 한편으로는 그러한 파행 속에서도 유산에 대한 무의식적인
취사선택이 이루어져 근대문학의 내용과 형식에 합당한 방향으로 전통
이 개변된다는 것이다. 전통이 이식성을 심화시키는 동시에 이식을 해체
하는 이중적 역할을 하게 되는 것은 그러한 맥락에서이다. 그런 점에서
임화의 이식문학사론은 이식의 결과를 단선적으로 보기보다는 다층적으
로 해독하려 노력한 이론적 탐색이었다고 할 수 있다. 이식문학사론이
이식 해체론으로 진전될 수 있었던 것도 이와 관련이 깊다.

5. 이식의 해체과 전통

　　동양 제국과 서양의 문화교섭은 일견 그것이 순연한 이식문화사를 형성함으
로 종결하는 것 같으나, 내재적으로는 또한 이식문화사 자체를 해체하려는 과
정이 진행되는 것이다. 즉 문화이식이 고도화되면 될수록 반대로 문화창조가
내부로부터 성숙한다.
　　이것은 이식된 문화가 고유의 문화와 심각히 교섭하는 과정이요, 또한 고유
의 문화가 이식된 문화를 섭취하는 과정이다. 동시에 이식문화를 섭취하면서
고유문화는 또한 지기의 구래(舊來)의 자태를 변화해 나간다.
　　(…중략…)
　　처음에 그것 ― 전통 ― 은 의식하지 아니한 사이에 새 창조 가운데 들어오고,
나중에는 명확히 파악되고 표상 가운데 들어오는 대상으로 나타난다. 신문학의
성생(成生)과 발전에 있어 조선 재래의 문화가 정히 이러한 형식으로 신문학의
창조와 관계한 것이다. 그것은 신문학을 외국문학으로부터 구별하는 형식이 되

고 또한 내용도 되는 것이다. 신문학은 고유한 가치를 새로운 창조 가운데 부
활시키는 문화사의 한 영역이다.[19] (강조―인용자)

임화가 여기서 말하고자 하는 핵심은 전통적인 것과 서구적인 것의
변증법이다. 이 변증법이 이식이 곧 이식의 해체가 되는 원동력이다. 순
연한 이식문학사인 듯한 과정이 사실은 내재적으로 이식문학을 해체하
려는 과정이 되는 까닭이 그것이다. 전통의 이러한 역할의 결과 신문학
은 외국문학과 형식과 내용의 두 측면에서 구별된다. 이식이 복사판으로
귀결되지 않는 것이다. 요컨대 '비슷하면서도 다른' 문학이 발생하는 것
은 바로 전통적인 것과 서구적인 것의 변증법 때문인 셈이다. 그런 점에
서 전통과 서구가 교섭하면서 탄생하는 '제3의 자'는 순종의 이식이면서
도 순종과는 다른, 일종의 혼종적 모습을 갖게 된다.
전통이 이식의 해체에 개입하는 과정을 임화는 두 단계로 나눈다. 첫
번째는 무의식적 단계 ― 전통이 '의식하지 아니한 사이에 새 창조 가운
데 들어오'는 단계 ― 이고, 두 번째는 의식적 단계 ― 전통이 '명확히 파
악되고 표상 가운데 들어오는 대상으로 나타'나는 단계 ― 이다. 무의식
적 단계는 바바가 말한 혼종과 비슷한 국면이다. 전통이 일종의 집단적
무의식으로 기능하면서 원판과는 다른 '제3의 자'를 낳는 것이다. 임화는
문화 유산은 언제나 "단순한 환경적인 여건의 하나가 아니라 그 가운데
서 선발되며 환경적 여건과 교섭하고 상관한 주체가 된다"[20]고 해석한
다. 이처럼 유산은 항상 문화 형성에 현재적으로 관여하는 '주체'이기 때
문에 그것을 의식하지 못하는 상태에서도 새로운 문화 창조의 과정에
개입하게 되는 것이다. 가령 '언문문화'의 형식과 내용이 신문학 속에 스
며드는 과정이 그런 경우일 것이다.
두 번째 단계가 흥미롭다. 이 단계는 의식적으로 이식을 극복하는 문

---

19) 임화, 「신문학사의 방법」, 『문학의 논리』, 학예사, 1940, 832~833면.
20) 임화, 「신문학사의 방법」, 『문학의 논리』, 학예사, 1940, 831면.

제와 관련이 있다. 이식의 극복을 위해서 전통을 새로이 인식하고 적극적으로 활용하는 단계인 셈이다. 임화는 「농촌과 문화」에서 이식 문화는 "전통을 토대로 하여 창조적 과정에 오르는 것"이라고 단언한다. 임화는 이식 문화가 아직 그러한 의미에서의 '창조적 단계', 곧 '이식 문화의 주체화'에 도달하지 못했다고 진단하면서, 그 주된 이유로 "전통과의 교섭이라든가 거기로부터 오는 창조적 장래라는 것을 미처 배려"하지 못했던 점을 지적한다.[21] 이 말은 전통을 새로이 인식하고 적극적으로 활용함으로써 목적의식적으로 이식 극복을 실천하는 작업을 가리킨다고 할 수 있다. 임화가 농촌에 주목하는 것도 거기에 전통과 긴밀한 관계를 맺고 있는 민중의 삶과 문화가 집중되어 있기 때문이다. 더구나 임화는 이식의 극복이 서구 근대의 한계를 극복하는 일과 밀접히 연루되어 있다고까지 생각한다. 그렇다면 제3세계 민중 문화의 전통은 근대 극복의 계기라는, 그야말로 창조적이고 혁명적인 가치를 내장(內藏)하고 있는 셈이다. 전통에 대한 자의식이 결정적인 의미를 갖는 것은 그래서이다. 임화가 해방직후 민족문학운동에 전념한 것도 그런 맥락에서 이해할 수 있다. 임화는 해방직후에 발표한 「조선 민족문학 건설의 기본과제에 관한 일반보고」에서 프로문학의 한계를 지적하면서 '좋은 의미의 민족성'을 부정한 것과 '문학유산의 계승'을 소홀히 했음을 지적한 바 있는데, 이것들이 전통의 창조적 역할과 직결된 문제임은 물론이다. 요컨대 전통을 이식을 극복하고 주체적인 근대문학을 건설하며 나아가 부패한 서구 문학을 대신한 새로운 대안적 문학을 세우기 위한 자산으로 적극 활용해야 한다는 뜻이 여기에 담겨 있는 셈이다.

임화는 문학적 근대성을 제대로 성취하지 못한 가장 중요한 원인으로 이식성을 꼽는다. 이러한 입장은 「본격소설론」 이후 일관되게 견지된다. 이식성을 극복하지 못한 것은 근본적으로 일제의 식민 지배 때문이었다.

---

21) 임화, 「농촌과 문화」, 『조광』, 1941.4, 187~188면.

따라서 해방직후의 민족문학운동은 식민성의 청산을 통해 이식성을 극복하고, 이식성의 극복을 통해 좋은 의미의 문학적 근대성—개성과 사회성의 통일, 인물과 환경의 조화, 부분과 전체의 통일 등—을 실현하기 위한 대안적 실천이었다. 이 과정에서 전통의 창조적 계승이 결정적 계기로 작용한다. 김소월·이태준·정지용·채만식·김유정·이육사와 같은 작가들이 잘 보여주듯 전통은 어떻게 활용하느냐에 따라 문화적 식민성으로서의 이식성을 극복하는 유력한 무기가 될 수 있기 때문이다.

6. 이식의 양면성과 한국 근대소설의 '특수성'

임화가 이식 문제에 관심을 갖게 된 동기의 일단을 「본격소설론」에서 찾아볼 수 있다. 임화는 "조선소설의 전통은 불충분하나마 의연히 본격소설에 있었다"고 말한다. 이 발언은 두 가지 의미를 내포하고 있다. 하나는 조선의 근대소설이 본격소설을 지향해 왔다는 점이다. 이때의 본격소설이란 '고전적 의미의 소설', 곧 묘사와 표현 또는 성격과 환경의 조화를 기본 구조로 한 소설을 가리킨다. 그것이 19세기에 절정을 이루었던 서구의 근대소설을 전범으로 하고 있음은 분명하다. 하지만 그렇다고 해서 임화가 서구 중심주의자는 아니다. 왜냐하면 임화는 앞에서 살펴보았듯이 서구의 근대소설이 전범이 된 것은 그것이 절대적 보편이어서가 아니라 이식의 결과임을 누구보다 뚜렷이 자각하고 있었기 때문이다. 「개설 신문학사」의 분석을 통해서 우리는 임화가 자주적 근대화의 노력이 좌절되고 자본주의 세계체제에 편입되면서 이식만이 유일한 근대화의 코스로 남게 되었다고 생각했음을 확인한 바 있다. 이는 임화가 근대화의 경로를 '서구화'만으로 단선화시키지 않고 다양한, 최소한 자주적 근대화와 타율적 근대화라는 두 가지 길을 설정하고 있었음을 말해준다.

물론 자주적 근대화를 통해 성취하고자 한 근대의 상 역시 서구적인 것이었지 않냐는 비판도 가능하다. 하지만 이러한 비판은 임화가 서구화, 곧 자본주의 근대화와는 다른 근대 기획인 사회주의를 이념으로 하는 프로문학운동을 주도했다는 사실을 생각하면 설득력이 부족하다. 그런 점에서 임화가 서구의 근대소설을 전범 삼아 본격소설을 설명한 것은 이식이 근대화의 유일한 경로가 된 19세기 말의 현실을 염두에 두고 이해해야 한다. 따라서 문제는 이식이 과연 당시의 유일한 근대화 경로였냐는 데 있다. 임화의 관점에서 보자면, 이것은 주체의 의도나 소망과는 무관한 문제이다. 왜냐하면 자본주의 세계체제에 편입되는 순간 이식은 선택의 여지가 없는 객관적 소여(所與)가 되기 때문이다. '소설'이라는 장르의 이식 과정 또한 마찬가지다. 자본주의 세계체제 하에서 소설은 지배적 장르일 수밖에 없다. 그것은 중심부 자본주의가 주변부로 이식되면서 자본주의를 지배적인 생산양식으로 재생산하는 것과 동일한 과정이다. 이러한 재생산 과정을 통해 자본주의가 특수에서 보편으로 정립되듯 소설 역시 동일한 과정을 통해 유럽의 특수한 장르에서 지구적 보편 장르로 재정립된다. 물론 자본주의의 보편화 과정이 '강제된' 보편화이듯 소설의 보편화 역시 강제된 보편화지만, 힘에 의거한 보편화 또한 보편화의 한 경로, 심지어는 역사적으로 볼 때 매우 유력한 경로라는 점에서 소설의 이식은 자본주의 세계체제에 편입된 한국의 근대문학이 감내할 수밖에 없는 객관적 소여였던 셈이다.22) 그러므로 임화가 19세기 서구소

---

22) 이와 관련해 소설이 식민주의의 산물이고, 그렇게 된 밑바닥에는 유럽이 창안한 '개성적 개인' ― 곧 부르주아적 개인 ― 의 이데올로기가 깔려 있다는 미우라 마사시의 설명은 흥미롭다.
　미우라 마사시, 김경원 역, 「소설이라는 식민지」, 『작가연구』, 깊은샘, 2002년 상반기.
　자본주의 세계체제와 소설 ― 모레티에 따르면 근대 서사시 ― 의 관계에 대해서는 F. 모레티, 조형준 역, 『근대의 서사시』(새물결, 2001) 1장 1절과 2절 참조. 여기서 모레티는 자본주의 세계체제의 등장은 '파우스트적인 세계 지배'에 "여분의 자양분과 범위, 심지어 여분의 사악함까지 제공한다"(81면)고 말한다.

설을 전범으로 한 본격소설의 전통에 주목한 것은 그가 서구중심주의자여서가 아니라 이식이라는 객관적 소여 속에서 한국 근대소설이 나아갈 수 있는 최선의 길을 찾기 위해서였다고 할 수 있다. 다시 말해 임화는 이식이 유일한 근대화의 경로가 된 한국문학의 특수성에 대한 인식을 바탕으로 본격소설이라는 길을 불가피한 대안으로 내세운 것이다.

하지만 임화는 거기서 멈추지 않는다. 그는 조선소설의 전통이 의연히 본격소설에 있었다고 말하면서 동시에 그것이 '불충분'했다고 지적한다. 그러면서 불충분함의 이유를 다음과 같이 설명한다.

> 그것은 조선문학의 이식성, 즉 한 계단의 소설을 내용으로나 구조로나 완성하기 전에 또 한 조류가 들어와서 교대하고 상쟁하여 일종의 혼류, 또는 병렬, 혹은 첩적(疊積)의 상을 정(呈)하고 있었기 때문이라 할 수 있다.
> 결국 이때까지의 조선소설이 고전적 의미의 소설, 소위 본격소설의 면모를 잃지 않았더라는 것인데 물론 먼저도 언급한 것처럼 그것은 완성된 전통적 성격으로서가 아니라 미완의 그러므로 완성에의 지향으로 표현된 것이었다.[23]

끊임없는 이식으로 인해 조선소설의 내용과 구조가 무엇 하나 완성을 이루지 못한 채 쫓아가기에 급급했기 때문에 본격소설 역시 완성품으로서가 아니라 '완성에의 지향'으로만 표현되는 데 그쳤다는 말인데, 이 말 속에는 이식으로 시종(始終)하는 한 본격소설의 완성은 불가능하다는 판단이 담겨 있다. 요컨대 자본주의 세계체제에 편입된 한 이식만이 근대성을 성취할 수 있는 유일한 길이었지만, 바로 그 이식 때문에 근대성의 성취가 언제나 미완성일 수밖에 없는 역설을 임화는 강조하고 있는 셈이다. 그런 점에서 본격소설론이 19세기 유럽의 소설을 이상형으로 설정하고 있다는 식의 해석은 이식의 양면성에 대한 임화의 통찰을 보지 못한 오독(誤讀)이라 할 수 있다. 임화가 본격소설론을 통해 던지고자 한 질

---

23) 임화, 「본격소설론」, 『문학의 논리』, 학예사, 1940, 370면.

문은 이식이라는 객관적 소여 속에서 한국 근대소설이 나아갈 수 있는 '최선의' 길이 무엇이었는지, 그리고 그 길이 왜 좌절할 수밖에 없었는지, 또 그 좌절을 극복할 가능성은 과연 있는지에 대해서였다. 그것들은 한마디로, 서구 중심주의라는 비판자들의 해석과는 반대로, 서구의 경우와는 다른 한국 근대소설의 '특수성'에 대한 탐색이라고 요약할 수 있을 것이다. 그러므로 본격소설이 과연 바람직하고도 현실적인 대안이었냐에 대한 검토는 필요하겠지만, 본격소설론 자체가 서구 중심적 사유의 산물이라는 비판은 이제 거두어져야 한다.

이식의 양면적 기능에 대한 임화의 통찰은 맑스가 영국의 인도 식민화가 낡은 아시아 사회를 파괴하고 서구 사회의 물질적 기초를 아시아에 구축했지만, 그것이 인도의 "인민 대중을 해방시키지도 못할 것이고 그들의 사회적 조건을 근본적으로 개선하지도 못할 것"이라고 예측한 것과 상통하는 바 있다. 맑스는 그 이유를 "해방과 개선은 생산력의 발전 여부에만 의존하는 것이 아니라 이 생산력들이 인민의 것으로 되느냐 않느냐에 의존"하기 때문이라고 설명한다. 요컨대 생산력 발전의 주체와 수혜자가 민중이냐 아니냐가 관건인데, 식민지에서는 근대화의 주체와 수혜자가 식민국의 부르주아이고 피식민국의 민중은 그 과정에서 철저히 배제되기 때문에 근대화가 '해방과 개선'에 아무런 도움을 주지 못한다는 것이다.[24] 아마드에 따르면, 이러한 분석은 맑스가 식민주의자도 서구 중심주의자도 아님을 보여주는 결정적 증거이다. 오히려 아마드는 맑스의 분석은 '식민주의의 야만적 역학' ─ 근대의 물질적 기초를 마련하는 한편 피식민 민중의 삶을 더욱 질곡에 빠뜨리는 식민주의의 양면적 기능 ─ 에 대한 탁월한 통찰을 보여준다고 평가한다.[25] 이러한 맑스의 분석은 이식이 문학적 근대화의 길을 서구화로 단일화시켰고 그

---

24) K. 맑스, 최인호 외역, 「영국의 인도 지배의 장래의 결과」, 『칼 맑스 / 프리드리히 엥겔스 저작선집』 2, 박종철출판사, 1991.

25) A. 아마드, "Marx on India", *In Theory*, Verso, 1992, pp.225~235.

과정에서 본격소설이라는 가능성을 창출했지만, 그 길은 이식성으로 말미암아 항상 '불충분함'과 미완성으로 귀결된다는 임화의 분석과 그대로 겹친다. 임화가 해방직후에 민족문학운동에 투신한 것도 그 연장선상에 놓여 있다. 맑스의 말마따나 식민국에서의 프롤레타리아 혁명이나 피식민국의 완전한 민족해방만이 식민주의의 모순을 해결할 수 있는 방책이었기 때문이다.

7. 결론—이식과 탈식민

이식문학사론은 이식의 이런저런 양면성에 대한 고찰을 통해 한국 근대소설의 특수성을 해명하기 위해 구상된 이론이라고 할 수 있다. 나아가 이식문학사론은 이식된 문학의 불완전성에 주목함으로써 이식의 고도화가 어째서 이식의 해체를 수반할 수밖에 없는지, 이식의 극복이 왜 근대성의 성취에 관건인지를 밝혀준다. 이식의 해체와 극복은 특히 이식과 전통의 복잡한 상호작용을 통해 이루어지는데, 그 가운데 중요한 것은 두 가지이다. 하나는 전통의 무의식적 개입에 의해 서구의 원본과 '비슷하면서도 다른' 혼종이 생겨나는 것이고, 다른 하나는 전통에 대한 자의식에 바탕해 이식성을 의식적으로 극복해 나가는 것이다. 임화는 두 번째 방식까지 가야 이식성의 온전한 극복이 가능하다고 생각했다. 해방직후에 임화가 민족문학운동을 이론적·실천적으로 주도한 것도 그 연정선상에 있다.

임화의 이식론이 문학사론의 형식을 띠게 된 것은 이식의 역사적 연원을 규명하려는 의도와 맞물려 있다. 임화의 이식문학사론에서 가장 논쟁적인 부분이 한국의 근대문학을 서구문학의 이식과 모방의 역사로 본

대목이다. 하지만 이 규정은 임화가 서구 중심주의에 빠져 있었기 때문이 아니라 한국 근대문학의 '객관적 소여'를 설명하기 위해서라고 이해해야 한다. 여기서 중요한 것이 자본주의 세계체제에 편입되는 순간 '개화'가 근대로 나아가는 유일한 길이 되고, 이때 주객관적인 조건이 미비되었을 경우 '자주적 개화'의 가능성이 사라지면서 이식만이 불가피한 경로로 남는다는 명제이다. 이식의 연원에 대한 이러한 접근은 민족주의에 기댄 내재적 발전론이나 서구문학을 세계문학의 보편적 전범으로 삼는 비교문학론 양자를 동시에 넘어서는 탁월한 통찰이라 할 수 있다.

본격소설에 대한 임화의 설명 방식도 마찬가지이다. 자본주의 세계체제 하에서 소설은 지배적 장르가 된다. 그렇다면 소설의 지배는 우리가 근대세계체제에서 살고 있는 한 불가피한 일일 수밖에 없다. 다양한 장르간의 각축이 벌어졌던 계몽기에 소설이 최종 승자로 부상해가는 과정은 그 점을 약여하게 보여준다. 여러 내외적 요인들—가령 일본문학의 영향이나 당시 작가들의 서구 동경 등—이 있었지만, 가장 결정적인 요인은 '서구 자본제의 동점'이었다. '서구 자본제의 동점'은 다양한 내외적 요인들을 궁극적으로 규율하는 최종 심급으로 작용했거니와 장르 경쟁 역시 거기서 예외일 수 없었던 것이다. 본격소설론은 그러한 역사적 조건 속에서 최선의 대안을 모색하는 가운데 나온 결과물이었다. 그것이 과연 최선이었냐에 대한 검토는 여전히 중요한 쟁점으로 남아 있지만, 본격소설론을 서구 중심주의와 연결시켜 비난하는 것은 한국 근대문학의 역사성에 대한 인식이 결여된 텍스트주의적 편견이다.

아시아적 정체성에 대한 임화의 견해 또한 같은 맥락에서 바라보아야 한다. 임화가 아시아적 생산양식론을 수용하고 있는 것은 사실이다. 하지만 아시아적 생산양식론에도 다양한 갈래[26]들이 있을뿐더러 임화의 아시아적 정체성론은 '내재적 발전'의 가능성을 전면 부정하고 있지도

---

26) 아시아적 생산양식론의 다양한 갈래들에 대해서는 『마르크스와 아시아』(유승희·김윤호 역, 소나무, 1990)에 실린 쟝 셰노의 3편의 논문 참조.

않다. 실학에 대한 주목에서부터 '자주적 개화'의 가능성에 대한 강조에 이르기까지 임화는 '내재적 발전'의 가능성을 다층적으로 탐색한다. 하지만 주체 역량의 미약, 자주정신의 부족, 전통과 주체성에 대한 자의식의 미흡 등으로 자주적 개화의 가능성이 소진된 상태에서 '서구 자본제의 동점'은 치명타가 되었고, 그 결과 타력—일본 제국주의—에 의해 근대화가 추진될 수밖에 없게 되었다는 것이 임화의 생각이었다. 그 결과 이식이 문화적 근대화의 유일한 길이 된 것이다.[27]

마지막으로 임화의 이식 개념이 좁은 의미의 개념임을 다시 한 번 강조해야겠다. 임화는 교류와 영향을 이식의 범주에서 제외하고 있으며, '비주체적 개방'에 한정해 이식 개념을 적용하고 있다. 이식 개념을 넓게 풀어버릴 경우 어느 나라의 문학도, 심지어는 서구문학까지도 이식에서 자유롭지 못하게 된다. 따라서 이식 개념을 '비주체적 개방'으로 제한해야만 그것이 제3세계 혹은 식민지 근대의 특수성을 규명할 수 있는 설명적 범주가 된다.

결론적으로, 임화의 이식문학사론은 민족주의에 바탕한 내재적 발전론과 서구 중심주의적 비교문학론을 동시에 넘어 제3세계적 근대의 특수성을 해명하려는 선구적 시도였다. 해방직후 임화의 민족문학론의 바탕에도 이식문학사론이 깔려 있음은 물론이다. 그런 점에서 이식문학사론에

---

[27] 이와 관련해 유럽 봉건제는 변화, 곧 체제의 해체가 내부로부터 강제될 수밖에 없는 구조였고 아시아의 '녹봉제적 관료제'는 변화가 필요없거나 변화를 꾀하기 어려운 체제였다는 월러스틴의 분석은 흥미롭다. 월러스틴의 분석에서 중요한 것은 양자의 차이가 곧 체제의 생산력 수준을 뜻하는 것은 아니라는 언명이다. 중국이 생산력이나 과학기술 수준에서 유럽보다 낮지 않았으며 어떤 면에서는 더 앞선 부분도 적지 않았다고 월러스틴은 진단한다. 문제는 변화 내지는 해체를 어떻게 수용할 것이냐와 관련된 체제의 성격이다. 유럽은 해체 없이는 지배체제의 유지가 불가능했고 중국은 그렇지 않았다는 것이다. 아시아적 생산양식론과는 다르지만, 월러스틴의 이러한 설명은 동아시아, 좁혀 말해 한국의 중세가 근대로의 내적 변화에서 서구보다 왜 뒤졌는지를 이해할 수 있는 단서를 제공해준다.
이에 대한 상세한 설명으로는 I. 월러스틴, 『근대세계체제』 1, 제1장 「중세적 서곡」 참조.

서 민족문학론으로 이어지는 과정에서 이식론이 어떤 역할을 하고 있는
지에 대한 연구가 앞으로 필요하다.[28] 하지만 이식문학사론에만 한정하
더라도 이식의 양면성과 이식 해체의 내적 변증법에 대한 통찰은 독창적
이고도 과학적이라고 하지 않을 수 없다. 그런 점에서 임화의 이식문학사
론은 탈식민 문학론의 한 전범으로 평가받기에 전혀 손색이 없다.

---

28) 이에 대한 간략한 검토로는 하정일, 「민족문학론의 역사와 탈식민성」(『비평』 3호, 생
　　각의나무, 2000.11)을 참조

임화의 이식문학론과 조선적 특수성 인식의 명암*

프로문학 부정론과 민족문학 수립의 전제

김재용

1. 이식문학론에 대한 내재적 이해의 필요성

임화의 이식문학론이 거듭 다루어졌음에도 불구하고 제대로 해명되지 못한 데에는 여러 가지 원인이 있지만 가장 중요한 것은 임화 자신의 내면적 논리의 연장선 위에서 취급되지 못하였다는 점이다. 흔히 이식문학론을 연구하는 관점은 이식과 전통이란 아주 단순한 대립 속에서 재단되어지고 있다. 임화가 우리 근대문학을 일본을 통한 서구문학의 일방적인 이식으로만 이해했느냐 아니면 그러한 수입과 더불어 우리의 전통을 고려했느냐의 논의로 이어졌다. 그리하여 일방에서는 임화의 이식문학론은 전통에 대한 이해가 없는 전통부재의 것으로 보려고 하는가 하면, 다

---

* 이 논문은 『문예연구』(1999.6)에 실린 것을 재수록한 것임을 밝힌다.

른 편에서는 임화의 이식문학론이 결코 서양의 수입만을 이야기한 것이
아니라 외래적인 것과 전통적인 것의 통일적 관계 속에서 이해하려고
하였던 것이기 때문에 우리 문학사의 실상을 제대로 짚었고 이러한 관
점은 이어받아야 할 성질의 것이라고 주장하기도 하는 것이다. 그런데
임화의 이식문학론을 이렇게 이식과 전통의 틀 속에서만 보게 될 경우
그 자신의 내면적 논리와는 동떨어진 것으로 흘러가 결국 그 핵심을 놓
치게 된다. 그런 점에서 이식문학론에 대한 내재적 접근을 통하여 왜 그
가 중일전쟁 이후에 이러한 견해를 가지게 되었고 이것이 그 이전과 이
후의 논리에 어떻게 연결되는가 하는 점을 꼼꼼하게 살필 필요가 있다.
그럴 때만이 우리는 임화의 이식문학론에 대해서 제대로 평가할 수 있
을 것이다.

　임화의 이식문학론을 내재적으로 이해한다고 했을 때 가장 먼저 고려
해야 할 사항은 프로문학론과의 관계이다. 주지하다시피 임화는 중일전
쟁 이후 이식문학론의 관점을 취하면서 이전의 프로문학론을 부정하였
기 때문에 이식문학론은 프로문학의 부정과 밀접한 연관을 가지고 있다.
다시 말하면 프로문학론이 더 이상 자신이 지향해야 할 문학적 성격이
아니라고 판단하였기 때문에 이를 극복하여야 하는데 이를 위해서는 그
동안 행했던 프로문학의 활동이 지닌 원천적 한계를 끄집어내어야 하는
데 그럴 때 이 이식문학론이 합리적인 설명기제로 떠오른 것이다. 따라
서 우리는 프로문학의 어떤 측면이 더 이상 현실에 맞지 않는 것으로 되
었는가 하는 것과 이식문학론은 이를 어떤 식으로 설명하고 있는가 하
는 점을 살펴보아야 한다.

　이와 더불어 우리가 고려하여할 점은 이식문학론에 입각하여 프로문
학을 포함한 우리문학사를 설명했을 때 그 다음에 오는 것은 과연 무엇
인가 하는 점이다. 여기서 우리가 고려해보아야 할 사항은 해방직후의
민족문학론이다. 임화는 일제 말에 외적인 억압과 혼란 속에서 자신의
이론을 가다듬을 수 없었다. 게다가 해방직후에는 이 급작스러운 변화

앞에서 현실을 이해하고 거기에 맞는 문학의 성격을 어떻게 규정할 것인가에 대해 준비가 없었던 관계로 암중모색이었다. 이런 과정을 거치면서 민족문학론을 내세우게 되는데 과연 이러한 주장에 이식문학론이 어떤 영향을 미쳤는가 하는 점도 고구되어야 할 문제이다. 이식문학론의 관점은 임화로 하여금 프로문학론에서 민족문학론으로 넘어가는 과정에서 어떤 형태로든 중요한 계기로 작용했을 것이기 때문이다.

프로문학론과의 관계 속에서 이식문학론의 관점을 이해하는 일이 중요한 것인 만큼이나 민족문학론과의 관계에서 이식문학론의 관점이 갖는 의미를 검토하는 일도 빠뜨려서는 안 된다. 이식문학론을 임화 자신의 내면적 논리 속에서 재구성하여 그 의미를 따지는 작업은 이식문학론을 제대로 이해하는 일이기도 하면서 또한 프로문학론에서 민족문학론으로의 변모의 과정을 설명하는 일이기도 한 것이다.

2. 위기의 산물로서의 이식문학론과 조선적 특수성 이해

이식문학론은 위기의 산물이다. 임화가 이식문학론을 주장할 무렵은 1938년 즉 중일전쟁이 터진 후 현실의 정세가 아주 달라지기 시작할 때였다. 카프의 해산에 이어 카프문학인들이 대부분 과거에 지녔던 세계인식을 포기하기 시작하여 문학계 자체가 몇 년 전과는 비교가 되지 않을 정도로 판이하게 달라져 가기 시작하였다. 그뿐 아니라 중일전쟁에서 일본이 중국 관내를 침범하여 승승장구하는 현실은 자본주의가 조만간 붕괴하리라는 이전의 인식으로는 이해하기 어려운 것이었기에 내부적으로 혼란을 겪었을 것이다. 이렇게 달라진 상황에 대해 임화 자신이 주관적으로 어떻게 느끼고 있는가 하는 것은 다음 대목에서 역력하게 읽을 넬 수 있다.

> 수년래로 문화인이 지사,선구자이었던 시절은 이미 끝나고 있지 않은가 한다. 우선 수요의 성질이 점차로 의식화하여 범위가 괄목할만큼 넓어지고 문화적 영구를 시장적으로 평가할 수 있을만큼 되어간다 할 수 있다.이것은 주로 교육의 보급결과라 할 수 있는데 피교육자의 수준을 중등정도 이상에 둔다면 구매능력으로서 보통생활필수품 시장에 뒤떨어진다고 할 수는 없다.동시에 조선신문화의 전설이었던 계몽적 혹은 이상적 성격이 전부 시장확대의 결과라고는 할 수 없어도 좌우간 점차로 희박해지고 있는 것이 사실이다. 이 두개 조건은 여하간 문화영역에다 자본을 투할 가능성을 증장시키는 것이며 문화가치가 경제가치로서의 의의를 취득하기 비롯하는 현상이라 볼 수가 있다. (…중략…) 문화의 앞엔 수요력이 증대함에 불구하며 그것은 다른 어떤 원인과 더불어 문화의 순수한 발달을 방해하는 새로운 장애가 아닐 수가 없다.따라서 기업화 과정 위에 있는 조선문화는 직업인으로서의 자기와 문화인으로서의 자기를 어떻게 통일 조화해 나갈가가 실로 새로운 난문제의 하나라 생각한다.[1]

근대문학이 지녔던 계몽적 성격이 사라지면서 문학인은 더 이상 선구자나 지사가 될 수 없고 이제 자본주의 시장 속에서 살 수밖에 없는 것이다. 예전에는 시장의 논리에서 벗어나 자신의 지향을 위해 싸울 수 있었기에 지사이고 선구자일 수 있었지만 이제 자본주의 시장의 논리에서 벗어나 활동을 한다는 것이 점점 불가능하게 되어 가고 있다는 것이다. 그리하여 문학인은 이제 직업인으로서의 자신의 정체성에 대해서도 생각하지 않을 수 없다고 하는 임화의 이러한 자기고백은 프로문학을 주장하면서 혁명적 전위를 자치하였던 이전과는 격세지감이 들 정노이다. 임화 스스로 이렇게 느끼고 있기에 더 이상 과거처럼 세상을 바라보고 행동할 수 없는 것이다.

임화 자신은 이렇게 변한 세상에 맞서기 위해서는 새롭게 태도를 정

---

1) 임화, 「문화기업론」, 『청색지』, 1938년 6월, 17~19면.

립할 필요성을 강하게 느꼈고 그것은 자신이 그동안 해왔던 프로문학에 대한 비판을 수반할 수밖에 없었다. 만약 과거의 자신의 입장에 대한 비판을 행하지 않고 그대로 지속한다면 그 괴리로 인하여 새롭게 자신을 세울 수 없게 되고, 그렇다고 아무런 이론적 입지 없이 그냥 변화된 세상에 순응하고 이를 받아들일 수만은 없는 것이다. 그렇기 때문에 그는 이전 자신의 입장에 대해 비판하면서 새롭게 이론적 정립을 행할 필요성을 느꼈고 이 과정에서 이식문학론이란 새로운 관점을 이전에 자신이 내걸었던 프로문학의 한계를 설명하고 이를 뛰어넘을 수 있는 유용한 논리적 틀로 인식하였다.

위기의 산물로서의 이식문학론의 핵심은 조선적 특수성에 대한 인식이다. 이식문학론 이전에는 임화의 머리 속에 조선적 특수성이란 단어는 항상 비판해야 하는 대상이었지 고려해야 할 대상이 아니었다. 그렇기 때문에 임화에 있어서는 이식문학론에 이르러서 비로소 조선적 특수성에 대한 인식이 떠오르기 시작하고 더불어 전통 등의 문제가 시야에 들어왔던 것이다. 임화의 이식문학론을 전통에 대한 인식 부재로 일방적으로 비판하는 것이 사실에 맞지 않는 것은 바로 임화의 이러한 내면적 논리의 변화에 대한 인식 부족에서 비롯된 것이다. 임화는 이식문학론의 관점에 서기 시작하면서 오히려 전통의 문제에 대해서 눈을 뜨기 시작하였던 것이다. 그동안에는 '사회주의적 내용에 민족적 형식'이란 그 스스로가 '철의 논리'라고 불렀던 이 움직일 수 없었던 테제에 얽매여 있었기에 조선적 특수성이나 전통을 제대로 볼 수가 없었던 것이다. 항상 그것은 '민족적 형식'이라는 협착한 범위 내에서만 선언적으로 표방될 뿐이었다. 따라서 사회주의적 민족문학으로서의 프로문학에 대해서 거리를 두면서부터 비로소 조선적 특수성이나 전통을 인식하였기에 이식문학론을 전통에 대한 인식 부재로 보는 것은 매우 잘못된 일이다. 임화가 우리 근대문학이 이식문학이었다고 판단하는 것 자체가 비로소 이전의 관념적 국제주의에서 벗어나 조선적 특수성을 인식하기 시작하였다는 것을 말해준다. 그렇기 때문에 임화가 이 시기에 이식문학론을 주장하면서 '전통'의 문제를 끄집어내는 것은 결코 우연이라 할 수 없는 것이다.2)

그러면 이식문학론 이전에 임화의 조선적 특수성에 대한 인식은 어떠하였는가? 프로문학론을 주장할 무렵의 임화는 기본적으로 국제주의자였을 뿐 아니라 그 중에서도 조선적 특수성을 완강히 무시하였다. 자본주의 제3기론을 믿었던 까닭에 자본주의는 곧 붕괴할 것이며 이를 위해서는 각국의 노동자 계급은 단결하여야 하며 이외의 그 어떤 특수성의 조건을 이야기하는 것은 모두 멘세비키라고 간주하였던 것이다. 그렇기 때문에 임화는 당시 카프 내부에서 조선적 특수성을 제기하는 논자들에 대해 가차없는 비판을 퍼붓을 수 있었던 것이다. 당시 카프 내부에서는 국제주의자의 입장을 가지고 있으면서도 조선적 특수성을 고려해야 한다는 입장의 논자들이 여러 명 있었다. 이들 가운데 한 사람인 안함광은 조선적 특수성을 고려해야 한다는 주장을 일관되게 했는데 사회주의 리얼리즘 논의에서도 예외가 아니었다. 그가 조선적 특수성을 들어 사회주의 리얼리즘의 단순한 수용을 비판하자 임화는 그를 민족개량주의자 혹은 멘세비키라고 규정하면서 신랄하게 비판한다.

프롤레타리아 문학,특히 창작방법 논쟁상에 나타난 한 개 복고주의적 영향인 'XX(사회－인용자)주의 리얼리즘' 반대자의 '조선현실'의 강조에 대하여는 단지 한 개 암시를 던져줄 뿐 다음으로 밀고 넘어간다. 복고주의! 그것은 조선에 있어 민족주의의 한 개 문화상 현대화된 표현이다. 창작방법,문예정책 그것은 프롤레타리아문학의 세계관적 기본적 이상, 명확한 당파성의 원리상에서 결정되고 논쟁되는 것이다. 조선의 특수성, 조선 현실의 독자성을 가지고 문화와 정치의 XX(사회－인용자)주의적 내용을 거부하고 개량하려는 것은 제군들이 잘 기억하고 있는 바와 같이 과거에 있어 민족개량주의와 프로레타리아 XX(혁명－인용자)의 기본 내용의 거세논자인 '특수조선'의 '멘세비키'들의 강령이 아니

---

2) 임화가 이식문학론의 관점을 취하면서 '전통'의 문제에 대해 고민하기 시작했음을 잘 보여주는 글로는 「신문학사의 방법」, 『문학과 논리』, 학예사, 1940, 830~834면 참조

었던가? 리얼리즘의 XX(사회-인용자)주의적 내용을 조선적 특수성에 의하여 거부한 것이 본질적으로 과거의 민족개량주의와 멘세비즘과 대체 어디가 틀리는가. 나는 XX(사회-인용자)주의 리얼리즘 반대론자들의 조선현실 존중을 문화상의 복고주의적 영향과 무관계하게 평가할 수는 도저히 불가능하다.[3]

조선적 특수성을 근거로 소련의 사회주의적 리얼리즘을 그대로 들여올 수 없다는 안함광의 이론에 대해 임화가 이렇게 강하게 비판할 수 있었던 데에는 조선적 특수성을 고려하는 것은 무조건 민족개량주의자라고 보는 극좌적 관점이 크게 작용하였다. 당시 민족주의자들이 조선적인 것에 대한 추구라는 이름으로 복고주의로 떨어지는 것에 대해서 비판하는 것에 그치지 않고, 카프 내부에서 그동안 범했던 추상적 국제주의의 함정에서 벗어나 조선적 특수성을 고려하자고 하는 논자들에게까지 복고주의란 이름으로 비판하는 것을 볼 때 이 시기 임화가 얼마나 조선적 특수성에 대해 강한 비판 의식을 가졌는가 하는 것을 알 수 있다. 조선적 특수성을 고려해야 한다고 주장한 안함광을 비롯한 일부 카프 논자들의 견해는 민족주의자들의 복고주의와는 기본적으로 다른 것으로 그동안 프로문학이 결여하였던 조선적 특수성에 대한 인식을 환기시키고자 하였던 것이다. 이들은 노동자계급의 세계관과 조선적 현실의 특수성을 인정하는 것 사이에는 결코 모순이 되지 않는다고 파악하였던 것이고 오히려 그동안 프로문학이 결여하였던 것은 바로 이러한 조선적 특수성을 제대로 고려하면서 노동자계급의 세계관을 이야기하지 못한 것에 있다고 하였던 것이다. 바로 이 대목에서 계급적인 것과 민족적인 것을 통일적으로 바라보는 인식이 싹트기 시작했다고 볼 수 있다.

중일전쟁 이후 새로운 변화된 지형에서 위기의 산물이었던 이식문학론의 핵심이 바로 조선적 특수성에 대한 인식이라고 했을 때 이것이 이전의 프로문학론과 어떤 관계를 맺고 있는가 하는 점은 이 시기 임화의

---

3) 임화, 「조선문학의 신정세와 현대적 제상」, 『조선중앙일보』, 1936.2.4.

변모를 이해함에 있어 가장 결정적인 대목이라 할 수 있을 것이다. 그가 이렇게 조선적 특수성을 이야기하게 된 데에는 이전의 프로문학론에 대해 자기 비판적인 측면이 놓여 있다. 조선적 특수성을 부정하면서 프로문학론을 주장하던 그가 조선적 특수성을 강조할 때에는 프로문학이 기본적으로 조선적 특수성에 대한 인식을 결여하고 있다는 것을 전제로 한 것이다. 프로문학은 이식에 의한 것이라는 주장이다.

3. 아시아적 정체성론과 프로문학 부정의 논리

중일전쟁 이후의 변화된 상황에서 임화가 새롭게 자신의 입론을 펼치려고 했을 때 그가 주목한 것은 바로 조선적 특수성 문제였다. 그동안 혼신의 힘을 다해 펼쳤던 프로문학론이 결코 역사적 필연성에서 나온 것이 아니라 하나의 이식에 지나지 않는다는 주장을 하게됨으로써 자기 비판할 수 있는 근거를 마련할 수 있었다. 프로문학이 이식된 것에 지나지 않는다고 했을 때에는 그것이 이식이라는 형태로 들어올 수밖에 없었던 다른 나라들과는 다른 조선적 특수성을 이야기하지 않을 수 없게 된다. 프로문학이 역사적 필연 위에서 나온 것이라고 했을 때에는 조선을 비롯한 모든 나라들이 자본주의의 위기라는 공통된 현실을 전제했을 때 가능한 것이었고 그것은 조신의 득수성을 따로 인정하지 않는다는 것이었다. 그러나 프로문학이 더 이상 역사적 필연이 아니고 이식이라 했을 때에는 그것이 결코 역사적 현실에 기초한 것이 아니고 외부에서 수입되었을 뿐만 아니라 그 내부에 물질적 기초가 없는 관념상의 것이라는 것을 인정하는 것인데 이럴 경우 그런 형태로 나타날 수밖에 없는 다른 나라들과는 다른 조선의 특수성을 설명하는 틀을 마련해야만이 자신의 논리가 내면적으로 일관성을 갖게 되는 것이다.

그러면 맑스주의자로서의 임화는 이 조선적 특수성의 문제를 어떻게 인식하고 있었는가? 이를 이해하기 위해서는 이 무렵에 조선의 맑스주의자들 일부에서 유행하였던 아시아적 생산양식론에 대한 점검이 필요하다. 임화의 이식문학론이 조선적 특수성에 기초하고 있다고 했을 때 이 조선적 특수성론의 근거는 다름 아닌 아시아적 생산양식론이기 때문이다. 임화는 1938년 이후 여러 글에서 이 아시아적 생산양식론을 이야기하지만 가장 집약적으로 드러나는 곳은 역시 「개설 신문학사」의 첫 대목이다. 그는 조선의 근대가 자주적인 힘으로 이루어지지 못하고 외래자본주의에 의해 이루어질 수밖에 없는 원인을 아시아적 생산양식론에 기대고 있다. 특히 아시아적 생산양식론의 정체성론에 기대어 서양보다 봉건사회가 더 일찍 진행되었음에도 불구하고 근대가 늦은 이유를 설명하고자 하였다.

동양사를 장구한 동안 지배해오던 이른바 아시아적 정체성이란 것은 결국 서구의 근대 사회제도를 수입 이식하지 않고는 봉건사회로부터 근대사회제에의 전화,과도를 불가능케 한 조건을 만드는데 결착되는 것이다. 그것은 일반으로는 동양봉건제,구체적으로는 조선 봉건제 가운데 고대적 원시적 유제의 잡다한 잔존과 유착이다. 원시사회의 유제가 고대사회에 잔존되고 또 고대사회는 자기도 미처 처리못한 고대 사회의 유제와 아울러 원시사회의 유제까지 중첩적으로 봉건사회 위에 전승되기 때문이다. 이리하여 고대사회,봉건사회의 순수한 성숙과 발전을 저해함과 동시에 일반으로 역사과정 자체의 발전의 속도를 비상히 지지하게 만들고 나중에는 동양제국이 근대사회로 들어갈 조건을 미비케 하고 시기를 뒤늦게 한 것이다. 그러므로 만일 서구 자본제의 동점이 없이 장구한 동안 동양 혹은 조선 봉건제를 그대로 두었다면 먼 장래에 독자적으로 근대사회로의 전화를 수행했을지도 모른다. 예를들면 적어도 내지의 봉건제는 이러한 가능성을 가장 많이 가졌던 사회라고 말할 수가 있다. 동양제국에 있어 가장 일찍이 서구 자본제의 이식을 완료하고 독자한 근대사회는 서구와 필적함을 보아 이 점은 한번 수긍할 만하다. 그러나 역사는 더구나 근대사회는 결코 한 국가나 지방의 폐쇄적 독존을 허락하는 것은 아니다. 상업과 화폐에 의한 모든 지방의 세계화가 이 시대의 특징이다. 요컨대 동양 제국은 내부조건이 미처 성숙치 못하고 시기가 상조한 채로 근대화의 길로 들어선 것이다. 그러므로 동양 제국은 공통으로 서구 근대사회의 촉발과 수입과 이식으로 근대화될 운명 아래 놓여 있었다.[4]

임화의 이식문학론은 조선적 특수성론에 대한 인식에서 시작되었고 이 조선적 특수성론이란 다름아닌 아시아적 생산양식론과 정체성에 기초한 것임을 알 수 있다. 당시 맑스주의자 사이에서 조선적 특수성을 인식함에 있어서는 임화가 받아들였던 아시아적 정체성 이론만 있었던 것은 아니다. 조선적 특수성을 인식하지만 그것이 아시아적 정체성이 아닌 차원에서 이해하려고 노력한 것도 존재했다. 이 중에서 임화가 선택한 것은 바로 아시아적 정체성론에 입각하여 조선적 특수성을 이해하는 길이었다. 그런 점에서 이 시기 맑스주의자들 사이에 조선적 특수성을 인식하는 이론적 지형을 검토하는 것은 임화가 아시아적 정체성을 선택한 것의 역사적 의미를 이해하기 위해 선결되어야 할 것이다.

1930년대 중반 조선의 맑스주의자 내부에는 뚜렷한 분화가 생기기 시작하였다. 이는 1933년 백남운의 『조선사회경제사』가 출판된 후 이에 대한 찬반 여부를 계기로 더욱 분명해져 나갔다. 조선의 특수성을 설명하면서 한편에서는 아시아적 정체성론에 입각하여 논의를 진행하였고 다른 한편에서는 이러한 정체성론을 부정하면서 조선의 특수성을 설명하고자 하였다. 전자에는 이청원이, 후자에는 백남운이 중심적인 논자였다. 이처럼 맑스주의자 내부에서 아시아적 정체성론에 기대어 조선의 특수성을 설명하려는 쪽과, 아시아적 정체성을 부정하면서 우리 역사의 특수성을 설명하려고 하는 쪽으로 나누어졌는데[5] 임화는 이 중에서 전자의

---

4) 임화, 「개설 신문학사」, 『조선일보』, 1939.9.14~15.
5) 이 시기의 이론적 상황에 대해서 해방 후 백남운 자신이 회고한 글은 당시의 정황을 이해함에 있어 중요한 참고가 되기 때문에 다소 길더라도 옮겨 본다.

견해를 수용하게 된다.6) 임화가 그동안 조선적 특수성을 부정하다가 비로소 인식하기 시작하였는데 그것이 바로 아시아적 정체성론에 기반을 둔 것이라는 점은 이후 프로문학을 부정하는 과정에서 복잡한 문제들을 야기시킨다.

프로문학에 대한 임화의 자기비판은 프로문학의 이식적 성격에 대한 논의에서부터 시작된다. 임화는 프로문학이 역사의 내면적 필연성이나

"중국의 정치문제를 계기로 하여 맑스의 규식적 표현이었던 '아세아적 생산양식'이 국제적 이론투쟁의 문제로서 제기되어 논쟁을 거듭하였던 것은 주지의 사실이었다. 그러나 당시에 나는 두가지 불만을 가지고 그 이론투쟁에 참가하지 않았던 것이다. 그 두가지 불만이란 첫째로 역사발전의 기본양식인 생산체제에 있어서 구라파와 아세아의 그것이 본질적으로 대립되는 것 같이 구별하려는 것은 맑스 레닌주의적인 세계사관에 있어서 용인할 수 없다는 점이며 둘째로 맑스 레닌주의의 역사과학의 발전수준에 있어서 동양사 부문은 중국 조선 인도 이란 중앙아세아 월남 등 방면이 아직 거의 미개척지로 있는데다가 종래의 일본반동사학자들의 형식적인 현상학적인 관념유희로서 여기저기 개미무덤처럼 동양사의 분야를 제멋대로 헤뜨려놓은 형편이었다. 이 어지럽게한 부문을 다시 재정리하는 과업도 채 완수하지 못한 단계에 있어서 그 광대한 신흥역사학의 학영인 동양사의 미개척지를 그대로 두고 '아세아적 생산양식'의 단계를 암중모색적으로 규정하는 것은 과학적 사업이 될 수 없다는 점이었다. 더욱이 일제의 조선통치를 영구화하려는 식민지 정책하에 설치된 소위 경성제국대학 법문학부 조선사학과를 중심으로 하여 일제의 반동역사학자들이 조선역사를 위조하는 동시에 반동적인 관념사학을 재생산하기에 전력을 다하였던 것이다. 그 조선사연구의 혼란을 시정하기도 전에 또 한가지의 혼란을 덧붙이기 한 것이 소위 '아세아적 생산양식' 이론에 근거하여 동양사회의 봉건적 평원론을 주장한 것이며 따라서 동양의 일부인 조선역사도 노예사회가 결여된 아세아적 봉건제의 평원지대로 일관된 것이라고 주장한 자가 있었다. 이같은 조선사의 위조가 맑스의 표현된 용어를 남용함으로써 '과학'의 의상을 뒤집어쓰려는 점에서 맑스라는 글자도 모르는 소위 일제식 조선역사학자들보다도 더 교묘한 위조자인 것이었다. 즉 '아세아적 생산양식'을 동양사회의 특수한 발전양식으로 규정한 일부 얼치기 '사회과학자'들이 동양의 노예사회를 부인하는 동시에 형식논리적으로 조선의 노예사회도 부인하려고 하였다. 이와같이 소위 '아세아적 생산양식'이론은 일제의 조선사를 위조하는 최신의 무기로서 악용하였던 것이다. 그러한 방법으로 조선역사를 위조하려던 수범자는 일제의 경성제국대학 법문학부 조교수로서 전쟁중에 '아세아의 공영권'을 저작한 森谷克己이었다." 백남운, 『소련인상』 (조선역사편찬위원회, 1950), 209~210면.

6) 임화가 당시 이러한 논의의 지형을 어느 정도 파악하고 있었음을 짐작케 하는 것으로는 「개설 신문학사」에 나오는 다음과 같은 일절이다.

"백남운, 이청원, 김광진, 김태준, 고 부川二郎 씨 등과 森谷克己, 이우진 씨 등의 조선사 과정에 관한 견해는 상이하나 이 점에서는 모두 일치한다."

물질적 기초에 근거한 것이 아닌 이식에 지나지 않기 때문에 공식성을 낳을 수밖에 없었다고 보고 있다. 그동안 프로문학을 행했던 것은 한마디로 '모험'이었다라는 것이 이식문학론 이후 프로문학에 대한 임화의 확고한 입장이었다. 이러한 입장을 가장 잘 담고 있는 글이 바로 「본격소설론」이다.7) 이 글에서 그는 프로문학이 왜 이식에 지나지 않았는가를 다음과 같이 적고 있다.

> 조선소설의 전통은 불충분하나마 의연히 본격소설에 있었다고 아니할 수 없다. 그것은 조선문학의 이식성 즉 한단계의 소설을 내용으로나 구조로나 완성하기 전에 또 한 조류가 들어와서 교대하고 상쟁하여 일종의 혼류 또는 병렬 혹은 첩적의 상을 정(呈)하고 있었기 때문이라 할 수 있다. 결국 이때까지의 조선소설이 고전적 의미의 소설 소위 본격소설의 면모를 잃지 않았었더라는 것인데 물론 먼저도 언급한 것처럼 그것은 완성된 전통적 성격으로서가 아니라 미완의 그러므로 완성에의 지향으로 표현된 것이다. (…중략…) 진정으로 개성이기엔 다분히 봉건적인 신문학, 또한 개성적이기보다는 지나치게 집단적인 경향문학은 결코 조선에 소설 양식을 완성할 수 없었다. 뿐만 아니라 시민적 개성의 개성의 문학을 집단적인 개성으로 여과하므로 제 독특한(19세기의 소설과 구별되는) 소설(혹은 서사시)을 형성할 경향문학으로서 아직 시민적 의미의 개성도 형성되지 않은 땅에서 일을 시작한다는 것은 두려운 모험이다.8)

그동안 임화 자신이 행했던 경향문학 즉 프로문학이 '모험'에 지나지

---

7) 임화는 경향문학 즉 프로문학이 이식에 의한 것이라는 것을 이 시기 여러 글에서 주장하게 되는데 특히 흥미로운 것은 이 프로문학은 서구에 의한 것이라기보다는 일본에 의한 이식이라는 점을 강조하고 있는 점이다. 임화는 「신문학사의 방법론」에서 다음과 같이 이야기하고 있다.

"신문학사의 출발점이라고 할 육당의 자유시와 춘원의 소설이 어떤 나라의 누구의 어느 작품의 영향을 받았는가를 밝히는 것은 신문학생성사의 요점을 해명하게 되는 것이다. 그들의 문학이 구 조선의 문학 특히 과도기의 문학인 창가나 신소설에서 자기를 구별하기 위하여 필요한 것은 일본의 메이지, 다이쇼 문학이었음은 주지의 일이다. 그러나 그때 혹은 그뒤의 신문학이 일본문학에서 배운 것은 왕년의 경향문학과 최근의 단편소설들을 제외하면 극소한 것이다."

8) 임화, 「본격소설론」, 『문학의 논리』, 학예사, 1940, 370~376면.

않았다고 비판하는 이 대목에서 우리가 확연하게 알 수 있는 것은 바로 그 논리의 근거에 바로 이식문학론 나아가서 아시아적 정체성론이 개입하고 있다는 사실이다. 그렇기 때문에 임화는 이식문학론의 입장에 서면서 프로문학을 부정하게 되는 것이다.[9]

임화의 이러한 입장은 당시 카프문학인의 보편적 양태는 아니다. 프로문학의 공식성을 인정하고 이를 극복하는 논리를 내세움에 있어서 예의 이식문학론에 입각한 자기비판도 있지만 이와는 전혀 다른 차원에서 도식성을 설명하고 있는 논자들도 있었다. 이들을 필자는 카프 해소파와 대비하여 카프 비해소파라고 불렀는데 그 대표적 논자가 안함광이다. 안함광이 프로문학의 공식성을 비판하는 논리를 임화의 그것과 비교하여 보면 이식문학론의 핵심이 분명하게 떠오를 것이다.

안함광 역시 프로문학의 공식성을 인정하고 이를 극복하여야 할 대상으로 보고 있는 점에서는 임화와 동일한 입장을 보여주고 있다. 그런데 프로문학의 역사적 성격을 이해함에 있어서 임화의 입장과는 상당한 차이를 보여주고 있어 이후 다른 길을 걷게 된다. 임화가 프로문학을 이식에 의한 것으로 설명하고 여기서 그 공식성의 원인을 찾는 반면, 안함광은 프로문학이 바깥으로부터 들어온 것이지만 그것이 내적인 지반이 없는 그러한 유토피안적인 것이 아니라 어디까지나 현실적 지층을 갖고 있음을 강조하고 있다. 프로문학이 이렇게 물질적 기초를 가지고 있음에도 불구하고 공식성을 낳았던 것은 물질적 기초와 작가의 주체적 생활적 근거가 합리적으로 통일되지 못한 데 말미암은 것이라는 것이다. 이런 점에서 프로문학을 단순히 이식에 의한 모험이라고 보았던 임화와, 현실적 기초는 있었지만 주체적 생활적 근거와의 통일이 이루어지지 않아 도식성을 노출하였다고 보는 것과는 차이를 갖고 있다. 안함광은 「조선문학의 정신검찰」에서 프로문학이 그동안 노정하였던 공식성을 지적

---

9) 이 과정에서 대해서는 필자의 글 「임화와 카프 해소파」, 『민족문학운동의 역사와 이론』 2(한길사, 1996)를 참조.

한 후 다음과 같이 이어가고 있다.

> 주의할 것은 결코 유토피안은 아니었다. 왜냐하면 젊은 제너레이션의 정열을
> 자극한 그 시대사상은 앞에서도 말한 바와 같이 결코 젊은 객기의 두뇌적인 산
> 물이 아니라 그를 수요하는 바 현실적 지층 위에서 발생한 생활적 산물이기 때
> 문이다. 다시말하면 그는 해결의 희구점과 그가 의거하는 바 확실한 현실적 조
> 건은 가지고 있는 것이었기 때문이다. 이리하여 결코 유토피안은 아니었지만은
> 그러나 그는 동시에 완전한 예술적 창조인일 수는 없었다. 그렇다고 하는 것은
> 세계관 구성의 한 개 동기적 조건으로 간주할 수 있는 바 시대사상의 작가적
> 영향, 다시말하면 국경을 넘어 흘러들어오는 시대사상이라고 하는 것은 그를
> 수요하는 바 물질적 조건(현실적 지층)과 동시에 주체적인 작가의 생활적 근저
> 와가 합리적으로 통일되어지는 것이 아닐 때 우수한 형상적 능력에까지 발현
> 될 수는 없는 것이기 때문이다. 시대사상에 대한 주체적 신념이라기보다는 차
> 라리 그를 존경의 대상으로 해오던 왕시의 신문학(프로문학을 말함—인용자)은
> 말하자면 주체의 생활적 근거를 갖지 못한 지극히 허실한 것이 아닐 수 없었
> 다. 이와같이 시대사상의 현실적 지층과 주체적인 작가의 생활적 근거와의 합
> 리적인 통일 없이 세계관의 주체화를 초래할 수는 없는 일이며 이와같이 세계
> 관이 주체화되어지는 것이 못될 때 결코 예술적 창조에 잇어서의 중요한 지위
> 를 점령할 수도 또는 하나의 현실적 능력으로서 자기의 존재를 선양할 수도 없
> 는 것이다.[10]

프로문학은 그것이 배태될 수 있는 물질적 기초를 가지고 있었지만
주체의 생활적 근거와의 통일이 이루어지지 않았기 때문에 결국 공식성
을 낳을 수밖에 없었다고 보는 안함광의 프로문학 극복론은 이식론에
기조한 임화의 프로문학 부정론과는 매우 다른 것이다. 따라서 이후의
노정이 자연스레 달라질 수밖에 없었던 것이다.

이식론에 기초하여 프로문학론을 부정하였던 임화의 논리 속에서는
사회주의적 민족문학이 더 이상 들어설 자리가 없게 되고 나아가 계급

---

10) 김재용·이현식 편, 『안함광문학선집』 2, 박이정, 1998, 38면.

적인 것과 민족적인 것의 통합적 인식을 담아낼 수가 없었던 것이다. 따라서 해방 후 처음에 그가 민족문학론을 바로 내세우지 못한 데에는 이러한 이론적 곤혹스러움도 한몫 했을 것이다. 이후 그가 '사회주의적 의미의 민족문학' 즉 과거 프로문학 시절에 주장했던 것과 구별되는 '근대적인 의미의 민족문학'을 내세우게 되는 것은 우리의 근대를 서구의 그것과 다르게 주체적으로 인식하는 과정과 떼놓고 생각할 수 없는 것이다. 특히 '근대적 의미의 민족문학'을 발전시킨 '현대적 의미의 민족문학'에 이르면 계급적인 것과 민족적인 것의 통일적 인식에 다다르게 되어 민족문학론이 한층 가다듬어 진다.

4. 이식문학론의 명암

노동자계급의 국제주의를 구체적 현실성 속에서보다는 관념적 차원에서 바라보면서 프로문학론을 펼쳤던 임화가 중일전쟁 이후 현실의 급격한 변화와 그에 따른 문학의 변모를 목격하면서 이전의 자신의 입론을 재조정해야 할 필요성을 강하게 느꼈다. 그 동안 자신이 조선의 특수성을 고려하지 않은 노동자계급의 국제주의에 매몰되었다는 비판이 들면서 새롭게 현실을 인식하기 시작하였는데 그 해결이 바로 이식문학론이었다. 아시아적 정체성으로 우리 역사를 새롭게 보기 시작하면서 이식의 문제를 끌어들였고 이 과정을 통하여 임화 나름대로 조선의 특수성을 설명할 수 있게 되고 나아가 프로문학의 공식성을 역사적으로 해명할 수 있게 되었던 것이다. 그런 점에서 이 이식문학론은 조선적 특수성에 대한 인식이 전혀 없이 관념적 국제주의로 일관하였던 임화로 하여금 현실에 발을 딛게 하는 계기로 작용하였던 것이 틀림없다. 이러한 조선

적 특수성에 대한 인식이 없었다면 해방이후 그가 민족문학론으로 쉽게
나아가지 못했을 것이다. 이식문학론을 통한 조선적 특수성의 인식이 곧
바로 민족문학론의 이론으로 나아가게 해주는 것은 아니나 조선적 특수
성에 대해 맹목이었던 임화로서는 민족문학론에 다다르기 위해서 거쳐
야 할 과정이었던 것이다. 만약 그렇지 않았다면 그는 종래의 주장처럼
'사회주의적 민족문학으로서의 프로문학'에서 한발자국도 나아가지 못했
을 것이다.

이식문학론이 임화 문학론 내에서 이러한 긍정적 측면을 가짐과 더불
어 부정적 측면도 가지게 되는데 그것은 다름 아닌 아시아적 정체성의
문제였다. 그가 조선적 특수성을 인식한 것은 바람직하였으나 그것이 아
시아적 정체성으로 귀결된 것은 우리 역사와 문학에 대해 실천적으로
규명하지 못하게 하는 요인으로 작용하였다. 우선 이 아시아적 정체성론
자체가 유럽중심주의에서 벗어나지 못하고 있다는 점에서 문제점을 갖
는다. 그가 프로문학을 극복한다고 하면서 결국 이를 허무주의적으로 부
정하게 되는 것이라든가 계급적인 것과 민족적인 것의 통일적 인식을
제대로 할 수 없었다든가 하는 것 역시 이와 무관하지 않다. 해방 후에
민족문학론을 정립하는 과정에서 임화 이식문학론을 포기했다는 것은
이식문학론의 한계를 역설적으로 잘 말해주는 것이기도 하다.

임화의 문학사론과 신문학사 서술*

박진영

1. 근대문학 비판으로서의 문학사

　문학사 서술의 과제는 자기 시대의 문제의식을 설정하고 돌파하려는 이론적 고투이자 방법적 실천으로서 주어진다. 그것은 문학의 존립근거에 대한 자기탐색이며 구체적인 예술과정에 대한 비평적 개입이라 할 수 있다. 이처럼 그 시대의 역사적 성격과 문학적 전망을 감당해야만 하는 문학사 서술은 필연적으로 근대적인 인식의 소산일 수밖에 없다. 다시 말하면 문학사 서술은 근대 제도의 학적 체계 속에서 그 방법론적 틀과 미학적 원리를 도구로 삼아 구성하는 역사적 비판이다. 이 점을 자각하고 문학사 서술의 문제를 이론의 영역으로 끌어들인 것은 임화였다.

---

　* 이 글은 필자의 석사논문인 「임화 신문학사론 연구」(연세대 석사논문, 1997.2)의 일부를 정리한 것이다.

임화는 비평정신의 위기를 극복하기 위해서는 "역사적인 동시에 논리적인 방법"1)이 절실함을 줄곧 강조했다. 카프 해소와 프로문학의 위기에 맞설 수 있는 길은 무엇인가. 전망 회복과 주체 재건으로 나아갈 수 있는 이론적·실천적 모색은 어떻게 가능한가. 근대국가 건설의 과제 앞에서 민족문학이란 무엇인가. 이 물음들에 정면으로 맞선다는 것은 무엇보다도 조선 신문학의 역사가 질서와 모순 속에서 성립되는 과정에 대한 반성을 의미했다. 그리고 이를 위해서는 문학사적 현상을 체계화하는 시각과 방법의 기초를 점검하는 일이 필수적일 수밖에 없었다.

요컨대 임화는 문학사를 구성하는 개념과 범주를 명확히 설정하고 출발함으로써 이론적 체계화의 시도에 나설 수 있었다. 문학사 연구와 서술에서 방법론이 갖는 위상을 뚜렷이 자각하고 이를 무기로 삼아 신문학을 규정하고 있는 역사적 조건과 성격을 비판하고자 한 것이다. 연대기적이거나 실재론적인 기술의 차원을 넘어설 수 있었던 것도, '이식문학사'라는 명제를 제출할 수 있었던 것도 그래서 가능했다. 주목할 만한 것은 이를 통해 임화가 신문학사의 보편성과 특수성에 대한 사유를 진전시킬 수 있었다는 점일 것이다. 그것은 물론 한국 문학의 근대성에 대한 보다 근본적인 문제 제기이기도 했다. 이 점에서 임화의 문학사론2)은 여전히 유효한 비판과 극복의 대상일 수 있다.

임화의 문학사론은 1990년대에 들어서면서 집중적으로 재조명된 바 있다. 이른바 '이식성' 논란에 초점을 두는 관점을 비판하면서 임화 문학사론의 성격과 의의를 규명하는 데에 획기적인 전환점을 마련했다고 할

---

1) 임인식, 「집단과 개성의 문제―다시 형상의 성질에 관하여」, 1회(『조선중앙일보』, 1934.3.13). 그밖에도 임화는 여러 곳에서 '과학적 방법'과 '역사적 반성'의 통일을 강조하고 있다. 雙樹台人, 「조선적 비평의 정신」 4회(『조선중앙일보』, 1935.6.29); 「역사적 반성에의 요망」 10회(『조선중앙일보』, 1935.7.16) 등을 볼 것.

2) 문학사 연구의 방법과 서술 체계, 사관, 문학사의 구성원리, 시대구분론, 미학적 사유구조 등의 논점들을 두루 포괄하는 광범위한 영역을 가리켜 문학사론이라 할 수 있다. 송희복, 『한국문학사론 연구』, 문예출판사, 1995, 36~39면 참조.

수 있다. 그러나 이들은 문학사 서술에 규정적으로 작용하는 내적 원리로서의 방법론 문제를 사관의 문제와 구분하지 않았다는 점에서 한계가 있었다. 예컨대 1930년대 중반의 문학사 인식에 대해 이식사관의 혐의를 두기도 했으며, 방법론 적용의 결함이나 모순을 검출해내는 데 주안을 두기도 했다. 이것은 물론 방법론과 실제의 서술을 분리하여 이해한 데서 빚어진 한계이기도 하다.[3] 결과적으로 임화가 이식성을 거론하게 된 논리와 내적 근거에는 별달리 주목하지 못한 셈이다.

따라서 이 논문에서는 먼저 임화의 문학사론이 성립되는 과정을 고찰하고 실제의 문학사 서술 속에서 방법론이 차지하고 있는 지위를 보다 정밀하게 검토할 것이다. 특히 임화가 문학사에 관심을 가지는 시기를 명확히 구분하면서 그의 문학사 인식이 당시의 비평사적 문제의식과 긴밀하게 연결되어 있음을 밝힐 것이다. 이를 통해 이른바 '이식문학사'의 구체적인 내포와 함의, 그리고 한계를 보다 체계적으로 평가할 수 있다

---

3) 이상경, 「임화의 소설사론과 그 미학적 근거에 대한 비판적 검토」(『창작과비평』, 1990년 가을); 오현주, 「임화의 문학사 서술에 대한 고찰」(『현상과인식』 52, 1991년 봄·여름); 「임화의 문학사 서술의 추이에 관한 연구」(『실천문학』, 1992년 봄); 신승엽, 「이식과 창조의 변증법—임화의 '이식문학론'의 정당한 이해를 위하여」(『창작과비평』, 1991년 가을); 임규찬, 「임화의 신문학사에 대한 연구 (1)—'신문학사의 방법'에 나타난 '신문학사 연구방법론'」(『문학과 논리』 1, 태학사, 1991); 「임화 문학사를 바라보는 최근의 관점과 비판—임화 '신문학사'에 대한 연구 (2)」(『한길문학』 11, 1991년 겨울); 「임화 '신문학사'의 올바른 이해를 위하여」(임규찬·한진일 편, 『임화 신문학사』, 한길사, 1993); 성진희, 「임화의 신문학사론 연구」(서울대 석사논문, 1992); 김재용, 「카프 해소파의 이론적 근거—임화론」(『실천문학』, 1993년 여름); 송희복, 『한국문학사론 연구』(문예출판사, 1995). 이들은 주로 「신문학사의 방법」(1940)을 집중적으로 분석하면서 이식문학에 대한 재해석을 시도했다. 이른바 '제도적 근대성'의 관점에서 이식성을 문제삼았던 김윤식의 틀에서 벗어나기 시작했을 뿐만 아니라 1990년대 중·후반에 쟁점으로 제기된 근대성 논의로 나아가는 중요한 발판 중의 하나였다. 그런데, 1930년대 후반부터 해방기에 이르는 시기의 비평사적 구도나 민족문학론에 대해 어떻게 인식하고 평가하느냐에 따라 임화의 문학사 서술을 바라보는 입장도 꽤 엇갈렸다. 그 중에서 특히 임규찬은 '양식'과 '예술방법'의 문제를 제기하면서 문학사를 구성하는 미학적 원리에 주목했으며, 성진희는 실제의 문학사 서술 방법 자체를 문제삼았다. 송희복은 문학사론사의 영역에서 비판을 제기한 성과를 남겼다.

고 보기 때문이다. 이는 문학사를 통해 어떤 문제제기가 가능했으며 그 실천적 의의는 무엇이었는지 묻는 일일 것이다.

임화는 약 10여 년 동안 문학사 서술에 노력을 기울였다. 이를 크게 세 시기로 구분할 수 있다. 첫 번째 시기는 「조선 신문학사론 서설」로 집약되는 카프 해소 무렵(1934~1937)이며, 두 번째 시기는 1940년을 전후로 하여 가장 방대하고 체계적인 문학사 서술이 이루어지는 시기(1938~1943), 마지막으로 세 번째 시기는 해방 직후 적극적으로 조직 활동을 주도하면서 민족문학론을 구체화시켜 나아가는 시기(1945~1947)이다. 이 논문에서는 첫 번째 시기와 두 번째 시기의 문학사론을 논의의 대상으로 삼기로 한다.4)

2. 시민문학의 특수성에 대한 탐구와 이론 비판—「조선 신문학사론 서설」(1935)

카프 해소를 전후한 시기에 제출된 「서설」은 역사 이해 방법에 대한 전면적인 비판 및 이론적 극복을 통해 성립되었다. 「서설」의 궁극적인 서술 목표는, 사적 유물론에 입각한 신문학사의 객관적 발전 법칙을 확

---

4) 이 두 시기의 문학사 서술에 해당하는 텍스트를 각각 다음과 같이 약칭하기로 한다.
　「서설」: 「조선 신문학사론 서설―이인직으로부터 최서해까지」(『조선중앙일보』, 1935. 10.9~11.13)
　「신문학사」: 「개설 신문학사」(『조선일보』, 1939.9.2~11.25, 43회); 「신문학사」(『조선일보』, 1939.12.5~12.27, 11회); 「속 신문학사―신소설의 대두」(『조선일보』, 1940.2.2~5.10, 49회); 「개설 조선 신문학사」(『인문평론』, 1940.11~1941.4, 4회)
　「방법」: 「조선문학 연구의 일 과제―신문학사의 방법론」(『동아일보』, 1940.1.13~1.20); 「신문학사의 방법」(임화, 『문학의 논리』, 학예사, 1940)
　「20년」: 「소설 문학의 20년」(『동아일보』, 1940.4.12~4.20)
　「의의」: 「〈백조〉의 문학사적 의의―일 전형기의 문학」(『춘추』 22, 1942.11)

인함으로써 신경향파 문학 발생의 문학사적 필연성 및 역사적 정당성을
천명하는 한편 프로문학이 나아가야 할 실천적인 전망을 획득하고자 하
는 데 있었다. 즉, 조선 근대문학의 형성과 신경향파 문학 성립의 관계를
합목적적으로 해명하는 것이 핵심이라 할 수 있다.

먼저 임화는 박영희의 이원론 및 김기진·이종수·신남철 등의 신이
원론5)이 보이고 있는 공통된 관념적 일탈과 역사 이해 방법의 오류, 논
리적 이론 체계의 결여 등을 간파해내고, 논리적인 것과 역사적인 것의
일원론적 관점에서 사상성과 예술성의 통일을 주장한다. 그리고 문학사
의 구체적인 현상들 사이의 연관 관계에 대한 계기적 발전과 매개의 원
리에 입각하여 신문학사 전개의 일관된 법칙성을 수립한다. 이인직의 신
소설—이광수의 『무정』—자연주의 문학—세기말적 경향—신경향파 문학
(박영희적 경향—최서해적 경향)—프로문학으로 이어지는 신문학사 전개 과정
은 매 계기마다 앞 세대의 문학으로부터 진보적 유산을 계승하고 문학사
적 한계도 물려받으면서 사상적·예술적 발전을 이루고 다음 세대의 문
학으로 진보해 나아간다는 것이다. 다시 말하면 문학사는 적극적인 것의
'계승'과 부정적인 것과의 '상쟁'의 변증법을 통해 보다 높은 형태로의
발전과 조직화를 관철해 나아간다. 이로써 이광수 문학과 신경향파 문학
을 곧바로 대비시키는 무매개적이고 비역사적인 이원론을 토대—상부구
조론에 의거해 비판하면서 신경향파 문학의 위상을 정립할 수 있었다.

---

5) 박영희, 「최근 문예이론의 신 전개와 그 경향—사회사적 급 문학사적 고찰」(『동아일
보』, 1934.1.2~1.11); 김기진, 「10년간 조선문예 변천 과정」(『조선일보』, 1929.1.1~2.2);
「조선문학의 현재의 수준」(『신동아』 27, 1934.1); 「프로문학의 현재 수준」(『신동아』 28,
1934.2); 「조선문학의 현 계단」(『신동아』 39, 1935.1); 신남철, 「최근 조선문학사조의 변
천—'신경향파'의 대두와 그 내면적 관련에 대한 한 개의 소묘」(『신동아』 47, 1935.9);
이종수, 「신문학 발생 이후의 조선문학—민족문학 시대의 문학사상 변천」(『신동아』
47, 1935.9). 임화에 의하면 박영희가 카프 "지도부의 사회사적 고립과 그 문학사적 붕
괴"라는 결론으로 귀결될 수밖에 없었던 것은 예술과 정치의 이원론에서 비롯된 것이
며, 박영희를 비판한 김기진, 이종수, 신남철 등도 결국 똑같은 이원론의 함정에 빠져
있을 뿐이다.

물론 이러한 인식은 문학사 내적인 계승과 부정의 변증법적 원리를 상부구조 내에서 작동하는 단선적인 이월과 부채의 연속성으로 환원하고 있다는 점에서 뚜렷한 한계를 지닌다. 문학 유파나 경향을 세대교체의 진화론적 발전으로 취급하는 경직성도 여기서 비롯된다. 결과적으로 '고전적인 것'과 '낭만적인 것'의 두 범주를 중심으로 문학사를 파악하는 도식성을 드러내기 때문이다. 또, 이러한 신문학사 인식은 고전주의-낭만주의-사실주의라는 서구 근대문학 발달의 일반적인 과정을 참조대상으로 하고 있음에 틀림없다.6) 즉 부르조아 문학-쁘띠부르조아 문학-프롤레타리아 문학이라는 세계문학 발전의 보편적 합법칙성을 신문학사에서 확인함으로써 프롤레타리아 문학이 부르조아 문학의 사상적·예술적 계승자이자 그 적자임을 천명하고 있는 것이다.

이로써 이광수 문학 이래의 조선 신문학(=시민문학)이 완수하지 못한 근대문학 완성의 역사적 과제는 프로문학의 몫이 된다. 임화는 신경향파 문학 발생과 프로문학으로의 발전 과정에 조선 근대문학의 핵심적 의의를 부여함으로써 1930년대 중반의 비평사적 실천 전망을 확보하고자 했던 셈이다. 카프 논자들의 이른바 '신이원론'이 결국 박영희의 청산주의·당파성 해체론과 다르지 않다는 비판의 핵심은 바로 여기에 놓여 있다. 실제로, 김기진의 견해로부터 비롯된 민족문학과 프로문학의 대립이라는 문단 구도에는 프로문학에 가해지는 내·외적인 비판들을 실천적으로 극복할 적절한 대응력이 함축되어 있지 않았다. 이 구도에 따르면 프로문학은 문단 조류의 하나에 불과하며 주류적인 지위도 차지할 수 없다. 이광수의 문학을 당시 문단 침체 극복의 전범으로 삼고 있는 데서 드러나듯이 이는 프로문학을 선언적으로만 옹호하고 있을 뿐 실제로는 민족문학을 문학사적으로 더 높이 평가하는 모순에 빠질 뿐이다. 임화는 이 구도 자체를 문제삼고 있는 셈이다. 신경향파 문학 대두 이후

---

6) 임인식, 「낭만적 정신의 현실적 구조-신창작이론의 정당한 이해를 위하야」, 『조선일보』, 1934.4.19~4.25.

프로문학과 대립하고 있는 문단 조류로서의 민족문학은 신문학의 발전 도정에서 소멸하거나 쇠퇴한 부르조아적 (소)시민문학의 아류에 불과하며 이 점에서 이미 존재 의의를 상실한 반역사주의적 퇴행일 뿐이다.[7]

요컨대 「서설」은 회고적 기술이나 당위론에서 발견되는 위험을 집중적으로 비판함으로써 체계적인 이론 점검으로 나아갈 수 있었다. 도식적이라는 한계를 안고 있음에도 불구하고 문학사적 현상을 파악하는 일원론적 관점을 확립함으로써 톨스토이론에 근거한 반영론, 조선의 물적 토대의 성격에 대한 인식 및 문학사적 전망 등을 획득할 수 있었기 때문이다. 임화를 이를 바탕으로 문학사의 방법론에 도전하면서 조선 신문학사의 근대성 문제에 대해 미학적으로 접근하기 시작한다.

3. 임화 신문학사의 방법과 체계

「서설」 이후 임화가 본격적인 신문학사 연구와 서술에 집중하는 것은 1930년대 말에 이르러서이다. 1939년 9월에 시작된 「신문학사」는 약 1년 7개월에 걸쳐 단속적으로 연재되었으며, 이 사이에 구체적인 연구방법론이자 이론체계의 핵심이 되는 「방법」(1940) 및 소설사에 방법적으로 적용된 「20년」(1940)이 발표되었다. 임화의 문학사적 모색은 식민지 시대 말기 「의의」(1942)에 이르기까지 이어진다.

---

7) 임화는 당시 문단을 복고주의적 경향과 예술지상주의적 경향으로 정리하면서 그 뿌리를 1920년대 신문학에 두고 비판의 초점으로 삼는다. 임화는 이들을 '문학사적 특이성'으로 읽고 있다. 임인식, 「1933년의 조선문학의 제 경향과 전망」 3회(『조선일보』, 1934.1.3)와 임화, 「조선문학의 신정세와 현대적 제상」 1회(『조선중앙일보』, 1936.1.26) 등을 볼 것.

1) 신문학사 방법론의 의의

두 번째 시기의 문학사론은 한국 근대문학사 서술에서 최초로 제출된 방법론인 「방법」으로 수렴된다. 이 글은 문학사 연구방법론이자 「신문학사」(1939~1940)의 서술방법론이기도 하다. 따라서 「방법」의 체계와 구성원리를 검토하는 한편 실제의 문학사 서술에서 구체화되는 양상을 검증할 필요가 있다. 이 두 회로는 서로 분리되어 취급되어서는 안 되며 유기적인 관련성 속에서 평가되어야 할 것이다.8) 잘 알려진 바대로, 조선 근대문학을 연구할 때 고려해야 할 조건들을 단순히 나열해 놓은 듯이 보이는 「방법」의 여섯 항목은 「20년」 등의 서술과 밀착되어 있으며 「신문학사」 역시 이에 따라 체계적으로 서술되고 있어 일관된 방법론적 질서를 보이고 있기 때문이다.

① 대상-토대-환경-전통-양식-정신으로 이어지는 「방법」의 여섯 항목은 '토대'로부터 출발하여 '정신'에 이르는 일관된 위계질서체계 속에 놓여 있다. 그 맨 앞자리에 신문학사의 '대상'을 놓아 문학사적 연속성의 관점을 견지하면서 시대구분의 본질 개념이 도출될 수 있도록 이론적으로 규정했다. 한편, '정신'의 바로 앞 항목으로 '양식'을 두어 문학사 서술이 정신사와 양식사의 변증법적 관련 아래에서, 양식사로서 서술된 문학사 속에 흐르는 정신사의 발견을 그 궁극의 목적으로 함을 분명히 했다. 즉, 대상-토대-양식-정신. '토대'는 '대상'의 규정으로부터 도출되고 있고 상부구조인 문학과의 사이에 '시대정신의 역사'("토대의 역사의 정수요 그 관념적 집약")를 매개항으로 설정하는 한편, '물질적 토대'와

---

8) 1990년대 초반의 연구에서 이미 「방법」에 대해 새롭게 평가한 바 있다. 그러나 대부분의 경우 '이식사관'의 극복이라는 문제에 초점을 두고 있었기 때문에 '전통'과 '환경'의 두 항목에 관심이 집중되었다. 따라서 「방법」의 내적 체계를 분석하고 이를 실제 서술과의 연관성 속에서 검토하지는 못한 한계를 갖는다.

'정신적 배경'으로 나누어 「신문학사」 서술 속에서 구체화하고 있다. 이때 앞의 두 항목과 뒤의 두 항목 사이에 놓여 있는, 즉 토대-상부구조론을 매개적인 구체성 속에서 이해할 수 있게 하는 '환경'과 '전통' 항목은, 이러한 물질적 과정('토대' 즉 근대조선사회경제사)과 배경('정신적 배경' 즉 근대조선정신사)으로부터 분리되어 있는 것이 아니라 이들을 신문학사의 구체성 속에서 추상해냄으로써 특화시킨 범주이며 각각 토대와 배경에 밀접하게 연결되어 있다. 즉, **대상-토대-환경-전통-양식-정신**.

② 먼저 '대상' 항목. 「신문학사」의 제1장 '서론'은 신문학의 뜻과 범위, 신문학사의 내포, 그리고 신문학사와 조선문학사의 연관관계 등을 분명히 해두고 있다. 임화에 의하면 '신문학사'의 개념은 근대문학사가 조선문학사에서 이식문학사로 구체화되는 양상을 가리키는 역사적인 개념이다. 한문 문학까지를 포함하는 전대 문학을 간접적 대상으로 포함시키는 것은 '토대' 특히 '정신적 배경'을 해명하는 데 관건이 되는 문제일 뿐 아니라 문학사적 연속성 위에서 시대구분의 본질 개념을 획정할 수 있다는 점에서 중요하다. 「신문학사」가 정치소설과 번역소설, 창가, 신소설 등을 대상으로 삼으면서 출발할 수 있었던 것은 이들이 갑오개혁(1894)과 을사조약(1905)을 거치면서 실학사상의 정신적 핵심이 변천하는 사상사적 흐름을 구체적으로 보여주고 있다는 것에 주목했기 때문에 가능했다.

③ '토대' 항목의 경우, 사적 유물론에 입각한 과학적 문학사를 서술하고자 했던 임화로서는 가장 중요한 문제였다. 임화는 토대-상부구조론 속에서 문학사를 문화사의 한 영역으로 파악함으로써 여러 문화형태 속에 공통적으로 흐르고 있는 시대정신의 일반성을 밝히는 것을 문학사의 직접적인 목표로 삼았다. 즉, **토대-정신**. 그리고 '토대'를 '물질적 토대'와 '정신적 배경'의 두 가지로 이해했으며 토대와 상부구조 사이에

‘시대정신의 역사’를 매개항으로 설정했다. 이때의 시대정신이란 조선의 근대화를 구현하고 있는 구체적인 역사 과정 속에 내포되어 있는 근대의 성격 즉 ‘근대성’을 의미하는 역사적 개념이다.9) 그것은 근대 조선의 물질적·정신적 토대를 포괄하고 있는 내재적 핵심이기도 하다. 이에 따라 「신문학사」의 제2장 ‘신문학의 태반(胎盤)’을 ‘물질적 배경’과 ‘정신적 준비’로 나누어 서술하면서 이들을 신문학사의 물적 기초 및 근대를 향한 도약의 정신적 기반으로 파악하고 있다.

‘물질적 토대’에서는 조선의 자본주의적 변혁의 과제가 이식 자본주의적 재편성으로 ‘강제’됨으로써 근대 시민사회의 내포가 충분히 성숙하지 못한 채 불구적 형태를 띠고 전개된다는 점에 주목하면서 근대화의 세 과정을 고찰하고 있다. 임화에 의하면 조선의 자본주의적 변혁의 물적 토대는 “근대적 방법에 의한” 전자본주의적 사회관계의 변혁에 놓여 있으며 따라서 그것은 갑오개혁이라는 역사적 계기로 수렴된다. 한편 ‘정신적 배경’은 ‘물질적 토대’에 상응하는 것으로, 실학사상으로부터 출발하여 갑오개혁에 이르는 ‘자주’와 ‘개화’의 정신, 을사조약에 이르는 ‘정치’과 ‘정론’의 정신, 그리고 그 이후 ‘교화’와 ‘계몽’의 정신으로 이어지는 사적 흐름으로 개괄할 수 있다.

그런데, 여기서 ‘물질적 토대’에 대한 인식이 매우 일면적임을 지적하지 않을 수 없다. 임화는 조선 후기 사회의 근대적 생산양식 요소의 맹아를 간과하지 않고 있으며 또한 갑오개혁의 상층지향성과 외세의존성도 예리하게 지적하고 있다. 그럼에도 불구하고 근대화의 과정을 조선의 ‘개화’ 과정, 더 엄밀히 말하자면 외국과의 직·간접적인 교섭 및 개항사로 제한하고 만다. 물적 토대의 분석에서 핵심은 경제적 사회구성의 구

<hr>

9) 임화, 「방법」, 『문학의 논리』, 학예사, 1940, 825~826면. 그것을 임화는 “봉건적 사회관계의 와해와 새로운 시민관계의 형성을 표현하는 관념형태”로 정리하고 있다. 그런데 이처럼 전대와는 구별되면서 근대의 성립 이래 당대까지의 정신내용이자 일관된 핵심으로서의 정신형태인 ‘시대정신의 역사’란 “조선에 있어 근대정신만이 착용할 수 있었던 정신적 의장”이라는 점에서 추상적인 개념이 아니라 구체적이고 역사적인 개념이다.

성적 요소들의 물질적 과정을 역사적으로 고찰하는 한편 그에 따른 계급적 사회관계의 변동 및 그 경향성을 일정하게 드러내는 데 놓여 있다. 그런데 임화는 이러한 사회구성의 내부적 역동성을 간과한 채 외부적 자극과 압력의 역사를 일관된 중심으로 삼고 있는 것이다.[10]

이제 두 가지 문제를 제기할 수 있다. 하나는 '토대'와 '정신'의 문제, 즉 「방법」의 주축이라 할 수 있는 전체 구성원리의 문제다. 임화가 제시한 여섯 가지 항목의 핵심은 사실상 '토대'로부터 '정신'으로 이어지는 하나의 줄기에 놓여 있다. 또 다른 하나는, 그럼에도 불구하고 이 사이에 '환경'과 '전통'의 항목이 개입되어 있다는 점이다. 전자의 일관된 체계 속에서 다소 이질적인 문제가 불거져 나온 셈이다. 이것이 임화의 신문학사론을 유물사관으로부터의 일탈 또는 유물사관과 정체사관 사이의 동요 등으로 평가하게 하는 주된 논거이기도 하다.

④ 먼저 전자의 문제. 앞서 지적했듯이 임화의 방법체계는 '대상'과 '토대'로부터 출발하여 다섯째 항목인 '양식'과 여섯째 항목인 '정신'으로 수렴되는 일관된 질서 속에 놓여 있다. 문학사는 한 시대를 기본적인 단위로 하여 그 시대의 문예적인 개성과 형식적 특색 곧 '시대적 양식'을 문제삼는다. "비평의 최후의 과제이면서 문학사의 최초의 과제"인 양식의 설정이 '양식의 역사'를 형성하며 문학사란 사실상 이 양식의 역사

---

10) 임화, 「개설 신문학사」 8~12회(『조선일보』, 1939.9.16~9.20)를 볼 것. 물질적 토대에 대한 협소한 인식은 아시아적 생산양식론에 대한 주목과 조선 자본주의의 왜곡된 편입 과정에 대한 이해와 결부되어 있지만 '개화'와 '자주'의 변증법을 바라보는 시각에서 비롯된 것이기도 하다. 임화에 의하면 그것은 실패한 변증법이기 때문이다. 그렇다고 해서 조선 후기 사회의 자본주의적 생산양식의 맹아에 주목하고 그 발전 과정을 고찰했어야 한다는 뜻은 결코 아니다. 사실 토대에 대한 이해는 이미 「서설」에서 일정 정도 획득된 바 있다. 다만 이러한 '일면성'은 임화가 처한 시대적 한계―당시 조선사회경제사의 수준을 반영하고 있는 것이다. 실제의 「신문학사」 서술에서 제2장이 '물질적 배경'과 '정신적 준비'로 이원화된 채 서로 긴밀하게 연결되고 있지 못한 듯이 보이는 것도 이에 기인하는 한계라 할 것이다. 실제로는 근대화의 세 단계가 이 과정에 정확하게 대응하고 있으며, '모방'과 '이식'의 문제가 도출되는 것 역시 바로 이 지점이다.

를 서술하는 것이다. 그런데, 이 시대적 양식의 역사란 어디까지나 "그 시대인의 고유한 체험과 생활에서 형성된 시대정신이 자기를 표현하는 형식"의 역사에 불과한 것이며 따라서 문학사의 궁극적인 목적은 이 양식의 역사 이면에 흐르는 정신의 역사를 발견하는 데 도달하는 것이다. 요컨대 문학사는 여러 시대의 정신사를 일관한 체계로 이해함으로써 한 시대의 단일한 양식 속에서 그 시대의 단일한 정신을 발견하고자 하는 것이며 이때에야 비로소 과학적인 문학사가 된다는 것이다. 이때 정신의 역사란, 한 시대의 운동의 근원이자 동력인 사유체계 자체를 다루는 것이며 그 변천과 발전의 동인을 구명하는 것을 의미한다. 결국 마지막 항목으로 설정한 '정신' 항목은 문학사 서술의 궁극적인 지향점을 명시하고 있는 셈이다. 다시 말하면 그것은 한 시대의 정신 속에서 "서로 다른 정신이 어떤 한계를 나아가면 근사한 중심으로 통합될 가능성"을 발견하는 것, "개성적인 차이를 초월한 어떤 보편적 동일성을 발견"하는 것을 가리킨다. 이렇게 본다면 「방법」의 궁극적인 방법체계와 구조는 이러한 '양식'과 '정신'의 통일을 향하고 있다. 따라서 신문학사의 대상이 "근대정신을 내용으로 하고 서구문학의 장르를 형식으로 한" 신문학—조선의 근대문학이라는 규정은 내용과 형식을 기계적으로 이분화한 사고의 산물이 아니라 정신사와 양식사에 대한 이러한 변증법적 사유에 근거하고 있는 것임을 알 수 있다.

⑤ 그렇다면 이제 문제는 세 번째와 네 번째 항목으로 설정해 둔 '환경'과 '전통'이 과연 사적 유물론의 관점에서의 일탈인가 하는 것에 놓여 있다.11) 이것은 두 가지 측면에서 검토될 필요가 있다. 이 두 항목의 실

---

11) 1990년대 초반의 연구들에서 비교적 상세히 밝혀졌듯이, 이 두 항목이 아시아적 정체성 혹은 식민사관에의 침윤에 의한 주체성의 부정, 전통단절론을 의미하고 있는 것이 아님은 분명하다. 그러나 이것이 유물사관에서의 일탈이라는 문제는 쉽게 제거되지 못하고 있다. 상호모순적인 항목으로 보이는 이들을 떼어놓고 어느 한 부분을 일방적으로 강조하는 것은 어느 경우든 이들 상호간의 변증법적 연관관계를 전혀 보지 못

질적인 내용과 그것이 실제로 「신문학사」 서술에 적용되고 있는 구체적
인 양상을 검토하는 것이 하나이고, '환경'과 '전통' 항목이 전체 방법체
계에서 차지하고 있는 위상을 점검하는 것이 또 다른 하나다.

먼저 '환경'은 "한 나라의 문학을 위요하고 있는 여러 인접문학"이라
는 점에서 문학적 환경을 가리키며, 신문학의 생성과 발전 과정에서 영
향을 미친 외국 문학의 연구 즉 "서구 문학이 조선에 수입된 경로"의 연
구를 의미한다. 이 항목이 "신문학사란 이식문화의 역사"라는 명제의 핵
심임은 물론이다. 그러나 실제로 여기에서 문제삼고 있는 바 번역과 창
작, 비평 등에서 일본 문학을 통해 서구 문학을 이식한 구체적인 근거는
이식문학론에 의해 평가된 것이 아니라 역으로 이들 문학사적 현상들
속에서 귀납적 분석의 결론으로 제시된 것임을 알 수 있다.12) '환경' 항
목을 설정하고 나아가 이식문학사라는 명제를 명시할 수 있었던 것은
구체적인 문학사적 사실 관찰과 그 이론화에 근거하고 있었던 것이라는
점에서 일단 정당한 인식이라고 할 수 있다.

한편 '전통'의 경우, 실제로 이 항목에서 서술하고 있는 것은 전통의
개념적 의미가 아니라 문화창조 과정에서 전통 자체가 창출되는 변증법
적 역량이며, 그 과정 내부에는 역사적 주체의 영역이 확보되어 있다는

한 채 신문학사론을 편향적으로 이해하는 왜곡에 이르게 한다. 이러한 한계는 의외로
문제적인데, 예컨대 성진희는 임화의 방법체계가 내적으로 완결된 구조를 취하고 있
으며 특히 이들 두 항목이 필수적임을 논증하면서도 "토대와 배경으로부터 분리"되어
있다는 임화의 언급을 근거로 유물사관과 정체사관 사이에서의 동요로 평가하는 모순
을 보이고 있다. 그의 논의에 따르면 양식사로서의 문학사 서술에서는 이러한 사관의
동요가 필연적이라는 오류를 피할 수 없다. 또 오현주의 경우는 임화의 방법체계 속에
서 이 두 항목이 차지하는 연관관계를 보지 못함으로써 신소설의 발생사에서 전통과
환경의 적용을 찾으려는 잘못을 범하고 있다. 결국 「방법」과 「신문학사」가 방법적으
로 분리되어 있다는 것이다. 이들은 모두 「방법」의 방법체계와 실제의 「신문학사」 서
술을 일관된 구조 속에서 보지 못함으로써 신문학사론을 체계적으로 오해하고 있다.
그만큼 이 두 항목은 임화의 방법체계 속에서 긴밀한 내적 긴장관계를 유지하고 있다.
12) 이에 대해서는 임화, 「방법」, 『문학의 논리』, 학예사, 1940, 829~830면; 「단편소설의
    조선적 성격—9월 창작평에 대신함」(『인문평론』 1, 1939.10), 127~137면; 「교양과 조선
    문단」(『인문평론』 2, 1939.11), 45~51면을 볼 것.

점에 주목할 필요가 있다.[13] 임화에 의하면 낡은 문화로부터 새 문화로 나아가는 창조 과정은 고유문화와 이식문화의 역사적 상승이며 이것이 바로 '이식'이라는 과정 자체의 변증법적 성격이다. 이때 역사적 주체는 문화적 유산을 전통으로 부활시키는 주체이다.[14] 그 과정이 바로 '토대' 항목의 '정신적 배경'에서 논의되고 있다. 조선 근대화 과정에서 신문화 탄생의 맹아이자 핵심인 실학사상은 '자주'와 '개화'의 변증법적인 정신 운동의 역사적 형태로서 갑오개혁이라는 내적 계기로 수렴된다. 그러나, 갑오개혁 자체의 반민중적 피식민성으로 인해 새로운 문화의 '이식'은 타협적 성격을 노정한 채 '개화'의 정신이 '정치'와 '정론'의 정신으로, 을사조약 이후에는 '교화'와 '계몽'의 문화주의 정신으로 이어진다는 일관된 설명이 바로 그것이다. 이것이야말로 조선의 시민계급이 전통을 창출하는 변증법적 과정이자 '이식'의 본질이며 '전통' 항목의 핵심적인 성격인 것이다.

이렇게 본다면 신문학사 방법체계에서 '환경'과 '전통' 항목이 차지하는 위상도 자연스럽게 드러난 셈이다. 요컨대 임화 스스로 말하고 있는 바 "토대와 배경에서 분리하여"[15] 설정한 '환경'과 '전통'의 항목들은 실

---

13) 이것은 문화 과정에 대한 유물론적 시각을 견지하는 데에서 속류적인 계급적 반영론의 이해 수준을 뛰어넘고 있음을 말해준다. V. M. 프리체의 경우는 이러한 계급 반영론의 역사적 전개 과정을 다분히 기계적으로 이해하고 있었다. 그는 한 시대의 사회경제적 조건과 그 물질적 반영을 고립적으로 이해함으로써 예술사의 전개를 "종합적이며 기념비적인 예술"과 "분화적이며 친밀한 예술"로 양분화하고 이를 바탕으로 반복적이고 순환론적인 비역사주의적 유물론에 머물고 말았다. 인류 역사의 시초로부터 근대 공업지본주의 시대에 이르기까지의 모든 예술양식들이 매 시기마다 반복적으로 교체되는 선택론적인 반영론이 그것이다. 이에 비해 임화는 역사적 주체의 문제를 고려함으로써 이러한 순환논리적 상대성에서 벗어날 수 있었다. 이에 대해서는 V. M. 프리체(1906), 송완순 역, 『구주문학발달사』, 개척사, 1945; V. M. 프리체(1926), 김용호 역, 『예술사회학』, 대성출판사, 1948을 볼 것. V. M. 프리체의 문학사는 1933~1934년경에 일본을 통해 소개되었다.
14) 임화는 '유산'과 '고전', '전통'을 구별하면서 특히 "고전과 전통의 통일"을 말하고 있다. 임화, 「고전의 세계―혹은 고전주의적인 심정」, 『조광』 62, 1940.12, 194~202면.
15) 임화, 「방법」, 『문학의 논리』, 학예사, 1940, 827면.

제로 토대와 배경으로부터 분리될 수 있는 성격의 것이 아니며 또한 실제로 분리하지도 않았다. 이들은 단지 '토대'와 '배경'을 특화한 범주들에 불과하다. '환경' 항목의 경우, 실제의 구체적인 문학 현상을 사실적으로 관찰하고 이론화함으로써 비평적 고찰을 문학사적 범주로 획득해낸 결과이다. 그것은 '물질적 토대'에서 분리된 것이 아니라 보편적인 물질적 과정에 포섭되지 못한 신문학사의 특수성을 고려한 결과인 것이다. 다만 물질적 토대를 협소하게 인식, 갑오개혁을 결정적인 계기로 취급함으로써 이들을 하나의 범주 안에서 소화할 수 없었다는 점은 한계로 지적할 수 있다. 또한 '전통' 항목의 경우, 조선의 근대화가 기초하고 있는 문화적 유산을 실학사상으로 보고 근대 전체의 사상사적 흐름을 일관된 것으로 개괄해내면서 구체적인 전통 창출의 과정으로 이해한 결과이다. 이것 역시 '정신적 배경'에서 분리되었다기보다는 정신적 배경을 역동적인 모습으로 특화, 한층 더 역사적으로 구체화시킨 소산임을 알 수 있다. 따라서 이들 두 항목을 포괄하고 있는 내재적 핵심 역시 '시대정신의 역사' 즉 근대성의 역사에 의해 변증법적으로 매개된다.

⑥ 따라서 「방법」에서 체계화한 여섯 가지 범주들의 유기적이고 역동적인 체계를 사적 유물론으로부터의 일탈이나 유물사관과 정체사관 사이의 동요, 방법론과 실제 서술의 괴리 등으로 볼 근거는 어디에도 없다. 오히려 이러한 방법체계의 인식은 이 시기의 신문학사론이 「서설」의 평면적인 토대─상부구조론 이해로부터 썩 나아갔으며, 신문학의 형성과 발전 과정에 대해서도 한층 더 역사적이고 확대된 시야 속에서 조망할 수 있었음을 보여준다. 방대하고 체계적인 기획 아래 신문학사를 서술하고자 했던 것은 이러한 방법체계가 전제되어 있었기에 가능했으며 이식문화사라는 성격의 조선근대문화사 일반을 지향할 수 있었던 것이다. 이 점에서 사적 전개의 법칙적 과정과 발전 원리를 수립하려는 「서설」의 이론 획득 과정으로부터의 연장이자 분명한 진전이라 할 수 있다.

이로써 임화는 구체적으로 「신문학사」와 소설사에 방법체계를 적용, 양식사로서의 문학사 서술을 시도한다. 이때의 문학사 인식은 물론 이전 시기의 「서설」에서 보여주었던 전개 구도와는 많은 점에서 달라진다. 이제 문학사 서술 자체를 방법론적 과제로 파악하고 조선 근대문학의 역사와 성격에 대한 적극적인 평가로 나아가게 된다. 즉, 방법론에 기반한 문학사론의 수립과 과학적인 문학사 서술, 그리고 이를 통해 당대의 시대적 조건에 대응할 수 있는 새로운 문제를 설정하고자 하는 이중의 의미에서 그러하다. 그렇다면 이러한 방법체계가 구체적인 역사 인식에서 어떤 문학사적 체계를 구성하게 되는지, 그리고 그 미학적 원리가 무엇인지 살펴볼 수 있다.

2) 시민문학의 역사와 리얼리즘 소설사

두 번째 시기 신문학사 인식의 핵심은 「방법」에서 내세운 정신사와 양식사의 변증법적 통일이라는 방법론을 통해 양식사로서의 소설사를 구성하고 있다는 점에 놓여 있다. 「20년」과 「의의」로 이어지는 소설사 인식은 방법론을 구체적으로 적용하여 서술한 단 두 편의 '근대문학사'이다. 그런데 이러한 양식사로서의 소설사 구성은 "사상―주인공―성격(환경)―운명―플롯"으로 요약되는 「본격소설론」(1938.5)에 그 미학적 근거를 두고 있다는 점에서 좀더 체계적인 일관성 위에서 이해할 필요가 있다.

인도주의적 이상주의 문학(이광수)―개성적 자연주의 문학(김동인)―데카다니즘의 세기말적 경향(『백조』)―심리적 리얼리즘(나도향)―신경향파 문학(박영희적 경향과 최서해적 경향)―「과도기」(한설야)―프로문학(『고향』)으로 이어지는 근대소설사 인식은 정신과 양식의 범주를 중심으로 구성된다. 이러한 관점은 김동인으로부터 현진건, 염상섭으로 이어지는 자연주의 문학 내부의 발전 과정을 "양식적 질서"가 완성되어 가는 과정으로 파악하고 그 시대의 정신을 "부정의 정신"으로 보고 있는 데서 잘 드러난다. 요컨대 "이상의 정신"과 이상주의 문학, "부정의 정신"과 자연주의 문학, "데카다니즘의 정신"과 세기말적 경향 등이 그것이다.

이러한 정신사·양식사로서의 소설사 인식에서 무엇보다 두드러지는 점은 박영희적 경향과 최서해적 경향의 양식사적 분열을 시민문학의 역사에 근거하여 미학적으로 해명하고 있다는 점이다. 즉, 이인직 문학의 반봉건적 시민의식으로부터 출발하여 이광수의 이상의 정신—세기말적 경향의 데카다니즘으로 이어지는 정신과 김동인—현진건—염상섭—나도향으로 이어지는 정신의 분열이 신경향파 문학에 반영된, "관념과 묘사의 분열"의 양식사적 표현이라는 것이다. 따라서 "리얼리즘 문학이 선행되지 못한" 조선 시민문학 역사의 양식사적 분열을 통일하는 근대문학 완성의 과제가 프로문학에 주어진다. 그것은 "소설의 구조 내부에서 근대적으로 이해된" "사회성과 개성의 변증법"에 도달하는 과제이며 곧 본격적인 리얼리즘 소설로 나아가는 것이다. 「서설」에서 '미학적으로'는 해명하지 못했던 프로문학의 근대적 과제가 비교적 뚜렷한 양식사적 전망으로 제시될 수 있었던 셈이다.

결국 소설사의 정신사적·양식사적 과제는 문학에서 근대적인 것의 완성이라는 명제 곧 '근대성'으로 요약된다.16) 여기에서 임화가 의식하고 있는 "고전적 의미의 소설 양식"의 확립은 형태상의 동일성에 주목한 것이며, 그 정신적 근원에 '사상' 지향성 — 근대성의 완성을 지향하는 문학정신의 공통성과 소설 '양식'의 완성이라는 문학의 '본격성' 지향 — 이

---

16) 이 점에서 「본격소설론」과 「세태소설론」은 당시의 문학을 '혼돈' 현상으로 평가하는 것이 무의미함을 지적하고 그 역사적 이론화와 성격 규명으로 나아가는 도정에서 획득된 양식론이다. 당시의 시대정신을 무력의 시대, 즉 "소설이 와해된 시대, 문학이 유멸(遺滅)된 시대"(임화, 『문학의 논리』, 학예사, 1940, 360면)로 보고 있다는 것을 간과한다면, 예컨대 임화 스스로 경계하고 있듯이, 시민문학과 경향문학의 당파성의 차이를 몰각했다든가 좌·우 및 중간파 문학에 대해 폭넓은 관심을 기울이게 되면서 문학적 평가의 틀이 우편향적 오류로 나아가게 되는 단초를 보여주고 있다는 식으로 평가하고 마는 오류를 피할 수 없다.

깔려 있다는 평가에 근거한 것이다. 시민문학의 경우 '내쇼낼리즘', 경향문학의 경우 '쏘시알리즘'이 그것이다. 요컨대 문학이란 '사상'이기 때문이다. 사상—플롯—양식. 따라서 성격과 환경의 부조화, 묘사와 서술의 분열, 말하려는 것과 그리려는 것의 분열 등 창작심리의 분열 혹은 예술적 조화의 상실로 말해지는 소설 '양식'의 문제는 근대정신의 확립과 직결되어 있는 것이며, 그것은 다시 구체적인 역사 현실에 대한 실천적인 대응력의 문제로 귀결되는 것이다.

따라서 소설의 '본격성'이란 시민문학의 역사 속에서 구체화되는 근대성의 문제였으며 임화는 이에 대한 역사적 평가에 근거하여 시민문학으로부터 경향소설로의 발전 및 그 필연성을 근대문학으로서의 "리얼리즘 소설사"로 파악하려 했다고 볼 수 있다.17) 문학 조류의 교체와 계기적 진보로 구성된 「서설」에 비하면, 이러한 양식사적 방법에 의한 리얼리즘 소설사는 일관된 미학적 원리로 체계화되고 있다는 점에서 일단 진전된 것임에 분명하다. 시대정신의 변천과 그에 상응하는 소설양식의 문제를 중심에 두고 문학적 사유의 방법과 성격의 근본적인 차이를 비판하고 있음은 임화의 뛰어난 안목이 아닐 수 없다. 그러나 「서설」의 중심원리였던 "계승과 상쟁의 변증법"이 크게 약화된 이식문학사로서 이해되는 한계를 지닐 수밖에 없었다. "양식의 창안이 아닌 이식은 곧 정신의 수

---

17) 여기에서도 임화는 고전주의—낭만주의—사실주의—자연주의—세기말적 경향으로 이어지는 서구 시민문학의 역사를 참조대상으로 하고 있다. 자연주의 문학으로부터 경향문학으로의 발전에는 시민문학의 붕괴가 가로놓여 있으며 그것이 『백조』의 자기부정·자기붕괴라는 과도적 성격을 해명하는 열쇠이다. 이 점에서 나도향의 후기 문학은 다시 자연주의의 유산을 섭취하면서 내면화의 길을 도입한 심리적 리얼리즘의 맹아로 볼 수 있다는 것이다. 또한 양식사적 문학사 서술을 통해 세기말적 경향의 내부적 편차를 몰각하지 않으면서도 그것을 하나의 통일된 경향으로 설명할 수 있었다. 데카다니즘의 정신에 기초하고 있는 이 경향 내부의 다양한 차이들은 양식의 '차용'에 의해 설명된다. 자연주의 문학과 세기말적 경향의 '문학사적 발생의 동시성'을 양식사적으로 해명할 수도 있었다. 즉 이 두 문학은 모두 "철저한 사회적 문화적인 근대화의 욕구"라는 일치된 시대정신을 지니고 있었다는 것이다. 이것은 「서설」에서의 진전이기도 하면서 동시에 그 한계이기도 하다.

입”이라는 도전적인 명제는 결국 자연주의 문학 이후의 전개과정이 근본적으로는 내부 모순의 전개와 치열한 투쟁을 포기한 자리에서 획득되었음을 의미한다.[18]

3) 과도기 양식의 문학사회학—신문학 발생사

양식사로서의 문학사 서술은 「신문학사」에서도 일관되게 유지된다. 정치소설과 번역소설, 창가, 신소설을 '과도기 양식'으로 파악하는 것의 중요성은 그것이 아직 근대적 정신을 근대적 양식으로 표현한 '신문학'에 이르지 못한 채 발전의 가능성만을 보유하고 있는 문학양식이라는 점에 놓여 있다.[19] '과도기 문학'은 전대 문학사와 직접적으로 연결되는데, 임화는 그 성격을 급격한 단절이 아닌 **"구문학으로부터의 서서한 해탈과정"**으로 보고 있다. 새로운 정신이 낡은 양식으로 표현될 수밖에 없었던 것은 물적 토대의 취약성과 피식민성이라는 불구적 조건 속에서 타협성과 절충성을 내포하면서 발생했기 때문이다. 임화는 그것을 전대 문학양식과의 교섭과 탈출의 변증법으로 이해하고 있으며, 이 과정은 특히 신소설 전개과정을 정신과 양식의 모순과 그 역사적 발전의 변증법 속에서 해명하는 데서 잘 드러난다. 여기서 임화는 내용과 형식의 일원론적 평가를 포기하지 않으면서 리얼리즘 문학 발생의 원천을 신소설에서 찾을 수 있었다.

임화에 의하면 이인직의 신소설은 계모소설 유형의 가정소설 양식과 객관소설 양식으로 나누어지며 전자로부터 후자로의 일관된 발전을 거

---

18) 해방기에 이르러 프로문학에 대한 반성과 자기비판을 감행하고자 했던 것도 바로 이때문이었다.

19) 정치소설과 번역소설, 창가, 신소설은 신문학의 선구이며 그것을 준비한 문학이다. 특히 정치소설과 번역소설은 과도기 문학의 선구이자 신소설 출현의 토대가 된 양식이다.

쳤다. 그럼에도 불구하고 이인직 이후의 신소설 전개는 발전의 길을 걸은 것이 아니라 역사적 퇴행의 길로 들어선 특수성을 노정한다. 즉 이해조의 소설은 정치소설 양식과 가정소설 양식으로 나누어지는데, 이미 그 양식적 생명을 다한 정치소설과는 달리 후자는 이인직의 가정소설 양식을 답습하면서 출발함으로써 낡은 양식과의 모순 및 투쟁 속에서 새로운 양식 창출로 나아가지 못하고 낡은 양식에 낡은 정신을 담아내고 말았다. 이러한 통속적 대중화와 신소설의 양식사적 붕괴 도정은 최찬식의 신소설과 1930년대의 이른바 '현대 신소설'로 이어지는 양식사적 **후퇴**의 역사라는 것이다. 반면 이인직의 객관소설 양식은 새로운 정신을 표현할 수 있는 새로운 양식의 창출로까지 나아간 것이며『무정』은 그 근대적 발전의 길을 통해 본격소설로 접근하는 신문학의 역사를 열고 있다는 것이다. 즉, 이인직-이해조-최찬식-'현대 신소설'의 계열과 이인직-이광수의 계열의 분열.

결국 신소설은 구소설의 영향을 탈각해갈수록 점점 근대문학으로 접근한다.[20]「20년」에서 이광수의 문학, 진정하게는 김동인의 문학으로부터 현대소설의 역사가 시작된다고 재평가한 것은 이러한 논리의 연장선 위에서 가능했다. 새로운 정신이 근대적인 의미의 새로운 양식을 획득하게 되는 지점은 이인직의 객관소설을 계승하고 있는『무정』이후이며 따라서 이식문학으로서의 신문학사는 적어도 이광수 문학 이후부터 시작된다. 따라서 과도기의 문학을 분석하면서 임화가 주목하고 있는 것은 이식문학의 역사적 구성이 아니라 구문학의 양식적 전통의 답습과 극복의 측면일 수밖에 없었다.

이러한 인식은 이전 세대의 문학으로부터 계승·발전되는 측면(계승과 상쟁의 변증법)을 강조하기보다는 사적 지양·극복의 탈각 과정(답습과 해탈의 변증법)을 강조하고 있다는 점에서 신소설의 문학적 근대성을 바라보

---

20) 신시의 선구를 이루고 있는 창가 역시 구시가의 양식을 차용하면서 출발하였으며 그 음악적 요소에서 벗어나는 과정으로 설명되고 있다.

는 관점의 협소함을 면할 수 없게 된다. 즉, 근대문학·근대성을 이 두 과정의 상호 모순과 투쟁 속에서 탄력적으로 상승하는 것으로 바라보기보다는 전대 문학과의 양식사적 연속성 위에서만 파악함으로써 이후의 본격적인 신문학사 전개과정을 정신과 양식의 수입의 역사 즉 이식의 역사로 제한할 수밖에 없었던 것이다.21) 물론 여기서, 새로운 시대정신을 표현해내기 위해 구소설의 플롯이라는 전통적 문학 양식을 계승·차용하는 것과 문학적 리얼리즘에 의거할 수 없을 때 외래의 문학 양식을 일시적으로 빌어오는 이식적 성격의 차용은 엄연히 구분될 필요가 있다. 그러나 두 경우 모두 새로운 양식 창출의 창조적 가능성을 일정하게 차단하고 있다는 점에서 본질적인 차이는 없는 셈이다. 사실상 이것이 임화의 양식사적 문학사 인식의 한계라 할 수 있다. 요컨대 양식과 양식의 역사적 전개에 대한 일면적인 이해로 인해 이식문학의 역사를 구성할 수밖에 없었던 것이다.

임화의 두 번째 시기 신문학사 인식은 뚜렷한 방법론에 의해 서술되고 있으며 신문학의 역사 전반을 체계화하려는 의도의 산물이다. 그러나 전대 문학과 과도기 문학, 신문학으로 이어지는 근대문학의 발생사에서 핵심적인 또 하나의 연결고리—이인직의 객관소설에서 이광수의 『무정』으로 이어지는 접점을 서술하지 못했다. 결국 신문학사를 구문학으로부터의 일관된 탈각 과정으로 바라봄으로써 전대 문학사로부터의 해탈 과정이라는 명제와 이식문학사의 전개라는 명제가 만나는 가장 치열한 모순의 자리를 해명하지 못하고 있다는 점에서 꽤 치명적인 약점을 안고 있는 셈이다.

---

21) 아직 근대문학이 적극적으로 이식되지 못했기 때문에 신문학과 구문학의 모순과 투쟁은 그만큼 급격하지 못한 과정이며 본격적인 이식문학의 역사가 시작되는 지점에 이르기까지의 중간적 도정으로 파악되는 것이다.

4. 결론을 대신하여 — '완미한' 개성, '완미한' 문학

이처럼 신문학의 발생 근거와 시민문학의 양식적 전개에 주목하게 된데에는 '본격문학'이라는 과제가 가로놓여 있었다. 임화가 '이식성'을 거론하게 되는 것도 이 지점에서이다. 그것은 조선의 신문학사가 근대성을 획득해 나아가는 도정에서 반드시 '극복'해야만 하는 양식사적 과제로 주어진 것인 동시에 사상성의 회복을 요구하는 것이기도 했다. 그런데 이러한 문제 제기는 적어도 「서설」에서는 찾아볼 수 없었던 것이다. 임화가 처음으로 이식성을 문제삼기 시작하는 것은 「본격소설론」에 이르러서이다.

임화에 의하면 이식성이란 역사적 시간의 축약과 복잡성을 의미하는 것으로 서구의 보편사적 과정을 짧은 시기 안에 혼돈의 형태로 내포하고 있는 '피식민적' 특징이다. 한 조류의 소설이 양식적 완성에 도달하기 전에 또다른 조류가 발생하여 결국 미완성의 양식으로 그치고 마는 현상이 여기에서 비롯된다. 즉 조선의 신문학은 이식 자본주의화 과정 속에서 온전한 의미의 근대문학 완성에 도달하지 못한 채 또 다른 서구 문학의 파편들을 피상적으로 모방하고 있다는 것이다. 예컨대 서구 시민문학의 세태소설과 심리소설이 리얼리즘 문학에서 분화되어 발전한 것이었다면, 조선의 경우는 현실과 관념(이상)의 분열을 반영하고 있는 미학적 분열이며 사상성의 후퇴에 기인하는 양식적 파탄일 수밖에 없는 것이다. '신문학사'라는 용어를 고집할 때 근대문학사가 조선에서 구체적으로 실현되는 바를 가리키는 역사적 개념이라는 점도 이러한 임화의 인식을 잘 드러내고 있다. 이를 통해 임화가 정작 문제삼고자 했던 바는 토대의 완강한 제약에 묶여 온전한 발전사를 이룰 수 없었던 근대문학사에 대한 전면적인 비판의 가능성이었다.

이때 이식 자본주의화라는 용어는 조선의 자본주의화가 세계 자본주의화 과정으로 편입되는 '강요된' 과정을 구체적으로 포섭하기 위한 개념이었다. 임화 역시 조선사회경제사가 일정한 보편적 전형성을 담지하고 있음을 충분히 인식하고 있었다. 다만 물적 토대의 변혁과 사회구성체의 혁명적 이행이 이루어질 수는 없었다는 점을 지적하고 있는 것이다.[22] 물론 임화는 「서설」에서도 시민계급의 성장을 제약하는 기본적인 조건으로 물적 토대의 반봉건성과 피식민성을 지적한 바 있다. 그러나 그것은 타협적이고 절충적인 시민문학의 특수성을 설명하는 개념이었을 뿐 근대문학적 실천의 계기를 내포하고 있지는 못했다는 점에서 차이가 있다. 이처럼 조선 자본주의화 과정의 파행성을 문제삼게 된 것은 아시아적 생산양식론의 성과를 받아들이면서 가능했다.[23] 중요한 점은 이로써 프로문학에 대한 일정한 자기 비판의 의미를 함축할 수 있었다는 것이다.

앞서 언급했듯이 문화의 이식성은 조선의 시민계급이 낡은 문화로부터 새로운 문화를 창출하는 과정에서 강제된 성격이라는 함의를 지닌다. 프로문학에 요구되는 '완미한' 개성의 창조란 결국 이러한 이식성의 제약으로부터 벗어나 시민계급의 문학적 전통을 창출해내는 방법론으로 제출된 것이라 할 수 있다. 이 점에서 이식성의 문제를 통해 소설의 본격성을 문제삼았던 것은 당대의 구체적인 문학 현상, 즉 프로문학에 대한 반성의 의미로 제출된 것이며 문학적 근대성의 지향을 내포하는 역사적 개념이었던 것이다. 임화가 '완미(完美)'함에의 지향을 계속 강조할 수밖에 없었던 것은 그런 의미에서였다. 그렇다면 "완미한 문학으로의

---

22) 임화는 조선 근대화 과정의 물질적 토대에 대해 원칙적으로 정당하게 인식하고 있으며 이를 발판으로 "사회경제사적 문학사" 서술로 나아가고자 했다. 그럼에도 불구하고 그의 토대 분석은 일면적일 수밖에 없었는데, 토대의 경제적 사회구성에 대한 인식이 배제되거나 결여되어 있다는 점에서 어느 정도 정치결정론적 편향을 띠고 있다고 할 수 있다.

23) 이에 대해서는 박진영, 「임화 신문학사론 연구」(연세대 석사논문, 1997.2), 71~76면 및 김재용, 「임화의 이식문학론과 조선적 특수성 인식의 명암—프로문학 부정론과 민족문학 수립의 전제」(『문예연구』 22, 1999년 가을), 49~55면을 볼 것.

길"에서 최종 도달점은 어디일 것인가. 임화는 그것을 "자기 고전의 창출"이라고 말한다.[24] 그것은 이식문학의 주체화 과정이 어떻게 가능할 것인지의 물음이 아니었을까.

요컨대 임화의 사유는 이식성 문제를 매개로 신문학사의 보편성과 특수성 문제에까지 미치고 있었다고 판단된다. 조선의 근대화 과정에 대한 집요한 분석과 평가가 없이는 신문학사의 근거를 물을 수 없었던 것처럼 시민문학의 사상적 기반과 프로문학의 이식성에 대한 해명은 조선의 근대문학이라는 역사적 실체이자 비평적 과제에 직결되어 있었기 때문이다. 물론 그것이 문학에 내면화되는 양상을 구체적으로 보여주는 데까지 이르지는 못했다. 실제의 문학사 서술 속에서 이식의 조건과 경로, 이식과정 내부에 존재하는 경쟁 방식과 상호작용에 대해 구체적으로 서술하지는 못했던 것이다. 그럼에도 불구하고 분명한 것은 새로운 시대의 문학으로 비약할 수 있는 계기와 동력을 역사적으로 인식하고 이를 시대정신과 양식의 힘으로 해명하고자 했다는 점이다. 물론 그것은 피상적인 수입과 모방의 차원으로 단순화되지 않으며 이 점이 임화가 겨냥했던 실천적인 핵심이었음은 분명하다. 이런 의미에서 임화의 문학사론은 여전히 유효한 비판적 과제의 하나라 할 것이다.

---

24) 林和, 「現代朝鮮文學の環境」, 『文藝』, 1940.7; 김윤식, 『일제 말기 한국 작가의 일본어 글쓰기론』, 서울대 출반부, 2003, 312~314면.

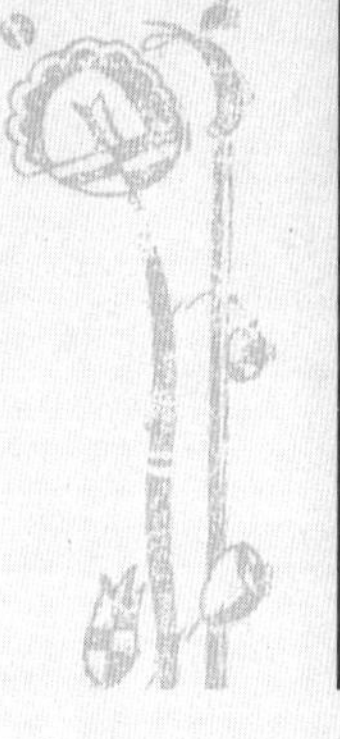

2부

임화의 시와 시론

서울, 임화 시의 좌표

이경훈

1. 일본어와 사투리

먼저 임화의 시 한 편을 인용하면서 논의를 시작해 보자. 그것은 다음 과 같다.

> 三等船室 밑 깊은 속 / 찌는 寢床에도 어머니들 눈물이 배었고, / 흐린 불빛에 도 아버지들 한숨이 어리었다. / 어버이를 잃은 어린 아이들의 / 아프고 쓰린 우 름에 / 대체 어떤 罪가 있었는가? / 나는 울음 소리를 무찌른 / 외방 말을 歷歷히 기억하고 있다.[1]
>
> ―「玄海灘」

위의 시에서 우리가 주목해야 할 것은 '어버이를 잃은 어린 아이들'의

---

1) 임화, 『현해탄』, 동광당서점, 1939, 221면.

'울음소리'와, 그것을 무찌른 '외방 말'의 대립이다. 왜냐하면 이는 청각과 관련해 일본 제국주의와 식민지 조선 사이의 역사적 장면을 기념비적으로 은유하고 있기 때문이다. 그 과정은 다음과 같이 요약된다. 첫째, '현해탄'에 울려 퍼진 '외방 말'이란 일본어일 것이며, 둘째, 이는 수많은 번역어, 언문일치 운동, 근대 문학, 제국주의, 전쟁 등등과 함께 이미 '고쿠고[國語]'(=근대 체계)로 성립된 것인 반면에, 셋째, '삼등 선실 밑'에 쭈그리고 있는 조선인 '아버지들 한숨'이나 그 아이들의 '아프고 쓰린' '울음소리'는 고통을 호소하는, 분절되지 않은 '음향'에 가까운 것이다. 이는 자기 자신을 표현하지 못 하는 자들의 언어이다. "고대 그리스인들에게 barbaros(또는 야만인 barbarian)가 글자 그대로 혀 짧은 말로 지껄이던(babbled) 사람, 즉 문명화된 인간(civilized humanity)의 언어를 말하지 않았던 사람"2)이었다는 기술에서도 암시되듯이, 이는 일종의 야만을 표현한다. 이렇게 '외방 말'과 '울음소리'는 각각 근대화 과정에 매개된 당당한 제국주의 국가와 식민지의 토인적인 위치를 상징한다. 이를테면 전자가 근대 이성(폭력)과 문법(근대 법)으로써 제국주의적인 주체성을 획득하고 있다면, 후자는 그 아픔의 음향과 더불어 근대의 타자가 되고 말았다. 따라서 이런 식으로 "이 바다 물결은 / 예부터 높"을 수밖에 없었던 것이다. 왜냐하면 근대와 더불어 '현해탄'은 이러한 관계가 고도로 작용하고 있는 장이 되어 있었기 때문이다. 다음은 그 '물결'의 또 다른 예이다.

> '반사이'! '반사이'! '다이닛 ……' …… / 二等 캐빈이 떠나갈듯한 아우성은, / 感激인가? 협위인가? / 깃발이 '마스트' 높이 기어 올라갈제, / 靑年의 가슴에는 굵은 돌이 내려앉었다. // 어떠한 불덩이가, / 과연 층계를 내려가는 그의 머리보다도 / 더 뜨거웠을까? / 어머니를 부르는 어린애를 부르는, / 南道 사투리, / 오오 왜 그것은 눈물을 자아내는가?3)

―「海峽의 로맨티시즘」

---

2) David Spurr, *The Rhetoric of Empire*, Duke University Press, 1993, p.102
3) 임화, 『현해탄』, 동광당서점, 1939, 144~145면.

일본어와 음향을 대립시킨 앞서의 경우와는 또 달리, 위의 시는 '반사이[萬歲]'라는 일본어와 조선의 '남도 사투리'를 나란히 제시하고 있다. 그리고 일본어에 대해 "감격인가? 협위인가?"라고 묻고 있다. 이 질문은 정곡을 찌른 것이다. 왜냐하면 '대일본제국'의 국어인 일본어는 언제나 '감격'인 동시에 '협위'일 것이기 때문이다. 즉 '감격'이 '만세일계(萬歲一系)'의 '천황' 및 근대 제도와 더불어 위대한 것으로 상상된 일본의 민족적, 국가적 주체성과 관련된다면, '협위'는 타자에 대한 제국주의적이고 약육강식적인 침략성을 의미한다는 점에서, '감격'과 '협위'야말로 제국주의적인 근대 민족국가의 본질적인 심성이다. 요컨대 아래의 기술에서도 알 수 있듯이, 국어로서의 일본어는 일본 제국주의와 나란히 형성되었을 터이다.

> 구미의 제국주의 열강과 맺은 불평등조약을 개정하기 위해 구미의 논리로 자기식민지화(自己植民地化)해 가는 과정. 그것을 '문명'과 '진보'의 이름으로, 구미열강과 대등하게 되는 시스템 만들기라고 국내적으로 강변하는 자세. 그리고 청나라에 대한 적개심을 계속 부채질하며 조선에 대한 식민주의적 침략의 야망을 조장한다고 하는, 삼위일체의 정치적 담론의 포치(布置)가, '제국의회'의 개최를 목전에 둔 상황에서 거의 완성되고 있었다고 말할 수 있을 것이다.
> 이런 상황에서 '일본어'를 연구하는 국가 프로젝트가 시작된다. 1888년(메이지 21)에 〈언어취조소(言語取調所)〉가 설치되어, "현 메이지 시대 일본인의 통상적 담화"를 기초로 보통 문체의 확립, '외국의 말'이 아직 "들어오기 전에 나라 안의 사람들이 보통 사용했던" 고상 문체(高尙文體)의 확립, 그리고 "고금 아속(古今雅俗)의 말 수집과 그 용법 해석"의 조사를 목표로 세웠던 것이었다.4)

이렇게 일본의 '자기식민지화', '청나라에 대한 적개심', '조선에 대한 식민주의적 침략의 야망' 등과 함께 일본어는 '국가 프로젝트'가 되었던

---

4) 小森陽一, 『日本語の近代』, 岩波書店, 2000, 135~136면.

것이다. 따라서 '반사이! 다이닛 ……'5)은 '감격'과 '협위'라는 제국주의
적 심성을 훌륭히 표현하는 말인 동시에, 그 자체로서도 고도로 제국주
의적인 국가 기획이 된다. 이를테면 아래의 시에 등장하는 '빠가!'와 마
찬가지로, 그 말 자체가 지배를 의사소통하는 것이다.

> 사투리는 매우 알아듯기 어렵다 / 허지만 젓가락으로 밥을 나러가는 어색한
> 모양은, / 그까만 얼골과 더불어 몹시 낯닉다. // (…중략…) // 나으리들뿐이라, 누
> 구한테 엄두를 내어/물을수도 없구나. // 다시 한번 손목時計를 들여다보고 洋
> 服장이는 모를말을 지저귄다. / 아마 그 사람들은 모든 것을 다 아나보다. / 되놈
> 의 땅으로 농사가는줄을 누가 모르나. / 面所에서 준 표紙를 보지, 하도 지척도
> 안뵈니까 그렇지! // (…중략…) // 怒하지 마라 아버지는 소 같구나. / 빠가! 잠결
> 에 기대인 늙은이의 머리를 밀처도, / 엄마도 아빠도 말이 없고 허리만 굽히니
> …… / 오오, 물소리가 들린다 넓고 긴 洛東江에 …….6)
>
> ─「夜行車 속」

하지만 유의해야 할 또 한 가지 것은 앞 시의 '南道 사투리'와도 상통
하는 '사투리'이다. 왜냐하면 화자는 사투리 및 그것을 사용하는 사람들
에 대해, "오오! 왜 그것은 눈물을 자아내는가?"라든지 "젓가락으로 밥을
나러가는 어색한 모양은, / 그 까만 얼골과 더불어 몹시 낯닉다"와 같이
정서적으로 반응하기도 하지만, 다른 한편으로는 "사투리는 매우 알아듣
기 어렵다"고 고백하고 있기 때문이다. 그런데 이는 임화 시의 한 가지
핵심과 관련되는 듯하다. 왜냐하면 눈물을 자아내게 하는 감상적 정서에
도 불구하고, "사투리는 매우 알아듣기 어렵다"는 말은 결국 사투리 역시
일종의 '외방 말'임을 지적하기 때문이다. 즉 화자에게는 일본어뿐만 아
니라 '사투리' 역시 타자를 표상한다. "아버지는 소 같구나"라는 구절에
서도 추측될 수 있듯이, 사실 "밋지못할 얼골 하얀 옵바"(「네거리의 순이」)

---

5) '만세! 대일(본제국)'.
6) 임화, 『현해탄』, 동광당서점, 1939, 136~139면.

이기도 한 임화의 화자에게 '까만 얼골'은 낯익은 것이 아니다. "洋服장이는 모를 말을 지저귄다"는 말로써 '사투리'의 입장에 서려 하고 있음에도 불구하고, "남은 것이라고는 때무든 넥타이 한아뿐이 아니냐"·"두 손을 포케트에 지른채, / 너는 누런 레인코트를 입고"(「항복은 어디 있었느냐?」)라고 노래할 만큼 임화의 화자는 이미 '양복쟁이'였다. 이렇게 그는 "찬란한 새 時代의 饗宴 가운데서 / 우리는 향그런 芳香 우에 / 火焰같이 붉은 한잔 포도주를 요구한다"고 쓰는 도시인이다. 요컨대 장미와 포플러의 가로수 길과 함께, 그는 "벗들아! 祝福의 붉은 술잔을 들자"(「한잔 포도주를」)와 같은 서구적(근대적)인 화면 속에 자신을 출연시키기도 했다.

> 그들이 / 나에게 준 / 편지 속엔 / 갈피갈피 / 希望의 說話가 / 장미처럼 붉었다 / 새 제네레슌의 信念이 / 포푸라처럼 / 茂盛했든 한해 여름밤[7]

따라서 이는 작품에 설정된 진정한 대립과 함께, 임화가 상상하는 근대적 주체의 본질을 암시한다. 즉 표면화된 '외방말 / 사투리'의 대립 이면에는, 이를 극적으로 포착하는 화자의 시선, 즉 '표준어 / 사투리'의 대립이 엄존한다. 요컨대 '빠가!'라는 말에조차 "엄마도 아빠도 말이 없고 허리만 굽"힌다는 구절에서도 알 수 있는 것처럼, '외방 말'과 '남도 사투리'는 그 자체로서 직접 대립하지는 않는다. 실상 '남도 사투리'는 공적 의사소통 체계인 '외방 말'='국어'에 포괄되어 있는 '대일본제국'의 지방어였던 것이다. 그리고 언어와 관련해 '대일본제국'은 다음과 같이 작용하고 있었다.

> 學生服에 만도를 둘은 體格이며, 제 짠은 流暢하게 한답시는 日語의 語調가, 뭇지 안어도 朝鮮 사람이 分明하나, 그래도 짓구지 日語를 使用하고 돌이어 自己의 本色이 綻露될가보아 念慮하는 듯한 沈着치 못한 行色이, 나의 눈

---

7) 임화, 「한여름 밤」, 『찬가』, 백양당, 1947, 87~88면.

에는 더욱 殊常적기도 하고, 근질근질하야 보이기도 하얏다. 나의 姓名과 그 사람의 語調를 듯고, 우리가 朝鮮 사람인 것을 斟酌한 여러 日人의 視線은, 나에게서 그 者에게, 그 者에게서 나에게로 올지 갈지 하는 모양이엇다. 말하자면 우리 두 사람은, 日本 사람 압헤서 喜劇을 演作하는 鸚鵡새의 格이엇다.8)

위의 인용에서 알 수 있듯이, 1895년 개교한 한성사범학교에서부터 '국문 강독'이 교육되기 시작하였고9), 나아가 1907년 대한제국의 학부 내에 국문연구소가 설치된 바 있었음에도 불구하고, 이제 조선어는 오직 사적 영역의 언어일 뿐이다. 다시 말해 인용에서 조선인들끼리 일본어를 쓰게 되는 것은, 그 대화가 국가 기구의 공적 과정과 관련되고, 이는 모두 일본어로 운용되기 때문이다. 즉 한국어로써 작용할 국가 기구는 실재하지 않는다. 일본과 대립할 한국이라는 국가는 단일한 문법으로 공공연하게 발음되지는 못 하는 것이다. 채만식은 다음과 같이 기술한 바 있다.

다른 학교에서도 다 그랬을 테지만, 우리 학교에서도, 그때 말로 '국어'라던 일본말, 그 일본말로만 말을 하게 하고, 엄마 아빠 할 적부터 배운 조선말은, 아주 한 마디도 쓰지 못하게 하였다.
그러나, 주재소의 순사, 면의 면서기, 도 평의원을 한 송주사, 또 군이나 도에서 연설하러 온 사람, 이런 사람들이나 조선 사람끼리 만나도 척척 일본말로 인사를 하고 이야기를 하고 하였지, 다른 사람들이야 일본 사람과 만났을 때 말고는 다들 조선말로 말을 하고, 그래서 학교 문 밖에만 나가면 만판 조선말로 말을 하는 사람들이요, 더구나 집에 돌아가면, 어머니, 아버지, 언니, 누나, 애기, 모두들 조선말로 말을 하고 하였다. 그러니까 우리들도 학교에 가서도, 교실에서 공부를 하고 나와 운동장에서 우리끼리 놀고 할 때에는 암만해도 일본말보다 조선말이 더 많이, 그리고 잘 나와지고 하였다.10)

---

8) 염상섭, 「만세전」, 『염상섭전집』 1, 민음사, 1987, 41면. 띄어쓰기는 인용자가 수정함.
9) 김민수, 『신국어학사』, 일조각, 1984(중판), 202~203면 참조.
10) 채만식, 「이상한 선생님」, 『채만식전집』 8, 창작과비평사, 1989, 599~600면.

춘원의 소설 「선행장」 등으로도 표현된 '국어상용'이나 '창씨개명' 정책은 일본 제국 내에 존재하는 위와 같은 '다언어적 상황'을 극단적으로 억압한 정책이었을 터, 이는 결국 '남도 사투리'가 '대일본제국'의 한 지방어에 불과했던 당대의 현실을 반증하는 것이다. 이렇게 '남도 사투리' 그 자체는 '외방 말'과 대립할 근거를 지니지 못 한다. 즉 이 둘이 민족어 레벨에서 대립하기 위해서는 오직 식민지 조선의 국어로 상상된 표준어에 매개되어야 한다. 표준어(민족어)를 내면화한 화자의 의식 속에서, 다시 말해 '대일본제국'과는 별도로 화자가 상상하는 민족(국가)을 통해, '외방 말'과 '남도 사투리'는 비로소 대립하게 된다. 이렇게 식민지 조선의 민족어는 묵시적으로 정립된다. 물론 이는 1933년에 조선어학회에 의해 한글맞춤법통일안이 제정된 사실과도 관련이 있을 것이다. 실로 임화는, "현재의 언어가 태초적인 일반어가 아니라 대단히 심한 차이를 가지고 있는 각국의 '국어' '민족어' 등의 개념에 의하여 명확히 특징화되었다는 것", 더 나아가 "우리들 자신의 역사적 사회적 생활의 현재가 국민 민족이란 차이로 특징되어 왔"11)음을 긍정했다. 요컨대 '외방 말' 및 '사투리'와 관계된 화자의 의식은 '국어'의 성립에 대한 아래의 설명을 상기시킨다.

> 국어가 성립될 때 가장 먼저 일어나는 일은, 잡종성이 배제된 것으로서 언어가 구상되는 일, 그리고 동류의 다른 것(즉 다른 국어=하나의 국어와 다른 국어의 차이는 종차가 된다)과 대조적인 관계에 있는 통일체로서 언어가 조정(措定)되는 일이다.12)

따라서 이는 '남도 사투리'가 눈물을 자아내게 하는 진짜 이유를 암시한다. 왜냐하면 위의 과정을 통해 '남도 사투리'는 '외방 말'뿐만 아니라

---

11) 임화, 「언어와 문학」, 『카프 해산기의 동향과 쟁점』(임규찬·한기형 편), 태학사, 1990, 297면.
12) 酒井直樹, 『死産される日本·日本人』, 新曜社, 1997(4쇄), 207면.

표준어에 의해서도 타자화될 터이기 때문이다. 즉 '남도 사투리'를 타자로 삼는다는 점에서 한국의 민족어와 '대일본제국'의 국어는 '동류'가 된다. 아니, 사투리에 대한 감상적 수용 자체가 표준어 및 국어라는 제도의 폭력성을 역설적으로 긍정하고 관철한다. 사투리를 감상화하는 것이야말로 사투리를 타자화하는 것이다. 이를테면 화자는 국어가 되지 못한 조선의 표준어를 위해, '외방 말'에 핍박받는 가련하고 불쌍한 장면으로써 사투리를 전유(專有)한다. 이때 '남도 사투리'는 결국 한국어와 일본어의 대립을 간접화하는 매개물로 전화한다. '외방 말'과 사투리의 대립을 위해 표준어가 의식된다기보다는 일본어와 한국어를 맞서게 하기 위해 사투리가 동원된다. 사투리는 한국어와 일본어가 그 지배권을 경합하는 언어적 식민지이다. 이렇게 사투리의 잡종성은 배제된다. 요컨대 '남도 사투리'에 대한 눈물은 '감격'과 '협위'라는 민족주의적 감정의 식민지적 표현이다. 물론 아래의 인용에서 보이듯이, 임화는 민족주의보다는 '민족적인 것'을 말한다.

> 그러므로 국제주의의 길을 걷는 인간으로서 일견 모순하는 것과 같은 민족적인 것을 단순히 부정하는 것이 아니라 그것을 훌륭히 긍정하고 양자의 통일 위에서 민족적인 것의 발랄한 개화를 보고 그것을 통하여 진실한 국제주의에로 도달하는 것이다.[13]

이를테면 임화는 "봉건적 중세에 대하여 전원이 일치한 행동"을 했던 자본주의의 초기의 '민족적 국민적 공통성'이 '대공업의 발전, 계급 투쟁의 격화에 따라' 상실되어 '민족, 국민주의의 쇠퇴와 국제주의의 발전'으로 나아가게 되었다고 논의하는데, 이는 "우리는 국제적인 의미의 민족적 특성＝자립성의 맹목적 선전자가 아니라 그것이 어디로부터 오고 또

---

13) 임화, 「언어와 문학」, 『카프 해산기의 동향과 쟁점』(임규찬·한기형 편), 태학사, 1990, 299면.

어떤 곳으로 나아가리라는 것을 명확히 보는 역사적 견지에 서 있"다는 말의 참뜻이다. 즉 '국어' 및 '민족적인 것'은 그 자체로 절대화되지 않는다. 임화에게 그것은 '진실한 국제주의'로 나아가는 한 계기이다. 그러므로 이 모든 합리적 기획에 비추어 보았을 때, 눈물을 자아내는 '남도 사투리'는, 고향과 어린 시절이 보유한 일종의 즉자적 총체성을 환기하는 아래의 사투리와는 크게 다르다.

> 산(山)골에서는 집터를 츠고 달궤를 닦고
> 보름달 아래서 노루고기를 먹었다[14]
>
> —「노루」

그렇다면 이때 우리는, 죽기 직전의 이상이 근대 도시 동경에서 평안도의 시골 성천을 떠올린 일을 상기하게 된다. 요컨대 이상이 '공포의 초록색'뿐인 성천에 대해 불평함으로써 동경에 서울을 마주 세울 수 있었듯이[15], 임화는 '남도 사투리'에 대해 눈물을 자아냄으로써 일본어를 '외방 말'로 규정하는 '반도'의 위치, 즉 "관문해협 저쪽 / 이른 봄 바람은 / 果然 半島의 北風보다 따사로웠는가?"(「현해탄」)라고 말할 수 있는 입장에 설 수 있었다. 또 "우리는 다만 한 일을 위하야 / 두개 다른 나라의 목숨이 한 가지 밥을 먹엇든 것이며 / 너와 나는 사랑에 사라왓든 것이다"[16](「우산 밧은 요꼬하마의 부두」)와 같은 국제성조차 획득할 수 있었던 것이다. 따라서 임화의 "오오! 왜 그것은 눈물을 자아내는가?"는, "이 荒漠하고 醜惡한 벌판을 바라보고 지내면서 그래도 自殺 悶絶하지 않는 農民들은 불쌍하기도 하려니와 巨大한 天痴"[17]라고 한 이상의 문장과 별

---

14) 김재용 편, 『백석전집』, 실천문학사, 1997, 42면.
15) 이에 대한 논의는 이경훈, 「권태의 사상」, 『이상, 철천의 수사학』, 소명출판, 2000, 295~324면을 참조할 것.
16) 임화, 「우산 밧은 요꼬하마의 부두」, 『카프시인집』, 집단사, 1931, 77~78면.
17) 이상, 「권태」, 『이상문학전집』 3(김윤식 편), 문학사상사, 1993, 143면.

로 다르지 않다. '진실한 국제주의'에 도달하고자 한 임화, 그리고 '세트 같은 거리'인 동경을 뛰어넘어 진정한 모던을 추구하려 한 이상의 이 말들은 모두 표준어 내지 서울말로 발음된 것이기 때문이다. 따라서 이는 임화의 시적 화자를 규정하는 한 가지 핵심이다. 다음과 같이 "서울 거리는 나의 고향", "우리들의 수도"라고 노래하는 그는 철저히 표준어 화자였다.

> 수풀로 나부끼는 / 서울 거리는 / 나의 고향 / 잔등의 채찍을 맞으며 / 가슴에 총 칼을 받으며 / 사랑한 우리들의 수도다[18]
>
> ─「서울」

2. 시골뜨기 문학과 시민적 문학

그런데 "사투리는 매우 알아듣기 어렵다"고 하는 표준어 화자의 입장은, "作家들에게 私事로히 請할 것은 京語와 西道의 方言을 混用치 마시라 함"[19]이라고 논한 염상섭을 떠올리게 한다. 더 나아가 이는, "소설가의 소설에 쓴 용어가 그 나라 국어에 작용하는 힘이 지대"하다고 논하기도 했던 김동인의 다음과 같은 고민을 상기시킨다.

더욱이 나는 자라난 가정이 매우 엄격하여 집안의 하인배까지도 막말을 집안에서 못 쓰게 하여 어려서 배운 말이 아주 부족한 데다 열다섯 살에 외국에 건너가 공부하니만치 조선말의 기초 지식부터 부족하였고 게다가 표준어(경기말)의 지식은 예수교 성경에서 배운 것뿐이라, 어휘에 막히면 그 난관을 뚫기는

---

18) 임화, 『너 어느 곳에 있느냐』, 문화전선사, 1951, 2면.
19) 염상섭, 「〈二年後〉와 〈거츠른 터〉」, 『개벽』, 1924.3, 121면.

아주 곤란하였다. 썩 뒤의 일이지만 그때 독신이던 나더러 염상섭이 경기도 마누라를 아내 삼으라고 권고한 일이 있다. 조선어(표준어)를 좀더 능란하게 배울 필요상 스승으로 경기도 출신의 아내를 얻으라는 것이다. 지금 소설을 쓰는 사람이 맛보지 못하는 난관들이었다.

또 前人도 겪지 않은 고생이었다. 전인인 춘원이거나 菊初거나 다른 사람들도 다 그저 순화 못된 구어체로 과거사, 현재사의 무자각적 혼용으로 소설 용어에 대해서는 아무런 고심도 하지 않았다.[20]

인용은 '했다' 등으로써 근대적 소설 문체를 만들고자 했던 김동인의 노력 및 그에 대한 자부심을 잘 보여주고 있다. 그런데 여기서 중요한 것은 김동인이 '경기말'(표준어)을 적극적으로 수용하고자 한다는 사실이다. 즉 '표준어 지식'을 논하며 횡보의 의견을 받아들이는 태도를 취하는 것에서도 알 수 있듯이, 김동인이 추구하는바, 국어에 작용하는 힘이 큰 소설가의 용어는 '경기인의 능변과 간사함'을 중요한 요소로 한다. 그리고 이러한 언어 의식은 염상섭과 김동인의 개인적 갈등 및 취향, 더 나아가 『폐허』와 『창조』파의 문단적 대립을 넘어서는 것이다. 궁극적으로 이는 근대적 민족어나 '국어'의 문제이기 때문이다. 이와 관련해 김윤식 교수는 다음과 같이 말한 바 있다.

요컨대 김동인이 염상섭의 '능변과 간사함'을 경기인의 속성으로 파악한 점이 중요하다. 이 경우 '경기인'이란 무엇인가. 서도인에 대한 경기인일 터이다. 이것은 결국 지방색을 넘어서지 못한 것인지 모른다. 그렇지만 김동인이 말하는 '경기인'이란 '수도 서울', 즉 중심부의 뜻이기보다는 약삭빠른 근대주의자의 고장이란 의미가 강하게 드러나 있다. 약삭빠른 근대주의자란 과연 무엇이겠는가. 우리는 이 물음에서 조금 거칠긴 하나 서울 중산층 감각, 조금 나아가서는 중인계층의 감각을 연상할 수 있다.[21]

---

20) 김동인, 「문단 30년의 자취」, 『김동인전집』 15, 조선일보사, 1988, 327~328면.
21) 김윤식, 『염상섭연구』, 서울대 출판부, 1989(초판 3쇄), 11면.

즉 '약삭빠른 근대주의자'인 '서울 중산층'이나 '중인 계층의 감각'이
야말로, 임화가 말하는바, '국민 민족'을 특징짓는 '역사적 사회적 생활
의 현재'일 터이다. 따라서 그 감각을 표현하는 '경기말'이란 한국 민족
이 식민지인으로서 도달한 역사적, 사회적 현재의 언어적 등가물이다.
그렇다면 '사투리'는 단지 지방에서 사용되는 말을 가리키는 것이 아니
다. 그것은 진보의 정도와 관련된 역사적 좌표를 지시하는 것이기도 하
다. 이를테면 사투리는 "새 文化의 촘촘한 그물"과 "희망이란 큰 首府에
닿는 길"에 맹목인 채로 "전선줄을 끊고 철로길에 누웠던 / 옛날 어른들
의 슬픈 迷信"(「地圖」)을 읊조리는 역사적 반동의 위치이다. 따라서 임화
는 백석의 『사슴』·김동리의 「바위」와 「무녀도」·장혁주의 「여명기」·
한태천의 「토성낭」 등을 비판한다. 그 논점은 다음과 같다.

> 두 作家가 共히 地方色, 그것을 全朝鮮的 生活 現實의 普遍的 높이에서
> 把握하고 있지 않는 卽 地方主義的인 傾向으로 因하야 自己의 藝術을 얕은
> '시골뚝이 文學'의 境地에 放送한 것은 愛惜한[22] 일이다.
> 　그들은 이 有害한 地方主義的 傾向에 사로잡힘으로 藝術的 普遍化의 努力
> 을 喪失하고 視野를 좁히고 '레아리즘' 대신에 自然主義에로 轉化되고 있는
> 것이다.
> 　이러한 傾向은 結果로서 藝術的 描寫 대신에 雰圍氣, 幻想, 情緖의 尊重으
> 로 變하며 形式的으로는 方言에 對한 無秩序한 依據로 表現되게 된다. (…중
> 략…)
> 　方言의 亂用은 爲先 作品의 言語的 美感을 破壞할 뿐만 아니라 이 地方色
> 의 藝術的 描寫를 避하는 安逸한 方便으로서의 方言의 多用은 明確히 藝術
> 의 形象的 質을 低下시키는 것이다.[23]

인용에서 특히 눈에 띄는 것은 '시골뜨기 문학'이라는 말이다. 임화에

---

22) '哀惜한'의 오식인 듯함.
23) 임화, 「문학상의 '지방주의' 문제」, 『조광』, 1936.10, 174~175면.

게 그것은 지방색을 전조선적 현실의 보편성에서 파악하지 못 하고, 오직 '지방주의적인 경향'만을 보이는 작품이다. 이때 '방언의 난용'은 오히려 '언어적 미감'을 파괴하고 '지방색의 예술적 묘사를 피하는 안일한 방편'으로 기능한다. 즉 '방언에 대한 무질서한 의거'는 예술적 묘사 대신에 분위기, 환상, 정서를 존중함으로써 '예술적 보편화'를 방해하는 것이다. 따라서 '언어적 창조'의 "전형성이란 언어의 합리성 가운데 심미성을 통일하는 것"24)이라는 입장에서 보았을 때, 이 '시골뜨기 문학'은 '예술의 형상적 질을 저하'시켜, 리얼리즘 대신 자연주의 문학을 낳는다는 것이다. 예컨대 임화가 보기에, 김동리의 사투리는 무당(「무녀도」)과 '복바위'(「바위」) 등의 미신적인 비합리성에 대한 언어적 등가물일지 모른다. 그런 의미에서 식칼을 휘두르며 춤을 추는 모화의 다음과 같은 사설이야말로 '시골뜨기 문학'의 정수를 보인다.

　서역, 십만리 예수 귀신이 돌아간다, / 당산에 가 노자 얻고, 관묘에 가 신발 신고 / 두 귀에 방울 달고 방울 소리 발맞추어 / 재 넘고 개 건너 잘도 간다 / 인제 가면 언제 볼꼬, 발이 아파 못 오겠다 / 춘삼월에 다시 오랴, 배가 고파 못 오겠다 ……25)

'미신 타파' 등으로 표현된 근대적 합리성, 즉 "이 추운밤 가느다란 그 다리가 피아노줄 가치 떨니겠구나" · "남은 것이라고는 때무든 넥타이 한아뿐이 아니냐" · "눈보라는 도락구처럼 길거리를 다라나는 구나"(「네 街里의 順伊」) · "우리는 봄을 부서진 파라솔 속에 넣어 지하실에다 버립시다"(「젊은 순라의 편지」) 등의 비유법으로도 암시되는 '새 문화의 촘촘한 그물' 쪽에서 보았을 때, 위와 같은 무당의 언어는 이미 그 자체가 사투리일 터이다. 예컨대 "이것아 이것아, 늬가 이게 웬일이고? 머나먼 길에 에

---

24) 임화, 「언어의 마술성」, 『문학의 논리』, 학예사, 1940, 591면.
25) 김동리, 『김동리전집』 1, 민음사, 1995, 94면.

미라고 찾아와서 늬가 이게 무슨 꼴고?”와 같은 김동리의 방언은, “어버이를 잃은 어린 아이들의 / 아프고 쓰린 우름”과도 상통하는 일종의 소음이다. 따라서 그것은 비합리적인 동시에 전혀 심미적이지도 않다.

그런데 또 한 가지 중요한 것은 이러한 무당의 말이 기독교라는 또 다른 비합리성과 언어적으로도 마찰하고 있다는 점이다. 즉 샤마니즘과 기독교의 대립은 경상도 방언과 평안도 방언의 대립으로도 표현된다. 따라서 평안도에 기독교가 널리 전파되었다는 실제 사실과 더불어, 아래 인용의 평안도 말투는 의미심장하다.

> 목사님 저는 하나님의 은혜로 무사히 오마니를 찾아왔삽네다. 그러나 이 지방에는 아직 우리 주님의 복음이 전파되지 않아서 사귀 들린 자와 우상 섬기는 자가 매우 많은 것을 볼 때 하루바삐 주님의 복음을 이 지방에 전파하도록 교회를 지어야 하겠삽네다.26)

그러나 실상 이 두 사투리는 대립하기보다는 상통하는 것이다. 왜냐하면 이 둘은 모두 임화가 생각하는 ‘언어적 전형성’의 반대편에 속하기 때문이다. 즉 ‘우상’에 대한 비판에서도 보이는바, 평안도를 중심으로 일정한 근대적 역할을 수행한 기독교는, 이제 샤마니즘과의 대립을 통해 오히려 식민지 근대에서 벌어지는 갈등의 의사 구도를 이루게 된다. 다시 말해 독자의 주의를 집중시키는 이 둘의 대립 자체가 근대적 합리성에 대한 맹목을 산출한다. 이는 임화가 ‘시골뜨기 문학’을 비판하는 한 가지 이유이다. 그것은 보다 중요한 사회적 갈등을 회피하는 장치로 기능할 수 있을 것이기 때문이다.

그러므로 이와 관련해 우리는 「조선문학의 개념」에 피력된 춘원의 입장을 상기하게 될 수도 있다. 왜냐하면 김동리가 모화를 등장시키는 것에 화답이라도 하듯이, 이광수는 다음과 같이 말하고 있기 때문이다.

---

26) 김동리, 『김동리전집』 1, 민음사, 1995, 89면.

　　한문으로 적힌 시집 문학을 끼친 우리 선인들보다도 조선문학의 정조를 전하
여 온 공은 무당이다. 무당의 사설은 대부분이 조선 고대의 시가다. 형식으로만
그러한 것이 아니라 그 내용이 된 사상과 정조에서도 그러하다. 우리의 무당의
모든 타령을 들을 때 "옳지 저것이 조선 말이야!", "옳지 저것이 조선 생각이
야!" 하고 감탄하는 수가 많다. (…중략…) 우리는 무당을 통하여서만 비교적 순
수한 고 조선의 시가와 국어와 정조를 맛보아 왔던 것이다.[27]

　　요컨대 춘원이 말하는 국어와 민족 문학은 합리성에 매개된 것이라기
보다는, 한문이라는 중세적 보편성에 대해 조선의 지방적 특수성을 강조
하는 것이다. 즉 지방성을 민족성으로 전화하는 곳에 춘원의 근대적 의
식이 있다. 그런데 이는 이중적 과정을 매개한다. 첫째는 중국에 대한 지
방성을 민족성으로 영역 구분하는 과정이다. 이는 한자와 유교를 통해
사유한 조선조의 봉건성을 부정한다는 점에서 근대적인 의의를 보유한
것이다. 이를테면 이광수는 "세조 이후 지나 숭배의 사상이 양반 계급을
풍미, 언문을 업신여기게 되었고, 그 때문에 이래 오백 년 간 수백 편의
단가 이외에는 언문 문학다운 문학을 낳지 못 했"[28]다고 말하거니와, 이
는 중국이라는 제국에 대해 근대적인 민족을 내세우는 일이다. 하지만
둘째, 이는 한국 내부의 다양한 지방성을 표준어의 문법과 발음으로 합
리화하고 통일하는 의식적, 제도적 과정을 결여한 것이다. 다시 말해 춘
원이 말하는 '조선말'은 민족어로 내적인 지양을 이루지 못 한 것이다.
그것은 오직 외적으로 구분되었을 뿐이다. 이를테면 단지 한문 및 유교
적 체계에 침윤되지 않았다는 이유로 무당의 언어를 중시하는 것이야말
로, 춘원이 이 외적 구분에 매몰되어 있음을 결정적으로 암시한다. 왜냐
하면 중국을 중심으로 하는 봉건성에서 벗어나 있음에도 불구하고, 이
무당의 언어는 여전히 비합리적인 것이기 때문이다. 이는 다음과 같은

---

27) 이광수, 『이광수전집』 16, 삼중당, 177면.
28) 이광수, 「朝鮮文藝の今日と明日」, 『京城日報』, 1940.9.30.

모화의 태도를 상기시킨다.

> 모화는 보는 사람마다 너는 나무 귀신의 화신이다, 너는 돌 귀신의 화신이다
> 하여, 걸핏하면 칠성에 가 빌라는 둥 용왕에 가 빌라는 둥 했다.
> 모화는 사람을 볼 때마다 늘 수줍은 듯 어깨를 비틀며 절을 했다. 어린애를
> 보고도 부들부들 떨며 두려워했다. 때로는 개나 돼지에게도 아양을 부렸다.
> 그녀의 눈에는 때때로 모든 것이 귀신으로만 비친다는 것이었다. 그것은 사
> 람뿐 아니라, 돼지, 고양이, 개구리, 지렁이, 고기, 나비 (…중략…) 그리하여 그
> 모든 것을 〈님〉이라 불렀다.[29]

따라서 중세적인 합리성조차 보유하지 못한 무당의 언어를 주장하는
것은 민족어를 상상하게 하는 근대적 관계를 무시하는 일종의 독단이다.
예를 들어 '순수한 고 조선의 시가와 국어와 정조'라는 말에서도 알 수
있듯이, 그것은 합리적 관계성과 근대적 차이성의 작용을 기술하는 대신,
상상된 순수성과 정서적 동일성을 초월적 심급으로 절대화한다. 더욱이
이는 과거를 지향하고 있다. 다시 말해 이광수의 논의는 다음과 같은 설
명과 비교된다.

> 이 '국어'라는 개념의 성립과 불가분하게 결합되어 있는 것이 '현 메이지 시
> 대[今明治の世]'에 사용되고 있는 언어로서의 '일본어'라는 인식이다. '국어'라
> 는 개념의 성립과 '지금', '금일' 등의 현재 시간의 강조는 불가분의 관계를 맺
> 고 있다. 왜냐하면 헌법을 발포해 구미열강의 일군과 어깨를 나란히 할 수 있
> 는 '대일본제국'의 '국어'는 과거와 단절된 '문명'과 '진보'의 현재로부터 미래
> 에 걸쳐 존재할 수 있는 것이므로, 논리적으로는 아직까지 존재하지 않았던 언
> 어가 된다. 동시에 이제까지 없었던 언어가 현재 실재한다고 강변하지 않으면,
> '국어'라는 개념을 실재화할 수 없다. '국어'의 부재를 숨기면서, 그것을 어딘가
> 에서 찾을 수밖에 없다는, 극히 모순된 은폐와 강변이 표리의 관계를 이루는
> 담론이 '국어'라는 말을 둘러싸게 되는 것이다.[30]

---

29) 김동리, 『김동리전집』 1, 민음사, 1995, 82면.

위와 같이 일본의 '국어'가 주로 "과거와 단절된 문명과 진보의 현재로부터 미래에 걸쳐 존재"하는 것으로 상정되었던 것과는 달리, 춘원의 민족어는 오히려 옛 조선의 언어를 뜻한다. 또 이는 "논리적으로는 아직까지 존재하지 않았던 언어"가 아니라, 오직 피지배의 아픔을 통해 소극적으로 상상되고 소급되는 정서적 언어이다. 이는 "극히 모순된 은폐와 강변" 대신 상상적으로 회고된 정서적 단일성, 즉 배제와 부재의 슬픔을 읊조리는 것이다. 따라서 이는 식민지 상황에 그대로 대응한다. 이렇게 춘원의 민족어는 합리적 관계성보다는 타자적 동일성에 더욱 기울어져 있다. 이는 "한어(漢語)나 중국 대륙으로부터의 문명을 억압적인 지배 체제로 생각함으로써, 찬탈과 탈회(奪回)의 비유와 더불어 민족적 본래성의 공상(空想)을 고안해 냈던"31) '18세기 일본어 논자'의 사고 방식과 유사한 것이다. 이렇게 그것은 또 다른 '시골뜨기 문학'이다. 요컨대 그것은 지배와 배제를 음각하는 감금된 언어, 더 나아가 음각된 지배의 언어이다. 회고적 동일성을 전제함으로써 다성적인 현재의 온갖 소음을 무시한 채 상상된 균질성을 독백하는 그것은 결국 지배의 언어로 전화되기 십상일 터이다. "누구든지 조선 민족을 배반하지 아니하는 한에서 그가 어떠한 주의, 어떠한 계급에 속한 것을 물론하고 그는 조선 민족에 포용"32)된다고 했던 춘원이, 급기야 한국어와 일본어의 뿌리가 같다고 주장33)하며, "다방적 정서를 여명의 후지산 꼭대기에 선 것 같은 기백으로 바꾸"34)는 일제의 '국민문학'을 적극적으로 긍정하게 되듯이 말이다. 이는 결국 국어 및 국가와 관련된 다음과 같은 측면이 주로 작용한 것이다.

---

30) 小森陽一, 『日本語の近代』, 岩波書店, 2000, 137면.
31) 酒井直樹, 『死産される日本・日本人』, 新曜社, 1997(4쇄), 206면.
32) 이광수, 「여의 작가적 태도」, 『이광수전집』 16, 삼중당, 1963, 195면.
33) 이광수, 「국어와 조선어」, 『신시대』, 1942.6.
34) 이광수, 「文學の國民性 3」, 『京城日報』, 1939.11.17.

민족이나 국가라는, 눈에 보이지 않는 거대한 구성물에 대한 상상력과 연대감을 육성하는 장(場)으로서, 살아 있는 인간이 피를 나눈 일족과 함께 살아온 생활의 장소가 '고향'이라는 공간으로 새롭게 읽혀졌다. "아름다운 우리 고향을 지켜라"라는 말이 "아름다운 민족, 아름다운 우리나라를 지켜라"라는 말과 직접적으로 연결되는 회로가 사람들의 머리에 짜 넣어졌다. 그리고 "아름다운 우리 고향"은 민족이나 국가를 지킨다는 대의를 믿고 싸웠던 사람들의 수많은 묘표(墓標)가 늘어서는 장소가 되기도 했다.35)

그렇다면 이는 임화가 1920년대의 신문학을 일러, "言語上 無秩序에 完全히 拘束되어 그 많은 功蹟에도 不拘하고 後輩로서 배울 바를 그들이 뚫고 나간 困難에 比하야 너무나 적게 밖에 남기지 못 하였다"고 비판하게 되는 한 가지 이유일지도 모른다. 왜냐하면 춘원의 논의는 합리성과 심미성을 통일해, '창조적이고 교육적'인 언어적 전형성에 도달하는 것, 또는 "민족적 특성=자립성의 맹목적 선전자가 아니라 그것이 어디로부터 오고 또 어떤 곳으로 나아가리라는 것을 명확히 보는 역사적 견지"에 선 것이 아니기 때문이다. 요컨대 그것은 아래와 같은 임화의 입장과는 다르다.

> 市民的 文學으로서 可能한 達成이란 첫째 市民階級이 社會生活에서 標準語—近代的 統一語—를 獲得할 地位에 있어야 하는 것이고, 또 標準語의 確立 없이는 個個의 作家의 開拓도 非統一的 分散的이어서 어떤 作家는 보다 小市民的이고, 또 인테리的이며 때로 封建農民的으로 個別化되는 것이다.36)

온갖 사람과 사물을 똑같이 '님'으로 부르는 김동리의 방언(무당의 언어)과는 달리, 이렇게 임화의 민족어는 근대적 시민을 그 사용 주체로 하는 표준어이다. 그것은 시민 계급의 이성과 역사적 위치가 '사회생활'을 통

---

35) 姜信子, 『棄鄕ノート』, 作品社, 2000, 7면.
36) 임화, 「언어의 마술성」, 『문학의 논리』, 학예사, 1940, 585~586면.

해 최대로 발현된 '근대적 통일어'이다. 비유적으로 말해 그것은 "새 문화의 촘촘한 그물"망 위에 선 네거리의 언어이다. 그러므로 어쩌면 이는 염상섭이 말하는 '경어(京語)'의 진짜 의미일지도 모른다. 즉 '경기인의 능변과 간사함'이라는 말이 상징하듯이, 그것은 고정된 위치와 공동체(안쪽)를 지시하는 '명사'라기보다는 근대적 교통과 관계(바깥)를 이르는 '술어'이다. '시민적 문학'은 바로 그 '경어'(관계)의 네거리 위에 존재한(다기보다는 작용한)다. 아니, '네거리의 문학'이야말로 '시민적 문학'의 다른 이름이다. 따라서 이 문학은 '옛말이 사는 컴컴한 고방'(백석, 「고방」)을 향해 "외면하고 거리를 걸어가는 것"(「내가 이렇게 외면하고」)일 수는 없다. 그것은 "산골로 가는 것은 세상한테 지는 것이 아니다 / 세상 같은 건 더러워 버리는 것"[37](「나와 나타샤와 흰당나귀」)과 같은 태도는 물론이려니와, 더 나아가 "'아름다운 우리 고향을 지켜라'라는 말이 '아름다운 민족, 아름다운 우리나라를 지켜라'라는 말과 직접적으로 연결되"게 하는 또 다른 '고향'의 언어로도 끝내 발음되지 않는 문학이다. 왜냐하면 "오오, 그리운 내 故鄕의 거리여! 여기는 鐘路 네거리"(「다시 네거리에서」)·"수풀로 나부끼는 / 서울 거리는 / 나의 고향"(「서울」)이라고 썼음에도 불구하고, "거리에서 만나 거리에서 헤어지며", "번개처럼 두 손을 잡고 / 내일을 위하여 저 골목으로 들어"가는 임화의 '고향'인 서울, 다시 말해 '대일본제국'의 총독부와 사법·군사 제도는 물론, 미쓰코시로 상징되는 남촌과 혼마치[本町]의 상가를 마주한 북촌의 '종로'야말로 백석 시에 등장하는 공동체적인 고향이나 국가로서의 고향과는 철저하게 다른 장소이자 정반대의 작용이기 때문이다. 예컨대 임화에게 "한강 물이 숭얼대는 / 영등포 붉은 언덕은, / 목숨을 바쳤던 나의 전장"(「하늘」)이었던 것이다. 그렇다면 그런 의미에서 서울을 고향으로 삼는다는 것은 고향을 버리는 일이다. 그것은 즉자적이거나 상상적인 공동체의 안쪽에 틀어박히는 것이 아니

---

37) 김재용 편, 『백석전집』, 실천문학사, 1997, 81면.

라, 사회적 관계성에 끊임없이 대응하는 것이기 때문이다. 따라서 그 네거리에서 펼쳐지는 문학은 오히려 '고향'을 버린 문학, 아래와 같이 끝내 "고향에 돌아가지 않"는 문학이다.

> 도망해 나온 시골 어머니가
> 밤마다 머리맡에 울더라만,
> 끝내 나는 고향에 돌아가지 않았다.[38)]
>
> ─「荒蕪地」

3. 네거리 · 현해탄 · 상륙

따라서 임화의 화자, 즉 "어머니도, 고향도, / 나에게는 소용없었다"고 말하는 '젊은 청년' 화자의 좌표를 집약하는 것은 결국 서울(도시)이다. 즉 임화의 화자는 표준어 화자일 뿐만 아니라 서울 사람이기도 하다. 그러므로 "대체 네가 무엇이기에, / 아아! 메마른 들 헐벗은 山, / 그다지도 너는 내게 가까웠던가!" 등의 구절은 고향이나 시골(자연)에 대한 공동체적인 친근감을 영탄하는 것이 아니다. 오히려 그것은 이와 같이 '고향'을 '황무지'로 만든 식민지의 사회적 관계와 근대 문명에 대해 냉철하게 인식하는 것이다. 사실 다음의 기술에서도 암시되듯이, 애초부터 '고향'은 상실되면서 발생했다.

이 극동의 땅에서 고향이라는 말이 특별한 의미를 지니고 이야기되었던 것은 100년 남짓의 일. 국내외로 대규모의 인구 이동이 시작된 근대에 있어, 태어나

---

38) 임화, 『현해탄』, 동광당서점, 1939, 156면.

자란 땅을 떠나 살게 된 경험이 새로운 의미의 '고향'을 낳았다.[39]

즉 "잊어버렸던 고향의 / 어둔 現實의 무게가 / 떠오르려는 어린 太陽을 / 바다 속으로 누를 듯 / 사납다만"(「어린 太陽이 말하되」)과 같은 구절이 웅변하듯이, 이 '고향'은 어린 시절의 놀이와 친척과 음식으로 가득한 백석의 평화로운 고향도 아니며, "만세! 대일본제국"이라고 하는 위대한 국가도 아니다. 대신 그것은 떠나온 고향을 바라보고 분석하는 '네거리'의 시선, 즉 또 다른 서울이다. 따라서 "그들은 하나도 / 어디 태생인질 몰랐다"(「내 靑春에 바치노라」)는 것은 당연하다. 그리고 이것이야말로 '서울'의 진짜 의미이다. '서울'은 기원(origin)이 되는 특정한 장소나 고향이 아니다. 실제로 임화의 시에서 서울은 다음과 같이 상대화되고 있다.

> 눈발이 부연 하늘 아래, / 나는 기차를 타고 秋風嶺을 넘어, / 서울로 간다. / 서울은 나의 고향에서도 千里, / 다만 나의 어깨의 짐을 풀 곳일 따름이다.[40]
>
> ─「荒蕪地」

이토록 임화의 서울은 공동체도 중심도 아니다. 또 그것은 이상의 시에서 보이는바, 기하학적으로 추상된 '가외가(街外街)'[41]도 아니다. 대신 그것은 한국의 식민지 근대가 도달한 최대한의 사회적 구체성이다. 왜냐하면 임화의 화자는 골목을 질주하건 질주하지 않건 아무 문제될 것이 없는 '13인의 아해'가 아니라, "또 다음일 計劃하러" "거문 골목으로 드러가자"(「네 街里의 順伊」)고 노래하는 존재, 즉 "勤勞하는 모든 女子의 戀人 / 그 靑年인 勇敢한 산아히"이기 때문이다. 임화가 「양말 속의 편지」를 썼듯이, 부산의 조선방직공장 파업(1930.1)을 배경으로 한 그 작품이 하야마 요시키[葉山嘉樹]의 소설 「시멘트 포대 속의 편지[セメント樽の中の手

---

39) 姜信子, 『棄鄕ノート』, 作品社(東京), 2000, 6면.
40) 임화, 『현해탄』, 동광당서점, 1939, 159면.
41) 이에 대해서는 이경훈, 『이상, 철천의 수사학』, 소명출판, 2000을 참조할 것.

紙]」(1926)를 상기시키듯이 말이다. 즉 임화의 서울은, 스스로 방문을 첩첩 닫음으로써 세상의 '잔인한 관계'로 하여금 '담벼락을 뚫고' 스며들게 했던 이상의 상자, 또는 막혔건 뚫렸건 상관없는 그의 '골목'과는 다른 진보의 시공간이다. 이렇게 임화는 "흰 모래밭과 맑은 하늘이 / 기름걸레처럼 더러워진다 해도", "浦口의 흰 모래가 / 시커멓게 變한 偉大한 내력"과 "새 時代의 王者 金屬들의 비비대는 소리"를 찬미한다. 아래의 시는 그 '찬미가'의 한 부분이다.

크락숀이 먼지[지]를 풍기며 怒呼한다. / 인제 釜山도 옛 浦口가 아니다. / 튜럭이 지냈는가 하면, / 自動車들이 벌떼처럼 달려든다. // 스텁! 하늘엔 旅客機의 通過다. // 정녕 나는 連絡船에서 들고 내린, / 묵은 가방을 털어보아야 할가보다. / 몇 해 전 가지고 건너갔던 / 때 묻은 先入見이 남은 모양이다. / 埠頭의 딸 가닥소리가 사람들을 놀랜 것은 벌서 옛 牧歌로구나. / 내가 입고 자란 옷, / 주절대고 큰 말소린 / 하나도 찾을 길이 없다. / 나는 고향에 돌아온 것 같지도 않고, / 아, 고향아! / 너는 그 동안 자랐느냐? 늙었느냐? // 외방 말과 새로운 맵시는 어느 때 익혔느냐? // (…중략…) // 行人들아! / 그대들은 이 浦口의 흰 모래가 / 시커멓게 變한 偉大한 내력을 아는가? / 나는 諸君들 모두의 손을 잡고, / 아, 親愛의 情을 베풀고 싶다. // 일찌기 저 시커먼 큰 建物은 諸君들의 운명을 고쳤으나, / 이내 諸君들이 아름다운 港灣의 운명을 開拓할 새 심장이, / 또한 저 자욱한 建物들 속에서 만들어짐은 즐거웁지 않으냐. // (…중략…) // 누가 이 새 고향의 讚美歌를 부를것이냐? / 交響樂의 새 곡조를 익힌 樂器는 어느 곳에 준비되었는가? / 大洋, 大洋, 大洋 / 실로 大洋의 파도만이 새 時代가 걸어가는 / 장엄한 발 자취에 行進曲을 맞후리라.[42]

—「上陸」

그런 의미에서 임화의 기본적 위치는, "자기가 자기의 목적을 정하고 그 목적을 달하기 위하여 계획된 진로를 밟아 노력하면서 시각마다 자기의 속도를 측량"[43]할 것을 주장하면서, "부산서 만주 평야를 향할 급

---

42) 임화, 『현해탄』, 동광당서점, 1939, 208~214면.

행열차가 큰 눈을 부릅뜨고 쏜살같이 달아난다. 문명의 세상, 과학의 세상, 경쟁의 세상이다. 저 좋은 교통기관, 모든 문명의 이기를 잘만 이용하면 부할 수 있다"44)고 말하는 이광수의 입장과 넓은 의미에서 상통한다. 예컨대 「무정」의 형식이가 '유월 볕'보다는, 주로 선형이와 한 방에 마주 앉게 될 근대적 풍경을 상상함으로써 땀을 흘리듯이,45) 임화에게 '3월'의 '제비'는 오직 "「로동자의 봄」을 물고 나라를 차저드는"46) 것이다. 따라서 이는, "흰밥과 가재미와 나는 / 우리들이 같이 있으면 / 세상 같은 건 밖에 나도 좋을 것 같다"47)(「膳友辭」)라든지, "먼 옛적 어느 나라 신선 같은데 / (…중략…) / 손길은 따스하고 부드러워 / 고향도 아버지도 아버지의 친구도 다 있었다"48)(「고향」)와 같은 백석의 정서와는 전혀 다른 심리를 보이는 김동인의 다음의 장면과도 관련될 것이다.

보-얀 여름 안개로 둘러싸여서 아침 햇빛을 간접으로 받고 보-얗게 반짝거리는 아침 서울, 너무나 강하여 누-렇게까지 보이는 여름 햇빛을 정면으로 받고 여기저기서 김을 무럭무럭 내는 낮 서울, 새빨간 저녁놀을 받고 모든 유리창은 그것을 몇 십 리 밖까지 반사하여 헬 수 없는 땅위의 해를 이루는 저녁 서울, 그 가운데 우뚝 일어서 있는 푸른 남산 잿빛 삼각산, 먼지로 싸인 큰 거리, 울긋불긋한 경복궁, 동물원, 공원, 한강, 하나도 엘리자베트에게 정답게 생각 안 나는 것이 없고, 느낌 안 주는 것이 없었다.49)

"잊었댔다. 오늘은 장날이 되어서 서울 잠깐 들어갔다 와야겠다. 무엇 먹고 싶은 것은 없냐? 있으면 말해라. 사다 줄 커니 ……."
"없어요"

---

43) 이광수, 「민족개조론」, 『이광수전집』 17, 삼중당, 170면.
44) 이광수, 「오도답파여행」, 『이광수전집』 18, 삼중당, 1963, 173면.
45) 이에 대해서는 이경훈, 「무정의 패션」, 『민족문학사연구』 18호(2001)를 참조할 것.
46) 임화, 「제비」, 『카프시인집』, 집단사, 1931, 69면.
47) 김재용 편, 『백석전집』, 실천문학사, 1997, 72면.
48) 김재용 편, 『백석전집』, 실천문학사, 1997, 84면.
49) 김동인, 「약한 자의 슬픔」, 『김동인전집』 1, 조선일보사, 45면.

엘리자베트는 팔딱 정신을 차리며 무의식히 중얼거렸다. '서울' 소리를 듣고 그는 갑자기 가슴이 뛰놀기 시작하였다.

'저런 노파가 다— 서울을 다니는데 내가 어찌 ……'[50]

'새 고향의 찬미가'(「상륙」)와도 상통하는 서울 지향의 열정은 의미심장한 것이다. 왜냐하면 "내 목숨 다하기까지, 내 삶 끝나기까지, / 나는 너를 그리리라"로도 표현되는 그 강력한 정서는 백석의 향수와는 반대쪽을 향하는 것이기 때문이다. 즉 서울 소리를 듣는 것만으로도 가슴이 뛰놀기 시작하는 이 낭만적 열정은 결국, 엘리자베트로 하여금 "정조유린에 대한 배상, 및 위자료로서 5천원, 서생아 승인, 신문상 사죄 광고 게재 청구소송을 경성지방법원에 일으"키게 하는, 근대법과 정보망의 공간인 서울의 역사적 운동성에서 기인하는 것이다. 이렇게 '먼지로 싸인 큰 거리'인 서울은 근대와 진보의 표상이다. 따라서 '약한 자'의 발생과 더불어 교환('장날')이 성행하고 있는 그 서울에서는, '안개'·'햇빛'·'남산'·'삼각산'·'한강' 등의 자연조차 '유리창'·'거리'·'동물원'·'공원' 등과 같은 문명의 건축물과 제도에 포섭됨으로써만 비로소 인식된다. 이를테면 『파우스트』의 메피스토펠레스가 "숲과 언덕과 평지와 목장과 밭들을 정원으로 고쳐 화려하게 만들어 놓겠"[51]고 말하듯이, 근대는 결국 모든 곳을 '서울(도시=교환가치의 교통공간)'로 만들 것을 기획한다. 사실 아래 시의 '피로'는 '시골'까지 침투한 이 근대적 열정과 짝을 이룬다.

疲勞는 都會뿐만 아니라 시골에도 있다 / 푸른 연못을 넘쳐흐르는 장마통의 / 싸리꽃 핀 벌판에서 / 나는 왜 이다지도 疲勞에 집착하고 있는가 / 汽笛소리는 文明의 밑바닥을 가고 / 形而上學은 돈지갑처럼 / 나의 머리 위에서 떨어진다.[52]

---

50) 김동인, 「약한 자의 슬픔」, 『김동인전집』1, 조선일보사, 59면.
51) 괴테, 김달호 역, 『파우스트』(『세계문학전집』10), 정음사, 38면.
52) 김수영, 「싸리꽃 핀 벌판」, 『김수영전집』1, 민음사, 1991(9판), 132면.

그렇다면 이러한 상황에 비추어 보았을 때, "저런 노파가 다 서울을 다니는데 내가 어찌"와 같은 일종의 질투는 지극히 당연한 것이다. 서울은 "전선줄을 끊고 철로에 누웠던 / 옛날 어른들의 슬픈 迷信을 추억"하는 역사적인 위치이자 미래로 향해 운동하는 '네거리'이기 때문이다. 그것은 백석의 정서 또는 국가와 민족을 고향의 이름으로 초월화하는 것과는 반대 방향으로 나아가는 사회적 관계와 교통의 의지이다. 그것은 김기진의 'Promenade Sentimental'을 거쳐 "네 가슴이 메어지도록 이 길을 흘러간 靑年들의 거센 물결"(「다시 네거리에서」)을 출렁거리게 했을 뿐만 아니라, 다른 한편으로 '혼부라'53)의 방황마저 이루어내었던 젊은이의 공간, 아니 젊은이의 구조 자체이다. 이는 "未久에 / 歷史가 지내갈 / 넓은 길에다 / '아스팔트'를 깔지 않았느냐"54)와 같이 질문하는 것, 즉 "우리들이 사는 世界의 圖面이 만들어진 복잡하고 곤란한 내력"에 대한 통찰과 더불어, '플랫폼' · '경부철로' · '넓은 길' 등으로 비유되는 역사와 진보를 가동하는 것이다. 이는 다음과 같이 표현되기도 한다.

> 돌아갈 집도 멀고, / 걸을 길도 아득한, / 나의 젊은 마음아, / 외딴 郊外의 푸랬트폼 위 / 너의 따르는 꿈은 무엇이냐?55)
>
> ― 「향복은 어디 있었느냐?」

> 희망이란 큰 首府에 닿는 길이 / 京釜鐵路처럼 곧다 안할지라도, 아! 벗들아 나의 눈은 / 그대들이 별처럼 흩어져 있는, / 南北 몇 곳 위에 불똥처럼 발가니 타고 있다.56)
>
> ― 「地圖」

---

53) '혼부라'에 대해서는, 이경훈, 「미쓰코시, 근대의 쇼윈도우」, 『현대문학의 연구』 15집, 2000을 참조할 것.
54) 임화, 「한여름 밤」, 『찬가』, 백양당, 1947, 90면.
55) 임화, 『현해탄』, 동광당서점, 1939, 239~240면.
56) 임화, 『현해탄』, 동광당서점, 1939, 171~172면.

"나의 젊은 마음아"·'희망' 등의 표현에서 암시되듯이, 임화 시의 낭만성은 위와 같은 젊은이(청년)의 구조에서 유래한다. 이를테면 그것은 "기어코 오늘밤 또 移民列車가 떠나나보다"(「밤 甲板 위」)로 암시되는 '네거리'의 자본주의적 작용을 향해, "荒蕪地여! 荒蕪地여! / 너는 아는가? / 청년들이 어떤 列車를 탔는가를"(「荒蕪地」)이라고 외치는 태도이다. 김창술의 표현대로 그것은, "길 떠나려는 기차가 발버둥치는" 마음, 즉 "曠野를 지나 大江을 건너 / 汽車는 北으로 北으로 疾走한다 / 壯快히 壯快히"57)라고 노래부르는 주체성이다. 그것은 "낡은 것과 새로운 것의 불닺는 말썽 가운데서", "좋은 것을, 더 좋은 것을"(「세월」) '요구'하는 고양된 현재, 비유적으로 말해 "젊은 가슴속에 피어놓을 한 떨기 붉은 薔薇의 이름"(「눈물의 海峽」)이다. 그러므로 이는 「무정」의 외국 유학을 매개하는 문명개화적 기차, 나아가 오직 '대일본제국'이 놓은 '만철(滿鐵)'의 선로를 따라 작품이 구성되고 인물이 행동하는 이효석의 「벽공무한」과는 또 다른 '기차의 계보'를 이룬다. 그 계보는 '고향'을 대체하는 다음과 같은 '지도'를 구상한다.

한번도 뚜렷이 불려보지 못한채, / 청년의 아름다운 이름이 땅 속에 묻힐지라도, / 지금 우리가 일로부터 만들어질 / 새 地圖의 젊은 畵工의 한 사람이란 건, 얼마나 즐거운 일이냐?58)

그렇다면 이 '지도'는 '네거리'와 '서울'의 또 다른 이름이다. 더욱이 '청년'은 "어떤 都市 위에 자기의 이름자를 붙여, / 不滅한 紀念을 삼으려는, / 엄청난 생각을 품고 바다를 건"(「지도」)너기도 했다. "고향은 / 인제 먼 半島에 / 뿌리치듯 / 버리고 나"(「愁鄕」)왔던 것이다. 이때 공간 또는 시간(역사)상의 한 위치로 '고향'을 상대화하는 '지도'와 더불어 이 '현해탄'

---

57) 김창술, 「기차는 북으로 북으로」, 『카프시인집』, 집단사, 1931, 3면.
58) 임화, 『현해탄』, 동광당서점, 1939, 174면.

은 또 하나의 '네거리'가 된다. 왜냐하면 "두번 고치지 못할 운명은 / 이미 바다 저쪽에서 굳었"(「지도」)다고 했듯이, '현해탄'은 '고향'이 아닌 '저쪽'을 존재 내부에 불러들였기 때문이다. 이렇게 외부(外部)인 그것은 청년들을 "아직도 / 이 바다 높은 물결 위에" 있게 한다. 따라서 '위태로운 해안선'이기도 한 그것은, 청년들로 하여금 "관문해협 저쪽 / 이른 봄 바람은 / 과연 반도의 북풍보다 따사로웠는가?"(「현해탄」)라고 묻게 하기도 한다. 즉 "敵이여! 너는 내 最大의 教師"(「敵」)라고 외치며, 아래와 같이 질문의 해안선 위를 거닐게 하는 것이다.

> 나는 위태로운 / *海岸線*을 / 노새와 같이 거닌다[59]

따라서 역설적이게도 이 '위태로운 해안선'이야말로, 시대의 흐름과 더불어 "자고 새면 / 異變을 꿈꾸면서" "어느 날이나 / 無事하기를 바"[60](「자고 새면」)라게 된 '시민적 문학' 최후의 보루였을 것이다. 왜냐하면 이 위험한 외부를 버리고, '시민의 정신' 및 '상인의 기질'과는 구별되는 '인간적 합일의 다른 양식'(「시민문화의 종언」)을 논의하기에 이를 때, 아스팔트 냄새나는 청년의 '네거리'와 파도치는 현해탄의 '저쪽'은 사라지고, '향토에 대한 연대성'과 함께 현해탄의 양안을 하나로 묶는 '대일본제국'의 '내부'가 도처에 편재(遍在)하게 될지도 모르기 때문이다. 다음은 그 새로운 구획의 한 양상이다.

> '아스팔트'란 그 말이 스스로 意味하고 있듯 무엇보다 都市의 文學, 街頭의 文學이다. '나치스'는 文學의 이 都市性과 街頭性 가운데 獨逸 文化를 蠶食하는 '빠치르스'를 發見한 것이다. 都市精神이란 農民과 달라 鄕土에 對한 愛着을 갖지 않는 '뽀헤미안'이고 環境에 對한 百%의 機會主義者이다. 이것은 市民의 精神이고 商人의 氣質이다. 要컨대 利害가 모든 것을 左右한다. 鄕土

---

59) 임화, 「별들이 슴唱하는 밤」, 『찬가』, 백양당, 1947, 102면.
60) 임화, 『찬가』, 백양당, 1947, 135면.

도 民族도 그들의 利益의 代辯者일 때만 그들은 鄕土의 人이고, 民族의 一員이며 國家의 構成員이다. 一段 經濟上의 利害가 그들을 몰아세우게 되면 鄕土이고 民族이고, 祖國이고, 父母이고 間에 그들은 흔신짝 같이 내버린다.

이것은 十九世紀來의 近代 西歐文化의 國際性이 民族的으러 反省될 때 自然스러이 느껴지는 側面이다.

民族이 하나의 單位로서 行爲의 場面으로 進出할 것이 要請될 때 文化의 이러한 國際性은 또한 當然히 精神的 桎梏이 아니 될 수 없다.[61]

실로 임화는 1941년의 대담에서, "국가의 새로운 체제 밑에서 국민이 자기의 직역에서 총력을 가지고 봉공한다는 의미"로 '직역봉공(職域奉公)'을 정의하면서, 그것이 문화의 영역에서는 어떠한 성질이나 형태를 가져야 하는가를 총력연맹문화부장인 야나베 에이자부로[矢鍋永三郎]에게 질문하고 있거니와, 이때 임화가 중시하는 것은 대정익찬회 문화부장 기시다 쿠니오[岸田國士]가 말한 "文藝의 側衛的 任務"라는 관점이다. 즉 임화는 "전위를 정치라고 하면 문화는 후방을 견고하게 하는 것에 종사하여야 한다"는 입장을 취한다. 나아가 임화는 '국어 보급'과 관련해 다음과 같이 말하기도 한다.

언어는 다른 각도로 본다면 일반 향토적 색채라든가, 민족적 색채라든가 하는 것으로 강하게 생각하는 것 같습니다. 또 다른 방면으로 본다면 하나의 민족이면 민족, 향토라면 향토를 가진 그 속에서 언어가 제일 일반적이고 국제적인 것 같은데요, 자연이라든지 역사라든지 혈통이라는 것은 번역이 되지 않습니다. 바꾸어칠 수는 없습니다. 그러나 일례를 든다면 조선의 '사랑'이라는 말은 국어로 '愛(아이)'라는 말로 번역됩니다. 번역된다는 것은 다시 말하면 조선어도 조선인적인 좁은 사상에만이 아니라 좀더 일반적인 사고와 건강한 사상이 들어갈 수 있다. 이렇게 보면, 조선어는 어느 의미에 있어서는 조선인들과 내지인들이 정신적으로 결합하는 데 있어서 금후의 유력한 수단으로도 될 수 있다고 보는데요.[62]

---

61) 임화, 「전체주의의 문학론」, 『문학의 논리』, 학예사, 1940, 764~765면.

인용을 읽고 우리는 "스스로 지녔든 / 精神의 무게가 / 어늬 날 / 돌이 되어 / 우리의 머리를 / 때릴지 / 想像이나 했"(「한여름 밤」)겠느냐고 한 임화의 시 구절을 떠올리게 될지도 모른다. 왜냐하면 '국제성'을 '정신적 질곡'으로 규정하게 됨과 더불어, 임화가 중시했던 '국제성'은 완전히 다른 의미로 변모하고 있기 때문이다. 즉 '번역'(관계)을 통해 '민족'·'향토'·'역사'·'혈통' 등을 넘어서는 그 '국제성'은 결국 한국인과 일본인을 '정신적으로 결합'하는 수단이 되고 마는 것이다. 이에 대해 야나베는, "九州와 東北은 교통이 불편하던 때는 전연 말이 같지 않았던 것이 교통이 빈번해진 이즘에는 훨씬 공통적으로 알게 됐"다고 하며, "언어라는 것은 교류하는 것"이므로 '조선어' 역시 통일될 것이라고 논한다. 차이와 관계를 산출하는 '네거리'를 넘어, 교통과 국제성은 오히려 내부를 통합하는 기재로 작용한다. 요컨대 '조선어'는 구주나 동북 지방 같은 일본 제국 내부의 한 지방에서 사용되는 사투리로서, 일본 '국어'의 내부에 포섭된다.

이렇게 현해탄은 더 이상 파도치지 않게 된다. '네거리' 역시 존재하지 않게 된다. 그 어디에도 '서울'은 없다. 당연히 표준어를 발음하는 서울 사람도 없다. '대동아공영'의 구호와 함께 이제 세상은 온갖 '시골뜨기'로 가득하게 된다. '우리 나라'를 '우리 고향'과 '대동아'로 번역하고 투사한다는 점에서, '서양'과 '근대'를 초극한다고 하는 '대일본제국'의 '국어' 역시 또 다른 '남도 사투리'일지 모르기 때문이다. 따라서 오직 식민지의 '사투리'로 부르는 '새 고향의 찬미가'(「상륙」)는 전혀 다른 의미를 지니게 된다. 이를테면 그것은 "새 시대가 걸어가는 / 장엄한 발자취"의 '행진곡'이기보다는 오히려 '옛 牧歌'에 가까운 것이 되고 만다. 왜냐하면 임화의 화자는 언제부터인가 "이 바다 높은 물결 위에" 있지 않기 때문이다. '현해탄'과 '大洋'을 노래했었음에도 불구하고, 그는 결국 뜻하

---

62) 「矢鍋永三郞·林和 對談」, 『조광』, 1941.3, 150=152면.

지 않았던 장소에 조난자처럼 '상륙'한 것이다. '대일본제국'이라는 '내
지(內地)'에 말이다. (구고)

비극적 근대시인의 시적 경로

임화의 시

유성호

한번도 뚜렷이 불러보지 못한 채,
청년의 아름다운 이름이 땅 속에 묻힐지라도,
지금 우리가 일로부터 만들어질
새 지도의 젊은 畵工의 한 사람이란 건,
얼마나 즐거운 일이냐?

─임화의 시 「地圖」에서

1. 근대문학사의 문제적 인물

한국 근대문학사에서 임화(林和, 본명 林仁植, 1908~1953)라는 이름이 그려
내는 파상(波狀)은 우리 근대사의 굴곡을 그대로 반영한 착종된 무늬를 이

른다. 물론 임화는, 우리가 잘 알고 있듯이, 식민지 시대와 해방 직후에 걸쳐 활약한 대표적인 시인으로, 평론가로, 문학사가로, 문학운동가로 자신의 이름을 다양하게 수놓은 열정의 인물이다. 그의 이름과 행적이 아직도 끊임없이 당대적 소급이라는 역사적 감각과 현재적 해석이라는 현실 안(眼)을 동시에 요구하고 있을 정도로, 그는 범접하기 어려운 넓이와 높이의 문학 세계를 이루었다. 그가 펴낸 『현해탄(玄海灘)』(동광당서점, 1938), 『찬가(讚歌)』(백양당, 1947), 『회상시집(回想詩集)』(건설출판사, 1947) 등의 시집들과, 무려 800쪽이 넘는 광대한 평론집 『문학(文學)의 논리(論理)』(학예사, 1940)는 그 가운데서도 가장 대표적으로 거론되는 그의 문학적 정수(精髓)라 할 것이다. 또 그가 일제 말기에 정력적으로 진행한 문학사 작업은 지금도 우리 비평사에서 가장 높은 성취를 이룬 성과로 평가받고 있다. 그러나 이러한 눈부신 성과에도 불구하고 아직도 그를 바라보는 시각 사이의 낙차(落差)는 실로 아득할 정도로 크다.

우리의 문학사적 유산을 평가하는 안목이 연구자들의 세계관과 정치적 신념에 따라 커다란 편차를 보여온 것은 우리 근대문학 연구사의 진풍경이다. 그동안 민족문학론을 당위적 지향점으로 정초(定礎)하려는 이들에게 임화는 매혹적인 탐구 대상이자 도전과 극복의 대상이었고, 반면 문학의 비정치성과 작품적 완결성을 헤아리려는 감식가들에게 임화는 일정한 매력과 한없는 의구심을 동시에 주는 존재였다. 이러한 미학적 대척점은, 1990년대 들어 본격적으로 그에 대한 연구 성과가 산출되기 시작하면서, 그를 바라보는 양극의 관점을 풍요롭게 낳았다. 말하자면 진보적 문학사를 염두에 두었던 사람들에게 임화의 문학은 중요한 중심적 자료의 역할을 하게 되었고, 순수문학 위주의 작품 탐구에 매진하는 이들에게는 그것이 비판의 대상 또는 문학사에서 결락(缺落)될 수밖에 없는 수상쩍은 영역이 된 것이다.

주지하듯, 우리 사상사에서 '진보'라는 패러다임은 매우 복합적이고 풍요로운 논쟁적 성격을 갖는다. 그에 비해 문학사에 나타난 '진보'는 매우 왜소하고 때로는 그 실체 여부조차 의혹의 대상이 될 때가 적지 않다. 그러나 이처럼 진보적 문학이 빈곤하게 느껴지는 것도, 잘 따져보면, 보수적 시각으로 문학사를 규율하려는 이들의 권력 의지에 의해 비롯된 오래된 착란(錯亂)일 뿐이다. 우리가 시대의 전환기마다 척박하기 이를 데 없는 진보적 민족문학사를 실상에 맞추어 재구(再構)해야 하는 과제를 요청받는 것도 이러한 잘못된 언어 권력의 구도를 교정하려는 학문적 요구에서 나오는 것이다. 그럴 경우 임화와 그의 문학은 다시금 우리의 논의에 중심 요소로 부상할 수밖에 없다.

임화가 쌓아올린 문학적 성채 중에서 가장 풍요로운 논쟁을 불러일으키는 영역은 아마도 그가 남긴 유수한 평론과 문학사 작업일 것이다. 특히 식민지 시대와 해방기에 걸쳐 그가 정력적으로 축적해왔던 문학 운동론과 그에 따른 미학적 논의들은 지금도 꾸준히 논자들의 평가와 주목의 대상이 되고 있다는 점에서 여전히 그는 현재적이다. 그러나 임화는 그 명민하고 치밀한 '논리'에 앞서 정서를 표출하는 강렬한 '파토스'를 생래적으로 지닌 시인으로 기억될 만하다. 우리가 그를 이론가나 사가(史家)보다는 시인으로 읽으려는 이유는 다름 아닌 그의 생래적인 시인적 기질과 그에 따른 높은 시적 성취에서 비롯된다. 대개 문학적 형상이 논리적 언어보다 한 사람의 정신이나 세계관 또는 생리를 더욱 생생하게 드러내준다는 점, 그리고 그 중에서도 특히 서정시의 시적 형상이 서정적 주체의 세계관이나 정서가 비교적 직접성을 가지고 드러나 있다는 점에서 임화가 남긴 시편들은 그를 이해하는 데 더없이 좋은 매재(媒材)가 될 수 있다. 따라서 이 글에서는 임화 시의 전개(1926~1953)와 그 변이 양상을 조감하여, 세기의 전환기에 처한 우리 문학사가 그가 남긴 미완의 언어들을 어떤 자양으로 흡수해야 할 것인가에 대해 생각해 보려 한다.

2. 탐색 의지와 '단편서사시'

임화의 등단작은 「무엇 찾니」(1926)라는 짤막한 소품이다. 타자(시 안에서는 '남모르게 홀로 뛰는 혼령')에게 질문을 던지는 형식을 취한 이 작품은, 그의 생애를 뒤로 가로질러, 그의 마지막 작품이 되는 또 하나의 질문의 형식 곧 「너 어느곳에 있느냐」(1953)에 가 닿는다. 다시 말하면 그는 시적 생애의 처음부터 마지막까지 "무엇을 너는 찾느냐 / 너 어느곳에 있느냐"라는 두 가지 질문의 형식을 견지해온 것이다. 이는 30년 가까운 상거(相距)에도 불구하고, 그의 일관된 탐색 의지와 함께 그의 시를 관통하는 어떤 핵심을 암시하고 있다. 이제 그 질문과 응답의 궤적을 따라가 보자.

> 죽은 듯한 밤은 땅과 하날에
> 가만히 덮였고
> 음울한 대긔는 갈사록 컴컴한
> 져 하날 끝에서 땅우를 헤매는데
> 소리없이 자최를 감츄고 나리는 가는 비는
> 고요히 졸고 있는 나무 잎에
> 구슬 같은 눈물을 지워
> 어둔 밤에 헤매면서 우는
> 두견의 슬픈 눈물같이 굴러떨어진다
> 남모르게 홀로 뛰는 혼령아
> 이 어둔 비오는 밤에도 쉬지 않고 날뛰며
> 무엇을 너는 찾느냐?
>
> — 「무엇 찾니」(『매일신보』, 1926.4.16)[1]

시의 정죠(情調)는 "음울한 대긔"와 "슬픈(구슬 같은) 눈물"이 환기하듯,

---

1) 이 글에서, 임화의 시는 『너 어느곳에 있느냐』를 제외하고는 신승엽 편, 『임화전집 1―현해탄』(풀빛, 1988)에서 인용함.

1920년대의 일반적 시 경향이었던 감상적 낭만주의의 외피를 강하게 두르고 있다. 서정적 주체가 처해 있는 "죽은 듯한 밤"이나 "어둔 비오는 밤"도 마찬가지로 내면과 외계를 매개한 심리적 표현일 것이다. 서구 상징파의 세기말 사상을 흉내낸 아류적 소품인 데다, 주체의 방향 상실감이 짙게 채색되어 있어 우수한 형상적 자질을 추출하기는 힘들다. 그러나 우리는 이렇듯 막연하고 불투명한 어떤 '타자'(혼령)에게 말을 거는(결국 자신에게 말을 건네는) 형식으로 짜여져 있는 습작 수준의 작품의 마지막 3행, 곧 "남모르게 홀로 뛰는 혼령아 / 이 어둔 비오는 밤에도 쉬지 않고 날뛰며 / 무엇을 너는 찾느냐?"에 주목한다.

"이 어둔 비오는 밤"이야 말할 것도 없이 외적 상황과 내면의 정황을 동시에 은유하는 감각적 상관물이겠지만, 이러한 상황에서 분주하게("쉬지 않고 날뛰며") 무언가를 찾는 열정과 탐색은 서정적 주체(타자를 통한)의 삶의 기율이 '침잠'이나 '순응'이 아니라, 역동적인 '탐색'과 '질문'의 형식으로 짜여질 것을 암시하는 것이다. 이와 같은 질문의 형식이야말로 그의 마지막 작품인 「너 어느곳에 있느냐」까지 이어지면서, 바로 임화의 운명과 실존을 암시하고 있다. 말하자면 이러한 상징적 사례는, 그의 삶과 시가 끝없는 질문과 탐색으로 이어질 것임을 암시해준다는 뜻이다. 물론 그 탐색의 대상은 일차적으로는 식민지 근대로 일컬어지는 당대의 '현실'이지만, 철학적 문맥에서 볼 때 '진리' 자체의 형식도 띤다. 이렇듯 '현실'과 '진리'를 향한 간단없는 탐색 의지는 그에게 실존적인 것이기도 하지만, 식민지 현실에 대한 그의 자각과 깊이 관련되는 역사적인 것이기도 하다.

주지하듯 임화의 초기 시편은 감상주의로부터 시작하여 당시의 신(新)사조였던 다다이즘의 세례와 결합하는 양상을 빚는다. 다다이즘 역시 한 시대의 질곡을 넘어서려는 전위(前衛)의 한 양식이므로, '조선의 발렌티노'로 불렸던 도시의 아들 임화가 그러한 새로운 사조에 경도된 것은 자연스럽다. 이러한 새로운 사조가 또 하나의 신흥 이념인 마르크스주의와 결합하여 그의 시는 프로시로 전회를 하게 되며, 이로부터 임화 시의 제 2기[2]가 펼쳐지는 것이다. 그것은 "세계의 가장 위대한 푸로레타리아의 동모를 / 혁명가의 묘지로 몰아 너었다"고 노래한 「曇—1927」(『예술운동』 1927.11)로부터 시작되는데, "열아홉살때 家庭의 破産과 더부러 그의 平和한 感傷의 時代는 끝이 낫"[3]다는 그의 고백처럼, 보다 더 커다란 어떤 세계로 그가 나아가고 있음을 말해주는 사례이다.

계급 사상에 바탕을 둔 임화의 성숙된 역량은 그의 시적 탐색을, 팔봉(八峰)의 명명대로, '단편서사시(短篇敍事詩)'에 바치게끔 만든다. '단편서사시'는 비록 편의적이고 과도기적인 명칭이지만, 당시로서는 꽤 파장이 큰 창작 방법이자 양식의 이름이기도 하였다. 팔봉이 분석하고 명명한 이 같은 기율은 당대 프로시의 화법과 어조에 두루 걸쳐 작용하였다. 특히 팔봉이 임화의 「우리 오빠와 화로(火爐)」를 보고 감격하여 상찬한 '단편서사시' 양식은, 당시 프로시가 나아가야 할 올바른 대중화의 방향타를 제시한 것으로 평가받았다.

눈바람찬 불상한 都市 鍾路 복판의 順伊야
너와 나는 지내간 꽃피는 봄에 사랑하는 한 어머니를 눈물나는 가난 속에 여의엇지
그리하야 너는 이 밋지못할 얼골 하얀 옵바를 염녀하고 옵바는 너를 근심하는 가난한 그날 속에서도
順伊야 — 너는 네 마음을 둘 미덤성잇는 이나라 靑年을 가젓섯고
내 사랑하는 동모는……
靑年의 戀人 勤勞하는 女子 너를 가젓섯다
(……)

---

2) 이 글이 분할하고 있는 임화 시의 변모시기는 다음과 같다. 제1기는 처녀작으로부터 다다이즘의 실험 시기까지, 제2기는 프로시 곧 단편서사시를 주로 창작하던 시기, 제3기는 1930년대 후반의 시기, 제4기는 해방 직후, 제5기는 『너 어느곳에 있느냐』에 담긴 한국전쟁기이다.
3) 임화, 「어떤 청년의 참회」, 『문장』, 1940.2.

　　자 좃타 바루 鍾路 네거里가 아니냐 —

　　어서 너와 나는 번개갓치 손을 잡고 또 다음 일 計劃하러 또 남은 동모와 함
께 거믄 골목으로 드러가자

　　네 산아희를 찾고 또 勤勞하는 모—든 女子의 戀人인 勇敢한 靑年을 차즈
러 ⋯⋯

　　그리하야 꼬니지 안는 새롭은 用意와 계획으로 젊은날을 보내라
　　　　　　　　　　　　　　　—「네 街里의 順伊」(『조선지광』, 1929.1)

　　시의 화자는 '순이의 오빠'인데 그와 순이는 어머니를 여의고, 순이의
연인인 청년은 잡혀간다. 그럼에도 불구하고 그들은 "다음 일 計劃하러"
그리고 "산아희를 찾고 또 勤勞하는 모—든 女子의 戀人인 勇敢한 靑年
을 차즈러" 단호한 의지를 추스른다. 그러면서 오빠는 순이에게 "꼬니지
안는 새롭은 用意와 계획으로 젊은날을 보내라"는 권고도 잊지 않는다.
여기서 임화의 '찾는' 의지는 지속된다. 빼앗긴 동료를 '찾고', 또 새로운
투쟁의 의지를 '찾으려는' 그의 시선은 엄혹한 외적 상황에서도 포기할
수 없는 진리 탐색의 의지를 노래하고 있는 것이다.

　　이처럼 서사성을 강화한 서정시의 양식적 확장은 임화의 선편 이래,
박세영·권환·손풍산·김병호 등 수많은 에피고넨을 양산한다. 이와 같
은 '단편서사시'의 광범위한 창작은, 우리 문학사에서 1920년대에 일어
난 감상적 낭만주의의 보편적 감염 이후 거의 처음으로 이루어진 전(全)
문단적인 현상이었다고 할 수 있다. 임화는 이어서 「어머니」, 「병감(病監)
에서 죽은 녀석」, 「다 없어졌는가」, 「양말 속의 편지」, 「제비」, 「우산 받
은 요꼬하마의 부두」 등 지속적인 단편서사시 창작에 매진한다. 그러나
임화는 자기 스스로 이 작품들이 감상적인 감정으로 소시민의 감정적
흥분을 드러낸 것에 불과하다[4]고 비판하면서 자기 시의 자가 수정을 꾀

---

4) 임화, 「시인이여! 일보전진하자」, 『조선지광』, 1930.6. 그러나 이러한 자기비판도 나
　중에 어느 정도는 수정된다. 임화는 자기 시에 나타났던 감상성이 부르주아시의 잔재

하게 된다. 물론 카프 내부에서도 권환 등에 의해서 그 감상성이 비판되기는 했으나, 오히려 권환은 창작을 이어가지 못하고 임화의 시는 지속되었다는 점에서 그 비판은 다분히 메타적인 것이었고, 전술적인 것이었던 것이다. 말하자면, 당대적 사건의 사실적 수용과 프롤레타리아 계급의 낙관적 전망의 형상화라는 이중적인 요구가 매우 원론적이고 비현실적인 안목에서 감상성의 과다노출을 비판하게끔 하였던 것이다.

아무튼 '단편서사시'는 독특한 서간체 서술 방법과 배역시(配役詩)적 요소로 인해 '대중화'라는 요구와 리얼리즘시라는 미학적 요구를 동시에 모색하는 역사적 흔적을 남기게 된다. 그러나 시에 나타나는 인물이 화자의 일방적 진술에 의존하다 보니 성격이 구체화되지 못하였다는 흠과 일정한 감상성의 과잉은 여전히 지적될 만하다. 결국 팔봉의 표현대로 "야성적 굴강미"를 갖춘 언어로 낭만적 우울과 계급적 울분을 동시에 형상화한 시 양식으로서 '단편서사시'는 그 과도기적 소임을 다했다고 할 수 있다.

모든 예술이 주체와 객체의 관계를 인식하는 데 그 존재 의의가 있는 것이라면, 이러한 이중의 인식적 과제 곧 세계에 대한 인식과 예술가(시인)의 자기 인식이라는 이중의 체계는 예술의 형식과 내용을 규율하게 된다. 이에서 과학이나 이념 일반으로 환원될 수 없는 예술만의 영역이 생겨나는 것이다. 당파성과 인류성의 일치라는 유물론 미학의 토대 위에서 창작된 임화의 프로시들은 그가 조급하게 찾던 진리(세계에 대한 인식)에만 시선을 조급히 고착하여 자기 인식이라는 또 하나의 예술적 축에는 느슨했던 것으로 보인다.

를 완전히 청산하지 못한 데서 기인하는 불가피한 것이었으며, 이 같은 낭만주의의 잔재로부터 벗어나기 위한 나중의 노력이 오히려 진정으로 시적인 요소인 감정적, 정서적인 부분을 축출함으로써 시를 말라빠진 목편과 같은 이른바 '뼉다귀시'로 만들었다고 말한다. 임화, 「33년을 통하여 본 현대조선의 시문학」, 『조선중앙일보』, 1934.1.1~1.12; 오성호, 『한국근대시문학연구』, 태학사, 1993, 310~319면 참조.

3. 운명에 대한 승인과 비극성의 수락

임화의 내적, 외적 행동의 준거였던 카프가 해소되는 1930년대 후반에 그는 자신의 이론과 창작에서 하나의 전회를 시도하는데, 그것이 '낭만적 정신'으로 대표되는 시의 변모와 문학사 작업이라는 논리의 정치화(精緻化)이다. 여기에는 단순한 '전향(轉向)'이라는 정치적 용어를 무색케 하는, 식민지 파시즘에 맞닥뜨려 고투를 치러내는 지식인의 우울하고도 정직한 내면 세계가 드러나 있다. 그것은 "새 옷을 갈아입으며, / 들창 넘어로 불현듯 / 자유에의 갈망을 느끼랴는 / 나의 마음"(「새 옷을 갈아입으며」)의 문학적 반영으로 나타난 것이다.

서정적 주체의 인식은 이때 "아무 곳으로도 길이 열리지 않는 암흑한 계곡"(「闇黑의 精神」)에서 "깊은 주림과 꺼진 눈자위가 / 밤 하늘보다 오히려 어두워, / 타고 있는 조그만 배가 / 장차 닿을 항구의 이름조차 알 수가 없다"(「다시 인젠 天空에 星座가 있을 필요가 없다」)는 자탄에 이르게 되는데, 여기서 "장차 닿을 항구"라는 것이 전망이나 목적론적 함의를 띠는 것은 말할 것도 없다. 이는 그 스스로도 말하듯이 "새로운 心情으로 文學을 다시 시작"[5]할 수밖에 없는 내외적 환경을 은유하는 것이다. 전망은 사라지고 운명에 대한 섬뜩한 감득만이 전면화되는 것이다.

시집 『현해탄(玄海灘)』에는 1934년부터 1937년까지의 시작이 담기는데, 여기서 그는 '현해탄'이라는 바다의 양가적(兩價的) 운명을 노래한다. 물론 그것은 임화 스스로에 대한 이중의 은유이기도 하다. 이 강력한 은유적 상동성은 그의 자기 검색이 결국 '영웅적 비극성'이라는 거대한 파고(波高)의 형상으로 나타날 것임을 암시하기도 한다.

"詩人의 입에 / 마이크 대신 / 재갈이 물려질 때, / 노래하는 열정이 / 침

---

5) 임화, 「어떤 청년의 참회」, 『문장』, 1940.2.

묵 가운데 / 최후를 의탁할 때”(「바다의 찬가」) 정치와 시 사이에 날카로운
접점이 풍부하고도 구체성 있게 형성된다는 것은, 언어라는 것이 근본적
으로 이데올로기적 형식임을 인정할 때, 무망한 일이다. 따라서 임화 스
스로도 인정하듯이, 이 시기의 시세계가 “未來를 閉鎖當한 人間의 不可
避的으로 當到하는 感傷主義의 하나일 것”6)임은 어느 정도 예견된 일
인 것이다.

> 예술, 학문, 움직일 수 없는 진리……
> 그의 꿈꾸는 사상이 높다랗게 굽이치는 東京,
> 모든 것을 배워 모든 것을 익혀,
> 다시 이 바다 물결 위에 올랐을 때,
> 나는 슬픈 고향의 한 밤,
> 해보다도 밝게 타는 별이 되리라,
> 靑年의 가슴은 바다보다 더 설래었다.
> ─「해협의 로맨티시즘」(『玄海灘』, 1938)

임화에게 ‘현해탄’은 무엇이었던가. 그것은 식민지 지식인의 근대 체
험 통로로서의 의미와 그 식민 모국에 저항할 수 있는 신사상(마르크스주
의)의 유입 경로이기도 하다. 그는 바다보다 더 설레는 마음으로 근대의
사상과 문물을 접했지만, 그것은 육당(六堂)의 순진했던 낭만적 계몽주의
의 공간(「海에게서 少年에게」)도 아니고, 정지용(鄭芝溶)이 바라본 낯선 근대
체험의 통로(「甲板 우」)만도 아니었다. 여기서 임화는 식민지 조선과 식민
지 지식인인 자신을 둘러싼 커다란 운명의 힘을 느끼고 있는 것이다. 초
기시에 담겼던 감상성도 서사성도 모두 증발시키고 단연 자신의 목소리
로, 비극성으로 노래하고 있는 것이다.

이때 그의 “승패란 자고로 싸움의 어찌할 수 없는 운명이 아니냐”(「한
잔 포도주를」)라는 탄식은 일견 수세적인 운명론 또는 순응주의를 연상케

---

6) 임화, 「진보적 시가의 작금」, 『풍림』, 1937.1.

한다. 그러나 그것은 그의 영웅적 행위의 이면을 이루는 역설적 파토스이다. 임화가 "그만 인젠 / 살려고 무사하려든 생각이 / 믿기 어려워 한이 되어 / 몸과 마음이 상할 / 자리를 비어주는 운명이 / 애인처럼 그립다"(「자고새면」)라고 말하거나 "차라리 나는 / 호화로이 밤 하늘에 흩어지는 / 오색 불꽃에, / 아름다운 운명을 / 배우련다"(「최후의 염원」)라고 말할 때, 심지어 "나는 굴욕마저를 사랑한다"(「너 하나 때문에」)거나 "오오 이 미친 무질서의 광란 가운데서 / 주검의 운명을 우리들의 얼골에 메다치는 암흑 가운데서 / 너는 보는가? 못보는가?"(「闇黑의 精神」) 할 때도 결국 그것은 "아! 그것은 玄海灘이란 바다의 이상한 운명"(「눈물의 해협」)을 바라본 결과였다. 이는 또한 "레알리틔란 決코 一個 죽은 言語가 아니다. 個人과 現實과의 抗爭의 眞實性! 高調된 熱度속에 만드러지는 人間的運命의 迫眞性, 그것을 레알리틔라 부른다"[7]고 할 때의 '운명'과 같은 함의의 것이다.

온갖 타자적 억압으로부터 벗어나려는 그의 인식과 실천이, 이 시기에 이르러 전면적인 자기 원인적 인식을 불러온다는 점은 특기할 만하다. 그가 이 시기에 꿈꾸었던 민족문학의 개념은 민족 의식의 자각과 민족어의 통일적 형상이라는 문화적 조건 없이 성립할 수 없는 '근대문학'으로서의 내포를 띠는데, 그런 의미에서 그가 제창한 '낭만적 정신'이라는 것도 낭만주의의 현실 일탈적 환(幻)의 성격보다는 역사와 현실의 발전에 대한 신뢰의 표현일 것이다. 이때 임화의 시는 "파시즘에 대항하는 낭만적 화자의 비극적 형식을 서정시로써 수립"[8]한 전범이었다고 할 수 있다.

이 시기의 그의 시편들은 「야행차(夜行車) 속」 같은 예외적 이야기시도 있지만, 대부분 그가 말하는 '낭만적 정신' 곧 역사주의적 입장에서 인류 사회를 광대한 미래로 인도하는 정신이자 역사의 진보적 발전에 대한 믿음에 바탕을 둔 격정의 어조가 반영된 시편이 대종을 이룬다. 그것은 격정의 형식을 띠지만, 방향 상실의 광기와는 전혀 다른 진보에 대한 신

---

7) 임화, 「현대문학의 정신적 기축」, 『문학의 논리』, 학예사, 1940, 117면.
8) 이경훈, 「밤의 시인 임화」, 『어떤 백년, 즐거운 신생』, 하늘연못, 1999, 47면.

념의 변주인 셈이고, 그간 그가 버려 두었던 인간적 인접가치들을 포용해들이는 국량(局量)의 확대를 꾀하는 시적 변신이기도 하다. 비록 서사성의 약화와 비극성의 융기가 나타나지만, "아즉도 양심의 불씨가 꺼지지 않은 조그만 심장"(「闇黑의 精神」)을 부여잡은 채 썩어진 이 시기의 그의 시는 단시적 완결보다는 다변(多辯)의 격정을 드러내는 자의식의 시편들이라고 할 것이다. 여기서 그가 '찾으며' 대결하고 있는 운명의 내질은, 내면과 외계의 관련이라는 그의 근대적 감각을 약여하게 드러내는 것이다. 그와 세계 사이에 놓여 있는 아득하고도 불가항력적인 심연을 그는 줄곧 '운명(運命)'9)이라고 불렀기 때문이다. '밤'의 이미지가 풍기는 온갖 영웅적 비극성에 대한 수락과 추인, 그것이 바로 임화의 『현해탄(玄海灘)』을 끊임없이 출렁거리게 하는 원질(原質)이었던 것이다.

미래에 대한 선명한 전망 대신 운명에 대한 승인과 비극성의 수락을 통해 임화 시는 '단편서사시' 시기에 결핍되었던 자기 인식이라는 한 축을 강력하게 구축하게 된다. 어조와 내용에서 나타나는 일관된 소영웅주의는 그 자신의 실존적 층위에서 볼 때 아직도 식지 않는 그의 비상한 열정을 보여주는 것이지만, 역사적으로 볼 때는 "아아, 나는 새 시대의 맥박이 높이 뛰는 이 하늘 아래 살고싶다"(「上陸」)는 원망(願望)의 시적 반영이고, 그가 "아직도 / 이 바다 높은 물결 위에 있"(「玄海灘」)음을 웅변해 주는 것이다.

---

9) 임화의 생애와 문학을 '운명'과 '논리'라는 양가적 관계로 풀어가려는 작업은 김윤식, 『임화연구』, 문학사상사, 1989 참조

4. 비극적 근대시인의 초상

해방 직후는 임화는 물론, 우리 문인들에게 혹독한 내적 반성과 통일된 자주적 민족국가 건설이라는 이중적 과제를 부여하였다. 임화는 이때 극단적 친일 문인을 배제한 문단의 좌우통합에 매진하는 발빠른 운동가의 모습을 보인다. 이 속전속결의 몸놀림이야말로 많은 사람들에게 경탄과 의혹을 동시에 안겨주게 된다. 이때 임화는 이른바 '봉황각 모임'(1945. 12.31)이라고 불렸던 한 자리에서 자신을 철저하게 반성할 줄 아는 용기의 필요성을 역설하면서 윤리적 선편까지 틀어쥐는데, 임화가 주창한 겸허한 자기 반성은 「9월 12일」이라는 작품을 비롯, 「길」 등에도 지속적으로 그 형상이 나타나게 된다. 거기 나타난 형상은 이른바 '살아남은 자의 부끄러움'이라고 해도 좋을 것이다. 따라서 이 작품들은, 많은 논자들의 회의10)에도 불구하고, 해방이라는 새로운 전기를 맞은 전환기적 지식인이 취해야 할 자기 검색의 한 표본을 제시한 것이다. 그러나 그것도 잠시, 임화는 남로당의 정강 및 이념에 철저하게 복무하는 이론가로, 또 그것을 실천하는 선동가로 자신의 위상을 견고히 하게 되는데, 이 시기에 집중적으로 창작한 이른바 '선전선동시'들이 그의 활약을 알려준다.

　　노름꾼과 강도를

---

10) 임화처럼 본질적으로 정치적인 인물이 행하는 자기반성이 문자 그대로 '반성'이나 '자각'의 산물이겠느냐 하는 반론이 그 대종을 이룬다. 임화의 자기반성으로 나타나는 일체의 외적 표지는 일제 식민지 시대의 죄책감으로부터 자유롭지 못했던 순수문학인들을 포용해들이려는 전략의 일환이었다는 시각도 마찬가지 관점에서 도출된다. 아무튼 임화처럼 영리하고 정치 역학에 밝았던 이의 반성적 모습을 하나의 전략적 포즈로 보는 시각은 그를 바라보는 이중적 관점이 존재하는 한 다분히 영속적이 될 것으로 보인다. 이는 식민지 시대에도 마찬가지로서, 같은 프로문학 활동을 했던 동료들로부터도 임화는 "知의 人이라기보다는 才의 人"(윤곤강)이라거나, "才勝薄德"(이동규)이라거나 하는 평가를 받고 있어, 그에 대한 불신의 정서는 매우 일반적이었던 것 같다.

잡든 손이
위대한 혁명가의
소매를 쥐려는
욕된 하날에
무슨 旗ㅅ발이
날리고 있느냐

동포여!
一齊이
旗ㅅ발을 내리자

가난한 동포의
주머니를 노리는
외국 商館의
늙은 종들이
廣木과 통조림의
밀매를 의논하는
廢 王宮의
商標를 위하여
우리의 머리 우에
國旗를 날릴
필요가 없다

동포여
一齊이
旗ㅅ발을 내리자

살인의 자유와
약탈의 神聖이
晝夜로 방송되는

남부조선
더러운 하날에
무슨 旗ㅅ발이
날리고 있느냐

동포여
一齊이
旗ㅅ발을 내리자

—「旗ㅅ발을 내리자」(『현대일보』, 1946.5.19)

임화는 9월 총파업을 다룬 「우리들의 戰區」, 10월 인민항쟁을 다룬 「높은 산봉우리마다」 등에서 이 같은 '선전선동'이라는 시의 현실적, 정치적 효용가치를 극단까지 밀어붙이는데, 임화의 탐색 의지가 가장 정치와 이념에 근친성을 보이는 시기가 바로 이때이다. 위 작품 역시 현실 비판에 이어 '새로운 깃발을 올리자'는 이면의 메시지가 담겨 있는 반어적 표현의 작품이다. 이를 일러 "임화의 선전선동시가 가진 그 단순성, 짧은 호흡에 담겨 있는 엄청난 폭발력, 금속처럼 날카로운 그 전투성은 이 부문에 있어서는 그 뒤 아무도 그를 뛰어넘지 못했다고 해도 지나치지 않을 것"11)이라고 상찬하는 시각도 존재한다. 이 시기 그의 시는 한 행의 길이가 현저하게 짧아지면서 비장미의 회복이 두드러지는데, 시의 호흡은 거칠어지고, 강렬한 정치지향성이 서정성을 폐색하고 있는 혐(嫌)이 강하다. 하지만 이러한 전통은 해방직후의 전위시인 유진오(兪鎭五)와 더불어 1960년대의 신동엽(申東曄), 1980년대의 김남주(金南柱)나 박노해의 시로 이월되어 문학사의 한 줄기를 형성하게 된다.

이후 임화는 남한의 정세가 불리하게 전개되자 월북을 감행하는데, 그 후 그의 언어가 우리 앞에 서는 것은 한국전쟁이 터지자 종군하여 남쪽

---

11) 신경림, 「역사의 격랑 속에 침몰한 혁명시인」, 『신경림의 시인을 찾아서』, 우리교육, 1998, 133면.

전선까지 내려온 경험을 담은 최후의 시집 『너 어느곳에 있느냐』이다.

아직도
이마를 가려
귀밑머리 땋기
수집어 얼굴을 붉히던
너는 지금 이
바람 찬 눈보라속에
무엇을 생각하며
어느곳에 있느냐

머리가 절반 흰
아버지를 생각하며
바람 부는 산정에 있느냐
가슴이 종이처럼 얇아
항상 마음 아프던
엄마를 생각하며
해 저무는 들길에 섰느냐

그렇지 않으면
아침마다 손길 잡고 문을 나서던
너의 어린 동생과
모란꽃 향그럽던
우리 고향집과
이야기 소리 귀에 쟁쟁한
그리운 동무들을 생각하여
어느 먼 곳을 바라보고 있느냐
(……)
사랑하는 나의 아이야

한 밤중 어느
먼 하늘에 바람이 불어
새도록 잦지 않거든
머리가 절반 흰 아버지와
가슴이 종이처럼 얇아
항상 마음 아프던
너의 엄마와
어린 동생이
너를 생각하여
잠 못이루는줄 알어라
　　　　　　　—「너 어느곳에 있느냐」(『너 어느곳에 있느냐』, 1951)

　이 시는 인민군을 따라 낙동강 전투까지 종군했던 아버지가 다시 인
민군과 함께 후퇴하여 자강도 깊은 산골에서 남쪽에 두고 온 딸(자신의 첫
부인 이귀례와의 사이에서 낳은 딸 혜란)을 부르고 있는 작품이다. 임화 시의
마지막을 수놓고 있는 이 작품은 그의 첫 작품 「무엇 찾니」에 대한 실존
적이고 가장 역사적인 스스로의 대답이 되고 있다는 점에서 극적이고
운명적인 작품이다. 이 그리움과 애절함의 시편은, 임화 개인에게는 반
동성의 빌미로 처형의 알리바이가 되었겠지만, 우리 근대시 전체의 지평
에서 보면, 한 주체적이고 인간적인 공간에 한국전쟁의 참화를 비껴선
채 '저만치' 피어 있는 한 송이 꽃이기도 하다는 점에서 예외적인 전쟁
시편의 하나가 되기에 족하다.
　결국 임화가 마지막 '찾고' 있는 것은 딸이다. 딸은 가장 근원적이고
원초적인 혈육이다. 그것은 근대 이전의, 근대를 넘어선 어떤 영역이다.
이 같은 아이러니의 정황, 곧 근대가 그에게 강요한 탐색의 종착역이
'딸'이라는 사실이 임화를 가장 비극적인 근대 시인으로 각인하고 있다.
머리는 이미 반백이고, 힘없이 추레한 중년의 사내 임화가 부르는 이 비
가(悲歌)는 한국 근대사의 파행에 찢길 대로 찢긴 근대적 지식인이자 이

론가이자 시인의 남김 없는 초상일 것이다.

이처럼 그의 시는 초기 감상주의를 벗어나 다다이즘의 실험으로, 프로시 대중화론(단편서사시)의 총아로, 위대한 '낭만정신'의 형상과 운명에 대한 자의식으로, 해방 직후의 선전선동시로, 그리고 마지막 한국전쟁시의 전쟁시들로 일별해 볼 수 있다. 이는 마치 한 사람의 생애의 은유로 비치는데, 마치 신생하는 봄(감상)부터 소멸(반백의 탄식)해가는 겨울까지의 계절의 추이를 은유하는 형상으로 비치기도 한다. 그런 면에서 그는 전형적인 근대시인이었고, 사회주의 조국의 이름으로 처형되기까지 철저하게 근대인으로 살았던 시인이었다.

5. 진보의 전통과 임화

"연파성 불량성"에다가 "모던 보이"(이헌구)였던 문제아이자 "연애박사"(고은)였던 임화. 그가 풍기는 일차적 외관은 근대문명의 세례를 듬뿍 받은 세련된 도시의 아들이다. 당대의 친구이자 만화가였던 안석영(安夕影)이 도스토예프스키의 소설『죄와 벌』에 나오는 주인공 라스콜리니코프에 그를 비견한 것도 그의 귀족적 외모와 세련된 지적 교양 때문이었을 것이다. 이러한 근대의 소년이 한국 근대사의 우뚝한 사상적, 미학적 총아로 성장하기까지의 과정은 그야말로 파란만장인데, 그것은 선형적(線形的) 성장사가 아니라 굴곡과 전회의 궤적을 담은 갈등과 극복의 역정이다.

우리는 '임화'라는 문제적 개인을 받아들이는 남북한 문학사의 시각에서, 또한 그가 남긴 문학사적 유산을 처리하는 남북한의 언어에서, 우리 사상사의 진부하기 짝이 없는, 그러나 오래된 불문율처럼 견고한 위상을 틀어쥐고 있는 권력의지를 아직도 보게 된다. 우리가 잘 알듯이, 중앙집권적이고 동일성에 바탕을 둔 절대의 언어는 역사를 지우기 마련이다. 그리고 역사를 지우면서 그것을 한없이 세속적인 추문 속에 가둔다. 지금 우리 문학사에서, 임화는 그러한 추문 속에서 침전하고 있는 그 무엇이다. 이는 물론 척박하기 이를 데 없는 우리의 지적 풍토, 더 나아가 우리의 사상적 토대의 허약성과 깊이 관련되는 것이겠지만, 그의 문학이 언제나 전통과 이식, 운동성과 작품성, 근대와 민족의 문제들 사이에서 심하게 진자 운동했던 역동성을 고려한다면, 부당하기 짝이 없는 홀대임에 틀림없다. 전망의 부재라든가 목적론적 역사관에 대한 일관된 회의가 그 자체로 이미 탈근대적 열정과 매개되어 있는 것이라면, 탈근대적인 문화 코드가 매체권력을 쥐고 있는 것도 임화에 대한 고찰을 뜸하게 하는 원인 중의 하나일 것이다.

그러나 임화가 문제적인 것은, 그의 문학이 천박한 사회학주의의 문학적 번안이 아니라는 데 있고, 더 나아가 그의 언술 행위가 한결같이 이른바 자기입법이라는 공리(axiom)와 깊이 관련되기 때문이다. 따라서 그가 하나의 이념이나 화두를 극한까지 밀어붙여 사상의 경지까지 이르게 하지 못한 것은 사실이지만, 그 좌절과 전회의 형식을 읽어내는 것은 한없이 귀중한 우리 근대문학의 역사화 작업이 될 것이다. 임화만큼 그 야심과 좌절을 동시에 각인시킨 근대문인은 없을 것이니까 말이다.

실물경제를 중시하는 경제논리에 우리의 감각과 지성을 차압당한 이 시대에, 다시금 우리가 임화와 그의 언어적 성과를 주목하는 까닭은 우리 사회가 결여하고 있는 진보에 대한 감각의 발본적 사유와 그것의 역사화에 있다. 장기적 안목의 비전과 새로운 사회 발전의 모델을 탐색하기 위해서도 이러한 진보적이고 근원적인 지적 유산들을 올바로 평가하는 일은 매우 중요한 것이다.

논쟁 과잉의 1980년대를 지나 이제 논쟁의 빈곤을 맞고 있는 우리 문학계가, 사회적 상상력을 억압하며 구가하고 있는 모든 밀레니엄 기획들의 동일성 논리를 해체하기 위해서는, 실용성을 상상력으로, 경쟁심리를 인간의 존엄성으로 바꾸는 획기적인 선회가 필요하다. 일상생활의 미세한 혈관까지 침투한 실용주의의 기율을 뒤집어서, 인간적 가치와 이성에 대한 신념을 위주로 하는 진보적 에토스를 복원하는 일이 필요한 것도 그 때문이다. '진보'라는 것이 늘 당대를 사는 개개인의 시야에는 잡히지 않을 만큼 지둔하다는 것이 우리 근현대사의 비극이라면, 임화야말로 그러한 비극을 온몸으로 체현한 시인12)일 것이다. "나는 뉘우침도 부탁도 아무것도 유언장 위에 적지 않으리라"(「다시 네거리에서」)고 절규했던 임화는 그의 말대로 비극적 영웅의 초상으로 사라진 것이다.

임화를 해석하고 그 결과를 우리 문학사의 전통에 착근시키는 논리야말로 우리 스스로 견지하고 있는 사상적 자의식의 한 바로미터가 될 수 있을 것이다. 결국 일관된 낙관주의, 불퇴전의 유토피아니즘, 이상향에 대한 열망 같은 것이 그의 문학을 관통했던 핵심적 자질이라고 할 때, 이성중심주의에 바탕을 둔 그의 신념과 논리는 우리가 추구해야 할 새로운 진보적 사유체계에 귀중한 시사가 될 것이다.

원래 '진보'란 것은 인간의 삶이 지금보다는 더 나은 상태로 나아갈 수 있다는 믿음의 총체이다. 따라서 더 나은 무엇인가를 향한 열정조차 낡은 시대의 유적(遺跡)으로 받아들이는 이 시대의 지적 무기력과 깊은 역사허무주의의 외피를 벗겨낼 수 있는 힘이 거기에서 생겨날 수 있을 것이다. 전혀 새로운 역사의 기하학을 위해서도, 탐미적 현실 유폐와 효용론적 경제논리라는 양편향을 극복하고 우리 시대의 진보적 전통을 정초하기 위해서도, 임화라는 혁명시인을 올바로 비판·평가하는 일은, 더없이 중요하다.

그가 우리 문학사에 제출한 민족문학론, 리얼리즘론, 이식문학론, 단편서사시 등의 화두 및 개념은 아직도 미완의 형식으로 현재적 갱신을

---

12) 최두석, 『시와 리얼리즘』, 창작과비평사, 1996, 48면.

꾸준히 요청받고 있다. 그 지적·사상적 과제를 해결하는 일에 우리가 능동적으로 나서는 것이 진정한 문학사의 복원의 주체가 되는 일임을 말해 무엇하랴. 과장과 망각, 상찬과 은폐가 엇갈리는 사상사의 숨가쁜 제로섬 게임(zero sum game)을 종식하여 절맥(絶脈)의 위기에 처한 우리 사상사의 진보적 전통에 대한 예의를 위해서라도,[13] 그 작업은 긴요하다.

---

13) 그런 의미에서 동시대의 한 시인이 갈파한 다음과 같은 발언은 시사적이다. "그러한 意味에서 한 百年後에 조선에도 훌륭한 文學史家가 生誕하야 現代朝鮮의 詩史를 草한다면, 그는 現朝鮮의 詩史우에 彗星처럼 빛나는 林和의 存在를 無視할 수는 없으리라!" 윤곤강, 「임화론」, 『풍림』, 1937.4.

정치적 행동으로서의 시와 시의 형식

임화의 시론과 시작(詩作)의 의미

김신정

1. 프로파간다와 감상성

카프의 대표적 시인이었던 임화는 동시에 비평가이자 문학사가이면서 문화운동의 이론가, 실천가로서 주목할 만한 활동을 보여주었다. 해방 전에는 카프의 서기장으로서 해방 후에는 문학가동맹의 간부로서 문화 정치적 실천을 구상하고 이끌어갔으며, 평론집 『문학의 논리』의 저자이자 『현해탄』의 시인, 그리고 한국영화 초기의 주연배우로서 다양한 관심과 정력적인 활동을 펼쳐 보인다. 여러 분야에서 이루어지는 한 개인의 활동은 어떤 식으로든 서로 긴밀하게 연관되어 있다. 시인 임화와 평론가 임화, 카프의 서기장으로서의 임화는 서로 똑같지 않으면서도 인간 임화의 개성으로부터 빚어져 나온 유사한 면모들을 공유하고 있다. 이런 관점에서 본다면 한 분야에서의 임화의 활동은 다른 분야에서의 그의 특징을 이해하는 데 어떤 시사점을 마련해줄 수도 있을 것이다.

이 글은 일차적으로 임화의 시작(詩作)활동에 관심을 두고 있다. 그러나 그의 시작 활동의 '결과'인 개별 작품을 해석하고 시세계의 변모 과정을 고찰하는 데 목적이 있는 것은 아니다. 시작(詩作)의 조건을 이루는 시 장르에 대한 임화의 인식을 살펴봄으로써 그가 시작의 의미와 역할을 어떻게 이해설정하고 있었는가를 검토하고자 한다. 장르론적 인식에 대한 접근은 그의 시인으로서의 활동뿐만 아니라 궁극적으로 그가 설정한 '문학함'의 의미를 이해하는 데 하나의 길을 제공할 것으로 기대된다. 시 장르에 대한 그의 인식 내용을 검토하는 과정으로서 이 글에서는, 시의 기본 요소인 사유, 감정, 언어의 관계를 그가 어떻게 사고하고 있는가에 주목하고자 한다. 이 가운데 특히 '감정'은 임화 시가 지닌 '감상성'과 연관되어 그의 시에 대한 비평적 논의의 주요한 주제이자 자기비판의 내용이 되기도 했던 부분이다. 따라서 '감상성'에 대한 논의 과정을 중심으로 검토함으로써, 시의 또 다른 요소인 사유, 언어의 관계, 그리고 시와 현실의 매개 지점에 대한 그의 인식 내용을 아울러 해명할 수 있을 것으로 기대한다.

이러한 검토 과정을 밟기 위해서는 우선 임화의 단편서사시를 매개로 이루어진 '감상성' 논쟁을 살펴볼 필요가 있다. 임화 시에 대한 논의에서 지속적으로 불거져 나오는 '감상성'이란 대체로 그의 시가 지닌 정서적 호소력, 또는 애상적 정조의 측면을 가리킨다. 이 같은 특징을 처음으로 주목한 논자는 팔봉 김기진이다. 1929년 그는, 프로시가 지향해야 할 새로운 양식으로써 '단편서사시' 창작을 적극적으로 주장하며, 임화의 시 「우리 오빠와 화로」를 구체적 예로 들고 있다. 김기진이 임화의 단편서사시에서 발견하는 긍정적 가능성은 "절규에 가까운 감정과 감격에 넘치는"[1] 사건에서 비롯된다. 그는 임화의 시가 현실적 구체적인 묘사와 이

---

1) 김기진, 「단편서사시의 길로」, 『조선문예』 창간호, 1929.5; 임규찬·한기형 편, 『카프 비평자료총서 III』, 태학사, 1989, 541면.

것에 의한 감정의 전달, 그리고 독자의 정서의 호소라는 점에서 이전까지의 프로시의 한계를 뛰어넘고 있다고 본다.[2] 김기진과 비슷한 견해를 보이는 신고송 또한 작품 가운데 주관적 요소와 객관적 요소가 편중한 곳이 없이 조화를 이루고 있음을 적극적으로 평가하며 그의 시를 극찬한다.[3] 이에 반해 권환·안막 등은 김기진과 견해를 달리하며 임화 시의 감상적 측면을 비판한다. 권환은 임화의 시가 독자로 하여금 "헐가의 감상적 동정의 눈물을 짜내게" 한 작품이라는 점에서,[4] 그리고 안막 역시 소부르조아의 센티멘탈리즘적 표현이라는 점에서 임화 시가 지닌 부르주아적 잔재를 지적하고 있다.[5]

이렇게 「우리 오빠와 화로」를 두고 진행된 평가와 논의 과정을 주의 깊게 살펴보면, 임화 시에 대한 평자의 태도에 따라 평가의 내용이 서로 다른 지점에 놓여 있음을 발견하게 된다. 임화 시를 긍정적으로 평가하는 김기진·신고송 등이 그의 시가 지닌 감상적 측면을 시 장르의 주관성에 대한 고려로 이해하는 반면, 권환·안막 등은 과도한 '감상성'을 계급적 한계를 보여주는 증거로 파악한다. 카프 조직론과 프로 시사의 전체적 흐름 속에서 볼 때, 이러한 견해차가 지니는 의미는 좀더 분명하게 이해될 수 있다. 「우리 오빠와 화로」가 발표된 시기는 카프의 방향전환론 이후 문학예술의 대중화와 예술창작의 방법론에 대한 논의가 본격적으로 이루어지기 시작하는 시기이다. 이러한 시점에서 김기진의 '단편서사시'에 관한 논의들은 양식론에 대한 접근으로 프로시가의 대중화 문제를 구체화하려는 일련의 모색 과정으로 볼 수 있다. 그는 임화의 시가 종래의 프로시가의 한계를 뛰어넘는 어떤 지점을 보여주었다고 판단하

---

2) 김기진, 「단편서사시의 길로」, 『조선문예』 창간호, 1929.5, 542면.
3) 신고송, 「시단 만평—기성 시인, 신흥 시인」, 『조선일보』, 1930.1.5~12.
4) 권환, 「무산예술의 별고와 장래의 전개책」, 『중외일보』, 1930.1.10~31; 임규찬·한기형 편, 『카프비평자료총서 Ⅲ』, 태학사, 1989, 59면.
5) 안막, 「맑스주의 예술비평의 기준」, 『중외일보』, 1930.4.19~5.30; 임규찬·한기형 편, 『카프비평자료총서 Ⅲ』, 태학사, 1989, 136면.

며, 그러한 평가의 근거로 임화 시에 나타난 '사건'과 '감정'에 주목하고 있다.6) 한편 볼세비키 대중화론의 핵심에 있는 권환과 안막은 프로시가의 프로파간다 효과에 중점을 두고 임화 시를 평가한다. 예술작품의 심리적 방면7)이나 새로운 형상화 방법의 유용성을 인정하면서도 그 내용과 성격에 따라 가치가 결정되어야 한다고 보는 것이다.

임화 시의 '감상성'에 관한 일련의 논의 과정은 표면적으로 소장 볼세비키론자들의 우세로 정리되어 가는 양상을 보인다. 임화 스스로가 「시인이여! 일보 전진하자!」(『조선지광』, 1930.6)라는 글을 통해 자기비판을 감행하고 있는 것은 구체적인 증거로 볼 수 있다.8) 그러나 이후 1930년대 중반과 후반에 걸쳐 전개되는 임화의 논리와 그의 실제 시 창작경향을 고려하면, '감상주의'를 비판하는 임화의 견해를 일면적으로 받아들이는 것은 곤란하다고 여겨진다. 이정구와 벌이는 '감상주의' 논쟁, 그리고 김기림, 박용철과의 '기교주의' 논쟁 과정에서 임화는 시에 있어서 '감정', '정서'의 역할과 의미에 대해 지속적인 관심을 보이고 있다. 특히 「33년을 통하여 본 현대조선의 시문학」(『조선중앙일보』, 1934.1.1~12)에서 나타나는 다음과 같은 견해는 그가 당시의 '감상성' 논의에 대해 품고 있던 비판적 입장을 잘 보여주고 있다.

> 소위 과거의 프로레타리아시 가운데 있던 낭만주의와 감상주의를 비판한다는 30년대의 운동이 우선 그 고액의 월사금을 지불했다고 생각한다. 그것은 프로시로부터 부르주아적인 요소인 낭만주의를 비판한다고 우리들의 시로부터 시적인 것, 즉 감상적 정서적인 것을 축출해버리고 말았다. 그리하여 말라빠진 목편(木片)과 같은 이른바 '뼉다귀' 시가 횡행한 것이다.9)

---

6) 김기진, 「단편서사시의 길로」, 『조선문예』 창간호, 1929.5, 543면.
7) 안막, 「프로예술의 형식 문제」, 『조선지광』 제90호, 1930.3; 임규찬·한기형 편, 『카프비평자료총서 III』, 태학사, 1989, 76면.
8) 이 글에서 임화는 자신의 소시민성이 시의 감상주의적 경향을 불러온 원인이라고 반성하며, 권환, 안막의 논리를 수용한다.
9) 임화, 「33년을 통하여 본 현대조선의 시문학 (9)」, 『조선중앙일보』, 1934.1.11.

임화는 자신의 시가 지닌 감상적 경향과 소시민성을 인정하면서도, 감상주의와 부르주아적 잔재에 대한 비판이 시의 장르적 특성을 무시하게 되는 결과를 가져왔다고 본다. 즉, "조선의 정신적 환경의 공기에 충만한 낭만주의로부터 결별하려는 노력"[10]이 프로시 운동의 한 측면을 이루는 과정에서, 결과적으로 프로파간다 효과만을 최우선의 가치로 추구하고 시적 형상화의 문제를 간과했다는 지적이다. 이러한 논리의 이면에는 자신의 시가 지닌 '감상성'의 공과가 분명하게 평가되지 못했다는 불만이 내재되어 있음은 물론이다. 실제로 임화 시에 대한 지속적인 비판과 그의 시가 내포한 문제점에도 불구하고, 임화의 단편서사시가 그때까지의 프로시 작품과 프로시에 관한 논의를 한 차원 높은 수준으로 끌어올렸음을 부정하기는 어려울 것이다. 위의 인용글에서 또 한가지 주목되는 점은 임화가 시적인 것을 감상적 정서적인 것과 동일시하고 있는 부분이다. 시의 여러가지 요소 가운데 감상적 정서적인 것의 의미를 중요시하는 태도는 시 장르가 보유하고 있는 '정서적 감염력'의 효과에 그가 특히 주목하고 있음을 보여준다. 실제로 강연회나 파업 현장 등 대중집회에서 임화의 단편서사시 낭송이 불러일으킨 영향력은 시의 정서적 측면이 지닌 잠재적인 프로파간다 효과에 대해 구체적으로 경험하게 했을 것으로 여겨진다. 센티한 감상을 거부하되 기계주의적 방법에 대해서도 날카롭게 대립하는[11] 그는, 개인의 자연발생적 '감상'과 시의 본질적 요소로서의 '정서'적 측면이 구별 없이 혼재되고 있는 경향을 비판하고 있는 것이다.

그러나 '감상'과 '정서'를 구별하고 시 장르의 주관성을 고려하는 그의 관점에서 결코 간과할 수 없는 의의를 발견한다 하더라도, 시적인 것의 여러 요소 가운데 특별히 감상적 정서적인 것을 강조함으로써 나타나게 될 편향을 완전히 부정하기는 어렵다. 적어도 1930년대 전반기까지

---

10) 임화, 「33년을 통하여 본 현대조선의 시문학 (9)」, 『조선중앙일보』, 1934.1.11.
11) 임화, 「33년을 통하여 본 현대조선의 시문학 (9)」, 『조선중앙일보』, 1934.1.11.

임화의 시론과 시평에서 시의 여러 가지 구성 요소와 그들 사이의 관계에 대해 사유한 흔적은 발견되지 않는다. 그가 프로시와 시론의 '기계화'에 맞서 옹호하려 한 '감정', '정서'에 대해 좀더 진전되고 차분한 논의를 진행하게 되는 것은 '기교주의' 논쟁 과정에서이다. '기교주의' 논쟁은 1930년대 시단의 주요한 세 경향을 대표하는 시인이자 이론가인 김기림, 임화, 박용철이 참여하여 시의 본질과 근대시의 발전방향에 대해 탐구하고 모색한 한 과정이었다. 특히 이 논쟁은 시의 본질과 사회적 기능에 대해 분명한 입장의 차이를 지니고 있는 세 논자들이 논쟁과 토론의 과정을 통해 자신의 논리를 수정 세련화하는 계기를 가지게 된다는 점에서 의의 깊은 것이다.

김기림의 경우에도 이 논쟁을 통해 모더니즘의 편향성을 반성하고 '전체주의' 시론을 제기하게 되지만, 임화 또한 '기교주의'의 비판 과정에서 그 자신 '감정'에 대한 이해를 더욱 구체화한다. 시에서 '감정'이 중요시되어야 하는 이유에 대해 임화는 그것이 '행동'의 원천이기 때문이라고 주장한다. 그에 따르면 감정이란 정관적 감상이 아니라 행동에의 충동인 것이므로 행동하지 않으려는 인간에게는 감정(진실한 의미의)이란 존재하지 않는 것이다.12) 그가 '행동'의 원천으로서 '감정'의 의의를 강조하는 이유는 역시 프로시의 프로파간다 효과에 시작(詩作)의 중점을 두고 있기 때문이다. 말하자면, '행동'을 향한 요구가 없다면 시인의 진실한 '감정' 역시 일어날 수 없으며, 역으로 시의 '감정 유발'의 최종 목표 역시 독자의 '행동'을 이끌어내는 데 있음을 확인시키고 있는 것이다. 이처럼 프로시론의 입장에서 '감정'을 이해했던 임화는 이후 박용철과의 논쟁 과정에서 '감정'에 대해 좀더 깊이 있는 견해를 제시하고 있다. 임화는 '감정'을 다만 하나의 온전한 상태라고 보는 박용철을 비판하면서 하잘 것 없는 감정을 고흔 말로 씌워 놓으면 훌륭한 시가 된다고 보는

---

12) 임화, 「담천하의 시단 일년」, 『문학의 논리』, 서음출판사, 1988, 374면.

것이 그의 시론이라고 요약한다.[13] 박용철의 자연발생적 본능적이고 그
자체로 완전한 '감정'론에 대해 임화는 시에서 '감정'이 독자적으로 작동
하는 것이 아니라 사유와 연결된 인간의 고유한 기능임을 강조한다.

> 詩는 (서정시도!), 감정에 의하여서만 노래되고, 감정을 통해서만 독자에게 전
> 해지는 것은 아니다. 그것은 두 개의 이유에 의하는 것으로 하나는 감정, 정서
> 와 더불어 이지(理智)를 가지고 있고, 이 양자로써 독자에게 호소하는 것이며,
> 감정이란 동물에 있는 것과 같은 온전한 생물적 본능의 발현(發現)이 아니라,
> 인간에게만 고유한 사유(思惟)와 지성(知性)과 연결되어 있기 때문이다. 감정
> (혹은 감각)이란 인식과 판단의 단초이면서 또 그것에 의하여 확인되고 강화되
> 며 자체를 현실화하는 것이다.[14]

시에서 '감정'이 지니는 의의에 대한 임화의 관심은 애초에 「우리 오
빠와 화로」를 대상으로 한 '감상성' 비판으로부터 발단되었다. 그는 프로
시 논자들의 감상주의 비판으로부터 시의 감상적 정서적 측면의 의의를
되살려냄으로써 프로시의 예술적 형상화 방법을 다양화하고 아울러 프
로파간다 효과까지도 극대화하려한다. 이러한 의도에서 시작된 임화의
관심은 '감정'에 대한 진전된 이해뿐만 아니라, '감정'을 기준으로 프로
시론과 모더니즘 시론, 순수시론의 차이를 구분짓는 단계에 이른다. 그
에 따르면, '감정'은 '사유'와 밀접하게 연결되어 있는 것으로서, 따라서
'감정'을 배제하는 모더니즘 시론은 내용과 사상을 방기하는 시론이며,
사유가 망실된 박용철의 감정론은 행동을 유발하지 못하는 자기감정의
방출에 그치고 만다. 그에 반해 감정과 지적 판단을 결합시키는 프로시
만이 '행동'을 유발할 수 있는 것이다. 임화의 '감정'론은 프로시의 프로
파간다 효과를 정치적·사상적 조건이 아닌 시의 본질적 요소를 통해
논리화했다는 점에서 중요한 의의를 찾을 수 있다. 또한 '감상주의' 비판

---

13) 임화, 「기교파와 조선시단」, 『문학의 논리』, 서음출판사, 1988, 388면.
14) 임화, 「기교파와 조선시단」, 『문학의 논리』, 서음출판사, 1988, 387면.

으로부터 '감정'을 구제하려는 의도가 자칫 초래할 수 있는 편향성을 시의 또 다른 요소인 '사유'에 대한 고찰을 통해 한 발 앞서 방지하고 있다. 무엇보다도 시에서 '감정'이 갖는 계기를 논리화하면서 시 장르의 특수성인 주관성에 대해 고려하고 있는 점은 임화 시론의 가장 중요한 의의로 평가할 수 있을 것이다. 그러나 감정과 사유의 교호관계가 예술적 형상화의 단계와 연결되어 좀더 구체화되기 위해서는 시의 또 다른 요소에 대한 고찰이 요구된다. 그것은 시의 본질적 요소 가운데 하나이며 '감정'과 '사유'를 시적 형식화의 단계로 옮겨놓는 과정에서 매개적 존재로 떠오르는 '언어'의 문제이다. 다음 절에서는 '언어'에 대한 임화의 사고 과정을 살펴보기로 한다.

2. 표준어와 시어

임화가 '언어'의 문제에 관심을 보인 것은 기교주의 논쟁 이전부터의 일이다. 그는 「언어와 문학」(『문학창조』, 1935.1)에서 과학의 언어와의 비교를 통해 문학 언어의 차이와 특성을 탐구하고 있으며, 표준어의 확립을 통한 민족어의 정립이라는 과제가 현단계 문학에서 해결해야 할 과제임을 주장한다. 그러나 임화가 논쟁 이전부터 이미 언어에 관한 관심을 표명했다 하더라도 기교주의 논생이 그에게 언어에 관한 사고를 진전시키는 자극적인 계기가 되었음을 부인할 수는 없을 것이다. 모더니즘 시론 및 순수시론의 대표주자들과 토론을 전개했던 기교주의 논쟁 과정은 임화에게 언어의 일반적인 성질 및 문학 언어의 기능과 성질에 대해 관심을 촉구하게 만든 것으로 보인다. 실제로 그는 기교주의 논쟁을 거치면서 「조선어와 위기하의 조선문학」(『조선중앙일보』, 1936.3.8~24), 「언어의 마술성」(『비판』, 1936.3), 「언어의 현실성」(『조선문학』, 1936.5), 「예술적 인식표현의 수단으로서의 언어」(『조선문학』, 1936.5) 등의 글을 계속해서 발표한다.

언어에 관한 임화의 글들은 원론적인 논의를 상당 부분 포함하면서도 당시의 문단 및 사회적 상황에 대한 대응을 예민하게 고려하고 있다. 즉 그는 박용철의 신비주의적 언어관에 대응해 언어의 현실성과 구체성을 강조하고 있으며, 한편으로는 당시 일본 내지인과 조선인 학생의 '공학제(共學制)' 시행에 대하여 그러한 제도가 야기할 조선어의 참담한 운명15) 을 직시하고 그에 대한 문학인으로서의 자각을 촉구한다. 그러나 그는 자칫, 식민지 체제에서 '조선어의 위기'라는 상황이 초래할 감상주의적 관점에 대해서는 비판적이다. 사어(死語)와 고어(古語)를 시어로써 부활하려는 복고주의적 경향이나 '文'을 '월'로, '비행기'를 '날르는 연장'과 같은 순우리말로 바꿔 표기하는 회고적 감상주의에 대해서 진정한 조선의 발전과 무관계한 것이다16)라고 부정적 견해를 보이는 것은 그러한 예가 될 것이다. 또한 그는 방언의 사용에 대해서도 비판적이다. 이기영의 『고향』이 이룬 성과를 높이 평가하면서도 이 작품에 나타난 방언의 상당히 비질서적인 구사를 조선문학과 언어의 역사적 미숙함으로 지적하고 있다. 이렇게 방언과 사어(死語), 고어 사용에 대한 다소 지나칠 정도의 부정적 태도는, 그가 당시의 조선어와 조선문학이 감당해야 할 과제로서 '표준어의 확립' 문제를 중요시여기는 관점과 관련되어 있다.

임화가 이처럼 방언 사용에 대해 철저하게 반대하며 표준어 체제의 확립을 주장하는 이유는 어디에 있을까. 그것은 조선의 역사적 경제사적 발전단계와 조선근대문학의 특성을 파악하는 그의 관점에서부터 검토되어야 한다. 그에 따르면 민족언어의 체제는 근대 민족국가 및 자본주의 경제체제의 수립과 따로 분리되어 논의될 수 없는 문제이다. 조선의 경우 근대 국가의 형성과 경제 체제로의 이행 과정을 거치지 않은 상태에

---

15) 임화, 「조선어와 위기하의 조선문학 (4)」, 『조선중앙일보』, 1936.3.12.
16) 임화, 「조선어와 위기하의 조선문학 (8)」, 『조선중앙일보』, 1936.3.21.

서 '민족어의 완미한 개화'를 논의한다는 것은 시기상조이다. 1930년대 중반의 시점에서 그가 파악하는 '현단계' 조선어의 상황은 다음과 같은 것이다.

> 조선은 근대적 의미의 언어변혁 그것의 수행(遂行) 도정(道程)을 통과치 않은 곳이다. 이러한 사실은 시민계급과 그 문학이 언어적 영역에 있어 본질적으로는 아무것도 하지않았다는 것을 의미하며 이것은 동시에 우리들 현대문학이 자기의 관찰하고 느끼고 생각하는 바를 정확히 표현할 통일된 언어와 그 언어와 일치하는 글자문필을 가지고 있지 못하다는 말이다. 문학적 창조의 길 앞에 이보다 더 큰 곤란이 또 있을 수 있는가?[17]

임화가 파악하는 조선어의 난제(難題)는 근대적인 사고와 정서를 표현할 근대적 언어를 개척하는 문제, 그리고 '사고'의 '언어'로의 표현과정에서 나타나는 말과 글의 일치 문제로 요약될 수 있다. 그는 이 같은 난제를 해결하기 위해 방언적 차이를 통일하고 혼폐혼란(混廢混亂)된 문법 어휘를 정리하는 일이 시급하다고 보며, 이 방면에서 문학인들의 중요한 역할을 강조한다. 특히 조선의 경우 시민문학이 담당해야 할 역할이 충실히 수행되지 못함으로써 프로문학이 시민문학의 과제까지 이중으로 부담해야 한다고 보며, 표준어 확립을 통한 민족어의 정립이라는 과제가 프로문학에 주어져 있음을 역설한다. 이처럼 일관되게 표준어 확립의 우선적 해결을 주장하는 임화의 관점에는 현실에 대한 풍부한 사유와 정확한 표현 이전에 언어의 미감만을 추구한다거나 대상에 대한 영탄이나 회고조로 떨어지는 한편의 경향에 대해 단호히 경계하려는 의도가 내재해 있다. 그에 따르면 "문학에 있어 언어는 내용적인 무엇에 상응하는 표출의 수단 즉, 부차의 일속성에 불과"[18]한 것이며, 중요한 것은 "구체적이고 현실적인 언어, 즉 광범한 제 현실이 자기를 표현하기에 조금도 부족을 느끼지

---

17) 임화, 「조선어와 위기하의 조선문학 (7)」, 『조선중앙일보』, 1936.3.20.
18) 임화, 「언어의 마술성」, 『문학의 논리』, 서음출판사, 1989, 339면.

않는 자유롭고 풍부한 언어"19)를 구사하는 것이기 때문이다.

그러나 당대 상황에 대한 인식과 대응에 주력하는 임화의 관점은, 실제 언어 생활과 작품 창작 면에서 표준어 체제가 야기하는 어려움들을 섬세하게 고려하지 않은 것으로 보인다. '표준어'라는, 일종의 근대적 중앙집권화·표준화 체제가 지니는 의미는 이중적이다. 개인별·지방별·계층별로 차이가 있는 소리 언어를 문자 언어로 통합함으로써 표준어는 민족 단위의 원활한 의사소통을 가능하게 한다. 그러나 또 한편으로는 표준어에 의한 지역적 차이의 강제적 통합 과정에서 실재의 언어가 가상의 균질 언어로 대체됨에 따라, 언어가 생동감 있는 삶의 현실과 괴리되는 문제가 등장한다.20) 임화가 지향하는 인간이 일상적 제 생활 가운데서 느끼고 의욕하는 바를 직접으로 이야기하는21) 언어의 구현이 오히려 표준어 규범에 의해서 방해받는 상황이 충분히 발생할 수 있는 것이다.

시적 창조의 면에서 표준어가 야기하는 언어 현실은 좀더 심각한 문제를 내포하고 있다. 하나의 체제가 규범으로 작용하고 권력화되면 실재하는 대상들은 그 체제 안으로 급속히 빨려들어간다. 그리고 체제가 요구하는 규범에 적응하지 못하거나 권력에 저항하는 존재들은 서서히 몰락하거나 사라져간다. 이러한 상황은 언어의 경우에도 마찬가지로 나타난다. 표기법의 통일을 위한 인공어로서의 표준어가 등장하면, 모든 언어는 표준화 규범을 강요받게 되고 표준어의 명부에 오르지 못한 언어는 고어나 방언으로 폄하되어 몰락의 길을 걷게22) 된다.23) 그러나 시적

---

19) 임화, 「언어와 문학」, 『카프비평자료총서 III』(임규찬·한기형 편), 태학사, 1989, 295면.
20) 1930년대 표준어 체제의 확립 과정과 그에 따라 언어 현실에서 발생하는 문제에 대해서는, 전봉관 「백석 시의 방언과 그 미학적 의미」, 『한국학보』 98, 129~136면 참조.
21) 임화, 「언어와 문학」, 『카프비평자료총서 III』(임규찬·한기형 편), 태학사, 1989, 295면.
22) 전봉관 「백석 시의 방언과 그 미학적 의미」, 『한국학보』 98, 133면.
23) 사라지는 것은 언어만이 아니다. 일정한 지역에서의 구체적 삶의 활동에 기반을 두고 있는 살아 있는 언어들이 표준어의 압력에 굴복하여 사라지는 순간 구체적 삶의 언어만 사라지는 것이 아니라 그 언어의 몸이라 할 수 있는 구체적 삶의 현실도 사라지는 것이다(김재용, 「근대인의 고향 상실과 유토피아의 염원」, 『백석 전집』, 실천문학

창조란 본질적으로 표준화되기를 거부하는 행위이다. 외적 규범에 순응하고 그것을 답습하는 것이 아니라 내적 규범을 스스로 창조하고 고유한 미적 전략을 구사하는 일은 시적 창조의 근본을 이루면서 미적 저항으로서의 의미를 띠게 된다. 방언이나 고어의 활용, 문법 파괴가 만들어내는 미적 효과는 단순히 기교 구사에서 그치지 않고, 표준어 체제가 담아내지 못하는 생생한 세계 체험을 지각하고 표현해내는 차원으로 확대될 수 있는 것이다. 실제로 1930년대 시인들이 방언을 활용했던 데에는 시어의 창조 면에서 표준어 규범이 끼치는 제약을 극복하려 했던 의도가 적지 않게 작용하고 있다.

이런 면에서 볼 때, 표준어 사용을 고집하는 임화의 전략은 시적 언어의 특수성을 간과한 것일 뿐만 아니라 시적 창조 면에서 상당한 제약을 가져왔다고 평가할 수 있을 것이다. 또한 일상어와 시어의 차이에 대한 임화의 인식 역시 지극히 소박한 수준을 보여준다. 그는, 같은 내용이라 하더라도 일상어로 표현할 경우에는 훨씬 길고 또 듣기에도 미감이라든가 감명을 전하지 못하지만, 시적 언어로 재구성될 때 그것은 엄청나게 짧고, 아름답고 …… 강한 정신적 충동을 주면서 잊지 않게 만드는 작용을 한다고 본다. 주로 외적 형태와 정서적 감염력 면에서 시어의 특징을 파악하고 있을 뿐, 그의 주요한 관심 대상인 '감정'과 '사유'가 언어화되는 과정에 대한 고찰을 찾아볼 수 없다. 또한 문학 작품을 이루는 현실적 제조건을 강조하고는 있지만 그것이 구체적으로 언어를 통해 어떻게 작품 안에 놓일 수 있는가에 대해서는 더 이상의 사유가 진전되지 않고 있다. 이렇게 표준어와 시어 사이의 갈등 시점이라든가, 일상어와 시어의 차이에 대한 임화의 관점은 그의 언어관과 시 장르의 인식이 포함하고 있는 객관적 한계를 분명하게 보여주고 있다. 그러나 이러한 한계에 대한 단순한 지적은 그와 반대편에서 이루어졌던 문학사의 공격적 비평

사, 1997, 489면).

과 소모적인 비난을 다시 반복하는 일이 될 수도 있을 것이다. 임화의 시 창작과 비평적 지도 행위는, 방언을 구사하고 언어의 미적 효과를 극대화하는 등의 작업과는 전혀 다른 차원에서 이루어지는 일이기 때문이다. 그렇다면 그 '다름'의 내용이 무엇인가를 파악하는 일이 더욱 중요하다. 이것은 임화의 시 창작과 비평이 어떤 차원에서 이루어지며 궁극적으로 어떤 의미를 지향하고 있는가를 해명하는 일이다.

임화가 '언어'에 관한 일련의 글에서 지속적으로 강조하는 내용은 언어의 구체성과 현실성이다. 그리고 구체성과 현실성은 언어 내부에서 확보되는 것이 아니라 역사적이고 현실적인 제약에서 비롯된다고 본다. 다시 말해 "언어란 단순한 음성이 아니라, 일정한 현실적 내용으로 말미암아 조직화된 음성"이며 언어가 "의미하고 있는 바는 곧 인간의 사유를 통하여 추상화된 각양의 현실"이다.[24] 따라서 언어는 이야기될 대상인 현실적 제조건에 의하여 규정되는 것이다. 언어의 객관적 제조건을 강조하는 임화의 관점에 따르면, 시 장르 역시 "생활하고 존재하는 무엇을 표현하고 그럼으로써 인간의 광범한 생활의 하나가 된다"는 점에 가장 큰 의의를 지닌다.[25] 또한 그가 낭만주의론에서 설파하듯, 본질적으로 낭만적인 시 장르는 현실적인 몽상, 현실을 위한 의지를 기초로 유토피아적 미래를 실현하고자 한다. 이렇듯 임화의 언어관과 시관은 기본적으로, 시를 현실의 반영물이라고 보는 관점에 바탕을 두고 있으며 시를 통한 현실의 개혁을 목표로 한다. 임화에게 시는 미학적 구성물이기 이전에 그 자체로 하나의 정치적 행동이다. 그에게 시 창작의 의미는 변화하는 정치적 국면에 대응하는 긴밀하고도 신속한 전략이라는 점에 있다.

정치적 행동으로서의 시 창작 과정에서 시의 언어는 투명성을 지향한다. 모호함, 불투명성은 의미의 왜곡과 굴절을 가져올 수 있기에 경계되

---

24) 임화, 「예술적 인식과 표현수단으로서의 언어」, 『문학의 논리』, 서음출판사, 1989, 354면.
25) 임화, 「기교파와 조선시단」, 『문학의 논리』, 서음출판사, 1989, 383면.

어야 할 요소이다. 임화가 언어를 항상 무엇이고 의미하는 조직화된 음성으로 정의하면서 사유과 인식, 표현의 수단로서의 언어의 성격을 강조하는[26] 것은 그가 언어의 투명한 여과 기능에 중점을 두고 있음을 보여준다.[27] 언어를 하나의 도구로서 파악하는 그의 관점은 시 장르보다는 오히려 산문에서의 언어의 사용 방식에 더 가깝다고 볼 수 있다. 물론 그는 과학의 언어와 문학 언어, 또는 일상어와 문학 언어의 차이를 명확학하게 인식하고 있다. 과학어와 문학어의 차이를 추상적인 개념어와 구체적인 형상 언어로 구별짓는 것은 그 대표적인 예이다. 그러나 이미 앞에서도 지적했듯이, 그에게 문학언어의 구체성은 언어의 사용 방식으로부터 얻어지는 것이 아니라 현실적 제조건으로부터 규정되고 확보되는 것이며, 일상어와 문학어의 차이 역시 언어의 성질 자체가 아니라 단지 외관상 형식적인 흔적에 있을 뿐이다. 시어의 특수성에 대한 사고가 결여되어 있거나 혹은 그것 자체를 관심의 대상으로 삼고 있지 않다. 오히려 임화의 관심은 '언어'보다는 '형식'에 기울어 있는 것으로 판단된다. 현실, 혹은 현실에 대한 '사유'와 '감정'이 한편의 시로 형상화되는 과정에서 시어의 모호성과 암시성을 가급적 제어하면서 시적 형식화의 문제를 중점적으로 고민하고 있는 것으로 보인다. 이것은 근본적으로 그의 시가 정치적 행동 차원에 놓여 있다는 데에서 기인한다. 정치적 행동으로서의 그의 시는 어느 한 곳에 정주(定住)하지 않으며 정치적 국면의 변화에 따라 자기 시에 대한 끊임없는 방법적 부정을 시도한다. 변화하는 시의 형식은 변화하는 현실에 대한 그의 태도와 전략을 보여주는 것이다. 다음 절에서는 그 구체적인 변화의 과정과 대응의 태도를 살펴보기로 한다.

---

26) 임화, 「예술적 인식과 표현수단으로서의 언어」, 『문학의 논리』, 서음출판사, 1989, 355면.

27) 원어의 갖는 의미라든가 어법 등은 의연히 원상대로 시 위에서 보존되는 것으로, 일반 언어학이나 문법상의 법칙에서 보면 보통어와 원리에 있어 조금도 다르지 않은데도 불구하고 시 위에서 이 원칙은 단지 외관상 형식적인 흔적을 남김에 지나지 않는다(임화, 「언어의 마술성」, 『문학의 논리』, 서음출판사, 1989, 342면).

3. 정치적 행동으로서의 시와 시의 형식

임화가 구체적으로 어떠한 시의 형식을 창조해나가는 가를 살펴보기에 앞서 먼저 검토되어야 할 내용은 '형식'이라는 개념을 그가 어떻게 파악하고 있는가라는 점이다. 그는 문학의 '형식' 개념을 철저히 '내용'과의 관련선상에서 파악한다.

> 문학의 형식, 또 그 가장 외견적 부분인 언어의 특색이 반드시 내용이라고 불러지는 소재와 사상이 갖는 제약성의 한 개의 연장이라고 볼 수 있는 것이며, 반대로는 언어상 또 형식적인 어떠한 특색의 면밀한 관찰이 그 작품의 의미하는 내용상 제부분에까지 투입할 가능성을 주는 것이라고 믿을 수가 있다.28)

「언어의 현실성—문학에 있어서의 언어」(1937.5)라는 글에서 임화는 문학 작품의 '내용'과 '형식'에 대한 균등한 관심을 표명한다. "문학비평에 있어 항상 이 兩個(내용과 형식—필자 주)의 部面을 동시의 관련된 한 개의 양면으로 관찰치 않을 수 없는 것이며, 창작에 있어서는 한층 이것들은 不可分離의 관계하에 있는 것이다"29)라는 문장에서 문학 작품의 '내용'과 '형식'에 대해 균등한 관심을 가지고 '내용'과 '형식'의 상호관계를 포괄해내려는 그의 의도를 읽을 수 있다. 이같은 관점에서 임화는 당대 시단에서 그가 기교주의자라 칭한 정지용·김영랑·박용철 등의 '모더니즘'과 '순수시파' 시인들의 '형식'에 대한 편향이 '형식주의화'로 귀결되고 있으며, 반면 '형식'에 대한 고려가 없는 내용 추구의 편향이 '형상화의 실패'를 낳고 있다는 비판과 반성의 태도를 견지한다. 그는 일견 문학 작품의 원론적인 면에서 당대 시단의 새로운 모색의 길을 터나가고 있

---

28) 임화, 「언어의 현실성 문학에 있어서의 언어」, 350면.
29) 임화, 「언어의 현실성 문학에 있어서의 언어」, 350면.

다고 볼 수 있을 것이다. 그런데 이처럼 문학 작품의 '내용과 형식의 통일'이라는 관점에서 당대 시의 비판과 반성을 시도하는 임화의 태도는 당대의 또 다른 주류 평론가이자 시인이었던 김기림의 접근 방식과 유사한 경향을 보여준다. 기교주의 논쟁 과정에서 다소 태도를 수정하며 "내용과 기교의 통일을 통한 전체성의 시론"[30]을 주장하는 김기림 역시 경향파의 편내용주의와 그 자신 당대 시단의 주류라고 칭한 '기교주의'의 편향된 경향을 비판하면서 시단의 변화를 꾀하고 있다고 볼 수 있기 때문이다. 이렇게 본다면, 대표적 시비평가인 김기림과 임화 모두 당대 시단의 두 경향에 대해 비판과 극복의 자세로 숙고하고 있다는 점에서는 동일한 면모를 보여준다고 할 수 있다. 하지만 김기림의 경우, "경향파와 모더니즘의 종합"[31]을 추구하며 현실의 영역을 작품 속에 구조적으로 표현할 수 있는 방법을 모색하는 가운데서도, "사회성"과 "역사성"을 매개하는 '기술'의 방법과 특성에 대해 구체적인 탐색의 결과물을 제시하지는 못했다. 기교주의 논쟁 과정은 그에게 '현실에 대한 적극 관심'을 표명하게 했지만, 그 자신 초기 비평에서부터 일관되게 주장해 온 '기술의 부면'을 문학 작품을 통해 현실과 어떻게 매개시킬 수 있을 것인가에 대해 현명한 답안을 마련하지는 못했다고 평가할 수 있다.

반면 임화는, 김기림의 전체주의 시론에 대해 '내용'과 '형식'을 "등가적(等價的)"으로 결합한 형식논리적인 견해라고 비판한다. 그에 따르면 "'내용과 기교의 통일' 가운데는 양자가 등가적으로 균형되어 있는 것이 아니라, 이 통일은 우선 전체로서의 兩者를 가능케 하는 물질적, 현실적 조건으로 성립하고 그것에 의존하며, 동시에 내용의 우위성 가운데서 양자가 스스로 형식논리학적이 아니라 변증법적으로 통일되어 있는 것이다."[32] 즉, 임화가 강조하는 것은 문학 작품의 객관적 제조건으로서의

---

30) 김기림, 「시인으로서 현실에 적극 관심」, 『조선일보』, 1936.1.1~1.5; 김기림, 『김기림 전집』 2, 심설당, 1982, 102면.
31) 김기림, 「모더니즘의 역사적 위치」, 『인문평론』, 1939.10.

“물질적, 현실적” 기반이며 이같은 현실적 조건을 바탕으로 한 “내용의 우위성”이다. 임화는 ‘내용’ 우위의 관점에서 ‘내용과 형식의 통일’ 문제에 접근하고 있는 것이다. 그러나 이 같은 관점은 “형식”을 “그 내용에 의하여 각각 결과되는 물건”,33) 또는 “소재와 사상이 갖는 제약성의 한 개의 연장”으로34) 부차화시키며, 이렇게 볼 때 그의 사고 과정에서 ‘내용’과 ‘형식’의 관계는 서로 분리되어 있거나 “변증법적 통일”을 위한 구체적 매개 과정을 상정하지 못하고 있다고 볼 수 있다. 물론 임화는 카프의 다른 논자들에 비할 때, 문학의 ‘형식’에 대해 줄곧 관심을 표명하고 있으며 그것은 자신의 말처럼 ‘경향시’가 지닌 “내용 편중의 공식주의”를 극복하려는 의도에서 비롯된 것이다. 내용과 형식을 동렬에 놓고 그 결합의 가능성을 찾는 김기림을 비판하면서, 임화는 ‘내용’을 우위에 놓고 그러한 내용의 동일한 반영물의 자리에 ‘형식’을 위치지었다. 그러한 그에게서 ‘내용’의 제한된 틀을 돌파하고 극복하는 형식적 비약의 가능성을 기대한다는 것은 무리일 것이다. 다만 그는 ‘내용’을 정확하게 반영하고 표현할 수 있는 ‘형식’의 역할에 주목하였고, ‘내용’과 ‘형식’ 사이에 존재할 수 있는 ‘차이’를 인정하는 것이 아니라 그 ‘동일화’의 방법을 모색했던 것이다. 일반적으로 문학 작품의 ‘형식’에 주어진 비약과 창조의 자유로운 가능성이란 ‘언어’를 통해 이루어진다. 임화는 ‘언어’를 통한 사물의 변형과 초월의 가능성을 깊이 있게 사고하지 못했고, 따라서 김기림과 마찬가지로 그에게서도 역시 ‘내용과 형식의 통일’은 선언 이상의 의미를 얻지 못했다고 평가할 수 있다. 이론적 검토 과정에서 보여주는 임화의 이해도는 ‘형식’보다는 ‘형태’에 가까운 것이었다고 판단되며, 좀더 깊이 있는 이해를 위해서는 그의 창작물을 통해 구체적으로

---

32) 임화, 「기교파와 조선시단」, 『문학의 논리』, 서음출판사, 1989, 392면.
33) 임화, 「언어의 현실성-문학에 있어서의 언어」, 『문학의 논리』, 서음출판사, 1989, 349면.
34) 임화, 「언어의 현실성-문학에 있어서의 언어」, 『문학의 논리』, 서음출판사, 1989, 350면.

검증하는 작업이 이루어져야 할 것이다.

시인으로서의 창작 과정에서 임화는 매 시기의 정치적 국면에 기민하게 대응하면서 새로운 시의 '형식' 창조에 골몰하는 모습을 보여주었다. 등단 초기 「화가의 시」, 「지구와 '빡테리아'」(1927) 등 다다이즘 계열의 시로 시적 출발을 시도했던 임화는 이후 '서사성'의 도입을 통해 '단편서사시'로의 변환을 감행한다. 또한 카프 해산을 전후로 한 시기에는 자기성찰의 시로, 그리고 해방정국에서는 정치시의 전범을 이루며 끊임없는 변모의 과정을 보여주었다. 그는 기성의 프로시 형식에 귀속되거나 외적 규범에 따르지 않으면서 현실의 변화에 대응하는 새로운 형식을 창안하려 했던 것이다. 물론 이때의 형식이란 구체적인 '계급현실'을 형상화하는 형상화 방법, 또는 시적 구성 요소의 차원으로 이해되며, 이 같은 형식적 변화와 추구 과정을 통해서 임화는 당대의 현실에 대해 정치적 차원의 행동을 시도했다고 볼 수 있을 것이다. 이미 앞 절에서 밝혔듯이 그는 "시를 행동으로 하나"로 보았다. 그리고 시작(詩作)을 통한 예술적 창조가 아니라 삶의 표현으로서의 시, 정치적 행동으로서의 시작을 열망했으며, 시를 통한 행위의 실천에 중점을 두고 있었다. 그런 점에서 볼 때, 그에게서 시어를 통한 불투명하고 불확실한 굴절과 비약이란 오히려 저해할 만한 요인으로 인식되었고, 그는 현실의 투명한 반영과 정치적 실천을 꿈꾸었을 것이다. 임화의 시가 하나의 정치적 행동이라는 의미는 두 가지 면에서 이해할 수 있다. 그것은 우선, 현실을 개혁하려는 사회적 실천이자 현실에 대한 발언이며, 또한 그러한 현실에 대해 끊임없이 자기를 독려하고 설득하는 행위라고 할 수 있다. 이러한 구분은 구체적으로 그의 시에서 정치시(선전선동시)와 자기성찰의 시라는 형식적 고안의 차이로 귀결되었다. 식민지 시대의 단편서사시나 해방정국의 행사시가 시를 통해 현실적 가치를 확보하려는 적극적 실천의 의미를 지녔다면, 1930년대 후반에 주로 발표한 자기성찰의 시는, 그의 특징적인 '낭만성'을 주조로 현실의식과 시대성을 결합시켜나가려는 또 다른 시도를 보여준다. 이 같은 과정에서 임화는 '서정'과 '서사', 시와 행동 사이의 길항 관계를 유지하며 시를 통한 정치성의 고양에 주력하였다. 그런 점에서 임화의 시론과 시작에서 '내용'과 '형식'의 관계, 또는 그의 시작(詩作) 과정에서 '형식'의 의미는 궁극적으로 '그가 정치성을 어떻게 고양시키려 했는가'라는 물음 속에서 이해되어야 할 것이다. 기본적으로 시 장르에 대한 그의 인식, 사유와 감정과 언어의 관계, 그리고 시의 내용과 형식의 관계는 '정치적 행동'이라는 하나의 구심점으로 귀결되고 있기 때문이다. 결론적으로 임화의 시론과 시는 정치적 행동의 차원에서 추구된 삶의 표현과 자기설득의 형식으로 평가할 수 있을 것이다.

4. 맺음말

이 글은 기본적으로, 카프의 대표적 이론가이자 시인이었던 임화가 '시'를 어떻게 이해했고, 또한 어떠한 의미에서 시를 창작했는가라는 물음에서 출발하였다. 그리하여 그가 시의 장르적 성격과 사회적 역할, 현실과의 매개 과정을 어떻게 이해했는가, 그리고 시에 대한 그의 이해 방식과 내용이 그의 시에서 어떤 특징과 한계를 낳고 있는가를 구체적으로 살펴보았다. 먼저, 시의 '감상성'에 대한 이해 과정은 시의 장르적 특성, 특히 정서적 측면에 대한 그의 관심을 보여준다. '감상성'은 임화의 전체 시세계를 논의할 때 지속적으로 대두되는 특징으로서, 그는 카프 조직론의 변화와 그 속에서 진행되는 논쟁 과정에서 '감상성'에 대한 미묘한 입장의 변화를 보이고 있다. 구체적으로 단편서사시 창작에 대한 공개적 자기비판이 그 예가 될 것이다. 그러나 '감상성'에 대한 임화 자신의 이해와 그 논쟁 과정은 무엇보다도 시 장르의 본질에 관한 진지한 탐구를 이끌어냈다는 점에서 의의를 찾을 수 있다. 특히 시 창작을 유발하는 기본적 요소인 '감정'을 '사유', '이지' 등의 인식 능력과의 연관성 속에서 이해하고, 궁극적으로는 '감상성'을 프로파간다 효과와 결합시키는 방식에서, 시의 본질에 대한 탐구를 통해 프로시론의 논리적 체계화를 시도하려는 그의 의도를 확인할 수 있다. 결과적으로 임화의 '감상성' 논의는 프로시론 뿐만 아니라 김기림·박용철 등 모더니즘과 순수서정 시론자들의 시 장르에 대한 이해를 심화시키는 방향으로 진행되었다.

한편 임화 편에서 보자면 이러한 과정은 그에게서 '언어'에 대한 관심을 촉발시키는 계기로 작용했다. 그가 1930년대 중반에 발표한 일련의 언어론은 박용철·김기림과의 사이에서 이루어진 '기교주의' 논쟁의 산물이라고 할 수 있다. 그는 기교주의 논쟁 과정에서 프로시의 내용편향성을 극복할 수 있는 하나의 방안으로서 '언어'의 중요성을 발견하지만, 그것은 '정치성의 고양'이라는 그의 시작(詩作)의 의도 안에서 의미를 지니는 것이었다. 시에서의 방언 사용을 비판하며 표준어 확립을 통한 민족어의 정립을 주장한다거나, 또는 시어의 모호성과 암시성을 거부하고 "구체적이고 현실적인 언어"의 투명성을 지향하는 것은 모두 이러한 '정치성'의 의미 안에서 이해될 수 있다. 그런 까닭에 그의 언어론은 시어(詩語)의 특수성에 관한 깊이 있는 탐구로 진행되지 못하며, 포괄적 의미에서 시의 형식적 측면에 대한 관심으로 나타나게 된다.

임화는 프로시인들 가운데서 어느 누구보다도 시의 형식적 창조에 지속적으로 관심을 표명하고 또한 실제 작품을 통해 실천했던 시인이라고 할 수 있다. 초기의 다다이즘 시에서부터 단편서사시, 자기성찰의 시, 고양된 정치시로의 변화 과정은 임화 시의 형식적 변화가 현실에 대응하는 전략적 차원에서 추구되고 있음을 확인시킨다. 그런 면에서 그는 철저하게 '내용' 우위의 관점에서 '형식'을 이해했고, 김기림과의 논쟁 과정에서 논란이 되었던 '내용과 형식의 통일' 문제 역시 동일한 관점에서 해결하려는 태도를 보여주었다. 임화가 이해한 '형식'의 의미와 그의 시

의 형식적 변모 과정 역시 정치적 행동으로서의 시작(詩作)의 의미 안에
서 정확하게 평가될 수 있을 것이다. 무엇보다도 그는 현실에 대한 정치
적 행동의 차원에서 시를 창작하였고, 시를 통한 현실적 가치의 확보에
가장 큰 의미를 두려고 하였다. 그가 창작했던 '선전선동시'와 '자기성찰
의 시'라는 두 개의 경향은 '정치성' 고양의 구체적 결과물이라고 평가할
수 있을 것이다. 결국 임화의 시론과 시 창작에서 나타나는 '감정', '사
유', '언어', 그리고 '내용'과 '형식' 등 문학과 시 창작의 본질적 탐구 작
업은 '정치성의 고양'이라는 구심점을 중심으로 추구되고 있었다고 볼
수 있다.

낭만성, 신념과 성찰의 이중주

임화의 '네거리' 계열 시를 중심으로

최현식

1. 임화 시에서 '낭만성'의 의미

예나 지금이나 임화의 시는 주로 프로문학의 대중화와 관련된 새로운 형식의 고안(이른바 '단편서사시')이라든지 사회주의 혁명에 대한 신념의 지속적이고도 강렬한 표출이라는 측면에서 하나의 전범으로 논의되고 있다. 이러한 관심은 그러나 시 자체의 미학적 특질의 해명에는 어떤 경우 장애가 되기도 하였다. 그의 시를 메마른 선전선동의 도구로 일치감치 규정한 끝에 거기서 이념의 관념성과 현실인식의 추상성만을 보는 시각이 대표적인 예이다. 제한된 인정 뒤에 꼬리표처럼 따라붙는 이러한 비판은, 오히려 그의 시가 내장하고 있는 진정성의 깊이라든가 독자를 격렬하게 진동시키는 공감의 기원을 왜곡하고 굴절시키는 데 적잖이 일조한다는 점에서 문제적이다.

이런 점에서, 임화 시의 주요한 미적 자질로 흔히 인정되면서도 세심한 조망을 받아오지는 못한 것으로 보이는 '낭만성'은 다시 한번 주목되어도 좋을 것이다. 임화 문학에서 '낭만성'을 화제로 삼을 경우, 대개는 적잖은 개념 혼란과 의미 수정을 거친 끝에 '주체의 재건'과 '있어야 할 세계'의 창조를 위한 정신적 기축으로, 더 나아가서는 창작 원리로 자리 잡게 되는 '위대한 로만정신'을 먼저 떠올릴 것이다.

그러나 필자는 '로만정신론'과 관련된 제한된 의미의 그것보다는, 본래적 의미의 '낭만성', 즉 세계를 이해하고 기획하는 정신적 태도로서의 그것에 좀더 주목한다. 이 '낭만성'이야말로 임화라는 문제적 개인의 신념과 내면을 솔직하게 드러내 보이는 일종의 '자기고백' 장치로, 더 나아가 당대현실과 주체가 처한 위치를 보다 올바르게 가늠하기 위한 '성찰'의 매개체로 작동하고 있다고 생각되기 때문이다. 그의 시에 만연한 감상성 역시 어쩌면 이런 요소들의 작용 정도에 따라 때로는 심화되고 때로는 완화된다고 볼 수 있을지도 모른다.

흔히 낭만주의가 그러한 것처럼, '낭만성'이란 말도 일정한 의미를 부여할 수 없을 만큼 다양한 진폭을 가지고 있음은 분명해 보인다. 그래도 굳이 그 의미의 폭을 세계인식의 측면과 관련시켜 말해본다면, 그것은 있는 현실 자체보다는 그 너머의 세계에 대한 관심이라든지 사유의 비현실성에서 나오는 감각이라 할 수 있다. 특히 후자의 측면은, '낭만성'을 이성의 바깥에 서서 현실의 구체성을 거부하고 타매하는 허구적·퇴폐적 감각으로 인지시키는 데 결정적인 기여를 해왔다. 그러나 '현실 너머'라는 구절이 암시하듯이, 그것은 또 한편으로는 부정적인 현실세계를 극복하려는 자세와 결부될 때 일종의 유토피아 충동으로 작용해 왔다. 예컨대 사회주의 리얼리즘의 '혁명적 로맨티시즘'은 그 성과와는 관계없이 '낭만성'의 해방적 기능을 극대화한 결과물이라 할 수 있다.

그런데 임화의 시에서 보편적 정신으로서의 '낭만성'을 주목한다 해도 임화 문학론의 한 정점인 '로만정신론'을 그냥 지나칠 수만은 없다. '로만정신론' 역시 그것에만 가두어 놓기 힘든, 임화 시 전체를 관통하는 '낭만성'의 요체를 얼마간 담고 있다고 생각되기 때문이다. 우리는 그것을 살펴봄으로써 임화 시에 드러나는 '낭만성'의 외연과 내포를 보다 풍부히 조망할 수 있을 것이다.

1930년대 중반 '로만정신론'으로 극적 변모를 맞게 되는 임화의 '낭만주의' 혹은 '낭만정신'에 대한 논의는 처음에는 그것의 부정성 설파와 극복에 중점을 두고 이루어진다. 가령 당대의 시가 처한 역사적 성격을 본격적으로 탐색하고 고민하기 시작하는 글이라 할 수 있는 「시인이여! 일보전진하자」(『조선지광』, 1930.6)와 「33년을 통하여 본 현대조선의 시문학」(『조선중앙일보』, 1934.1.1~1.12)에서, 그는 프로시가 낭만적 경향에서 탈피하여 사실주의로 이행할 것을 부단히 강조하고 있다. 특히 뒤의 글에서는 낭만주의의 구체적 속성을 회고적·환상적·몽환적·주관적이라고 지적하면서, 프로시의 낭만주의적 경향을 "과거의 부르조아 시로부터 물려받은 악한 유산"으로 강도 높게 비판한다. 이런 사정은 그가 프로시의 독자성과 필연성을 확보하기 위해, 시에 있어서의 낭만적·주관적 요소를 특히 1920년대의 『백조』파로 대변되는 감상적 낭만주의의 그것으로 제한하여 이해하고 있음을 분명하게 보여준다.

그러나 1934년 들어 임화는 '낭만정신'을 진정한 사실주의의 성취를 가능케 하는 '한 개의 원리적 범주'로 인정하게 된다.[1] 이런 변화는 물론 사회주의 리얼리즘의 전폭적 수용에 따른 결과였다. 그는 이 과정에서 '사실적인 것'과 '낭만적인 것'을 문학의 양대 원리로 파악하면서 그것들을 각각 주관과 객관에 대응시키는 논리의 단순화와 비약을 초래하고 있다. 그러나 이런 오류를 무릅쓰고 그가 '낭만정신'을 강조하게 된 것은 프로문학의 당파성을 수호하는 동시에, 당시의 사회주의 리얼리즘 수용 과정에서 노정된 문제들, 이를테면 당파성과 리얼리즘을 분리하려는 탈

---

1) 임화, 「낭만적 정신의 현실적 구조」, 『조선일보』, 1934.4.19~4.25 참조.

정치적 경향과 객관주의적 편향을 견제하고 비판하기 위함이었다.

이런 노력은 필연적으로 확고한 계급의식에 기초한 주체 혹은 주관의 능동적 역할을 강조하게 됨은 물론 '낭만정신'의 또 다른 특권화를 초래하게 된다. 가령 그는 「위대한 로만정신」(『동아일보』, 1936.1.1~1.4)에서 그것을 "미래에의 지향"을 본질로 하는 "창조하는 몽상"과 "진실한 꿈"으로 규정하고 있다. 문학이란 "현실과 이상—꿈이 모순하고 조화하지 않는 가운데서 그것을 통일 조화시키려는 치열한 행위적 의욕의 표현"이란 말은 '낭만정신'에 대한 신념과 의지의 다른 표현임은 말할 필요도 없다. 이런 믿음과 기대는 미래의 새로운 창조를 지나치게 의식한 나머지 자칫하면 객관현실과의 능동적 교섭을 넘어서 버리는 주관주의적 편향으로 빠져버릴 위험성마저 갖고 있다 하겠다. 실제로 그는 몇 년 뒤 발표한 「사실주의의 재인식」(『동아일보』, 1937.10.8~10.14)에서 "시적 리얼리티를 현실적 구조 그곳에서 찾는 대신 정신을 가지고 현실을 규정하려는 역도(逆倒)된 방법"에 빠져 있었다고 자기 비판하고 있다.

그런데 우리는 그런 오류와 한계를 지적하기에 앞서 '로만정신론'이 구상되고 제출되는 당대의 시대적 상황을 고려하지 않으면 안 된다. 그러니까 그것은 다른 무엇보다도 당대의 현실에 올바르게 응전할 수 있는 가장 '현실적'인 이론으로 추구된 것이었다. '낭만정신'의 지속적인 수정과 세련화는 그것이 '이상과 현실의 조화'라는 임화 자신의 문학적 관심을 실현하고, 프로문학을 현실의 변혁에 철저하게 복무시키려는 기획의 일종으로 추구되었다는 사실을 분명히 한다. 그러므로 '낭만정신'에 게재된 주관성은 시대현실을 고려치 않는 무모한 허위의식이 아니라 위기의 현실을 주체의 강화와 당파성의 견지를 통해 극복하려는 신념의 형식이라 하겠다.

이런 사실은 임화의 '낭만정신'이 자의식 속에서 자기 자신을 끊임없이 반성하는 사고행위인 '성찰'과 밀접한 관련이 있음을 시사한다. 무릇 모든 이론은 현실에서의 정합성을 끊임없이 문제삼지 않을 때, 교조적이고 권위적이며 심지어는 폭력적인 담론체계로 주저앉기 십상이다. 자기 반성을 게을리 하는 특정 개인 혹은 집단의 신념이 한갓 독선적이고 배타적인 맹목으로 타락하는 현상은 멀리 갈 것도 없이 최근 10여 년 내의 우리 정치현실이 증명하는 바이다. 더군다나 임화의 경우 그 신념이 당장의 개혁이 아니라 현재의 파괴를 통한 미래의 혁명적 창조에 향해 있었음에랴.

필자는 임화가 '낭만정신'에 대한 끊임없는 성찰과 수정을 통해 그의 시를 관통하는 보편적 '낭만성'의 한 핵심을 거머쥐게 되었다고 생각한다. 그것은 말할 것도 없이 문학이 "현실과 이상―꿈이 모순하고 조화하지 않는 가운데서 그것을 통일 조화시키려는 치열한 행위적 의욕의 표현"이란 정의이다. 우리는 이 말에 당시의 한계, 그러니까 임화 자신이 비판했듯이 과잉된 주관의 문제라든가 단순하고도 거친 이론화의 문제가 도사리고 있음을 잘 안다. 그러나 현재의 관점에서 그 한계들을 괄호친 채 그 말뜻 자체만을 취한다면, 위의 인용구만큼 임화 시에 흐르는 '낭만성'의 본질을 명쾌하게 설명해주는 말은 달리 없다. 이 때문에 '로만정신론'이란 어쩌면 처음부터 임화의 내면 속에 감춰진 채 저류하고 있던 '낭만성'이 간난한 현실과의 부딪침 속에서 구체화된 형식에 지나지 않는 것인지도 모른다는 생각이 자연스레 떠오르는 것이리라.

이런 사실은 임화 시의 양식적 특성을 고려하면 한결 잘 이해될 수 있다. 임화의 시는 대상에의 몰입보다는 특히 혁명운동과 관련된 어떤 사실정황과 그에 반응하는 자아의 심리정황의 제시와 묘사에 훨씬 능하다. 이런 특징은 그의 시가 동시대의 어떤 시보다 시의 자기 회귀적 성격을 강하게 드러내는 주요한 원인이 된다. 개인의 내밀한 주관의 표출에 적합한 편지체나 독백체의 잦은 사용이라든지 사적 감정의 과감하고도 과도한 노출에서 파생되는 유별난 감상취(感傷臭)는 임화 시가 무엇보다 그 자신의 "투쟁의 전의를 고취하고 혹은 그 지속을 독려하고 혹은 자기 설득을 꾀"2)하려는 욕망의 산물임을 미루어 짐작케 한다. 임화의 시를 '낭만성'의 언어적 구조화 과정으로, 또한 그 '낭만성'을 단순한 신념이 아니라 삶의 절실한 요구로 구체화하는 동시에 자기의 올바른 이해와 지속적인 갱신을 도모케 하는 성찰의 매개체로 볼 수 있는 것도 이런 자기 회귀적 성격 때문이다.

2. '네거리의 순이'의 행보와 운명, 혹은 '낭만성'의 시대적 변주

앞의 논의를 참조할 때, 임화의 시 가운데 「네 街里의 順伊」(1929.1)를 필두로 한 이른바 '네거리' 계열의 시는 매우 주목되어 마땅하다. 흔히 지적되는 대로, 이 시들은 임화의 삶과 문학이 어떤 고비를 맞을 때마다 씌어지는 '원점회귀단위'라 할 만하다.3) 이 말은 곧 그것들이 임화의 정치적, 문학적 행보의 한 단위를 시작하고 매듭짓는 시간적 구두점으로 작용한다는 것을 뜻한다. 다시 말해 자기계발과 실천, 그리고 반성 행위의 실마리이자 매듭으로서의 역할을 떠맡고 있는 것이다. 그런 만큼 이 시들에는 임화의 시대현실에 대한 구체적 감각은 물론, 그 현실을 내면화하는 태도와 내밀한 감정들이 매우 직접적으로 드러나 있다. 특히 후자의 요인에 의해 '낭만성'에 게재된 신념의 강도와 성찰의 밀도는 각 시에서 상당한 차이를 노정하는 것으로 생각된다. 그리고 그 차이들은 임화의 특정 시기의 문학적 행위를 특징짓고, 또한 미리 점치게 하는 일종의 '징후'로 현상하게 되는 것이다.

---

2) 유종호, 「사회주의 시인의 탄생─『현해탄』의 시인 임화(상)」, 『문학동네』, 2000년 봄, 451면.

3) 김윤식, 「임화연구」, 『한국근대문예비평사연구』, 일지사, 1984(6쇄), 561면.

1) '네거리'와 '순이'의 복합적 의미

'네거리' 계열의 시를 주목할 때, 이 시들의 동일한 모티프로 주어지고 있는 '네거리'와 '순이'의 심상이 의미하는 바를 잠시 짚어보는 것은 여러모로 유익하다. 그것들의 심상 변화 속에 임화의 예민한 현실감각과 자기성찰의 구체가 상당부분 담기게 되기 때문이다. 먼저 '네거리'는 시에 나타난 그대로 '종로 네거리'를 의미한다. 임화에게 '종로 네거리'는 기하학적으로 구획된 행정구역상의 추상적 '공간(space)'이 아니다. 오히려 그의 근원과 삶, 미래의 꿈이 중층적으로 얽힌, 특정한 대상으로서의 '장소(place)'이다.4) 그것이 곧잘 "그리운 내 고향의 거리"나 "불상한 도시"(「다시, 네거리에서」)로 호명되는 것은, '종로 네거리'가 임화라는 특정 개인의 정체성 형성과 보존, 그리고 삶의 드라마를 기획하고 실현하는 데 없어서는 안 될 '가치의 중심지'로 의미화되어 있다는 사실을 충실히 증거한다. 잘 알려진 대로 임화의 고향은 종로와 매우 가까운 '낙산'이다. 보성중학에서 수학했다는 사실 역시 '종로'가 지속적인 안정과 안전의 감각을 가장 순도 높게 보장하는 사적 장소로, 그러니까 "고향의 거리"로 내면화되어 있으리란 사실을 짐작케 한다.

"불상한 도시"로 표현된 '종로 네거리'는 그에 비해 훨씬 공적인 성격을 갖는다. 식민지 시대의 종로는 정치, 경제, 문화적으로 일제에 의해 계획적으로 개발된, 지금의 명동, 충무로 일대인 혼마치[本町], 신마치[新町] 등과 날카로운 대립을 형성하고 있었다. 흔히 '북촌'과 '남촌'으로 불린 그곳들의 이미지는, 박태원의 『천변풍경』이 보여주듯이, '조선적인 것'과 '일본적·외래적인 것'의 상징적인 축도로 보아도 무방하다. 물론 일제에

---

4) '장소'와 '공간'은 별다른 개념 구분 없이 사용되는 경향이 있다. 그러나 엄밀히 구분한다면, '공간'은 가치부여 이전의 추상적·물질적 공간 자체를, '장소'는 고향이나 집처럼 일정한 가치를 부여하게 됨에 따라 생겨나는 구체적·심리적 공간을 의미한다. '공간'은 대개 개방과 자유, 그에 따른 위협을, '장소'는 안전과 안정성을 의미적 특질로 취한다. 이푸 투안, 정영철 역, 『공간과 장소』, 태림문화사, 1995, 10~11면.

의한 식민지 모터니티의 관철에서 '종로' 역시 한치도 벗어날 수는 없었
다. 하지만 적어도 임화에게 그곳은 박래품이 '현란을 극'하는 인공낙원
에 맞서, "젊은 날을 싸홈에 보내"는 "즐거운 行進"(「다시, 네거리에서」)을
은밀히 준비하고 실행하는 저항과 부정의 거점으로 의미화되어 있는 것
이다.5) 이런 점에서 임화의 '종로 네거리'를 "열림과 닫힘, 확장과 응축의
공간으로서, 사적인 삶이 공적인 삶으로 전환되는 개방적 성격을 띠고
있"6)는 것으로 파악한 한 연구자의 지적은 매우 타당한 것이다.

우리는 '종로 네거리'에 담긴 사적―공적 비전과 그 의미를 '순이'에
게도 마찬가지로 적용할 수 있을 것이다. "근로하는 청년 용감한 산아
희"(「네거리의 順伊」)를 '연인'으로 가진 '누이'로 그려지는 '순이'는 '나'의
내적 고백의 대상이 되는 인물이다. 그런데 '나'의 친구이자 동지이기도
한 그 '청년'은 모종의 노동쟁의 혹은 정치사건에 의해 감옥에 갇혀 있
는, 다시 말해 그들의 곁에는 부재한 존재이다. 말하자면 이들 세 사람은
상호 친밀성에 근거한 사적 관계와 혁명의 대의를 함께 하는 동지적 관
계로 묶여 있는 것이다. 현재 어떤 외부적 힘에 의해 강제로 분리되어
있는 그들의 관계는 우선 그 힘을 제거함으로써만 회복 가능하며, 또한
혁명의 과업을 지속적으로 함께 실천해갈 때만이 유지될 수 있다. 이러
한 '공동운명'이야말로 어쩌면 '나'와 '순이'의 사적 관계를 공적 관계로,
또한 개별주체를 집단적 주체로 끊임없이 밀어 올리고 확장하는 근본
동력이라 할 수 있을 것이다.7)

---

5) 세 차례에 걸쳐 확장·이전된 종로경찰서의 모습과 함께 다음 구절을 적어 넣고 있
 는 '종로서 대대 확대 이전'(『조선일보』, 1929.8.25)이란 안석주의 만문(漫文)만화는 이
 당시 종로의 공간적 성격을 역설적으로 보여준다. "소위 문화정치 이래로 종로서는 넘
 우 번창하야 녯날 재판소 자리로 옴기게 되엇다. 좀 도적만 잡엇스면 이러케 번창은
 아니하엿겟지."
6) 이명찬, 「1930년대 후반 한국시의 고향의식 연구」, 『1930년대 한국시의 근대성』, 소
 명출판, 2000, 221면. 또한 그는 「네거리를 고향으로 둔 시인의 운명」(『민족문학사연
 구』 18, 2001.6)에서 위의 관점을 고향의식과 결합시켜, '네거리' 계열 시를 중심으로
 임화의 시세계를 조망·해석하고 있다.

'네거리'와 '순이'에 담긴 이런 이중성은 필자가 '낭만성'을 신념과 성찰의 이중구도로 보게 하는 주요한 근거이기도 하다. 조금 거칠게 말하자면, 그것들의 의미가 공적인 영역으로 보다 기울어질 때 신념의 측면이 도드라지게 되며, 반대의 상황에서는 성찰의 측면이 부각되게 되는 것이다.

2) 「네 街里의 順伊」와 「네거리의 順伊」의 거리

'네거리' 계열의 첫 번째 시인 「네거리의 順伊」는 『조선지광』 1929년 1월호에 처음 발표되었다가 상당부분이 손질되어 『현해탄』(1938)에 다시 수록된다. 개작의 이유로는, 첫째, 시대상황의 악화에 따른 검열과 사상 통제의 대폭적 강화, 둘째, '낭만성'과 사실주의, 그리고 기교주의 문제 등과 관련된 여러 논쟁의 결과 얻어진 시의식의 일정한 변모 때문일 것이다. 필자에게는 후자가 개작에 보다 많은 영향을 끼친 것으로 판단된다. 따라서 그런 변화가 담기기 전의 「네거리의 順伊」의 원형질을 파악하기 위해서는 『조선지광』의 것을 논의 대상으로 삼을 필요가 있겠다. 물론 그렇다고 해서 『현해탄』 수록분을 전혀 고려에 넣지 않을 수는 없다. 우리는 개작 부분을 통해 임화의 변모된 시의식의 구체를 확인하고 내력화하는 데 큰 도움을 받게 될 것이다.

> 順伊야, 누이야
> 勤勞하는 靑年, 勇敢한 산아희의 戀人아……
> 생각해보아라, 오늘은 네 貴重한 靑年인 勇敢한 산아희가

---

7) 임화의 많은 시에서 개인들의 사적 관계는 친밀한 인물의 상실 혹은 혁명의 기대와 실천을 매개로 하여 집단적 관계로 전화되는 양상을 보이고 있다. 「우리 오빠와 화로」의 "세상에 고마운 청년 오빠와 형님을 잃은 수없는 계집아희와 동생"이나, 「네거리의 순이」의 "근로하는 모든 여자의 연인을 위하여" 등은 대표적인 예이다.

젊은 날을 ① 싸홈에 보내던 그 손으로
지금은 젊은 피로 벽돌담에다 달曆을 그리겟구나
그리고 이 추운 밤 가느다란 그 다리가 피아노줄갓치 떨니겟구나

(……)

자 좃타 바루 鐘路 네거里가 아니냐—
어서 너와 나는 번개갓치 손을 잡고 ② 또 다음 일 計劃하러 또 남은 동모와
함께 거문 골목으로 드러가자
네 산아희를 찻고 또 勤勞하는 모—든 女子의 戀人인 勇敢한 靑年을 차즈러
……

③ 그리하야 끄니지 안는 새롭은 用意와 계획으로 젊은 날을 보내라
　　　　　　　　　—「네 街里의 順伊」 부분(번호 및 강조—인용자)

　　이른바 '단편 서사시' 계열에 속하는 다른 시들처럼, 총 9연으로 구성
된 이 시 역시 기—승—전—결의 구조를 취하고 있다. 이것을 도식화하
면, '상대(순이)에게 말 건너기(1, 2연) → '우리들'의 투쟁하던 모습 회상(3연)
→ '청년'이 감옥에 갇혀 있는 현실 제시(4~7연) → '나'와 '순이'에 대한
지속적인 투쟁의 독려와 다짐(8, 9연)'으로 된다.8) 그러니까 마지막 연에
서 정점에 달하게끔 치밀하게 조작되고 있는 시적 파토스는, 과거의 "즐
거운 젊은날의 행진"과 그것을 강압적으로 봉쇄 당한 '우리들'의 현재와
의 대비, 그리고 격정과 감상이 뒤엉킨 화자의 설득체적 어조를 통해 더
욱 큰 효과를 발휘하게 되는 것이다. 시간의 순차적 흐름에 바탕한 이런
구성은, 이 시가 '나'를 포함한 근로계급의 투쟁의지 고취에 그 목적이

---

8) 「봄이 오는구나—사랑하는 동모야」(『조선문예』, 1929.5)는 '종로 네거리'에서 '나'가
　직접 '너'('감옥에 갇힌 청년')에게 투쟁의 의지를 고백하는 형식을 취하고 있다는 점
　에서 「네 街里의 順伊」와 좋은 비교가 된다. 자기성찰의 모습이 보다 두드러진 자기
　독려의 시편인 셈이다.

있음을 간명하게 보여준다. 김기진이 이런 시들을 두고 프로시의 나아갈 바를 제시한 시라고 극찬하면서 '단편 서사시'라 명명했던 것도 따지고 보면 그 치밀한 구성이 생산하는 고도의 정서적 감염력을 높이 샀기 때문이었을 것이다.

그런데 임화는 김기진의 상찬과 달리 이즈음에 씌어진 자신의 시들에 대해 강도 높게 비판하는 의외성을 보여준다. 가령 「우리 오빠와 火爐」(『조광』, 1929.2)는 "연인과 누이(?)를 무조건적으로 ×××로 만들어 자기의 소시민적 흥분에 공(供)하며 ××적 사실 진실한 생활상이 없는 곳에서 동지만을 부르는 그 자신 훌륭한 일개의 낭만적 관념을 형성하고" 말았다는 점에서 호되게 비판된다. "프로레타리아의 성장과 결합하지 못"했다는 것이 주된 근거였다. 우리는 이 지적을 미련 없이 추인하기보다는 시를 통해 구체적으로 확인해보는 편이 훨씬 유익할 것이다.

이 시에서, '순이'와 '나'의 관계는 수평적인 동지로서가 아니라, 이미 각성된 '나'가 '순이'를 계몽하고 인도하는 일종의 사제지간으로 그 위상이 정해져 있다. 인용부분에 보이는 그 집요한 설득의 문체가 그것을 서슴없이 시사한다. 그런 관계로의 귀결은 "네가 지금 간다면 어듸를 간단 말이냐"(1연), "눈바람찬 불상한 도시 종로 복판의 순이야"(2연)에 보이는 '순이'의 현재에 대한 '나'의 불안한 시선에 이미 예비되어 있는 것이다. 지도와 훈육의 관계는 지도하는 자의 지식과 사상, 그리고 신념이 월등하며 그릇됨이 없다는 전제에서만 성립될 수 있다. '각성된 자'의 눈으로 보자면 '혁명'의 변방에 놓여 있는 빼앗긴 '도시'도, 거기에 순응하려는 '순이'도 "불상한" 것이어서, 그들을 각성시키고 구원하는 일은 한시도 미뤄서는 안 될 긴급한 과제가 되는 것이다.

이런 조급성 속에서 "대중적인 ××의 사실 성생(成生)하는 ××××× ×(프롤레타리아?)의 감정의 그 요소 등을 자기의 예술로"9) 승화시키기는

---

9) 이상의 평론 인용은 임화, 「시인이여! 일보전진하자!」, 『조선지광』, 1930.6, 67면.

대단히 어려울 것이며, 또한 미래의 올바른 선취도 가능할 리 없다. 인용 부분에 보이는 대로, '나'가 바라보는 미래란 기껏해야 '순이'의 연인인 '청년', 그러니까 "용감한 사나이"를 찾는 싸움 이상을 넘어서지 못하고 있다. 물론 그 중의적인 의미를 충분히 감안한다 해도, 그 미래에의 의지가 드러내는 즉자적 현실인식 및 단선적인 "용의와 계획"을 그냥 보아 넘길 수는 없는 노릇이다. 공적·집단적 욕망(프롤레타리아 혁명)에 대한 과도한 신념과 성급한 추구가 자기와 세계에 대한 올바른 원근법을 가로막고 있는 형국인 것이다.

임화가 이런 결여를 제대로 인식하게 되는 시점은 가차없이 자신의 시를 비판하던 이 당시가 아니라, '낭만성'의 가치를 새롭게 인식한 뒤의 일이라고 보는 편이 타당할 것이다. 그는 이 당시 프로시의 '소시민적 대중화'를 극복할 방도로 '시의 프롤레타리아화'를 제시했다. 만약 이런 주장이 이후에도 변함 없이 관철되었다면 이 시기의 시들은 모조리 부정되었을 것이다. 그러나 유독 「네 街里의 順伊」만은 정성껏 개작되어 『현해탄』에 실리는 행운을 얻게 된다. 『현해탄』에는 대개 1934년부터 1937년 사이에 씌어진 시가 수록되어 있다. 이 시기는 임화의 문학론이 주로 '낭만적 정신'을 중심으로 펼쳐지던 때였다. 그런 의미에서 개작된 「네거리의 順伊」는 일단은 즉자적인 상태의 '낭만성'을 기반으로 씌어진 『현해탄』 이전 시들에 대한 반성과 결산, 그리고 단절과 극복의 의미를 갖는다고 해도 무방할 것이다.

「네거리의 順伊」는 전체적으로 보아, 검열로 삭제되었던 복자를 복원하거나 다른 말로 바꾼 점, 감정의 환기와 고조 기능을 맡고 있던 '—'를 '?', '!'로 바꾸어 그 기능을 더욱 강화시킨 점, 한자의 과도한 노출을 줄여 가독성을 재고한 점, 불필요한 말과 구절을 없애고 서술적인 문장 구조를 압축적으로 변형하여 시적 분위기와 정서적 함의를 한층 풍요롭게 한 점 등이 크게 눈에 띤다. 이런 변모는 특히 기교주의 논쟁을 거치면서 그 중요성을 깨닫게 된 시어와 수사(rhetoric)에 대한 새로운 이해에서 비롯되었을 가능성이 크다.

그러나 이보다 중요한 것은 다음과 같은 구절들 속에 담겨 있다.

①´ 부지런할 일에 보내던 그 여윈 손가락으로 / 지금은 굳은 벽돌담에다 달력을 그리겠구나!
②´ 내일을 위하여 저 골목으로 들어가자, 네 사내를 위하여, / 또 근로하는 모든 여자의 연인을 위하여 ……
③´ 이것이 너와 나의 행복된 청춘이 아니냐?

①´, ②´, ③´(「네거리의 順伊」)은 ①, ②, ③(「네 街里의 順伊」)이 개작된 것이다. 개작부분들은 직접적으로 제시되던 '청년'의 현재와, 그를 구원하는 데 맞춰진 '싸움'의 즉자적 성격을 걷어내고 있다는 점에서 주목할 만하다. "부지런할 일" "내일" "행복된 청춘"과 같은 말들은 주장의 추상성과 정감적 호소로의 경사를 강화시키기는 면이 분명 존재한다.10) 그러나 이 말들에 함의된 의미의 중층성은 '낭만성'의 본질을 더욱 뚜렷이 드러내는 데 기여한다. 말하자면, "부지런할 일"과 "내일"은 그것들이 각각 상기시키는 성실성과 미래지향성으로 인해 현실너머의 세계에 대한 지속적 의지를 한결 심화시키며, "행복된 청춘"은 미래를 위한 싸움에서 행복을 찾으려는 주체들의 낙관주의를 독려하는 것으로 보인다. 이러한 유토피아 충동의 심도 깊은 내면화야말로 개작의 핵심적 의미가 아닐까.

그런데 「네거리의 順伊」의 '낭만성'이나 공적 욕망은 '네거리' 계열의 두 번째 시인 「다시 네거리」를 참조할 때 보다 복잡한 의미망을 형성하게 된다. 그러니까 그 개작의 이면에 위기에 처한 주체의 회생을 미래에 대한 주관적 의지의 강화를 통해 도모하겠다는 뜻이 숨어 있다는 것이다.

---

10) 이런 느낌은 "공장에서 ××(싸움?)하는 그때가"와 "젊은 날을 싸홈에 보내던"이 각각 "일터에서 충성되던"과 "젊은 날을 부지런할 일에 보내던"으로 개작된 것에서 더욱 강화된다. 표면적으로는 투쟁의식의 약화라고 보아도 무방한 대목이다. 그러나 임화가 이런 사실을 몰랐을 리는 없을 것이다. 따라서 임화의 개작은 선동의 직접성을 희생하는 대신 새로 눈뜬 '낭만정신'의 감염 효과를 계산한 고의적 후퇴란 감이 강하게 든다.

이것은 곧 「네거리의 順伊」가 「네 街里의 順伊」에 비해 훨씬 자기 회귀적이란 것을 뜻한다. 물론 이런 추측은 그것이 『현해탄』의 출간에 즈음하여 개작되었다는 전제를 요구한다. 즉 「다시 네거리에서」가 씌어진 시점보다 나중에 개작되었다는 전제가 필요하다는 것이다. 이런 논의가 중요한 까닭은 말할 것도 없이 「네거리의 順伊」가 「다시 네거리에서」를 비롯한 『현해탄』 수록 시편들과 비교할 때 그 분위기나 태도, 현실인식에 있어 커다란 차이를 보인다는 사실에 있다. 『현해탄』 시편은 신념의 표출과 투쟁의 격려보다는 주체와 세계에 대한 인식의 재조정, 곧 성찰의 측면에 방점이 찍혀 있다. 이는 물론 당대 현실의 급속한 악화와 밀접하게 관련된 것이다. 「다시 네거리에서」에 대한 논의 역시 이로부터 출발되지 않으면 안 된다.

3) '귀향'의 모색과 '변방성'의 자각

「다시 네거리에서」는 1935년 7월 27일 『조선중앙일보』에 발표되고 있다. 이 무렵 문단에 내우외환이 겹쳐들었다는 것은 잘 알려진 대로이다. 가령 1935년은 카프가 해산된 해이자, 일본이 서구의 파시즘 강화에 발맞추어 군국주의 체제로 급격히 돌아서는 해이기도 하다. 이에 따라 혁명사상에 바탕한 계급투쟁과 진보적 문학운동은 급속한 퇴보를 면치 못하게 되며, 임화 자신 병을 핑계삼아 마산으로 유배에 가까운 요양을 떠나게 된다. 그야말로 '담천하(曇天下)'의 현실이 본격적으로 펼쳐지기 시작한 것이다. 임화는 이런 상황에 맞서 당대 문단에 '위대한 낭만정신'을 토대로 현실의 본질을 파악하고 주체의 재건을 도모할 것을 강력히 요구한다. 이 시에는 그러한 일련의 사태 진전들이 암암리에 스며 있다 해도 과언이 아니다.

看板이 죽 매어달렸던 낯익은 저 二階 지금은 新聞社의 흰 旗가 죽지를 늘
인 너른 마당에,
장꾼 같이 웅성대며, 확 불처럼 흩어지든 네 옛 친구들도
아마 大部分은 멀리 가버렸을지도 모를것이다.
그리고 順伊의 어린 딸이 죽어간것처럼 쓰러져 갔을지도 모를 것이다.
허나, 일찌기 우리가 안 몇사람의 偉大한 靑年들과 같이,
眞實로 勇敢한 英雄의 단(熱한) 발자국이 네 위에 끊인적이 있었는가?
나는 이들 모든 새世代의 얼굴을 하나도 모른다.
그러나 "정말 건재하라! 그대들의 쓰린 앞길에 광영 있으라"고
願컨대 거리어! 그들 모두에게 傳하여다오!
잘 있거라! 故鄕의 거리여!
그리고 그들 靑年들에게 恩惠로우라,
지금 돌아가 내 다시 일어나지를 못한채 죽어가도
불상한 都市! 鐘路 네거리여! 사랑하는 내 順伊야!
나는 뉘우침도 付託도 아무것도 遺言狀 위에 적지 않으리라.

—「다시 네거리에서」 부분

이 시의 전반부에는 투쟁의 물결은 가뭇없이 사라지고, 식민지 모더니
티가 제 뻗어갈 곳을 찾기 위해 "이리 저리 고개를 돌"리기에 분주한
'종로 네거리'의 현재가 그려지고 있다. 그것의 야수적 본질은 "사람, 차,
동물이 똑 기예(敎鍊) 배우듯 한다"는 자동화되고 규칙화된 반복적 일상
의 형태 속에 잘 드러나 있다. 이 "번화로운 거리"는 투쟁의 흔적조차 남
김없이 지워버림으로써 "단지 피로와 슬픔과 거먼 절망만을 그들에게
안겨보내"는바, 이 때문에 '나'는 "웬일인가? 너는 죽었는가, 모르는 사람
에게 팔렸는가 / 그렇지 않으면 다 잊었는가" 하고 참담하게 절규할 수밖
에 없게 되는 것이다.

그러나 중요한 것은 시적 자아가 "불상한 도시" "종로 네거리"를 "그
리운 내 고향의 거리"로 호명하고 있다는 사실이다. 물론 이때 '고향'의
의미는 이중적일 것이다. 하나가 생장지로서의 그것이라면, 다른 하나는

그 자신 혹은 조선민중의 혁명운동과 싸움의 진원지로서의 그것일 터이다. 공적 장소로만 제시되던 '종로 네거리'가 처음으로 사적인 성격을 부여받고 있는 장면인 것이다. 그런데 우리는 '고향'으로서의 그것의 발견과 인식이 미래 혹은 진보의 패퇴를 전제로 한 지금·여기로의 회귀를 통해 이루어지고 있다는 사실에 주목할 필요가 있다. 이러한 고향 발견의 문법은 꽤나 보편적인 형식이라 할 수 있다. 이는 1930년대 후반에 무수히 씌어지는 탈향─귀향 모티프의 시편들이나, 물론 고향 자체는 아니지만 '전통'에 대한 새로운 개안으로 연결되는 김수영의 4·19 직후의 시편들을 상기해보면 대략 그 경계가 짐작될 것이다.

여기서 우리는 한 주체의 위기나 주요한 방향전환 지점에서 자아의 회귀점으로 '고향'이 선택되는 까닭을 잠시나마 살펴볼 필요가 있겠다. 많은 경우는 고향 하면 그곳에서의 삶이 아무리 궁핍한 것이었을지라도, 정지용의 「향수」에 보이는 황홀한 모습을 쉽게 연상하며, 또한 그렇게 기억하기를 암암리에 스스로에게 강요한다. 그것은 아마도 고향을 상실과 분열 이전의 태고적 공간으로 상상하고 기억함으로써 자아에 지속성을 부여하고 현재의 결락을 보상받으려는 욕망에서 비롯된 것일 터이다. 그러니까 고향은 한 개인에게는 과거에 존재하는 유토피아나 마찬가지인 셈이다. 그런 점에서 '이상화된 고향'은 현재의 불안과 미래의 불확실함에 항상 시달리는 존재를 위무함과 동시에 미래의 이상으로 투사되는 삶의 견본이라 할 수 있다. 고향의 상상과 기억이 우리 삶에 기여하는 면이 있다고 한다면, 자아와 현실에 대한 진중한 반성의 기회를 제공함으로써 '더 나은 삶에의 의지'를 한층 자극하고 격려한다는 바로 그 점일 것이다.

인용 부분에는 고향의 발견과 그곳으로의 회귀가 갖는 의미가 그런 대로 반영되어 있다. 물론 그는 여전히 사적인 기억보다는 싸움과 거기서 쓰러져간 자들에 대한 애절한 회상을 통해 "잠잠하고 희미하나마 내일에의 커다란 노래"를 도모하고자 한다. 그가 가짜 모더니티만이 휘황

한 과거의 싸움터 "불상한 도시! 종로 네거리"에 서서, 당장 죽어도 "나는 뉘우침도 부탁도 아무것도 유언장 위에 적지 않으리라"는 신념을 당당히 펼칠 수 있는 것은 바로 그런 공적 기억의 힘 때문이다.

그러나 이것에만 기댄 주관적 의지의 강화는 아무래도 공소하고 허약하다는 인상을 지우기 어렵다. 왜냐하면, 그것 역시 "현실적 구조 그곳에서 찾는 대신 정신을 가지고 현실을 규정하려는 역도(逆倒)된 방법"의 산물인 까닭이다. 실제로 「다시 네거리에서」는 미래의 가능성으로 전환될 만한 현실의 긍정적 요소는 전혀 제시되어 있지 않으며, 그로 인해 패배의식을 가리기에 급급한 '나'의 심경토로가 더욱 전경화되고 있다. '순이'의 주변화는 그런 답보적 의식의 필연적인 산물이다. 이 때문에 우리는 그의 귀향을 '진실한 꿈'을 새롭게 엿보려는 일보후퇴가 아니라, "젊은 날의 즐거운 행진"을 떠올림으로써 현실에서의 패배가 부과하는 "피로와 슬픔과 거먼 절망"을 위로하고 견디려는 시도가 아닌가 하는 의심을 거두지 못하게 되는 것이다.[11]

그러나 고향의 발견 혹은 과거의 회상과 기억을 통해 미래에의 의지를 재고하려는 「다시 네거리에서」는 주관의 과잉이라는 약점에도 불구하고, 이 이후에 집중적으로 씌어지는 '현해탄' 연작의 원형이 된다는 점에서 중요한 의미가 있다. 이 연작은 「해협의 로맨티시즘」, 「현해탄」, 「밤 갑판 우」, 「눈물의 해협」 등 현해탄을 소재로 한 작품과 「야행차속」, 「황무지」, 「향수」, 「고향을 지내며」 등 '고향'을 소재로 한 작품으로 구성되어 있다. 이 시편들은 흔히 지적되는 대로 '불상한 도시'(고향)와 그것을 삶의 조건으로 삼지 않을 수 없는 청년 시인(혹은 혁명가)의 뼈아픈 '운명'의 성찰에 바쳐지고 있다.[12]

---

11) 「다시 네거리에서」를 전후하여 발표되는 「주리라 네 탐내는 모든 것을」, 「나는 못 믿겠노라」, 「옛 책」 등 역시 "소리도 없는 절망의 슬픈 노래"만을 강제하는 냉혹한 현실을 과거의 회상에서 길어 올려진 혁명의 열정을 통해 극복하려는 태도가 현저하다.
12) "새로운 심정으로 문학을 다시 시작하야 한 책의 시집"(「어느 청년의 참회」, 『문장』, 1940.2, 24면)을 갖게 되었다는 임화의 고백은 이 연작들의 생산이 현실과 주체의 위기

　　그런데 특기할 만한 것은 그 작업이 '귀향'과 '회상'의 형식을 통해 이루어지고 있다는 사실이다. 이것을 간과할 때 임화 시의 해석에서 다음과 같은 편향에서 자유롭지 못하게 된다. 그 하나가 "현해탄이란 바다의 이상한 운명", 즉 현해탄을 오가며 혁명적 미래를 꿈꾸는 청년 시인의 운명을 하나의 결핍으로 읽어내는 것이다. 김윤식이 명명한 '현해탄 콤플렉스'가 그것인바, 역사의식과 민족의식의 결핍이 결국은 서구 내지 아서구로서의 일본의 모방과 이식으로 치닫게 했다는 것이 이 입론의 골자이다. 다른 하나는 일정정도 임화의 현실인식에 대한 태도 전환을 인정하면서도, 결국은 그가 노래한 '운명'이 역사의 진보적 발전에 대한 더욱 강한 믿음으로 귀결된다는 점을 재차 강조하는 입장이다. 이런 입장들은 쉽사리 물리치기 어려운 타당성을 지니고 있다.

　　그러나 그것들에는 주요한 무언가가 누락되어 있다. 그 '운명'을 단지 신념이 아닌 행위의 필연성과 정당성이란 측면에서 수락하게 하는 '원인'에 대한 고려가 빠져 있는 것이다. 그렇다면 그 '원인'은 무엇일까. 필자는 조선적 현실, 그러니까 민족 현실에 대한 새로운 이해와 각성이라고 생각한다. '현해탄' 연작들이 귀향과 회상의 형식을 취하고 있다는 지적은 앞서도 한 바 있다. 좀더 자세히 말하면, 수년 전 시인 자신의 동경에서 서울로의 귀향 과정을 현재의 시점에서 회상하는 형식인 것이다. 그런데 과거의 귀향 과정은 시의 장르적 특성상 모두 현재로 소급된다. 이것은 임화의 회상이 단순히 과거를 기억하기 위한 것이 아니라, 현재와 미래의 새로운 이해와 기획에 봉사하기 위해 취해진 것임을 강력히 시사한다.

　　'현해탄' 소재 시편들은 동경에서 배운 "그의 꿈꾸는 사상"으로 "슬픈 고향의 한 밤, / 홰보다도 밝게 타는 별이 되리라"는 '로맨티시즘'(「해협의 로맨티시즘」)의 토로가 시의 주요한 화제가 되고 있다. 그러나 청년의 귀

　　를 타개하기 위해 매우 의식적으로 수행된 것임을 잘 보여준다.

향은, 마치 『만세전』의 이인화가 그러했듯이, 근대를 실어 나르는 관부연락선에서 피식민지의 "젊은 어머니의 눈물"(「눈물의 해협」)을 조우하지 않을 수 없다. 혁명사상을 배운 곳이긴 하되 이상(李箱)이 치사한 곳이라 했던, 가솔린 냄새 풀풀 날리는 동경(東京)이란 타향은 초라한 모국의 참담한 현실을 더욱 도드라지게 하는 것이다. 이에 비한다면, '고향' 소재 시편들은 바다와 배라는 공간에서는 실감할 수 없었던 조선의 피폐한 현실을 기차 여행을 통해 전면적으로 조우하는 청년의 심경을 주로 그리고 있다. "신음과 슬픈 노래에 너무나 찌들"은 고향의 현재 풍경, 그것은 원초적 고향의 한 상징일 "낡은 포구의 이야기와 꿈"(「상륙」)을 결코 되돌릴 수 없는 것으로 만드는 것이다.[13] 근대의 상징물에 탑승한 귀향이 오히려 식민지 근대의 변방성을 더욱 날카롭게 드러내는 장면이라 하지 않을 수 없다.

임화의 뒤늦은 귀향은, 원형적 고향의 상상 속에서 현실의 누락을 의도했던 1930년대 후반의 많은 귀향 형식과는 달리, 변방성의 자각을 통해 '민족'의 구체적 현실에 육박함으로써 미래의 꿈에 구체적 근거를 부여할 수 있게 되었다는 점에서 그 의미가 깊다. 그것을 자기인식의 수정 과정으로 볼 수 있는 것도 그런 연유에서이다. 이 대목에서 우리는, 물론 시와 시론에서는 그 작업이 지속되지 못했지만, 1937년 이후 전면화되는 임화의 근대 민족문학의 새로운 이해와 관련된 여러 작업 역시 이즈음의 귀향을 통해 예비되었을지도 모른다는 추측을 할 수 있게 된다.

피폐한 고향을 '새 고향'으로 바꾸려는 임화의 열정적인 귀향 행위는 그러나 야만을 향해 거꾸로 돌아가는 시대현실로 인해 그 가능성을 더 이상 펼치지 못하는 운명에 빠져들고 만다.

---

13) 이 시들이 피폐한 '고향'의 현실만을 그리는 것은 아니다. 이 시들 역시 "새 고향의 찬미가"(「상륙」)를 앞질러 상상하고 의욕하는 로맨티시즘에 깊숙이 젖어 있음은 마찬가지이다.

①詩人의 입에 / 마이크 대신 / 재갈이 물려질 때, / 노래하는 열정이 / 침묵 가운데 / 최후를 의탁할 때, // 바다야! / 너는 몸부림치는 / 肉體의 곡조를 伴奏해라

—「바다의 찬가」 부분

②자고 새면 / 異變을 꿈꾸면서 / 나는 어느 날이나 무사하기를 바랬다 // (…중략…) // 그만 인젠 / 살려고 / 믿기 어려워 한이 되어 / 몸과 마음이 상할 / 자리를 비어주는 운명이 / 애인처럼 그립다.

—「자고 새면」 부분

①의 시를 두고, 임화 자신은 "내가 작품을 쓰는 새 영역의 출발점"(『현해탄』 후기)을 삼겠다고 다짐하고 있다. '새 영역'이란 아마도 사실주의에 기반한 시쓰기를 의미할 것이다. 그러나 그가 귀착한 곳은 ②와 같은 내성의 세계였다. 물론 독자의 입장에서는 고뇌와 불안에 찬 평범한 인간으로서의 임화를 엿볼 수 있고, 이를 통해 그에 대한 이해를 새롭게 할 수 있다는 점에서 반갑기조차 한 장면이다. 하지만 이 시에 가득한, "미래를 폐쇄당한 인간의 불가피적으로 당도하는 감상주의"는 단지 임화 자신만의 운명이 아니라, 조선의 그것으로 재빠르게 번져나갔다는 데 문제의 심각성이 있다. 1940년 이후, "암흑한 제야(除夜)에 위대한 도정에서 넘어지는 비극에 대한 웅대한 낭만적 비가(悲歌)"14)가 사라진 자리를 남의 몸을 입고 부르는 허황된 희망가가 꿰차고 앉게 된다는 것은 잘 아는 대로이다. 물론 이러저러한 의심들이 제기되기는 하지만, 임화가 그 자발적인 행렬에 그나마 게으를 수 있었다면, 그것은 아마도 "애인처럼" 그리워하던 그 '운명'에 대한 믿음 덕분이었을 것이다.

---

14) 이상의 인용은 임화, 「진보적 시가의 작금」, 『풍림』, 1937.1, 17면.

4) '용기'의 요구 혹은 '시의 정치화'가 다다른 자리

임화가 "아마도 많은 세인과 같이 그의 희망도 신발과 더불어 이 세상에 남긴 채 끝나지 아니할까 합니다"(「어느 청년의 참회」)라고 절망했을 정도로 그 세가 욱일승천하던 일제의 지배는 일왕 히로히토의 항복 선언과 함께 갑자기 종결되었다. 이 급작스런 사태는 그러나 조선인들에게는 이제껏 가져보지 못한 '새 고향'의 가능성을 의미했다. 임화가 해방된 지 이틀만에 조선문학건설본부의 결성에 착수하고, 또한 봉황각 좌담회(1945.12.31)에서 일제 시대의 행위에 대해 "겸허하게 이 아무도 모르는 마음의 '비밀'을 솔직히 터 펴놓는 것으로 자기비판의 출발점을 삼아야 한다"고 그 나름의 원칙을 재빨리 제시했던 것도 그 가능성에 조급해 했기 때문이었다. '네거리' 계열의 세 번째 시인 「九月十二日――九四五年, 또 다시 네거리에서」는 임화의 그런 내면 정황을 적절히 반영하고 있다.

> 자랑도 재물도 없는
> 두 아이와
> 가난한 안해여
>
> 가을비 차거운
> 길가에
> 노래처럼
> 죽는 생애의
> 마지막을 그리워
> 눈물짓는
> 한 사람을 위하여
>
> 원컨대 용기이어라
> ――「九月十二日――九四五年, 또 다시 네거리에서」 부분

이 부분이 「자고 새면」의 "~운명이 / 애인처럼 그립다"의 또 다른 변주란 사실은 어렵잖게 알 수 있다. 다만 그 당시의 그것이 자기 변호를 겸한 삶의 보존으로 지향된 것이라면, 이 시의 그것은, 필시 '로맨티시즘'의 대체어일 "용기"란 말에서 보듯이, 새로운 미래를 향한 욕망일 것이다. 그 운명의 수락은 역시 과거에 대한 반성 속에서 이루어지는 것이다. 그러나 그것은 "개아미 마냥 몽여드는" 군중들을 앞에 한, 그러니까 승리의 예감 속에서 이루어지는 행위라는 점에서 이전의 것과 차별화된다.

그런데 이 시에는 무심히 보아 넘길 수 없는 요소가 하나 있다. '순이'의 운명이다. 우리는 '순이'가 「네거리의 순이」에서는 애인을 빼앗긴 것으로, 「다시 네거리에서」는 딸을 잃은 것으로 그려졌다는 것을 기억한다. 이 시에서 '순이'는, "외로이 죽은 / 나의 누이의 얼골"에서 보듯이, 결국은 비극적 최후를 마친 것으로 되어 있다. 어쩌면 '누이'이자 '동지'였던 '순이'의 죽음이야말로 시적 자아의 반성 및 '용기'의 요구를 피할 수 없는 것으로 강제했는지도 모른다. 벤야민은 프롤레타리아의 혁명의식이란 미래 후손들의 해방이라는 이상에 의해서가 아니라 짓밟히고 억눌린 선조들에 대한 기억에 의해 자라나는 것이라고 했다.[15] 이 말을 곧바로 외로이 죽은 '순이'와 "찬 옥방에 숨지운 / 그리운 동무"에 대한 '나'의 기억과 등치시킬 수는 없을지도 모른다.

그러나 임화의 이즈음 시에 계급투쟁을 고무하고 격려하는 시 못지 않게, 싸움과 전제권력에 희생된 인물들을 위한 '조사(弔詞)' 성격의 시(「길」, 「초혼」, 「祭詞」)나 위로의 시(「학병 돌아오다」, 「계관시인」)가 씌어진다는 것은 시사하는 바가 적잖다.[16] 요컨대 그는 피억압 계급의 싸움과 희생에 대한 기억이 다른 무엇보다도 현재의 혁명운동에 대한 자극과 계기로 작용

---

15) 임철규, 「역사의 천사」, 『왜 유토피아인가』, 민음사, 1994, 386면.
16) 최근 김재용이 공개한 자료에 따르면, 임화는 월북 후에도 『영웅전』이란 제목 하에 삼팔선 이남에서 싸우다가 죽은 사람들을 추모하는 일련의 시를 쓰고 있다(김재용, 「해주시절의 임화와 영웅시편의 문제」, 『실천문학』, 2000년 봄 참조).

할 수 있음을 잘 알고 있었던 것이다. 이것은 가령 1970~80년대 민족민
중운동이 전태일, 광주, 그리고 노동자와 학생의 숱한 죽음에 대한 기억
과 추도의 형식을 통해 일보전진의 계기를 획득한 경우가 많았다는 사실
로도 충분히 입증된다(이런 기억의 형식이 또한 근대민족국가의 형성과 유지에 큰
기여를 해왔다는 사실은 말할 필요도 없다. 멀리 갈 것도 없이, 3·1절, 현충일, 광복절
등의 국경일을 떠올려 보라).

이렇듯 과거의 기억을 한켠에 견지하면서 '새 고향' 건설에 바치는 해
방기 임화의 시는 정치화된 시의 한 전범을 보여준 것으로 흔히 평가된
다. 1930년대 말 시편에서 선보이기 시작한 짧은 시행의 더욱 원숙한 구
사와 급한 리듬감의 적절한 조화를 통해 선전선동의 효과를 극대화시키
고 있는 것이다. 그런 면모는 이미 「九月十二日」에도 엿보인다.

그러나 '용기'의 일방적 요구와 강조는 현실에 대한 진지한 반성의 약
화를 불러올 수밖에 없다. 물론 한치 앞을 내다볼 수 없게 급변하는 당
시 현실을 생각한다면, 이런 지적은 그다지 유용한 것이 아닌지도 모른
다. 그러나 시가 정치와의 긴장 혹은 불화를 상실할 때, 다시 말해 시의
정치화와 정치의 시화(詩化)가 동일한 의미가 될 때, 남는 것은 내면과 지
혜를 상실한 무모하고도 맹목적인 열정일 뿐이다. 현실에 대한 차분한
이해와 분석 없이 오로지 혁명이란 대의만을 위해 시의 나팔수화에 기
꺼이 앞장서는 임화의 모습, 거기에는 "주관적 과장을 야기시키고 현실
주의적 태도를 약화시"키는, 부정적 의미의 낭만적 태도만이 거세게 회
오리치고 있는 것이다.[17]

---

17) 김재용, 「임화와 양남수」, 한국근대문학회 편, 『한국근대문학연구』 3, 2001, 113면.
여기서 인용한 구절은 임화가 북한에서 양남수란 이름으로 활동하면서 저지른 결정적
인 오류, 즉 당대 현실을 정확히 판단하지 못한 채 남한 유격대의 투쟁을 과장하고 미
화함으로써 북로당의 그릇된 판단과 선택에 얼마간 일조했을 것이란 점에 대해 내려
진 비판이다(그런 정세판단이 임화 개인의 것이 아닌 남로당의 그것이었음은 잘 아는
대로이다). 그러나 이런 비극은 임화가 당시의 민족문학운동을 남로당 노선에 기반한
혁명운동의 일환으로 철저히 종속시켰을 때 이미 시작된 것이라 할 수 있다.

현재까지는 임화의 마지막 시집으로 알려진 종군시집 『너 어느곳에 있느냐』(문화전선사, 1951)는 뒤를 돌아다보지 않는 진보의 열정, 아니 당시의 상황으로 본다면 그럴 기회조차 거세당한 채 혁명의 광장으로 무작정 내몰린 낭만적 영혼이 다다른 최후의 자리를 처절하게 보여준다. 이 글이 '네거리' 계열의 시를 중심으로 논의되고 있는 만큼, 이 시집에서 우리의 시선은 제일 먼저 「서울」에 가 닿는다.

총 여덟 편의 시가 실려 있는 이 시집에서 「서울」이 차지하는 상징적 위치는 그것이 첫 시로 올라있다는 점만 보아도 쉽게 이해된다. 이 시는 6·28 서울 점령을 기념하여 씌어졌다. 서울 점령이란 단순한 영토의 빼앗음이 아니다. 그것은 사회주의 체제의 우월성, 한반도 혁명의 전면화 가능성을 확약하는 일대 사건인 것이다. 그런 만큼 이 시에는 전쟁에 따른 어떤 비극성보다는 혁명의 미래로 열려진 '새 고향' 서울에 대한 기대와 승리감의 도취가 감정의 원형질로 자리잡고 있다. 그런데 「서울」에는 "수풀로 나부끼는 / 서울 거리는 / 나의 고향"에서 보듯이 또 다른 의미의 '귀향'에 대한 감개가 짙게 투영되어 있다. 이 점, 이 시가 사적 고향 '서울', 좁혀 말하면 시인 자신의 삶의 근거지이자 오랜 투쟁의 장소로서 '종로 네거리'에 바치는 개인적 헌사이기도 하다는 것을 분명히 한다.

그러나 이런 사적 감격은 공적인 그것 뒤에 서 있는 것일 뿐이다. 이전의 '네거리' 계열 시의 주인공이던 '동무'와 '순이'는 더 이상 호명되지 않는다. 아니 "용감한 우리 선진자와 전우들" "사람들의 눈물과 피와 한숨"이란 식으로 그들은 다만 '우리'라는 공적 대중의 하나로 기억될 뿐이다. 일종의 승전가인 이 시의 성격을 생각하면 이것은 당연한 결과이다. 지금 이 순간 그에게 가장 중요한 것은 "어떠한 일이 있어도 영구히 / 서울은 우리 인민의 거리이고 / 어떠한 먼 미래에도 또한 영구히 / 서울은 우리 조국의 수도이다"라는 사실, 다시 말해 '우리' 삶의 새로운 광장으로서 서울을 재의미화하는 일이다. 이런 공적인 목소리의 극대화야말로 「서울」을 다른 '네거리' 계열의 시에서 상당히 비켜서 있다고 느껴지게 하는 가장 큰 이유일 것이다.

　그러나 「서울」에 감격적으로 표현된 임화의 기대는 얼마 안 있어 잠시의 백일몽으로 판명난다. 미국을 중심으로 한 UN군의 참전에 의해 전세가 순식간에 역전되었기 때문이다. 이런 사정은 임화에게 패배의 신음만이 낭자한, 사방이 꽉 막힌 '종로 네거리'의 삶을 또 다시 떠올리게 하기에 충분했을 것이다. '사랑하는 딸 혜란에게'라는 부제가 붙어 있는 표제시 「너 어느곳에 있느냐」는 임화의 그런 심정이 딸의 안부를 묻는 방식으로 솔직 대담하게 토로되어 있는 최후의 명편으로, 역설적 의미의 '네거리' 시편이랄 수 있다.

> 아직도 / 이마를 가려 / 귀밑머리를 땋기 / 수집어 얼굴을 붉히던 / 너는 지금 이 / 바람 찬 눈보라속에 / 무엇을 생각하여 / 어느곳에 있느냐 // 머리가 절반 흰 / 아버지를 생각하여 / 바람 부는 산정에 있느냐 / 가슴이 종이처럼 얇아 / 항상 마음 아프던 / 엄마를 생각하여 / 해 저므는 들길에 섰느냐 // 그렇지 않으면 / 아침마다 손길 잡고 문을 나서던 / 너의 어린 동생과 / 모란꽃 향그럽던 / 우리 고향집과 / 이야기 소리 귀에 쟁쟁한 / 그리운 동무들을 생각하여 / 어느 먼 곳 하늘을 바라보고 있느냐 // 사랑하는 나의 아이야 // (…중략…) // 사랑하는 나의 아이야 // 한밤중 어느 / 먼 하늘에 바람이 울어 / 새도록 잦지 않거든 / 머리가 절반 흰 아버지와 / 가슴이 종이처럼 얇아 / 항상 마음 아프던 / 너의 엄마와 / 어린 동생이 / 너를 생각하여 / 잠 못이루는줄 알어라 // 사랑하는 나의 아이야 // 너 지금 / 어느곳에 있느냐

—「너 어느곳에 있느냐」 부분

　이 시가 북한의 표현대로라면 '혁명을 팔아먹은 미제의 스파이' 임화를 사회주의 조국의 이름으로 처형하는 데 한 빌미로 작용했음은 잘 알려져 있다. 겉으로는 중공군의 참전을 통해 다시금 승전의 노래가 울릴 것을 기대하지만 이미 패배의 예감에 휩싸여 종적을 알 수 없는 딸 혜란의 안위를 목놓아 걱정하는 반백의 추레한 아버지 임화. 혁명가라는 공

적 신분이 '아비'된 자라는 사적 신분에 의해 여지없이 패퇴하는 이 장면을 한 평론가는 "이 같은 아이러니의 정황, 곧 근대가 그에게 강요한 탐색의 종착역이 '딸'이라는 사실이 임화를 가장 비극적인 근대시인으로 각인하고 있다"라고 적었다.18) 매우 적확한 지적이지만, 과연 임화는 딸만을 찾았던 것일까. 딸 혜란은 '순이'처럼 임화의 또 다른 자아가 아니었을까.

한편에서는 조국혁명의 완수란 이름으로, 다른 한편에서는 북진통일이란 이름으로 수행된 전쟁, 그것은 그 결과와 상관없이 남, 북 모두 패배한 전쟁이었다. 미, 소 양강의 대리전쟁이었다는 세간의 평가는 차치하고라도 임화 자신이 보여준 가족사적 비극은 역사의 진보를 참칭한 한국전쟁의 허위성과 맹목성을 여지없이 폭로한다. 어쩌면 임화는 혜란을 통해 미래의 친밀성을 허락 받으려다 현재의 친밀성을 완벽하게 파괴하는 아이러니에 빠진 자신을 문득 보았을지도 모른다.

이 지점에서 임화의 신념은, 이후 그가 어떠한 행보를 보였든 간에, 완벽히 파탄난 것이나 다름없다. 어떤 이유를 대든, 그 신념이 봉사하는 역사의 진보가 개인의 순진성이나 평화의지를 아랑곳하지 않는 폭력에 의해 추동된다는 사실이 명확해졌기 때문이다. 과연 그 당시 임화의 생각이 여기까지 미쳤는지는 임화 자신을 제외하고는 그 누구도 알 수 없다. 그러나 설령 미쳤다 해도 당시의 형편이 그런 반성을 또 다른 출발로 삼기에는 중과부적이었음을 임화의 남은 행적19)과 처형은 잘 보여준다. 「너 어느곳에 있느냐」를 단순한 자애곡(慈愛曲 / 哭)이 아니라, 자기 미래를 봉인당한 자의 애절한 비가(悲歌)로 읽을 수 있는 근거가 바로 여기에 있다. 그렇다, 전쟁 중에 미아가 된 것은 순진한 어린아이인 '너—혜란'일 뿐만 아니라 혁명투사인 '나—임화'이기도 한 것이다. 따라서 임화

---

18) 유성호, 「현실과 진리를 향한 간단없는 질문과 탐색」, 『실천문학』, 1999년 겨울, 135면.
19) 이에 대한 좀더 자세한 내용은 김재용의 「한국전쟁과 임화」(『작가연구』 10, 2000)를 참조.

가 "너 지금 / 어느곳에 있느냐"며 목이 터져라 찾아 부르는 '너'는 시대의 광포함에 휘둘려 길을 잃고 헤매기는 마찬가지인 혜란이자 임화 자신이라 하겠다.

3. 임화 시에서 성찰의 의미와 한계

"자고 새면 / 異變을 꿈꾸"기, 이것은 문학에서나 혁명운동에서나 임화의 가야 할 바를 명쾌히 지시하던 삶의 원리였다. 임화는 '이변'의 꿈을 부여잡고 평생을 '청년'으로 살았다. '네거리' 계열의 시는 역사와 현실의 부침 속에서 그 이변의 꿈이 어떻게 자기조절을 해 나가는지를 투명하게 보여준다. 지금까지 우리는 그 과정을 '낭만성'과 그것의 두 원리인 신념과 성찰이란 틀 속에서 보아왔다. 이 작업에서 필자가 은연중 의도했던 바는 성찰하는 자아로서 임화의 면모를 드러내는 것이었다.

그간 임화의 시는 주로 진보와 혁명에 대한 신념의 고열한 독백이란 측면을 중심으로 논의되어온 감이 적지 않다. 이런 관점에서는 '네거리'를 보더라도 막힘 없이 활달한 길, 혹은 '광장'으로서의 이미지가 크게 다가오기 마련이다. 여기에 임화를 빌려 '네거리'를 질주하고픈 우리의 욕망이 포개져 있음을 부인하기는 어려울 것이다. 그러나 냉혹히 따져보면 현실 속의 '네거리'는 언제나 닫혀 있는 막다른 골목이었다. '네거리' 시편들은 어찌 보면 현실의 골목됨을 뼈저리게 인식하는 시들이라 할 수 있다. 거기서 주로 얘기되는 것은 승리가 아니라 패배와 죽음이다. 이를테면 동무와 순이의 죽음, 혹은 살아남아서 욕된 '나'의 처절한 심경을 떠올려 보라. 임화는 그 패배와 죽음을 턱없이 과장하거나 숨기지 않았다는 점, 다시 말해 '네거리'의 골목됨을 사실 그대로 인정할 줄 알았다는 점, 그리고 그것을 늘 기억하려고 애썼다는 점에서 명민했다. 물론 우리는 패배와 죽음을 수용하는 목소리가 신념과 용기를 부르는 목소리에 비해 작다는 것을 부인하지 않는다. 그럴지라도 그 성찰과 기억의 자세야말로 '막힌 네거리'에서 '열린 네거리'로 탈주하려는 임화의 욕망에 어떤 현실감과 신뢰를 부여케 하는 미덕이었음에 틀림없다.

이런 지적은 그러나 「九月十二日」 정도까지만 유효하고 타당하다. 정치와 시를 일치시키기에 다급했던 그 이후의 시는 성찰의 용기를 더 이상 보여주지 않는다. 정치(혁명)에의 신념과 신념의 정치만이 외로 울리게 된 것이다. 정치시의 모범이란 상찬이 뒤따르긴 하지만, 뒤돌아보는 의식을 거둬들인 시와 영혼이 치른 대가는 너무 컸다. 현실감각의 상실은 무엇보다 큰 손실이었다. 궁극적으로 이것은 그가 '열린 네거리'의 주인으로 삼고자 했던 인민의 이름으로 처형되는 최후의 비극을 초래하게 되지만, 그보다 먼저 온 비극이 있었다. 「너 어느곳에 있느냐」에 표현된 아이러니, 그러니까 맹목적인 진보에의 의지가 불러온 가장 기본적인 친밀성의 파괴가 그것이다. 이것은 물론 딸의 실종만을 두고 하는 말이 아니다. 임화 자신 메피스토펠레스에 영혼을 팔아버린 파우스트의 비극을 살게 되었다는 점, 그러니까 자아의 훼손과 실종이 문제라는 것이다. 그러나 임화에게는 그것을 치유해볼 기회조차 찾아오지 않았다. 그 광포한 현실은 그를 끝내 미래를 차압당한 시간의 미아로 떠돌게 했던 것이다.

임화의 비극은 한국문학사의 비극이기도 했다. '임화'라는 문학행위가 보았던, 그리고 보고자 했던 한국문학의 가능성이 더 이상 넝쿨을 뻗지 못하게 되었기 때문이다. 그러나 그래서 그의 문학행위는 여전히 현재적이다. 그 가능성을 더 밀고 나가는 동시에 비판적으로 점검하는 일이 우리의 과제로 놓여 있기 때문이다.

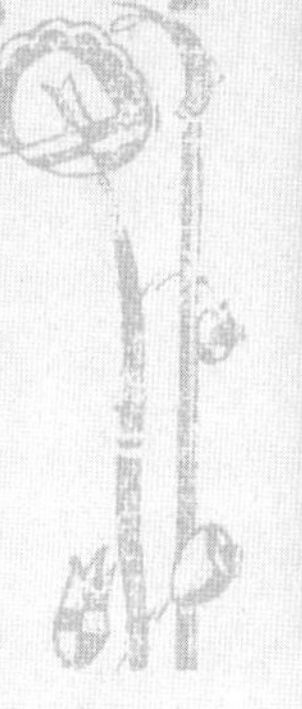

3부

임화의 비평과 문학론

'사실' 논쟁과 1930년대 후반 문학의 성격

하정일

1. 중일전쟁과 '사실의 세기'

　1930년대 후반의 한국문학을 어떻게 규정할 것인가라는 문제는 여전히 풀리지 않고 있는 숙제 중의 하나이다. 따지고 보면 근·현대문학의 어느 한 시기도 분명하지 않기는 마찬가지지만, 1930년대 후반은 다양한 흐름들이 착종되어 있는 데다 변화의 속도 또한 워낙 빨라 더더욱 연구자들을 곤혹스럽게 한다. 사실 1930년대 후반을 어디에서 어디까지로 잡을 것인지부터가 문제다. 카프가 해체된 1935년부터로 잡을 것인가 아니면 중일전쟁이 발발한 1937년 이후로 잡을 것인가. 1940년대를 1930년대 후반의 연속으로 볼 것인가 아니면 시기 설정을 따로 할 것인가. 1930년대 후반의 끝을 1940년대 초반까지로 늘일 것인가 아니면 1930년대에만 국한시킬 것인가 등등.

　　1930년대 후반의 시기 설정이 아직도 불분명하다는 것은 1930년대 후반 문학의 성격을 규정하기가 그만큼 까다롭기 그지없음을 말해주는 방증이라 할 수 있다. 물론 문학사의 시기 구분이 칼로 무 베듯 분명할 수는 없는 법이다. 서로 겹치기도 하고 일순 비약하기도 하며 더러는 공백 상태에 빠지기도 하는 것이 문학사의 실상이다. 그래서 문학사 서술에서는 단선적 시기 구분에 집착하기보다는 그러한 중첩과 비약과 공백의 복잡한 양상을 종합적으로 해명하는 일이 더욱 중요하다. 하지만 1930년대 후반 문학에 대한 근래의 논의들이 서로 혼선을 빚고 있는 원인 중의 하나가 시기 문제라는 점에서 이에 대한 사전 점검은 문학사의 시기 구분과는 별개로 짚고 넘어갈 필요가 있다. 1990년대 초반의 연구들은 주로 카프 해체를 전후한 시기를 중심으로 1930년대 후반 문학을 논했다. 대체로 사회주의 리얼리즘의 '조선적 구체화'에서부터 본격소설론이 제기된 1937년경까지가 거기에 해당된다. 그에 비해 최근의 연구들은 중일전쟁 이후에 초점을 맞추고 있다. 일단 대상 시기가 서로 다른 것이다. 1930년대 후반을 언제부터로 볼 것인가와 관계없이 중일전쟁 이전과 이후는 문학을 둘러싼 주객관적 조건 자체가 삽시간에 뒤바뀐다. 중일전쟁의 발발 이후 일제는 욱일승천의 기세로 대륙을 유린해갔다. 그 거대한 나라가 조그만 섬나라 군대에게 속절없이 무너지는 모습을 보며 조선의 지식인과 작가들은 엄청난 충격을 받았다. 파시즘의 세계 지배가 곧 실현될 것 같은 분위기가 지성계를 휩쌌다. 문학인들이 중일전쟁 이전과는 다른 방식으로 현실을 해석하고 대처한 것은 그런 점에서 당연한 수순이었다고 할 수 있다. 중일전쟁 이전을 대상으로 하는가 아니면 이후를 대상으로 하는가를 명확히 구별해야 하는 것은 이 때문이다. 따라서 필자는 논의의 불필요한 혼선을 피하기 위해 이 글이 중일전쟁 이후를 연구 대상으로 삼고 있음을 미리 밝혀둔다.

　　대상 시기를 이렇게 한정하고서 1930년대 후반 문학의 성격이란 문제로 눈을 돌리면, 가장 먼저 시야에 잡히는 것이 바로 '변화'이다. 중일전쟁 이후 한국문학의 변화상은 양적으로나 질적으로나 이전과는 비교할 수 없을 정도이다. 사상 전향이 횡행하고 신체제론에 편승한 친일 문인들이 속출했다. 문학은 현실과의 긴장을 포기하면서 일상이나 내면 속으로 도피했으며, 비평은 이념적 지표를 상실한 채 판단 정지를 선언하거나 문학의 자율성에 매달렸다. 중일전쟁 이후의 이러한 변화는 이전 시기의 문학이 전체적으로 계몽의 전통을 견지하고 있었다는 사실과 비교할 때 근본적인 변화라 해도 과언이 아니다. 말하자면 한국근대문학 특유의 계몽의 전통이 붕괴되는 위기에 처한 것이다.

근래의 몇몇 연구는 이 대목에 주목하여 1930년대 후반을 '환멸의 시대'로 규정하기도 한다. 1930년대 후반 문학에서 그러한 경향이 강하게 나타나는 것은 틀림없다. 계몽의 전통이 붕괴의 위기에 빠진 것, 이념적 지표를 상실한 것, 진리와 비진리의 경계에 대한 판단을 정지한 것, 문학의 현실 연관성을 포기한 것 등에서 우리는 '환멸'의 분위기를 어렵지 않게 감지할 수 있다. 하지만 그렇다고 해서 1930년대 후반을 환멸의 시대로 몰아부치는 것은 단순 논리라는 것이 필자의 생각이다. 왜냐하면 이런 식의 시대 규정에는 무엇보다 내부의 '미세하지만 중요한' 차이와 위계에 대한 고려가 결여되어 있기 때문이다. 문학사 연구에서는 일반적 경향의 정리 이상으로 의미 있는 흐름을 찾아 거기에 합당한 가치를 부여하고 적절히 위계를 잡아주는 일이 긴요하다. 차이에 대한 분별 없이 문학사적 위계화는 불가능하며, 위계화 없는 문학사란 한갓 사실의 집적에 불과할 따름이다.[1]

그렇다면 1930년대 후반 문학의 '미세하지만 중요한' 차이를 분별하기 위해서는 어디에 주목해야 할까. 필자가 보기에는 '사실' 논쟁이 아닐까 싶다. '사실' 논쟁은 대체로 휴머니즘론과 지성론에 대한 논의가 끝나는 지점에서부터 본격화된다. 휴머니즘론이나 지성론에서 '사실'론으로 넘

---

1) 이 문제에 대한 자세한 비판으로는 「1990년대 근대문학비평사 연구의 몇 가지 문제점」(하정일, 『분단자본주의시대의 민족문학사론』, 소명출판, 2002)을 참조하시오

어가게 된 데에는 중일전쟁이 불러일으킨 정신적 충격이 가로놓여 있다.
휴머니즘론과 지성론까지만 해도 이념적 지표라든가 역사적 전망에 대
한 열정이 담겨 있었던 데 비해 중일전쟁 이후에는 그러한 열정은 고사
하고 파시즘의 진군 앞에서 자신을 지키기에도 급급할 지경이 되었다.
그래서 이때부터는 파시즘에 맞서 자신의 마지막 순결성을 지킬 것인가
아니면 파시즘의 도도한 흐름에 편승할 것인가라는 선택과 결단이 화급
한 문제가 되었다. '사실' 논쟁은 바로 그러한 선택과 결단을 둘러싸고
당대의 쟁쟁한 문학 비평가들이 벌인 일대 논전이었다고 해도 과언이
아니다. 당시의 비평가들 치고 논쟁에 한 발이라도 걸치지 않은 이가 없
었을 정도로 '사실' 논쟁은 광범위한 관심 속에서 벌어졌다. 뿐만 아니라
당시의 또 하나의 주요 논쟁이었던 순수문학 논쟁보다 훨씬 강력한 시
대성을 동반하고 있었다는 점에서 '사실' 논쟁은 파시즘의 거센 위협에
대한 문학인들의 입장 차이를 선명하게 보여준다. 물론 엄격히 말해 '사
실' 논쟁은 '논쟁'의 형식으로 전개되지는 않았다. 상대방에 대한 별다른
논박 없이 비평가들이 자신의 견해를 밝히는 식으로 논의가 진행되었기
때문이다. 그러나 논의의 전 과정을 보면 서로가 서로를 뚜렷이 의식하
면서 논지를 펴나가고 있구나 하는 것이 분명하게 드러난다는 점에서
그것은 내용적으로 '논쟁'임에 손색없다.

  '사실' 논쟁이 당시의 지성계에 끼친 영향은 실로 엄청났던 것으로 보
인다. 가령 채만식의 『금의 정열』에는 전형적인 부르주아인 상문에 대해
다음과 같이 평하는 대목이 나온다.

　　그들은(낡은 '전설'의 고향을 가진 순범 저와는 달리) 맹목적이요 무비판한
　　것이 오히려 유리하여, 세기의 '사실'을 솔직하게 호흡하는 생리의 소유자들이
　　었었다.
　　그들은 그와 같이 아무언 주저도 회의도 불안도 없이 안심하고 그 세기의
　　'사실'을 호흡함으로써 그 속에 머금어 있는 새로운 생명의 원소를 섭취해가는

동안, 생리는 장차 오려는 세대에로 지양될 것이었다.

그리하여 탐욕한 유대놈도 아니요, 세계를 요리하는 유대인이 …… 즉 로스차일드가 아인슈타인이 토마스 만이 아리 포올이, 그러한 그들 가운데서 비로소 생겨날 것이었다. (강조-인용자)[2]

지식인인 순범은 이전에는 경멸해 마지않았던 부르주아에 대해 "세기의 '사실'을 솔직하게 호흡"해 "새로운 생명의 원소를 섭취"하는 존재라고 재평가한다. 여기서 '사실'은 자본주의를 가리키는 말일 수도 있고 군국주의 파시즘 또는 단순히 시대의 대세를 뜻하는 말일 수도 있다. 중요한 것은 그 구체적 내포가 무엇이든 간에 '사실'의 수용을 '새로운 생명의 원소를 섭취'하는 행위로 해석하고 있는 점이다. 이는 시대의 대세에 굴복해 가치 판단을 포기한 당시 지식인들의 일반적 정서를 확연히 보여주는 것이거니와, 채만식이 『태평천하』에서 식민지 부르주아에 대한 지독한 경멸감과 적대 의식을 노골적으로 드러내 보였던 장본인이었다는 점까지 고려하면, '사실'론의 위력이 어느 정도였는지 실감하기에 어렵지 않을 것이다. 이 인용문에서 또 하나 유의할 점은 '세기의 사실'이란 표현이다. 이 표현은 발레리가 말한 '사실의 세기'에서 유래한 것인데, 사실의 세기란 '질서의 세기' ― 19세기까지의 근대 유럽 문명 ― 에 반대되는 표현이다. 발레리는 1차세계대전 이후 유럽 문명이 붕괴의 위기에 처했다고 진단한 바 있다. 20세기는 문명의 가능성, 다시 말해 이성에 바탕한 진보의 가능성이 소진된 시대라는 것이다. 게다가 파시즘의 득세는 그러한 경향을 더욱 가속화시켜 바야흐로 야만적 사실들만 난무하면서 문명의 질서는 무참히 파괴되는 곤경을 맞이하게 되었다는 것이 발레리의 20세기관이다.[3] '사실' 논쟁이 발레리의 '사실의 세기'론에 영

---

2) 채만식, 『금의 정열』, 창작사, 1987, 339면.
3) 이에 대한 간략한 설명으로는 최재서의 「사실의 세기와 지식인」(『조선일보』, 1938.7)을 참조하시오. 20세기 문명의 위기에 대한 발레리의 생각은 1919년에 발표한 「정신의 위기―첫 편지」(박은수 역, 『발레리 산문선』, 인폴리오, 1997)에 잘 나타나 있다. 그는

향을 받아 시작되었음을 감안하면, 이 논쟁의 배후에는 근대성의 근본적 위기에 대한 반성이 은밀히 숨어 있음을 발견할 수 있다.

'사실' 논쟁을 정리하는 데 있어서 가장 까다로운 문제 중의 하나가 사실의 구체적 함의이다. '사실'의 의미가 다양하다는 것, 이 점이 '사실' 논쟁의 특징이자 복잡성이다. 이 논쟁에서 사실이란 단어는 적어도 세 가지의 의미로 사용되고 있다. 첫 번째는 앞에서 지적한 지성의 반대말로서의 사실이다. 두 번째는 파시즘의 상징으로서의 사실이다. 세 번째는 문학적 제재로서의 사실이다. 따라서 '사실'이란 단어가 나올 때 세 의미가 중첩되어 있는지 아니면 그 가운데 어느 특정한 의미로만 국한되어 있는지를 세심하게 구별하지 않으면 자칫 엉뚱한 해석으로 빠져들기 십상이다. 물론 대부분의 경우는 세 의미가 중첩되어 있지만, 그렇지 않은 경우도 적지 않기 때문이다.

'사실' 논쟁의 귀추(歸趨)와 의미를 추적하면서 필자는 세 비평가를 주목했다. 백철, 김환태, 임화가 그들이다. 논쟁에 참여한 많은 이들 가운데 필자가 굳이 이 세 사람에 주목한 까닭은 이들의 논리가 사실 문제를 바라보는 세 입장을 대표한다고 판단했기 때문이다. 그 세 입장은 사실 수리론, 사실 회피론, 사실 길항(拮抗)론으로, 이것들은 파시즘의 대공세에 대한 지성계의 세 가지 태도와 맞물려 있어 더욱 의미심장하다. 나아가 우리는 이 세 입장이 지향하는 바와 상호 차이를 통해 1930년대 후반 문학의 내면 세계를 들여다볼 수 있을뿐더러 궁극적으로는 당시 문학의 성격을 이해하는 결정적인 단서를 얻을 수 있게 될 것이다.

이 에세이에서 20세기 문명의 위기란 바로 지성의 위기이며, 이 지성의 위기는 현대주의가 한계에 봉착했음을 말해주는 증거라고 지적한다.

2. '사실' 문제에 대한 두 편향―사실 수리론과 사실 회피론

중일전쟁의 충격과 파시즘의 노골화가 심화되면서 문학인들은 극심한 정신적 무력감에 사로잡혔다. 그리하여 더 이상 '이것이 진리다'라고 주장할 용기를 잃었으며, 자신들이 그동안 믿고 있던 이념이나 가치에 대한 자신감마저 상실했다. 휴머니즘론·지성론·본격소설론 등 당대를 풍미했던 문학론들이 일거에 꼬리를 내린 것은 그에 따른 안타까운 결과였다. 진리와 이념에 대한 믿음이 사라질 때 정신적 공황이 시작된다. 1938년이 바로 그런 시기였다. 사실 논쟁은 바로 이 같은 정신적 공황 상태를 배경으로 이루어졌다.

대부분의 비평가들이 시대의 외압에 주눅 들어 문학 원론만 되풀이하며 침묵하고 방황할 때 발빠르게 치고 나온 이는 예의 백철이었다. 백철은 인간 묘사론에서부터 휴머니즘론까지 항상 논쟁의 선편을 쥐며 문단의 센세이션을 불러일으켰다. 사실 논쟁에서도 마찬가지였다. 그는 「시대적 우연의 수리」에서 "사실을 다만 사실로 해석하는 데 멎고 그 이상의 의미를 찾아내지 못하면 우리들은 하나의 사실주의에 떨어지고 말 것"이라고 경고하면서 "금일의 우연적인 현실에 대해서도 지식인은 그 **사실 이상의 진리**(강조―인용자)를 발견하여 친히 그 진리를 건설해가는 주체로" 나서야 한다고 역설한다.[4] 사실을 사실로만 해석하는 '사실주의'를 넘어 사실 속에서 '사실 이상의 진리'를 발견하자는 주장은 일견 너무도 당연해 보인다. 당시의 지식인들이 너나 할 것 없이 사실의 하중(荷重)에 짓눌려 허우적거리고 있었다는 점에서 더욱 그러하다. 요컨대 사실은 인정하되 그렇다고 사실에 주눅들지 말고 사실 속에 숨어 있는 진리를 찾아 그것을 적극적으로 실천하자는 것이다.

---

4) 백철, 「시대적 우연의 수리」, 『조선일보』, 1938.12.

하지만 이러한 외면적 그럴듯함에도 불구하고 그 실내용은 참담하기 그지없다. 먼저 그가 말하는 '사실 이상의 진리'가 중일전쟁을 봉건 체제로부터의 해방으로 해석하는 것이라는 점을 지적하지 않을 수 없다. 중일전쟁은 어떤 명분을 부치든 간에 결국 일제에 의한 제국주의 침략 전쟁일 뿐이다. 이 엄연한 사실을 애써 외면하면서 백철은 "아시아적 생산이라는 태고식을 청산하지 못하고 문명 정도는 봉건의 성을 넘지 못한 지나가 그 수준을 깨뜨리고 하나의 세계적인 수준으로 나간" 계기라며 중일전쟁을 정당화한다. 게다가 그는 이것을 '동양사의 커다란 발전'이라고까지 칭송하기도 한다.[5] '사실 이상의 진리'가 고작 중일전쟁의 정당화라면, 그 진리가 조선의 지식인들에게 의미하는 바는 과연 무엇일까. 여기서 우리는 백철의 친일화의 뿌리를 읽게 되거니와 그가 당당하게 신체제론으로 나아갈 수 있었던 것은 그것이 바로 그가 생각하는 '진리의 적극적 실천'이었기 때문이다.

궁금한 점은 한 때 카프의 맹장이었던 백철이 '사실 이상의 진리'를 그런 식으로 해석한 이유이다. 어째서 백철은 중일전쟁을 해방 전쟁으로 정당화했을까. 그 까닭을 제대로 이해하기 위해서는 사실 문제에 대한 백철의 기본적인 입장이 무엇인가를 파악해야 한다. '사실'에 대한 백철의 기본적 입장은 한마디로 '사실 수리론'으로 요약된다. 백철은 파시즘의 강화, 일제의 군국주의화, 중일전쟁 등을 '시대적 우연'이라고 명명한다. 그것이 '우연'인 것은 지식인들이 필연이라고 소망한 것과는 반대되는 상태였기 때문이다. 이 때 대부분의 지식인은 절망이나 체념에 빠진다. 그러나 백철은 이러한 절망이나 체념은 지식인이 취할 올바른 자세가 아니라고 질타한다. 대신 그는 이 '시대적 우연'을 '엄연한 사실'로 인정할 것을 제안한다. 그래야만 우연 속에서 필연을 찾아내는 것이 가능하기 때문이라는 것이다. 이로부터 그의 '사실 수리론'이 등장한다.

---

5) 백철, 「시대적 우연의 수리」, 『조선일보』, 1938.12.

　　문제는 한 시대의 현실이 우연적으로 초래되었든지 혹은 주관적으로는 비위에 거슬리든지간에 그것이 일차 우리 앞에 현상되고 정착된 이상에는 우연은 하나의 엄연한 사실이요 객관이라는 것이다. 그 안에서 우연은 다른 시대의 정상적인 현실과 같이 한 시대에 존재할 권리를 가진 객관적인 사실이란 것이다.
　　이 때에 있어 그 현실에 대하여 그것이 우연적인 때문에 존재성을 부정하고 그것이 비위에 맞지 않는 때문에 우연과의 우의를 거절한다고 해도 현실측에서 머리 숙이고 문학자와 타협을 청하는 일은 없다. 이쪽에서 침묵하면 이번은 사실편에서 도전을 해온다. 무리로라도 우리에게 의사와 성의를 표시하도록 요구를 제출해둘 뿐이다. 그리하여 오늘은 현실의 명령이 우리 지식인과 문학자의 두상(頭上)을 업수르고 횡행하는 시대가 아닐까?[6] (강조－인용자)

　　백철은 '시대적 우연'이 "다른 시대의 정상적인 현실과 같이 한 시대에 존재할 권리를 가진 객관적인 사실"이라고 규정한다. 말하자면 우연이 지식인이 소망하는 바와 어긋날지라도 그것이 "존재할 권리를 가진 객관적 사실"인 한 받아들여야 한다는 것이다. 따지고 보면 이 말 자체는 하등 문제될 것이 없다. 왜냐하면 현상적으로는 우연으로 보이는 것이라도 그 밑에는 분명한 인과 관계와 필연적 연관이 반드시 내재해 있기 마련이기 때문이다. 파시즘 같은 것이 거기에 해당하리라. 문제는 그것을 '어떻게' 받아들일 것인가 하는 점이다. 백철은 우리가 아무리 못본 체 하고 참묵하더라도 "사실편에서 도전을 해"오리라고 예상한다. 그러므로 어쩔 수 없이 끌려가기보다는 먼저 나서서 적극적으로 현실을 받아들이는 것이 사실이 횡행하는 시대에 지식인이 택할 최선의 방도라는 것이다. 그의 표현을 그대로 빌리자면, "그것이 어떤 현실의 정치든간에 그 현실이 역사적 소산(所産)으로서 가능한 경우의 내용을 설정하여 최대한도로 유리한 요소를 택하고 그 요소를 중심하고 주체적으로 필연적인 것을 만드는 곳에 그 시대의 현실을 살려내는 '최상'의 해결책이 있는 것"이다.[7]

---

6) 백철, 「시대적 우연의 수리」, 『조선일보』, 1938.12.

정리하면 이렇다. 시대적 우연이 엄연한 객관적 사실인 한 그것을 무시하거나 피하기란 불가능하다. 따라서 사실을 사실로서 인정하되 그 곳에서 우리에게 '유리한 요소'를 최대한도로 찾아내 적극 활용하는 것만이 '사실의 세기'에 지식인이 택할 수 있는 '최상의 해결책'이다. 물론 이것이 '문화 발전의 제1차의 길'은 못됨을 백철 역시 시인한다. '제1차의 길'은 '정치'와 대립하면서 "자기 영역을 고수하고 독자적 입장을 보수하는 것"이다. 하지만 작금의 현실은 정치와의 대립을 허용하지 않기 때문에 부득이하게 '문화 발전의 제2차의 길'로 나갈 수밖에 없는데, 그것은 '정치와 결탁'해 거기서 유리한 요소를 취하는 전략이다. 결국 정치 ―곧 파시즘― 와 맞서지 말고 그것과 '결탁'함으로써 문화 발전을 도모하자는 것이 '사실 수리론'의 골자인 셈인데, 그야말로 가장 전형적인 전향론인 셈이다. 왜냐하면 여기서는 일제 파시즘에 대한 최소한의 저항 의식이나 비판 정신을 찾아볼 수 없기 때문이다. 사실의 힘이 아무리 막강하더라도 그 사실의 비진리성을 지적하는 용기가 지성의 저항 의식이자 비판 정신이라 할 수 있다. 사실 자체가 곧 진리일 수는 없다. 특히 그 '사실'이 파시즘을 가리키는 경우에는 더 말할 나위도 없다. 따라서 '사실 이상의 진리'란 오히려 사실과 맞서는 데서부터 시작되어야 마땅할 것이다. 그런 점에서 사실-정치-파시즘과의 '결탁'을 '최상의 해결책' 혹은 '문화 발전의 제2차의 길'이라고 주장하는 백철의 '사실 수리론'에서 '사실 이상의 진리'란 슬로건은 전향의 논리를 호도하기 위한 그럴싸한 수사에 불과할 뿐이다.

돌이켜 보면, 백철의 사실 수리론은 이미 예정된 수순이었다고도 할 수 있다. 프로문학과의 결별 이후 백철은 줄곧 문화와 정치의 분리를 주장해왔다.8) 인간 묘사론이나 휴머니즘론에서 백철은 문화의 독자성을 강조하

---

7) 백철, 「시대적 우연의 수리」, 『조선일보』, 1938.12.
8) 가령 백철은 「현대문학의 과제인 인간탐구와 고뇌의 정신」(『조선일보』, 1936.1)에서 다음과 같이 주장한다. "현대문학의 정치성 사회성으로부터 문학의 독자성, 인간의 성

는데, 그 정치적 무의식을 읽기란 그리 어렵지 않다. 요컨대 문화와 정치를 분리시킴으로써 문화의 성 속에 안주하겠다는 것이다. 이는 「시대적 우연의 수리」에서 제시한 문화 발전의 '제1차의 길'에 해당한다. 하지만 중일전쟁의 소용돌이는 이마저 허용하지 않는 광포함을 노정했고, 백철은 다시금 갈림길에 선 것이다. 그 갈림길이란 문화의 독자성을 인정하지 않는 정치에 저항해 문화를 수호할 것인가 아니면 정치와 타협해 문화의 최소한의 생존권이나마 보장받을 것이냐 하는 것이었다. 전자가 카프와의 결별 이후 이미 포기한 길이라는 점에서 백철에게 가능한 선택은 정치와의 타협말고는 달리 없었을 터이다. 여기서 우리는 문화 발전의 '제2차의 길', 곧 '시대적 우연'을 '엄연한 객관적 사실'로 받아들여 정치와 '결탁'함으로써 문화 발전을 도모하자는 사실 수리론의 내심이 현실 앞에서 무력하기만 한 지식인의 극심한 불안감으로 가득 차 있음을 새삼 확인하게 된다.

이후 백철이 신체제론으로 나아간 것은 그런 점에서 당연한 이론적 귀결이었다. 파시즘과 결탁함으로써 문화 발전을 도모하고자 한다면, 신체제론에 적극 영합하는 것 이상의 '최상의 해결책'은 없기 때문이다. 중일전쟁 3주년을 맞으면서 쓴 「금후엔 문화적 사명이 중요」란 에세이는 백철의 그러한 변화상을 선명하게 보여준다. 백철은 중일전쟁이 바야흐로 제2의 새로운 질서를 세우는 '건설기'에 들어섰다고 진단하면서, 이 제2단계에서는 문화가 주도적 역할을 해야 한다고 역설한다. 그 역할이란 "지나 국민이 우리 제국의 진의를 이해해서 제국의 협력에 응"하도록

격·정열의 탐구에 나아가는 것은 현대인이 격정 상태로부터 자기 반성에서 나타나는 필연의 현상이 아닐 수 없다. 여기서 문학이 인간을 탐구하는 것은 문학이 그 자체의 독자성을 추구하는 것을 의미한다. 왜 그러냐 하면, 문학은 인간적인 것을 추구하는 데서만 외부적 불순한 조건을 벗어나 문학 독자의 영역을 회복하는 까닭이다."
  이처럼 문화를 정치나 사회로부터 분리시키려는 백철의 집착은 인간 묘사론 이래 그의 일관된 입장이었다. 이에 대한 좀더 자세한 설명으로는 필자의 「30년대 후반 휴머니즘논쟁과 민족문학의 구도」(『민족문학의 이념과 방법』, 태학사, 1993)를 참조하시오

하는 일이거니와 말하자면 대동아 공영권의 건설에 각 민족들이 동참하도록 설득하는 것이 문화의 사명이라는 것이다.[9] 중일전쟁이 '사실'의 단계에서 '질서'의 단계로 넘어갔다는 그의 정세 분석은 신체제론으로 이행하는 데 있어 사실 수리론이 징검다리가 되고 있음을 잘 보여준다. 하지만 신체제론으로 오면 노골적인 친일론 일색이어서 더 이상의 분석은 무의미해진다. 다만 그가 신체제론에 적극적으로 뛰어든 데에는 사실 수리론이 중요한 이론적 바탕이 되어주었다는 점만 지적해 두기로 한다.

백철이 사실 문제를 바라보는 전향론의 시각을 대표한다면, 김환태는 사실 문제에 대한 예술지상주의의 입장을 대변한다. 김환태가 세대 논쟁에서 '순수문학'을 옹호하고 작품의 내적 결을 섬세하게 읽는 인상주의 비평을 내세운 것은 이미 잘 알려진 사실이다. 그는 '현실의 재현'이라는 리얼리즘적 원리에 누구보다도 강력하게 반발했던 비평가이다. 가령 「문학적 현실과 사실」에서 김환태는 문학이란 "실생활의 모사나 있는 그대로의 재현이 아니라 새로운 현실의 생산"이며, 진정한 의미에서의 문학적 감흥은 "객관적 현실에서 독립의 작품만으로의 현실감"으로부터 나온다고 설명한다. 그래서 작가가 객관적 현실을 묘사할 경우에조차도 그것은 객관적 현실을 재현하기 위해서가 아니라 "문학적 현실의 생산에 이용하기 위해서며" 객관적 현실로부터 "독립하기 위해서다."[10]

이러한 김환태의 문학관은 한마디로 문학과 현실의 이분법이라고 할 수 있다. 그는 휴머니즘론 시기의 백철보다도 훨씬 단호한 어조로 양자의 상호 연관을 부정한다. 말하자면 둘은 전혀 별개의 세계라는 것이다. 객관적 현실을 묘사하는 것조차 그로부터 독립하기 위해서라는 발언에서 그러한 생각이 확연하게 드러난다. 그러면 문학을 현실로부터 철저히 단절시킴으로써 김환태가 얻으려는 것은 무엇일까. 그것은 "근원적인 인간성"이다. '근원적인 인간성'이란 김동리가 말한 '생의 구경적 의의'와

---

9) 백철, 「금후엔 문화적 사명이 중요」, 『인문평론』, 1940.7, 102면.
10) 김환태, 「문학적 현실과 사실」, 『조선일보』, 1939.1.

같은 것으로, 시대와 역사를 초월해 영원히 지속되는 인간의 '존재론적 본질'을 가리킨다. 문학은 '근원적인 인간성'을 그려야 하므로 시대나 역사를 뛰어넘어 존재의 본질을 파고들어야 한다는 것이 김환태 문학관의 골자인 셈이다. 문학이 시대와 역사의 제약을 받는 객관적 현실과 단절해야 하는 것은 그런 점에서 당연하다.

김환태의 '사실 회피론'은 이 연장선상에 놓여 있다. 그는 「순수 시비」에서 유진오의 신세대 비판을 정면으로 반박하면서, 기성 작가들에게는 '문학상의 주의'만 있을 뿐 '문학 정신'은 없는 반면 신진 작가들은 '순수한 문학 정신'으로 무장하고 "제 스스로 제 마음 속에 길러낸 문학적 세계"를 창조하고 있다고 평가한다. 여기서 '문학 정신'은 "인간성의 탐구요, 그에 표현의 옷을 입히려는 창조적 노력"을 뜻하거니와 앞에서 정리한 김환태의 문학관이 바로 거기에 해당한다. 그러면서 그는 '문학 정신'을 '사실' 문제와 관련시켜 이렇게 설명한다.

씨(유진오—인용자)는 순수란 개념을, 이 논문의 처음에 인용한 바와 같이 비문학적인 야심과 정치와 책모로 해석하고 있는가 하면, 순수하기 위하여 작가는 모름지기 일상생활 즉 사실의 격류 속으로 몰입하라 하였고, 그런가 하면 '포오', '마라르메', '보오드레에르', '바레리이'는 심각한 인간고를 표명한 사람으로, 그들의 문학적 태도는 순수 중의 순수라 한다. 그러면 이상에서 열거한 네 작가가 과연 일상생활 속에 즉 사실의 격류 속에 몰입한 작가들이든가, 그리고 그리함에는 그들의 인간고가 그렇게도 심각하였든가? 우리는 **그들이 결코 사실 속에 몰입했던 작가가 아니라, 도리어 사실을 피한 작가들이었다는 것을** 그리고 그들의 인간고는 사실의 파편에서 온 것이 아니라, 더 깊이 전인간적인 생존에서 온 것이었다는 것을 알아야 한다.[11] (강조—인용자)

김환태는 포·말라르메·보들레르·발레리와 같은 대작가들의 예술적 성취가 "사실을 피"해 "전인간적인 생존"을 그린 결과라고 해석한다.

---

11) 김환태, 「순수 시비」, 『문장』, 1939.11, 149면.

"사실을 피"할 때 비로소 깊은 '인간고', 즉 '근원적 인간성'을 그릴 수 있다는 말인데, 이 발언이야말로 김환태의 예술지상주의의 핵심을 날카롭게 표현해주는 대목이라 하지 않을 수 없다. 인간성이 사실의 단순한 집적 이상인 것은 분명하다. 하지만 그렇다고 해서 그것이 인간성은 사실과는 별개의 어떤 것이라는 의미는 결코 아니다. 인간은 사실에 적응하면서 그와 동시에 자신에 맞게 사실을 바꿔나가는 주체이고 인간성 또한 사실들의 복잡한 상호 연관의 총체이기 때문에 인간성이란 항상 사실이면서 사실 이상이다. 물론 인간의 시원(始原)적 본질, 김동리 식으로 표현하면 '생의 구경적 형식'을 거론할 수도 있으리라. 그러나 막말로 시원을 따지기로 들면 아메바까지 거슬러 올라가야 하지 않겠는가. 우스개 소리 같지만, 이 말 속에는 인간의 시원을 어디에서부터 잡아야 하는가라는 까다로운 문제가 담겨 있다. 문학, 나아가 인문사회과학에서 인간의 시원은 적어도 인간이 스스로를 인간으로 자각한 이후부터이다. 왜냐하면 자기 의식 없는 인간이란 인문사회과학의 대상이 되는 '유적 존재'로서의 인간이라고는 할 수 없기 때문이다. 김환태가 '순수문학'의 전범으로 언급하곤 하는 김동리나 최명익의 문학에 등장하는 인간들도 자기 의식을 지닌 '유적 존재'로서의 인간 아닌가. 그런데 자기 의식을 가진 이래 인간은 언제나 사회적이고 역사적인 존재였다. 인간성이 사실 이상이면서도 사회적 역사적 사실과 동떨어져 존재할 수 없는 것은 그래서이다. 김환태의 사실 회피론은 이 엄연한 진리를 외면하고 있다. 그의 문학관에 대해서도 같은 비판을 할 수 있다. 그는 문학이 현실의 재현이 아니라 '새로운 현실의 생산'이라고 정의했다. 하지만, 앞의 논법을 빌리면, 이 말은 문학은 현실의 재현이면서 새로운 현실의 생산이라고 수정되어야 마땅하다. 그래야 사실이면서 사실 이상일 수 있기 때문이다.

　이처럼 김환태의 사실 회피론은 문학과 현실의 이분법이라는 예술지상주의적 논리를 사실 문제에 그대로 투사시켜 마치 반(反)사실만이 문학의 진정한 길인 것처럼 호도하는 문제점을 보여준다. 방금 살펴보았듯이,

문학과 사실의 관계는 회피하고 싶다고 해서 회피할 수 있는 관계가 아니다. 사회성과 역사성이야말로 김환태가 말하는 '근원직인 인간성'의 정수(精髓)라는 점에서 사실로부터의 회피란 애당초 불가능한 일이다. 그러나 보다 심각한 문제는 사실 회피론의 이데올로기적 효과이다. 김환태는 백철과 달리 사실이란 단어를 문학의 제재로서의 사실 정도의 단순한 의미로 사용했지만, 그럼에도 불구하고 사실 회피론이 당시의 정세 속에서 갖는 의미는 현실 순응 이상도 이하도 아니다. 문학과 현실의 분리가 저항적 의미를 갖는 경우도 없는 것은 아니다. 모더니즘의 미적 저항이 거기에 해당하리라. 하지만 그렇게 되려면 그 분리가 문학의 독자성을 바탕으로 현실을 향해야 한다. 하지만 김환태는 반대 방향으로 나아간다. 사실 회피론이 그러한 지향의 내밀한 표현이거니와 파시즘이 극에 달한 1930년대 후반의 민족 현실을 '회피'한다는 것은 결국 일제의 지배에 순응한다는 뜻 외에는 아무것도 아니다.

김환태도 사실 회피론의 문제점을 깨달았는지 몇 달 후에 쓴 「주제의 선택과 응시」에서는 다소 다른 견해를 피력한다. 간략히 요약하면, 문학은 생활 사실을 다루되 "아무 의미도 없는 생활 사실이나 혹은 일시적인 의미 밖에는 가지지 못하는 생활 사실"이 아니라 "가장 근원적인 인간성에 뿌리를 박은 생활 사실"을 다루어야 한다는 것이다.12) 얼핏 보면 달라진 듯한 이 발언은 그러나 예의 시대성이나 역사성을 부정하고 있다는 점에서 사실 회피론과 본질적으로 대동소이하다. 역사성과 관련되지 않은 '근원적 인간성'이란 있을 수 없기 때문이다. 게다가 그가 "가장 근원적인 인간싱에 뿌리를 박은 생활 사실"을 다룬 에로 드는 김동리의 「동구앞길」을 보면 더욱 그러하다. 「동구앞길」은 처첩 갈등과 첩의 모성애를 그린 전형적인 세태 소설이다. 이 작품에서 '근원적 인간성'이 어떤 것인지 필자로서는 도무지 가늠이 잡히지 않는다. 처의 질투인가 첩의 모

---

12) 김환태, 「주제의 선택과 응시」, 『문장』, 1940.3, 153면.

성애인가. 어느 쪽이든 그것들 또한 시대와 역사를 초월한 '근원적 인간성'이라기보다는 봉건적 가부장주의와 결부된 문제일 따름이다. 그런 점에서 「동구앞길」은 오히려 김환태의 해석과는 반대로 애욕 역시 항상 '역사적인 것'이라는 점을 잘 보여주는 사례라 할 수 있다.

백철의 사실 수리론과 김환태의 사실 회피론은 사실 문제에 대한 인식론적 두 편향을 대표하는 논리인 동시에 군국주의 파시즘이 지배하는 민족 현실로부터 도피하려는 '정치적 무의식'의 두 가지 표현이다. 백철이 파시즘과 타협함으로써 현실 도피를 꾀했다면, 김환태는 파시즘을 외면하는 방식으로 현실에서 도피하고자 한 것이다. 전자가 기회주의라면, 후자는 순응주의라 할 수 있다. 어느 것도 민족의 요구와는 동떨어진 논리임은 물론이다. 하지만 1930년대 후반에 이 두 논리만 있었던 것은 아니다. 극도의 불안감과 비관주의 속에서도 문학의 본도(本道)를 지키고 새로운 길을 찾으려는 진지한 모색들이 꿈틀거리고 있었으니 그 가운데 하나가 임화의 '사실 길항론'이다.

3. 사실 길항론과 시련의 정신

임화는 「세태소설론」에서 '그리려는 것과 말하려는 것의 분열'을 지적하면서, 그것이 "우리가 사는 시대의 이상과 현실이 너무나 큰 거리로 떨어져 있는 현실 자체의 분열상"을 반영하는 현상이라고 진단한 바 있다. 이상과 현실의 거리가 도저히 메꿀 수 없을 정도로 단절되었다는 것, 이것이 1930년대 후반의 조선 사회에 대한 임화의 기본 시각이었다. 37년까지만 해도 프로문학의 리얼리즘적 가능성을 의심치 않던 임화가 1년 만에 당대를 이상과 현실이 분열된 '무력(無力)의 시대'라고 비관하게 된 것은 중일전쟁의 충격이 얼마나 컸나를 단적으로 보여준다. 그토록 패기만 만하던 임화마저 마침내 '사실'의 도도한 위세를 절감하게 된 셈이다. 그리하여 그는 "창작의 무력을 이야기하면서 결과로는 어느 틈에 나 자신의 무력을 피력하고 있었다"고 고백하기에 이르거니와 이 고백은 1930년대 후반 문학 비평의 곤혹스러운 처지를 가장 함축적으로 표현한 발언이 아닐 수 없다. 임화가 '사실'을 비평적 탐색의 새로운 화두로 설정한 것은 그 때문이다. 요컨대 '사실' 문제를 해결하지 않는 한 문학 비평이 '창작상의 지도적인 기여'를 하기가 불가능해졌다고 판단한 것이다.

임화는 '사실의 승리와 도약'을 어떻게 이해할 것인가에서부터 논의를 시작한다. 그는 그 까닭이 "금세기의 사실 앞에 19세기의 지성이 무력"해졌기 때문이라고 해석한다. 더 이상 19세기의 지성, 곧 자유주의라든가 합리주의 같은 시민계급의 사상으로는 20세기의 새로운 사실인 파시즘을 파악할 수 없게 된 것이다. 하지만 임화에게 더욱 심각한 문제는 20세기의 지성, 즉 맑스주의마저 '사실'에 패배했다는 점이다. 임화는 휴머니즘 논쟁 때부터 파시즘에 대항한 자유주의와 맑스주의의 연대를 '일시적인 것'으로 한정하면서 두 이념의 차별성을 강조해 왔다. 그렇게 한 것은 임화가 파시즘에 대한 공동 대응 자체를 반대해서가 아니라 연대가 자칫 맑스주의의 독자성을 모호하게 만들까 경계했기 때문이었다. 그래서 임화에게 19세기적 지성의 패배는 시민계급의 헤게모니가 동요하고 있는 20세기 역사의 당연한 귀결이다. 문제는 20세기의 지성마저 패배했다는 사실이다. 왜 그렇게 되었을까. 임화는 그것이 "지나치게 제 논리의 자율성 속에 칩거"했기 때문이라고 설명한다.[13] 다시 말해 지성의 자율성을 구실로 현실과의 부단한 상호 조회를 포기한 결과 현실로부터 괴리되고 말았다는 것이다. 게다가 맑스주의는 아직 '의지의 수준'도 벗어나지 못한 상태 아니던가.[14] 맑스주의가 의지의 수준에서 지성의 수준으

---

13) 임화, 「사실의 재인식」, 『문학의 논리』, 한예사, 1940, 129면.
14) 임화, 「현대문학의 정신적 기축」, 『문학의 논리』, 한예사, 1940, 111면.

로 난숙하기도 전에 '논리의 자율성 속에 칩거'한 것이 패배의 근본 원인이라는 지적은 '구체적 상황에 대한 구체적 분석'의 과학인 맑스주의가 아직도 현실과 괴리된 관념론을 탈피하지 못했음을 인정했다는 점에서 참으로 통렬한 자기 반성이 아닐 수 없다.

이에 임화는 "새 사실의 구조를 그 사실에 즉해서 알아내는", 다시 말해 외부적인 이론으로 현실을 재단할 것이 아니라 현실의 내부로부터 현실의 구조를 이해해가는, 이른바 '구체적 상황에 대한 구체적 분석'으로 되돌아갈 것을 제안한다. 왜냐하면 "일체의 지적인 것의 원천이 사실에 있는 것 또 문화의 퇴화는 새로운 사실의 논리의 발견으로 수정되고 회복"되기 때문이다. '사실'의 공세에 갈피를 못잡고 우왕좌왕하던 당시의 상황 속에서 임화는 '일체의 지적인 것의 원천이 사실에 있다'고 선언함으로써 외면이나 우회가 아닌, 정면돌파쪽으로 방향을 잡은 셈이다. 먼저 임화는 "기정 사실의 인정"을 주장한다. 즉 현실의 내부로부터 현실의 구조를 이해하기 위해서는 '기정 사실'을 인정하는 데서부터 출발해야 한다는 것이다. 이 말을 '사실 수리론'과 동궤(同軌)로 해석해서는 곤란하다. 실제로 백철이 그런 식으로 해석하면서 사실 수리론을 정당화하는 데 이용하기도 했지만, 임화의 본의(本意)와는 거리가 멀어도 한참 멀다. 임화 또한 그 점을 예상했는지, '기정 사실의 인정'이 이탈리아의 이디오피아 점령에 대해 영국이 그것을 인정하고 주권을 포기하는 것과 같은 의미로 이해해서는 안 된다고 분명히 못을 박는다. 그것은 사실에 대한 '굴복'일 뿐이라는 것이다. '기정 사실의 인정'의 참뜻은 "그 사태를 기초로 하여 자기 발전의 확고한 현실적 노선을 발견"하자는 데 있다. 논리의 자율성에 칩거해 현실과 괴리되고 만 맑스주의의 관념성을 자기 반성하면서 사실을 사실대로 인정하는 것이 정신적 혼돈과 이념적 방황을 헤치고 진리의 빛을 향해 문학이 새롭게 나아갈 수 있는 첫 걸음이라는 것이다. 그렇다면 다음의 행보는 무엇일까. 그것은 사실과의 '길항(拮抗)'이다.

문화의 정신을 사실의 승인과 바꾸자는 것이 아니라, 우리의 정신 활동의 방향을 일체로 사실 가운데로 돌려 그 사실의 탐색 가운데서 진정한 문화의 정신을 발견하자는 것을 의미한다.

그러기 위하여는 우리가 **실천적으로나 문학적으로나 사실과의 길항 가운데로 들어가지 아니할 수 없다.**

우리의 육체적 또는 정신적 강미(強味)가 얼마나 되느냐는 것을 시험하는 것도 이 속이며, 또한 새로운 사실의 논리 새로운 사실 가운데 있는 새로운 문화 정신의 발견으로 낡은 우리의 문화를 수정하고 신선하게 고쳐가는 길도 또한 이 길 뿐이기 때문이다.

그것은 새로운 사실 앞에 우리의 온갖 것을 시련의 행위로서 성질을 밝혀두는 것이다. 시련의 정신! 이것이 비로소 우리의 지성에겐 결여된 정열을 부여하고, 육체의 내성에겐 부족한 이지의 힘을 또한 회복시켜 주는 것일까 한다.[15]
(강조—인용자)

길항의 사전적 의미는 "서로 버티고 대항함"이다. 사실을 사실로 인정하되 사실에 굴복하는 것이 아니라 사실과 버티며 싸우는 것, 그리하여 그 "사실을 자유롭게 요리하고 요리된 사실을 제 의도에 따라 재구성하는" 새로운 문학을 건설하는 것, 이것이 임화가 말하고 싶었던 요지이다. 그런 점에서 사실과 타협하자는 백철의 사실 수리론이나 사실을 외면하자는 김환태의 사실 회피론은 공히 문학의 본질에서 벗어난 사도(邪道)에 불과하다. 물론 중일전쟁 이후 승승장구하는 일제의 파시즘적 억압 속에서 사실과 맞서 싸운다는 것은 고통스럽기 짝이 없는 일일 수밖에 없다. 그러나 그러한 고통을 견디는 '시련의 정신'이야말로 문학의 힘을 회복시켜 주는 원동력이며, 따라서 시련을 섬내는 한 환멸과 좌절의 정서를 결코 벗어날 수 없다는 것이 임화의 판단이었다. 이 시기에 임화가 곳곳에서 '시련의 정신'을 강조하고 있음에 주목할 필요가 있다. 임화가 보기에, 시련의 정신은 문학의 마지막 보루이다. 왜냐하면 시련의 정신에서

---

15) 임화, 「사실의 재인식」, 『문학의 논리』, 한예사, 1940, 131면.

'버티며 대항하는' 길항력이 나오고, 그럴 때 사실의 본질적 연관에 대한 통찰도 가능해지기 때문이다. 시련과 길항의 정신이 결여된 사실의 인정이란 사실, 곧 파시즘의 수리로 귀결되기 마련이다. 반대로 시련과 길항을 마다하지 않을 때 비로소 사실의 인정이, 백철의 수사를 빌리면, '사실 이상의 진리'로 지양될 수 있는 법이다. 주객 변증법의 함의가 바로 그것 아니던가.

이처럼 임화의 사실 길항론은 사실과 정면 대결함으로써 1930년대 후반 한국문학의 무기력 상태를 돌파하려 한 이론적 모색이었다. 구체적인 대안이 없지 않느냐고 반박할 수도 있다. 일리 있는 비판이다. 하지만 문학 비평이 반드시 구체적 대안을 제시해야 하는 것은 아니다. 문학 비평에서 중요한 것은 대안의 유무가 아니라 성찰의 깊이이기 때문이다. 더구나 당시와 같은 전환기에는 섣부른 대안의 제시가 오히려 시행착오의 악순환을 초래하기 십상이다. 1930년대 후반은 정신적 입지점이 무너진 시대였다는 점에서 어디에 문학의 정신적 입지점을 세울 것인가가 훨씬 화급한 문제였다. 임화는 바로 사실 길항론을 통해 바로 그 정신적 입지점을 분명히 밝히려 했던 것이다.

그렇다고 해서 임화가 아무런 대안도 제시하지 않은 것은 아니다. 그가 새로이 발견한 대안은 '생활'이다. 이전까지 생활은 비본질적인 일상성의 세계에 불과했다. 그래서 "생활의 잡다한 탁류 속에서 본질로서의 현실을 묘출"하는 것이 문학의, 특히 리얼리즘의 목표였다. 하지만 이제 생활은 더 이상 비본질적인 일상도, 하찮은 세태도 아니라고 임화는 생각한다. "현실 대신에 맞이한 부득이한 세계로서의 생활이 아니라 역시 소중히 할 것으로서의 생활, 혹은 그것을 긍정하고 그 속에서 무슨 새 의의를 찾아보려는 세계로서의 생활이 문학 위에 등장하게" 되었다는 것이다.16) 생활에 대한 이러한 접근은 사실 길항론의 구체화라고 할 수

---

16) 임화, 「생활의 발견」, 『문학의 논리』, 한예사, 1940, 338면.

있거니와 임화는 사실과 맞서 새로운 삶의 방향을 찾을 유력한 거점으로 생활을 상정한 것이다. 그런 점에서 생활은 현실과 반대편에 놓인 속악한 세계가 아니라 "새로이 발견된 현실로서의 생활(강조-인용자)"일 터이다. 임화가 생활을 '새로이 발견된 현실'이라고 재평가한 것은 전(前)시기의 문학이 거창한 현실만을 추구한 나머지 "그것이 형태를 빌어 표현되는 생활을 무시했"다는 반성에 근거하고 있다. 현실이 임화의 말마따나 "현상으로서의 생활과 본질로서의 역사"의 통일체라고 할 때, 생활을 결여한 현실이란 '본질로서의 역사'만 앙상하게 남은 추상적 보편성일 뿐이다. 임화의 반성은 바로 이 점을 날카롭게 지적하고 있는 셈이다.

생활에 대한 임화의 새로운 인식은 가령 한설야의 「이녕」에 대한 고평(高評)에서도 잘 나타난다.[17] 임화는 "「이녕」의 주인공의 운명이 개변되지 않는 한, 어떠한 새로운 문학도 근본적으로 새로워질 수는 없다"면서, 「이녕」의 세계가 "현대문학의 재출발 기점"이라고 단정한다.[18] 그것은 작가가 "생활의 명석한 관찰자로서 혹은 일상성의 현명한 이해자로서 일찍이 마차말처럼 앞으로만 내닫던 정신을 달래어 하나의 지혜로운 의지"로 승화시켰기 때문이다.[19] 여기서 '지혜로운 의지'가 의지의 지성화를 가리킨다면, 임화는 「이녕」에서 맑스주의의 한계, 즉 「현대문학의 정신적 기축」에서 비판했듯이, 의지의 수준에서 지성의 수준으로까지 난숙되지 못한 한계를 넘어설 결정적 단초를 발견한 것이다. 왜냐하면 「이녕」의 세계는 프로문학에 부족했던 생활의 세계, 일상성의 세계, 사실들의 세계이기 때문이다. 그렇다고 한설야가 생활과 사실의 위력에 굴복한 것은 아니다. 오히려 한설야는 생활과 사실의 존재 구속성은 인정하면서도 그것에 맞서 싸우려 노력한다. 그럼으로써 생활을 통해서 생활을 넘

---

17) 가령 임화는 「현대소설의 귀추」에서 "나는 작가의 근엄하고 성실한 사색에 거듭 경의를 금할 수 없었다"고 찬탄하기까지 한다.
18) 임화, 「중견 작가 13인론」, 『문학의 논리』, 한예사, 1940, 327면.
19) 임화, 「현대소설의 귀추」, 『문학의 논리』, 한예사, 1940, 440면.

어서려는, 사실을 통해서 사실을 넘어서려는 결연한 의지를 표명한다. 결말부의 "밤만 얼른 밝으면 돝을 사다가 기다려 쪽제비를 잡고 말리라"[20]는 다짐이 그것이다. 그런 점에서 「이녕」은 사실 길항론의 소설적 표현이라고 해도 과언이 아니다. 카프 결성 이래 줄곧 반목했던 두 사람이 파시즘이 발호하는 시련의 시대에 사실 길항론과 '생활의 발견'을 매개로 마침내 예술적 화해를 이룬 것이다.

비단 한설야의 경우만이 아니다. 임화는 '새로이 발견된 현실로서의 생활'을 지표로 이태준의 「농군」을 극찬하고 박태원의 『천변풍경』을 재평가한다. 「농군」의 탁월성은 '생활의 절박한 진실성' 때문이며, 『천변풍경』의 숨은 가치는 '스러져가는 생활의 아름다움'에 있다.[21] 요컨대 임화는 이 두 작품에서도 생활 속에서 벌어지는 사실과의 길항에 주목하고 있는 것이다. 임화가 '사실'과 맞서 싸울 장소로 생활 세계를 택했다는 것은 여러모로 음미할 만하다. 이는 분명 '현실을 버린 뒤'의 어쩔 수 없는 선택이기도 했지만, 프로문학이 결여했던 부분에 대한 자기 반성이라는 긍정적 측면도 있다. 뿐만 아니라 거기에는 새로운 출발점의 모색이라는 좀더 적극적인 의미도 있었으니, 임화가 한설야·이태준·박태원에게서 찾으려 한 것이 바로 그 적극적 의미였다. 생활을 버리고 현실로 나갔던 작가들이 현실에서 패배했을 때 다시금 스스로를 성찰하면서 새로이 의지를 다질 수 있는 유력한 공간이 생활 세계라고 임화는 생각했던 것이다. 왜냐하면 생활 세계란 현실의 한 부분이면서도 현실에 완전히 포섭되지 않는, 말하자면 "하나의 독립된 세계에도 비길 수 있는 생명 있는 유기체"이기 때문이다. 물론 생활 세계도 현실의 자장에서 자유로울 수는 없는 법이다. 특히 일제는 중일전쟁을 거치면서 생활 세계까지도 총동원 체제에 완벽히 편입시키기 위한 각종 조치들을 제도화했다. 그런 판국에 생활 세계라고 예외가 될 수는 없기 마련이다. 하지만 그럼

---

20) 한설야, 「이녕」, 『문장』, 1939.5, 31면.
21) 임화, 「현대소설의 귀추」, 『문학의 논리』, 한예사, 1940, 419~437면.

에도 불구하고 생활 세계는 견고한 체제 속의 '틈'이라 할 수 있다. 왜냐하면 생활 세계에서 전통이나 관습 혹은 풍속의 힘이란 그것들이 일종의 집단 무의식으로까지 구조화되어 있다는 점에서 의외로 완강하기 때문이다. 뿐만 아니라 생활 세계는, 하버마스의 분석처럼, 의사소통적 합리성이 구현될 수 있는 가능성의 땅이기도 하다. 임화는 바로 그 점에 주목했던 것 아닐까. 요컨대 1930년대 후반의 암울한 파시즘적 현실 속에서 생활 세계는 사실과 길항할 수 있는 마지막 거점이었던 것이다.

임화에게 '생활'이라는 공간은 막다른 골목까지 내몰린 곤경에서 택한 궁여지책(窮餘之策)이었던 것이 사실이다. 하지만 그 어쩔 수 없는 선택 속에서 긍정적이고 적극적인 의미를 찾아내 새로운 실천의 디딤돌을 놓은 데 임화의 사실 길항론이 갖는 진정한 의의가 있다. 이를 두고 계급성으로부터의 퇴각이니 결국 '기정 사실의 인정'에 불과하니 하며 비난하는 것은 당대의 역사적 맥락에 대한 깊은 천착이 부족한 경솔한 평가라 하지 않을 수 없다. 1930년대 후반의 한국문학을 자세히 살펴 보면, '사실'에 대한 입장에 따라 작가들의 성향이 나누어짐을 발견할 수 있다. 사실을 '수리'한 작가들은 친일로 나아가고, 사실을 '회피'한 작가들은 예술지상주의로 빠지며, 반면에 사실과 '길항'하려 노력한 작가들은 생활에 대한 성찰을 통해 주체 재건의 가능성을 암중모색한다. 첫 번째와 두 번째가 파시즘과 타협하거나 순응한 문학이라는 점에서 1930년대 후반 한국문학의 가치는 이 세 번째 부류에 집중되어 있다. 물론 그들의 '저항'이 양적으로나 질적으로나 미약하기 그지없다는 점은 부인하기 어렵다. 그러나 역사에는 미세한 차이가 엄청나게 중요한 의미를 갖는 시대가 있는 법이다. 1930년대 후반이 실로 그런 시대이며, 임화의 사실 길항론은 그들의 정신적 지향을 대변한 선언문 같은 것이었다.

4. 소결─1930년대 후반 문학의 성격과 사실 길항의 정신

글의 서두에서 필자는 1930년대 후반을 환멸의 시대로 몰아부치는 것이 단순 논리라고 비판하면서, '미세하지만 중요한' 차이에 유의해야 한다고 강조한 바 있다. '사실' 논쟁에서 우리는 그 점을 분명하게 확인할 수 있었다. 하지만 이러한 '미세하지만 중요한' 차이가 문학 비평에만 국한된 현상은 아니다. 창작 방면에서도 시련의 정신을 바탕으로 사실과의 길항을 감행한 사례들이 적지 않다. 기성 작가로는 가령 한설야나 이태준을 들 수 있다. 한설야의 「이녕」이 생활 속에서의 자기 성찰을 통해 사실과의 길항 의지를 다지고 있는 작품임은 이미 앞에서 지적했거니와 이를 통해 한설야는 이전의 결함, 곧 주관적 의지의 과잉(過剩)에 따른 관념성을 극복하고 '사실을 사실대로 인정하면서 사실과 맞서 싸우는' 예술적 성취를 거둔다. 단순히 사실에 굴복하지 않겠다는 의지 표명의 수준을 넘어서 자신의 이전 문학보다 한 층 나아간 성취를 이루어냈다는 점이야말로 사실 길항론이 갖는 만만치 않은 미학적 힘을 입증해주는 증거라 할 수 있다. 「탁류」 삼부작이나 『청춘기』 같은 한설야 문학의 진수들이 1930년대 후반에 나올 수 있었던 것도 실로 사실 길항의 정신이 낳은 결과라 해도 과언이 아니다.

「이녕」에 비견될 수 있는 이태준의 작품으로는 「토끼 이야기」(1941)가 있다. 한설야가 닭을 키우듯 이태준은 토끼를 기른다. 그 동기 또한 동일하다. 한마디로 생활을 갖기 위해서이다. 임화가 사실 수리론의 구체적 대안으로 '생활의 발견'을 내세운 것처럼 이태준도 '명랑하라, 건실하라'고 되풀이해 떠드는 '사실의 세기'에 맞서기 위한 거점으로 생활을 선택한다. 이 소설의 초점은 토끼 치기 자체가 아니라 토끼 치기에 실패한 후이다. 주인공인 현이 토끼 이야기를 소설로 써보려는 궁리나 하고 있는 반면에 아내는 몇 푼이나마 건지기 위해 손에 온통 피칠갑을 해가며 토끼 가죽을 벗긴다. 그 모습을 보면서 현은 자신이 동경했던 생활이 실상은 얼마나 관념적인 것이었나를 충격적으로 깨닫는다. 피칠갑을 마다하지 않으면서 토끼 가죽을 벗기는 아내의 '생활'이야말로 진정한 생활임을 자각하게 되는 것이다. 요컨대 「이녕」의 주인공이 족제비 사건을 계기로 속물로만 여겼던 아내에게서 새로운 가치를 발견한 것과 마찬가지로 현 또한 토끼 치기를 경험하면서 비로소 아내의 참모습을 이해하기에 이른다. 아내의 새로운 가치와 참모습이란 무엇인가. 그것은 '사실을 사실대로 인정하면서 사실과 맞서 싸우는' 사실 길항의 정신일 터이다. 생활이야말로 사실이 갈피를 잡을 수 없을 정도로 범람하는 공간이라는 것, 따라서 진정한 생활을 얻기 위해서는 무엇보다 사실과의 길항을 견뎌야 한다는 것, 이것이 「토끼 이야기」가 전하는 메시지라 할 수 있다. 그런 점에서 「토끼 이야기」 역시 사실 길항론에 미학적으로 깊이 연루되어 있거니와 이 소설이 자아내는 시대와의 묘한 긴장도 이로부터 연원한다. 이태준이 「농군」을 쓴 것이 결코 우연이 아니었음을 새삼 확인하게 되는 대목이다.

신진 작가들에게서도 생활 속에서 사실과의 길항을 모색하려는 노력을 찾아볼 수 있다. 흔히 김동리와 함께 '신세대'의 기수로 꼽히곤 하는 최명익의 「비오는 길」(1936)도 단순히 한 무기력한 지식인의 우울한 내면을 묘사한 '심리주의' 소설은 아니다. 이 소설의 한켠에는 소시민적 속물성에 대한 비판 의식과 "내 생활을 위하여 몰두하는 시간을 가져보"려는 진정한 생활에의 동경이 강렬하게 자리잡고 있다. 주인공인 병일이 소시민적 속물성으로부터 벗어나 '내 생활'을 가져보려는 욕망을 표출하는 방식은 '독서'이다. 그러나 '독서' 행위란 그것이 곧 생활은 아니라는 점에서 무기력한 대응 방식에 불과하다. 병일이 이칠성의 속물적이지만 끈질긴 생활력에 자신도 모르게 끌리는 것은 그래서이다. 정리하자면, 이칠성에게는 생활이 있지만 그 생활은 속물적이인 것이어서 진정한 생활이라고는 할 수 없다. 반면에 병일에게는 속물성을 넘어선 진정한 생활에 대한 동경은 있지만, 그 실천 방식인 독서가 지극히 비(非)생활적인 것이라는 점에서 정작 생활이 없다. 이칠성에 대해 병일이 경멸과 선망의 양가적(兩價的) 시선을 보내는 것은 이 때문이거니와 「비오는 길」이 사실 수리—이칠성의 속물적 삶—와 사실 회피—병일의 독서 행위—를 동시에 넘어서 서사적 긴장을 확보할 수 있었던 것도 어느편에 치우침 없이 양쪽을 냉철하게 비판적으로 성찰하고 있는 작가의 균형 감각 덕분이다. 우리는 이 균형 감각을 한설야나 이태준과는 다른 방식의 사실 길항이라 불러도 좋으리라.

하지만 신진 작가들 중에서 우리의 시선을 더욱 끄는 이는 김정한이다. 지금까지 '신세대' 하면 주로 김동리·최명익·허준·유항림 등을 거론해 왔지만, 이들은 신진 작가들 중의 어느 한 경향만을 대표할 따름이다(이들 또한 서로서로 매우 이질적이어서 하나로 묶기 어렵다). 그런 점에서 1930년대 후반 문학에서 김정한은 문제적이다.22) 김정한은 「사하촌」을 통해 이기영적 전통의 계승 가능성을 보여주지만, 그렇다고 해서 프로문학의 아류는 아니다. 오히려 「항진기」 같은 작품을 보면, 생활에 뿌리박지 못한 관념적 사회주의에 대해 날카로운 비판을 행한다. 농촌 사회의 계급 모순에 천착하되 농민의 실제 생활에 좀더 밀착하려 한 데 김정한 문학의 독자성이 있는 셈이다. 중일전쟁 이후 김정한 역시 계급 대립의 직접적 현장에서 벗어나 생활 속으로 들어간다. 「낙일홍」(1939)이 그런 경우이다. 재모는 S분교의 교사이다. 그는 '교실도 없고 학생도 없던' 이 산골 학교에 부임한 이래 학생도 모집하고 교실도 지으면서 참으로 열심히 일해왔다. 그는 "몇 번인가 교원 노릇을 집어치우고 고향에 돌아가 남의 땅이라도 파고 싶었"지만, "자기가 온 것을 누구보다도 기뻐하고 또 자기를 어디까지라도 믿어주는 아이들의 순직한 기대를" 저버릴 수 없어 고구마

---

22) 임화 역시 김정한에 주목해 "김정한 씨가 가지고 있는 어떤 요소에 대하여 호기적(好奇的)인 기대를 가"지고 있음을 밝힌 바 있다. 임화, 「소화 13년 창작계 개관」, 『문학의 논리』, 한예사, 1940, 321면.

밥으로 끼니를 때우면서도 오직 학교 발전을 위해 혼신의 힘을 바쳐온 것이다. 그러나 학교가 번듯하게 성장하자 상황은 일변한다. 모두가 재모가 교장이 될 줄로 짐작했는데, 엉뚱하게 요다 사부로란 사람이 신임 교장으로 부임해오고 재모는 '갈고지 간이 학교'로 좌천되고 만다. 이에 재모는 학교를 그만둘 것이냐 아니면 갈고지 간이 학교로 갈 것이냐는 갈림길에 놓인다. 그는 그 가운데 후자를 택한다. 후자를 택했다는 것은 일단 사실을 인정했음을 뜻한다. 하지만 그의 사실 인정이 사실의 수리는 결코 아니다. "좌천이든 뭐든 좋다! 어서 갈고지나 가서 갯놈 애들허구 고기나 잡고 지내자!"는 다짐에서 그 점이 잘 드러난다. 어차피 재모의 교직 생활이 명예나 돈을 탐해서가 아니라 '아이들의 순직한 기대'를 저버릴 수 없어서였던 만큼 장소가 어디냐는 상관없지 않은가. 잠시동안 교장이라는 명예에 흔들렸던 것이 사실이지만, 이제 그는 또 다시 사실과의 새로운 길항 속에 들어가기로 결심한 것이다. "낙일(落日)이 일찍 보지 못했을 만큼 붉고 아름답게 빛났다"고 느끼는 느긋한 마음가짐 또한 이러한 사실 길항의 의지로부터 온 것임은 물론이다.

이처럼 1930년대 후반의 한국문학은 생활에 대한 깊은 성찰을 통해 사실 길항의 의지를 차분하게 다지는 작품들을 다수 보여준다. 현실과의 정면 대결이 어려울 때, 생활로 돌아와 호흡도 고르고 몸과 마음을 새로이 추스리는 것은 문학이 선택할 수 있는 유효한 전략 중의 하나이다. 다만 이 때 전제되어야 할 것은 생활로의 회귀가 사실과의 타협이나 순응이어서는 곤란하다는 점이다. 요컨대 사실 길항의 정신에 안받침될 때에만 생활로의 회귀가 진리의 실천으로 나아가기 위한 디딤돌이 될 수 있는 것이다. 한설야·이태준·최명익·김정한의 문학은 바로 그러한 사실 길항의 정신이 낳은 예술적 성취였다고 할 수 있다. 그런 점에서 이들의 문학은 환멸감이라든가 허무주의와는 관계가 없다. 오히려 그들에게서 우리는 진정한 삶에 대한 강렬한 동경과 속악한 현실에 굴복하지 않겠다는 질긴 의지를 발견한다. 그렇다면 1930년대 후반의 한국문학은 이들을 중심으로 기술되어야 옳지 않을까. 적어도 이들을 빼놓고는 1930년대 후반 한국문학의 성격을 논할 수 없는 것 아닐까. 더구나 해방 이후와의 관련을 염두에 두면 이들의 문학이 갖는 중요성은 더욱 커진다. 1930년대 후반이 환멸의 정서에 깊이 침윤되어 있었음은 틀림없는 사실이다. 그러나 서두에서 강조했다시피 문학사 서술이 결국 위계화라면, 이들의 의미와 가치에 대한 적절한 배려 없는 문학사 연구란 일종의 학문적 '사실 수리론'으로 귀결되기 십상이다. 반대로 이들에 초점을 맞춰 1930년대 후반을 관찰하면, 당시가 카프 해체를 전후해 본격화된 자기 성찰의 연장임을 알 수 있다. 자기 성찰이 지나쳐 환멸에 빠지기도 하고 허무주의로 치닫기도 했지만, 그 중심에는 사실 길항의 정신이 의연히 자리잡고 있었던 것이다. 임화의 사실 길항론을 바탕으로 1930년대 후반의 문학을 재조명해야 하는 까닭은 실로 거기에 있다.

주체 재건을 향한 도정과 실천으로서의 리얼리즘

1930년대 후반 임화의 비평

이현식

1. 들머리

임화(1908~1953)가 한국근대비평사에 뚜렷한 족적을 남겼다는 사실에 대해서는 한국근대문학에 대한 이해를 가진 사람이라면 모두 동의할 수 있을 것이다. 그가 카프(KAPF)의 서기장을 지내고 『문학의 논리』라는 두툼한 평론집을 내고, 근대문학 초창기의 역사를 정리한 일련의 '신문학사 연구'를 수행했다는 표면적인 사실을 들추시 않는다고 하디라도 그는 한국근대비평사의 주요 국면에서 매우 핵심적인 역할을 담당했다. 그래서 그런지 임화에 대한 기존의 연구 역시 임화의 비평사적 위치와 역할에 대해서는 어느 정도 합의하고 있는 것처럼 보인다.[1] 그러나 세부적으

---

[1] 임화에 대한 대표적 연구 성과 몇몇만 들자면, 김윤식, 『임화 연구』, 문학사상사, 1989; 신두원, 「임화의 현실주의론연구」, 서울대 석사논문, 1991; 김영민, 『한국문학비

로 들어가보면 임화에 대한 평가는 매우 다양하고 상반되기까지 하다.
특히 통칭 1930년대 후반이라고 하는 카프 해소 무렵부터 일제 말에 이
르는 1935년에서 1940년까지 그의 비평적 궤적을 둘러싼 평가는 더욱 그
렇다. 과도한 단순화일는지 모르겠으나 그것은 크게 보아서 이 시기 임
화의 비평을 궁극적으로 프로문학이 포기되는 과정으로 볼 것이냐, 혹은
원칙을 지키면서 민족문학을 준비하는 과정으로 볼 것이냐의 문제로 정
리될 수 있을 것 같다. 이는 연구사적인 측면에서 1980년대 말 '카프 해
소파 비해소파 논쟁'에서 발원되는 오래된 문제이다.[2]

그런 의미에서 이 논문은 임화의 비평을 가급적 선입견을 배제하고
그 비평의 기저에 있는 이론적 구조들을 읽어내려고 노력한 결과물이다.
평가와 해석 이전에 임화의 비평을 자세히 읽어보고 그것의 변화와 발
전을 그 내적 논리로부터 이해해보자는 의도가 크게 작용하였다. 따라서
이 논문은 본격적인 임화 연구의 예고편으로 이해하는 것이 타당할 것
같다. 과거의 연구들을 정리하면서, 다른 한편으로는 임화 비평의 내적
논리를 재구성하고 그것 안에서 발견되는 문제점을 나름대로 정리한 결
과이다. 연구자 개인적으로는 한국 근대 비평사의 새로운 관점이나 방법
론을 본격적으로 고민하기 위한 숨고르기의 성격 정도로 의미를 부여하
고 싶다.

평론쟁사』, 한길사, 1992; 하정일, 『민족문학의 이념과 방법』, 태학사, 1993; 김재용, 「카
프 해소파의 이론적 근거-임화론」, 『실천문학』, 실천문학사, 1993년 여름; 이훈, 「1930
년대 임화의 문학론 연구」, 서울대 박사논문, 1993; 김재용, 「임화의 이식문학론과 조선
적 특수성 인식의 명암」, 『문예연구』 55호, 문예연구사, 1999; 신두원, 「계급문학, 민족
문학, 세계문학」, 『민족문학사연구』 21호(민족문학사학회, 2002) 등이 있다.
2) 1930년대 비평사 연구 동향에 대해서는 이현식, 「1930년대 후반의 비평사 연구동향
에 대한 검토」, 『문학과논리』 창간호(태학사, 1991)와 이현식, 「한국 근대문학사론과
근대성의 담론들」, 『한국근대문학연구』 3집(한국근대문학회, 2001)을 참조할 것.

2. 형상을 통한 미적 반영론의 인식

1920년대 말부터 카프의 주도적인 이론가로 활동해오던 임화가 문학관의 전환을 보이기 시작하는 것은 1933년 중반을 넘어서면서부터이다. 이미 많은 연구자들이 지적한 바와 같이 「6월중의 창작」에서 그 맹아가 보이기 시작, 김남천과의 ‘「물」 논쟁’, 백철, 함대훈과의 ‘형상논쟁’을 거치면서 그의 이론적 선회는 명확한 지향점을 보이는바, 그것은 미적 반영론에 대한 인식을 기반으로 한 것이었다.3) 여기에서는 그가 미적 반영론을 어떤 수준, 어떤 각도에서 이해하고 있는지를 살펴봄으로써 이 시기 그의 문제의식을 재구성해 보도록 하겠다.

그랬을 때 가장 먼저 우리의 주목을 끄는 글이 「진실과 당파성」이다. 비록 짧은 분량이지만 이 글에는 당시 임화가 문학을 이해하는 관점이 농축되어 담겨 있다. 그가 역점을 두어 설명하려는 것은 문학에서 진리는 어떻게 확보될 수 있는가의 문제이다.

> 작가가 세계를 그 진실한 양상대로 인식하고 묘사한다는 문학적 진실은 현실의 객관적 진리에 의존하는 것으로 금일의 세계에 대한 객관적인 비판의 의식성만이 이 모든 것을 가능케 하는 전제인 것이다.4)

이런 설명에는 중요한 이론적 함의가 담겨 있다. 우선 임화가 문학적 진실을 현실에 의존하는 것으로 이해하고 있다는 점에 주목해야 한다. 지난 시기 카프의 창작방법에는 현실의 문제가 이론적 체계 내의 일부로 개입된 경우는 거의 없었다는 점에서 발언의 중요성을 생각할 수 있다. 카프의 평론가들이 현실적 문제를 중요하게 생각하지 않은 것은 아

---

3) 이에 대해서는 우리어문학회, 「한국근대문학사를 바라보는 한 관점—‘1930년대 후반’의 의미와 ‘「물」논쟁’」, 『우리어문연구』 17집(2001)을 참조할 것.
4) 임화, 『동아일보』, 1933.10.13.

니지만, 그것이 창작 방법론의 내적 체계의 일부로 설정된 경우란 찾아
보기 힘들다. 프롤레타리아 리얼리즘이 제창된 때나, 유물변증법 창작방
법론이 제기된 때에도 '당의 슬로건'과 유물변증법적 세계관이 핵심이었
지, 정작 현실은 이론을 형성하는 계기 바깥에 존재하고 있었다. 조금 극
단적으로 말해 당시 문인들의 사고 구조에서 현실의 문제는 이미 선험
적으로 규정되었다고 할 수 있겠는데, 그들에게 모든 이론의 중심과 기
준은 당과 세계관이었고, 작가들은 당의 노선과 세계관에 형상의 옷을
입히는 기능인인 것처럼 여겨졌던 것이다.5) 이런 사정을 감안할 때 임화
가 비록 선언적인 수준이기는 하지만, 문학작품의 진리 기준을 현실의
객관성에서 찾은 점은 충분히 강조될 필요가 있는 것이다.

그 다음, 문학적 진실을 구현하는 방법으로 작가의 "객관적인 비판의
의식성"을 들었다는 점에 주목해 볼 수 있다. 그는 문학 작품에서 진리
가 구현되는 조건을 작가의 비판적인 의식에서 찾는다. 이런 설명은 현
실의 객관성과 연관지어 생각할 때에야 온전히 그 의미가 드러난다. 임
화의 설명에 따르면 진리란 현실의 객관성에 토대를 둔 것으로, 이때 작
가의 의식은 현실의 객관성을 드러내기 위한 필요조건이 된다. 여기에서
작가의 비판적 의식은 맑스주의적 세계관을 가리키는 것이기는 하나, 그
것이 '현실의 객관성'과 분리되지 않는다는 점에서 과거의 세계관과는
그 의미가 다르다.

이렇게 그의 글에서 문학적 진리와 현실의 객관성, 과학적 세계관이
하나의 이론적 연관으로 맺어지는 것을 볼 때, 그가 이 무렵 미적 반영

---

5) 예컨대 임화가 작가의 세계관과 창작과의 관계를 제대로 이해하지 못하면, "예술은
전혀 사상이나 세계관을, 형상을 가지고 설명하는 것이라는 류의 형이상학이 군림하게
된다"고 경고한 것도(「비평에 있어 작가와 그 실천의 문제」, 『동아일보』, 1933.12.19) 과
거의 이같은 편향을 지적한 것이라고 할 것이다. 김영민 교수도 앞의 책에서 "사회주의
리얼리즘론에 이르면 작가적 시각의 주객관적 통합과정을 거쳐 예술적 형상화라는 특
수한 방식으로 일정한 시대의 객관적 현실을 반영한다는 이론이 제시되었다"고 지적
한다. 김영민, 『한국문학비평논쟁사』, 한길사, 1992, 430면.

론에 토대를 둔 이론으로 선회하고 있다는 것을 눈치 챌 수 있다. 그가 이해한 반영론이란 현실의 객관성이 반영된 문학만이 진실한 문학이고, 그렇게 되기 위해서는 작가들이 과학적 세계관에 입각해야 한다는 것이었다. 그리고 그것이야말로 당파적인 것이라고 보았다.

그러나 임화의 이런 주장은 아직 상식적이고 선언적인 수준에 그친 것이다. 그의 입장은 김남천·백철·함대훈 등과의 논쟁을 통해 보다 구체적으로 전개된다. 논쟁과정에서 드러나는 그의 문제의식은 크게 두 가지로 정리되는데, 그것은 문학이 어떻게 현실을 객관적으로 반영하는가의 문제와, 그 경우 작가의 세계관은 어떤 역할을 하는가의 문제였다. 다시 말해 문학에서 객관현실의 규정력(반영의 문제)과 주체의 역할(세계관의 문제)에 그의 관심이 놓여져 있었다고 할 수 있겠다.

우선 그는 문학이 현실을 어떻게 반영하는가를 설명하기 위해 형상의 성질로부터 논의를 시작한다. 그에 따르면 문학이 현실을 반영한다는 점에서는 과학과 다르지 않지만, 현실을 형상을 통해 반영한다는 점에서는 과학과 구별된다고 한다. 임화는 특히 문학적 형상이 지닌 물질적 성격에 주목해서 반영론을 이끌어 낸다. 다시 말해 문학이란 생활의 구체적 형상(이것이 물질적 성격이다)을 통해 묘사하고 표현하는 데 그 특질이 있으므로, 당대의 객관적 현실이 형상 속에 반영되기 마련이고, 이는 역으로 문학이 객관 현실에 의해 제약될 수밖에 없음을 설명해준다는 것이다. 쉽게 생각해서 형상은 언어를 통해 그려진 감각적 대상이나 마찬가지이므로 물질적으로 눈에 보이는 것이 기초가 될 수밖에 없다는 뜻이다. 형상이 인간의 감각에 바탕을 두는 것이라면, 인간의 감각이란 기본적으로 물질적인 것을 기초로 형성되는 것이기 때문이다.

> 예술의 형상은 인식할 수 있는 물질적 세계 내에 존재한 제물(諸物)—자연 및 인간 등으로 구성되는 것이기 때문에 형상의 물질성은 형상이 예술에 있어 고유의 것이란 것과 똑같이 형상에 있어서 본질적인 것이다.[6]

형상의 이같은 특징은 문학이 객관 현실을 반영하는 근본적 이유가
될 뿐만 아니라, 문학이 당대의 인식 능력과 사회적 관계에 제약받을 수
밖에 없다는 논리를 가능하게 한다. 즉, 문학적 형상은 그 속성상 물질적
인 것, 눈에 보이는 것(상상력도 감각적인 것을 기초로 하지 않는다면 불가능하다)
에 의존하게 되므로, 당대 사회의 실제 현실을 반영하고, 이는 그 사회가
도달한 생산력의 수준에 의해 제약받을 수밖에 없다는 설명이다. 한 사
회의 물질적 토대가 어떤 경로와 방법으로 문학에 반영되는가를, 그는
형상의 개념을 통해 설득력 있게 설명한 것이다. 이런 설명은, 그가 이
무렵 문학의 반영론적 성격의 핵심을 누구보다도 정확하게 이해하고 있
었음을 말해 준다. 1934년을 전후로 사회주의 리얼리즘 논쟁에 참여한
논자들이 이 같은 이론적 의미를 간과한 채, 수용찬반론과 같은 다소 지
엽적인 문제에 얽매여 소모적인 논쟁을 거듭했다면, 임화의 이 시기 글
들은 이들과 맞서서 사회주의 리얼리즘의 이론적 의미를 강력하게 설득
하려는 노력의 일환이라고 이해된다. 김남천과의 '「물」 논쟁'이나 백철,
함대훈과의 '형상논쟁'이 그 경우이다.

그렇지만 한편으로 임화의 형상론에는 반영론에 대한 편향적 이해가
잠재되어 있음도 지나칠 수는 없다. 그것은 반영론에 대한 기계적 이해
라고 할 만한 성질의 것인데, 마치 형상의 물질성이 현실을 당연히 객관
적으로 반영하는, 그래서 자동적으로 당대 사회의 물질적 토대에 의해
제약되는 것으로 생각하는 경향이 그것이다. 그런데 흥미로운 것은 반영
론에 대한 이런 이해 방식이, 역으로 문학을 지배계급의 세계관이 반영
된 것으로만 이해하는 결과를 불러오기도 한다는 점이다. 임화에게 있어
서는 문학이 물질적 토대에 의해 제약되는 존재이므로, 한 시대의 문학
안에 그 시대 지배계급의 세계관이 반영되는 것은 당연한 이치다.[7]

따라서 그의 이론에는 객관적 현실의 반영 문제와 작가 주체의 역할

---

6) 임화, 「집단과 개성의 문제」, 『조선중앙일보』, 1934.3.15.
7) 임화, 「문학에 있어서의 형상의 성질문제」, 『조선일보』, 1933.11.25~12.2.

이 미묘하게 분리되어 있다. 문학이 그 속성상 현실을 반영하는 것이라면, 거기에 진실을 부여하는 것은 전적으로 작가의 세계관이라는 생각이 그것이다. 이런 생각은 작가의 세계관이 현실의 진실을 담아내는 결정적 역할이 된다는, 세계관 유일주의와 상통한다. 그의 문제의식에서 형상은 소박하게 현실을 반영하는 것으로, 작가의 세계관은 거기에 진실을 부여하는 것으로 분리, 설정되어 있다. 사실 기계적 반영론과 세계관 유일주의는 그렇게 먼 거리에 있는 것이 아니다. 다음과 같은 루카치의 언급은 이런 점에서 유의할 만 하다.

> 참다운 예술작품의 형상화는 바로 이러한 당파성을, 표현되는 소재 자체의 속성으로서, 즉 거기에 내재하는, 거기에서부터 유기적으로 뿜어나오는 추진력으로서 형상화하는 것을 지향하기 때문이다. 엥겔스가 명백하게 그리고 단호하게 문학에서의 경향성을 지지하였을 때 그는 바로 이러한 '객관성의 당파성'을 염두에 두었으며 모든 주관적으로 주입된, 주관적으로 끼워진 경향성을 단호하게 거부하였다.8)

루카치는 당파성이란 바로 객관적 현실 자체로부터, 표현되는 소재로부터 우러나오는 것임을 역설하는 한편으로, 작가가 주관적으로 당파성을 주입하는 것의 위험을 경고하고 있다. 이 시기 임화의 반영론이란 이 같은 루카치의 경고로부터 자유로웠던 것은 아니다.

임화가 반영론에 대해 언급하면서, 상대적으로 리얼리즘의 승리에 대해서는 별다른 관심을 보여주지 않는 것도 이런 점에서 유의할 만하다. 하기야 당시 문단의 흐름이 리얼리즘의 승리를 멋대로 해석해 창작 과정에서 세계관의 역할을 부정하는 방향으로 나아가고 있었으므로, 그가 리얼리즘의 승리를 언급하지 않은 것은 의도적이었다고 볼 수도 있을 터이다. 그러나 필자가 보기에 이 무렵 임화의 그 같은 무관심은 오히려

---

8) 게오르그 루카치, 「예술과 객관적 진리」, 『리얼리즘 미학의 기초이론』(이춘길 편역, 한길사, 1985), 57 · 58면.

아직 그의 반영론에 대한 인식 수준이 리얼리즘의 승리를 파악하는 데까지 나아가지 못한 결과로 이해해야 하지 않을까 한다. 지금까지 우리가 살펴본 바와 같이 그는 문학이 현실을 반영하긴 하지만 현실의 진리를 반영하는 것은 절대적으로 작가의 세계관이라는 이론적 편향에서 벗어나지 못하고 있었기 때문이다. 이런 생각이 그로 하여금 세계관을 강조하게 만들고, 작가가 프롤레타리아 운동 전체와 결부되어야 함을 강조하게 만들었다고 볼 것이다.

간략히 정리하자면 이 시기 임화는 반영론을 받아들이면서 문학의 현실 반영성에 눈을 돌리게 되고, 거기에서 세계관의 역할을 이론적으로 정립하려는 노력을 보인다. 그러나 그가 과거의 편향을 모두 벗어난 것은 아니었던바, 반영론에 대한 기계적 이해와 세계관 유일주의가 그 예이다. 그러나 이런 성격의 이론이란 어떤 면에서는 원칙을 확인하는 것에 불과한 것으로 볼 수도 있다. 원칙 자체가 틀리지는 않았다고 해도 원칙으로 현실의 문제가 설명되고 해결되는 것은 아니다.

3. 주객 통합의 원리로서 낭만정신과 문학사 서술

문학적 반영론을 객관현실의 규정성과 작가의 의식 주관이라는 두 축에서 이해했던 임화가 낭만적 정신이라는 이름으로 작가의 진보적 세계관을 옹호, 주장한 것은 어찌 보면 당연한 일이었다. 그는 현실의 규정성과 작가의 세계관이 문학적 반영의 중요한 두 축이라고 인식했음에도 불구하고 그것의 매개 연관에 대해서까지 이론화시키지 못했기 때문이다. 따라서 그에게는 자본주의가 몰락해 가는 현실에서 노동자 계급 당파성이 결정적 역할을 하는 것처럼 보였고, 현실 반영은 그에 따라오는 종속변수로 여겨졌던 것이다. 게다가 카프에 소속되어 있던 작가, 비평가들마저 창작과정에 있어서 세계관의 의의를 공공연하게 부정하고 사회주의 리얼리즘을 전향의 이론적 근거로 삼았던 것이 당시 문단의 사정이었다. 주지하는 바와 같이 박영희·이갑기·백철은 이미 전향선언을 한 터였고, 그 사회적 파장도 만만치는 않았던 것이다.

결국 임화는 사회주의 리얼리즘의 이론적 의미가 잘못 해석되고 이용되는 현실에 맞서, 보다 적극적인 대처가 필요함을 절감했을 것이다. 이렇게 해서 1934년에서 1936년에 이르는 동안 그가 벌인 이론적 투쟁은 크게 두 가지로 정리된다. 그 하나가 세계관을 부정하려는 전향론자에 맞서 세계관을 옹호하는 예의 낭만정신론이었다면, 다른 하나는 문학사 서술을 통해 프로문학의 정당성과 의미를 역사적으로 증명하는 것이었다.

1) 프로문학의 역사적 정당성과 반영론-「조선신문학사론사설」

특히 임화가 문학사 서술에 나서게 된 데는 몇 가지 배경이 있다. 하나는 당시 프로문학의 퇴조와 더불어 재등장하기 시작한 전통 논의와 고전 논의이다. 이들 가운데 일부는 조선문학의 정통성을 신비화된 과거에서 찾거나, 민족정신과 민족혼 등 관념적인 것에서 찾으려는 공통점을 보이고 있었다.[9] 이들에 대해 임화는 조선의 근대문학사를 서술함으로써 문학사의 합법칙적 발전 과정을 규명하고 이를 통해 신문학의 전통을 계승, 발전시켜갈 주체가 프로문학에 있음을 증명하려고 하였다.

둘째, 주로 신경향파에 대한 평가를 둘러싸고 프로문학 계열 내의 논자들이 보여준 문학사에 대한 잘못된 인식을 바로 잡으려는 노력이다. 신남철·이종수·김기진으로 대표되는 논자들은 하나같이 문학과 생활

---

9) 이에 대해서는 황종연, 「한국문학의 근대와 반근대」, 동국대 박사논문(1993)을 참조

을 이원론적으로 분리해서 사고함으로써 문학사를 관념론적 기준으로 평가하고 있다는 것이 임화의 판단이었다. 예컨대 신경향파를 놓고 사상과 세계관에서는 진보했으나 예술상으로는 퇴화했다는 식의 평가가 그런 경우이다. 임화는 이에 대해 반영론에 기초한 문학사를 직접 집필함으로써, 사상성과 예술성은 분리되는 것이 아니며, 문학사의 발전이란 것도 복잡하긴 하지만 합법칙적이라는 것임으로 보여주려 했다.

마지막으로, 이는 보다 궁극적인 배경일텐데, 현재 프로문학의 위기를 극복하기 위한 기초 작업으로 문학사 서술을 선택한 것이다. 그의 말을 빌자면 문학사 서술이란 "현실생활의 역사적 운동의 조류 위에서 자기 스스로를 전방(前方)으로 이끌 통일된 예술적 ×[정]치적인 실×[천]의 절박한 육체적 필요"에서 나오는 것이다.[10] 이런 배경에서 집필된 「조선신문학사론 서설」의 결론이, 프로문학을 신문학의 정당한 계승자이자 조선문학을 건설할 주체로 평가하리라는 점은 쉽게 짐작할 수 있는 일이다.

그런데 여기에서 우리가 정작 관심을 가지려는 것은 그의 문학사관과 문학사 서술 방법의 문제이다. 어떤 방법과 관점이 위와 같은 결론에 이르게 만들었는가가 보다 더 근본적인 문제일 터이다. 그랬을 때 그의 문학사 서술에서 가장 먼저 눈에 띄는 것이, 토대 결정론적 사고와 주관주의적 편향이 미묘하게 결합되어 있는 부분이다. 이는 기계적 반영론과 세계관 유일주의의 또 다른 변형이라고 할 수 있을 터인데, 이광수와 자연주의 문학을 서술할 때에도 이 같은 편향이 확인된다.

소소유자(중간층적)로 더욱 특유한 소시민의 한계의 협애성은 민족부르를 자기와의 대립자로 보지 못하는 그것으로 인하는, 일층 혼란되고 강화되어 관념상의 해방이 모든 것을 가져오는 것 같이 생각하고 현실의 자기의 인식과 자각의 한계를 넘을 때 곧 애매한 관념적 방법으로 이상화, 낭만화한 것이다. 이곳

---

10) 원문인용 가운데 [ ]부분은 검열로 누락되거나 원본 상태가 좋지 않아 판독이 어려운 부분을 연구자가 추정하여 삽입한 것이다.

에서 춘원의 인도주의와 이상주의적 귀결의 낭만적 환상은 구성된 것이다.

그러나 기미 이후의 '민족문학' — 자연주의 — 으로부터는 이 환상성이 소멸되었다. 이것은 무엇보다도 그들이 기대하던 민족부르가 이것은 아무 것도 그들에게 주지 못하고, 오히려 전진적 경향으로부터 떠나 그들 소시민의 공연한 대립자로서 산업흥융(토산장려)을 위하여 비싸더라도 우리 상품을 사라(토산애용)는 후안적 행위을 감행함에 의존하는 것이다.[11]

그는 문학 작품의 내포적 총체성이나 문학의 자율성, 그로부터 연유하는 객관적 당파성을 파악하지 못한 채, 문학 작품에 반영된 물질적 토대, 그리고 다시 물질적 토대가 제약하는 문학 작품과 작가의 계급적 한계만을 상대적으로 강조하여 문학사를 서술하고 있다. 춘원과 자연주의의 차이는 오직 민족 부르주아의 변화로만 이해되고 있을 뿐이다.

이런 관점은 신경향파를 서술하는 부분에 오면 주관주의적 편향과 겹쳐지기도 한다. 임화의 토대결정론적 관점을 존중하는 입장에 선다 하더라도, 신경향파 문학에 대한 평가는 지나치게 과장되어 있는 듯하다.

조선의 시민과 그 문학은 이렇게 역사적으로 초라한 것이었으며 또 빈약, 불철저한 것이었다. 이 발전의 전 도정은 맹목할 비약 대신에 지지한 점진성의 완만한 곡선이 그어져 있을 뿐이다.

그러므로 신경향파 문학이 그 전의 시대에 버금하여 교체하는 형태란 실로 한 개 르네상스이었다. 신경향파는 사실상 문화사상의 순서로 당연히 조선의 시민적 문학이 해결해야 할 것을 미해결 채로 남긴 과제까지도 계승받아 실로 모든 영역의 개척자로서의 운명을 가지고 출발한 것이다.[12]

신경향파 이전의 문학이 지지부진했던 반면, 신경향파에 들어오면 조

---

11) 임화, 「조선 신문학사론 서설」(『조선중앙일보』, 1935.10.9~11.3), 『임화 신문학사』(임규찬·한진일 편, 한길사, 1993), 343면.
12) 임화, 「조선 신문학사론 서설」(『조선중앙일보』, 1935.10.9~11.3), 『임화 신문학사』(임규찬·한진일 편, 한길사, 1993), 362면.

선문학은 르네상스를 맞이하게 된다는 것이 임화의 평가이다. 이런 평가
는 신경향파 문학이 바로 자본주의 현실을 통째로 무너뜨릴 계급의 등
장과 연결된다는 관점을 동반한다. 연구자 역시 신경향파의 문학사적 의
미는 지대한 것이라고 생각하지만, 임화의 관점에는 동의하기 힘들다.
사회주의가 곧 도래할 것이라는 전망 아래에서 조선의 현실을 일면적으
로만 이해한 것이기 때문이다. 임화는 식민지 조선의 물질적 토대와 그
로부터 연유된 계급 투쟁의 단계가 마치 난숙한 자본주의의 그것이라고
생각한 듯 하다.

　　물론 그가 신경향파의 한계에 대해 눈감은 것은 아니지만, 이를 초창
기의 결함으로 너그럽게 보아 넘기고 있다는 점에 유의해야 한다. 신경
향파를 무조건 폄하할 일도 아니지만, 그렇다고 그 한계나 오류에 대해
서 맹목이 되어서는 곤란하다. 하기야 이런 치우침이 비단 임화 개인의
문제라고 볼 수는 없으며, 프로문학을 공공연히 부정하던 당시 문단 상
황에 비추어 볼 때, 긍정적 의미를 갖고 있는 점도 부인할 수 없다. 다만
그것이 올바른 관점과 방법에 의한 것이 아닐 때, 문제가 발생한다는 것
이다. 사실, 이전까지 조선의 사회 현실과 운동에 대한 주관주의적 과장
은 카프 맹원들의 일반적인 흐름이었고, 이는 식민지 조선의 프로문학이
빚은 좌편향적 오류라는 평가로 이어질 수도 있다.

　　이 같은 토대 결정론과 기계적 반영론, 그리고 프롤레타리아 운동에
대한 주관적 과장은, 문학사 서술 과정에서 사실정신과 진보정신을 구
별·분리하는 것으로 변형되기도 한다.[13] 신경향파의 문학사적 의의를
서술하는 다음 대목을 보자.

　　　신경향파 문학은 국초, 춘원에서 출발하여 자연주의에서 대체의 개화를 본
　　사실적 정신과, 동일하게 국초, 춘원으로부터 발생하여 자연주의의 부정적 반

---

13) 이상경 역시 이런 점을 지적하고 있다. 이상경, 「임화의 소설사론에 대한 비판적 견
　　해」(『창작과비평』, 1990년 가을), 298~303면 참조

항을 통과한 뒤 낭만파에 와서 고민하고, 새로운 천공(天空)으로의 역(力)의 비
상을 열망하던 진보정신의 종합적 통일자로 계승된 것을 무한의 발전의 대해
로 인도할 역사적 운명을 가지고 탄생된 자이다.14)

신경향파 이전까지의 문학사에서 사실 정신과 진보 정신을 분리, 구분
하는 이런 관점은, 앞 절에서도 이미 언급한, 임화가 반영론을 인식하는
수준과 방식을 단적으로 보여준다. 즉, 형상의 물질성과 세계관의 역할
이라는 두 축이 문학사 서술에서는 사실적 정신과 진보 정신으로 현상
화된 것이다. 이것은 다시 신경향파에 대한 서술에 가면 ‘최서해적 경향’
과 ‘박영희적 경향’으로 변모하거니와, 문제는 그가 이 둘의 이론적 연관
을 낭만적 정신이나 진보 정신에서만 찾는다는 점이다. 이런 점에서 문
학사 서술도 낭만 정신론의 영역 안에 있다고 할 것이다.

물론 임화의 문학사 서술은 그가 미적 반영론을 받아들여, 비평과 문
학사의 영역에서 새로운 과학적 문예학을 수립하려는 노력의 결과라는
점에서, 당시로서는 뛰어난 업적이었다. 이로써 그는 한국 근대 비평사
에서 차지하는 자신의 위치를 유감 없이 드러내기도 하였지만, 우리가
지금까지 보아온 것처럼 몇 가지 점에서 중요한 이론적 결함을 노정하
기도 하였다. 그것은 반영론에 대한 기계적 이해와 세계관 유일주의에서
연원하는바, 역사에 대한 토대결정론적 사고, 문학에 있어서 사실 정신
과 진보정신의 분리 등이 그 사례이다.

2) 거꾸로 선 리얼리즘―낭만정신론

임화가 원래 낭만정신을 내세우게 된 데에는, 세계관을 부정하려는 일

---

14) 임화, 「조선 신문학사론 서설」(『조선중앙일보』, 1935.10.9~11.3), 『임화 신문학사』(임
규찬·한진일 편, 한길사, 1993), 354면.

부 평단의 시도에 맞서 세계관을 옹호하려는 의도가 크게 작용한 것이었다. 따라서 낭만정신론은 그가 행했던 또 하나의 중요한 이론 투쟁이었던 셈인데, 그러나 여기에서 임화가 말하는 낭만적 정신이란 단지 세계관의 의미만을 지칭하는 것은 아니다. 그는 이를 문학상에 나타난 '주관적인 것으로 표현되는 모든 것'으로 확대시켜 이해하고 있다.

> 그리하여 나는 문학상에서 주관적인 것으로 표현되는 모든 것을 낭만적인 것이라고 부르며 그것이 사실적인 것의 객관성에 대하여 주관적인 것으로 현현하는 의미에서 '낭만적 정신'이라고 부르고 싶다. 따라서 이곳에서 부르는 낭만적 정신이란 개념은 어떤 특정의 시대, 특정의 문학상의 경향을 의미하는 것이 아니라 한 개의 원리적인 범주로서 호칭되는 것이다.[15]

여기에서 낭만적 정신은 주관성의 원리에 토대를 두고 있다. 사실 정신이 객관성의 원리라는 점은 여기에서 자연스럽게 유추된다. 그가 문학사를 낭만과 사실, 주관과 객관의 2대 경향이 상호침투, 대립, 상충하는 복잡한 과정이라고 말한 것도 이런 이해에 근거하고 있다. 서구문학사를 고전주의, 낭만주의, 자연주의와 같은 사조의 변천으로 설명하는 가운데, 주-객 대립의 원리로 이해하는 것도 같은 이유이다.[16]

그렇다면 그가 사회주의 리얼리즘에 부여하는 의미도 같은 각도에서 이해할 수 있다. 즉 사회주의 리얼리즘은 지금까지의 문학사에서 분리되어 있던 주체와 객체를 통합하는 원리라는 점에서 의미가 있는 것이다. 사회주의 리얼리즘이 과거의 문예사조와 질적으로 다른 것도 바로 이런 데에 있다는 것이다. 이 같은 임화의 생각은 문제의 정곡을 찌른 것이어서 주목된다. 반영론에 대한 인식은 그를 주체, 객체의 문제를 사고하는

---

15) 임화, 「낭만적 정신의 현실적 구조」, 『조선일보』, 1934.4.19~4.25; 임화, 『문학의 논리』, 학예사, 1940, 7면. 앞으로 이 책에서의 인용은 책마다 표로이 치을 바꾸되 인시를 소개하되, 서지사항은 생략하고 책이름과, 면수만 표기하기로 하겠다.
16) 임화, 『문학의 논리』, 16~17면을 참조

데로 나아가게 하는바, 과거의 문학이 현실(객체)의 반영과 주체의 정신이 분리될 수밖에 없었다면, 사회주의 리얼리즘에 와서 현실(객체) 반영과 주체의 정신은 일치되는 것이라고 생각한 것이다. 왜냐하면 사회주의 리얼리즘에서 주체는 현실의 합법칙적 발전과 함께 하기 때문이다.17)

그러나 임화는 통합의 주도적 계기를 주체의 원리, 즉 낭만적 정신에서 찾는다는 점에서 기존의 문제의식을 넘어서지 못한다. 그에게 사실정신은 현실의 있는 그대로를 그리는 것에 불과할 따름이다.

> 동시에 중요한 것은 과거의 리얼리즘이 몰아적 객관주의로 말미암아 도달치 못한 객관적 현실의 진실한 자태를 파악할 수 있다. 고정한 표면적인 것만을 묘사하는 게 아니라, 현실을 그 발전에 있어서 본질적인 제 관계에 있어 파악하는 것이다.
>
> 그러므로 진실한 낭만적 정신─역사주의적 입장에서 인류사회를 광대한 미래로 인도하는 정신이 없이는 진정한 사실주의도 또한 불가능한 것이다. 즉 주관과 객관을 진실로 통일하고, 진실 가운데서 비본질적인 일상성의 속악한 제2의적 쇄사만에 종사하는 것이 아니라, 그것을 제거하고 혹은 그것을 뚫고 들어가 그 가운데 움직이는 본질적 성격의 제 특징을 파악하는 것이, 우리들의 새로운 창작 이론과 문학의 이상이다.18)

이렇게 보면 낭만 정신론도 앞에서 살펴본 반영론의 이론적 결함이 지속된 결과라고 할 수 있다. 그의 구도에서 주─객은 오직 주관에서만 통합되기 때문이다. 임화가 작가들에게 위대한 낭만적 정신, 다시 말해 현실의 진실을 반영할 세계관의 중요성을 강조한 것은 이 같은 이론적

---

17) 한편, 그는 여기에 머물지 않고 사회주의 리얼리즘을 하나의 이론 체계, 학(學)의 범주로 이해하기도 한다. 이 점이야 말로 임화의 탁월함을 보여주는 대목인데, 그가 형상의 성질 문제를 밝히려 하거나, 문학사를 집필하는 것도 이같은 인식을 기반으로 한 것이었다. 그는 학의 방법론으로서의 반영론과 실천 방법으로서의 창작방법을 구분하고 있었던 것이다. 이에 대해서는 임화, 「사회주의리얼리즘 재검토」(『조선문학』, 1936.6)를 참조

18) 임화, 『문학의 논리』, 20~21면.

기반이 전제된 것이었다.

「위대한 낭만적 정신」이란 글도 큰 틀에서 보면 같은 입장의 연속이자 확대이다. '모방'과 '창조', '묘사'와 '서술'이라는 개념으로『고향』의 인물을 분석함으로써 논의가 구체화되었다는 점이 이채를 띄는 정도이다.

결론적으로 임화의 이론적 결과물들은 주―객 분리, 그리고 거기에서 연유되는 기계적 반영론이 주관의 과도한 강조와 함께 어울린 결과였다. 문학사를 토대 결정론적 관점에서 서술한 것이 그렇고, 신경향파에 지나친 의미를 부여한 것, 주―객 통일의 원리를 주체의 정신에서만 찾으려 한 것도 그렇다. 그가 조선 문학의 주체로 노동자 계급을 내세우고, 조선 문학의 성격으로 프로문학을 중심에 놓은 것은 그런 점에서 당연한 일일 것이다. 이런 이론적 치우침은 그 결과의 잘잘못을 떠나, 주관성 원리에 기반하고 있는 사유로부터 나온 것이라는 점에 문제가 있었다. 임화의 결론을 선뜻 수긍할 수 없는 이유도 바로 이런 점에 있다.

4. 주체―객체 변증법, 혹은 근대문학의 옹호

그러나 임화는 어느 한 곳에 머무르는 정체된 평론가, 이론가는 아니다. 문단 현실을 향한 발언과 이론 투쟁은 지속되고, 그럴수록 스스로도 끝없는 갱신의 길을 걸어간다. 백철이나 김오성 류의 르네상스적 휴머니즘론에 대해, 이상적 인간형은 노동자 계급에 있다고 외치기도 하고, 문학의 개성과 보편성을 기계적으로 분리하는 백철의 오류를 지적하며 문학의 전형성을 내세우기도 한다. 여기에서 우리는 임화의 중요한 이론적 변화와 발전을 감지하게 되는데, 그것은 바로 그가 전형의 의미에 대해 이론적 관심을 보이기 시작하면서부터였다.

　　만일 과학이 일반만을 표현하고 문학이 개별만을 표현한다면 인간생활을 보편적 입장에서 취급하는 사회학이나 역사학에 비하여 문학은 일 개인만을 표현하는 보잘것 없는 물건이 될 것이다. 이러한 견해는 모두가 인간생활의 진실로부터 먼 망견이다.

　　사회학이나 역사학이 보편적인 것 가운데 인간생활의 개별적인 것을 표현하는 대신 문학은 개별적인 것 가운데 보편적인 것을 표현할 따름이다. 진리(혹은 사실)란 단순히 일반적인 것도 아니며 단순히 개별적인 것도 아니다. 일반과 개별의 통일이 항상 진리이고 진실이다.

　　이런 문학적 진실이 집중적으로 표현된 곳이 바로 인간적 형상이다. 그러므로 문학의 형상은 임의의 개인을 소박하게 재현한 초상화가 아니라 다수한 동질의 인간군의 보편성이 개인적 형식 가운데 함축된 성격 타입이다.[19]

　　형상이라는 것은 문학이 현실을 파악하는 방법의 고유성이며 그것은 다름 아닌 전형화의 논리라는 설명이다. 여기에서 우리는 그가 이미 기계적 반영론으로서의 형상의 논리에서 떠나고 있음을 알게 된다.[20] 형상은 더 이상 물질적 성격만 갖는 존재가 아닌 것이다. 형상은 "현실을 파악하는 방법의 고유성"이라는 말에[21] 이미 주―객 변증법의 논리가 관철되고 있다. 그는 이제 낭만적 정신을 전면적으로 비판하는 단계로 들어서게 되는 것이다.

1) 주―객 변증법과 주체 재건으로서 리얼리즘적 실천

　　임화는 기계적 반영론을 벗어나면서 문학에 있어서 주체의 문제에 대

---

19) 임화, 「문예이론으로서의 신휴머니즘에 대하여」, 『풍림』 5호, 1937.4; 임화, 『문학의 논리』, 194·195면.

20) 이런 점에서 임화가 "과거 프로문학의 충분히 일반화되지 않은 성격, 타입을 공식주의의 산물이라 비판함은 백철씨가 우리나 일반이다"(198면)라고 말하는 것에도 유의해야 한다. 그는 전처럼 과거 프로문학을 주관적으로 과장하지 않는다.

21) 임화, 「문예이론으로서의 신휴머니즘에 대하여」, 『문학의 논리』, 192면.

해서도 변증법적으로 사고하게 된다. '위대한 낭만적 정신'을 주장할 때
만 하더라도 그는 주관을 절대적인 것으로 생각하는 경향이 컸다. 그러
나 이제 그에게 주관은 문학과 현실 사이를 끊임없이 운동하는 존재가
된다. 객관현실 역시 주체와 상관없이 기계적으로 문학에 반영된다고 생
각했던 것이 얼마 전까지의 그의 생각이었다. 그러나 이 같은 생각은 주
체, 주관에 대한 생각이 바뀌면서 사라진다.

임화는 김남천의 「남매」를 분석하면서 '작가의 눈'에 새롭게 주목하는
데, 그가 규정한 작가의 눈이란 "작품 위에 현실 세계를 반영할 뿐만 아
니라 작가 자신의 자태를 투영하는 렌즈", "현실 세계와 문학적 세계상
의 매개자"가 된다.22) 이때 '작가의 눈'이 작가의 주관을 의미함은 재론
의 여지가 없다. 이제 임화에게 주관은 현실과 문학을 연결시켜주는 매
개자, 상호 침투하는 변증법적 존재가 된다. 주관은 현실 세계를 반영하
는 동시에 능동적으로 자신을 작품에 투영함으로써 문학과 현실 세계를
매개하는 것으로 이해되는 것이다. 반영은 더 이상 인간의 주관과 무관
하게 진행되는 기계적 과정이 아니게 된다.

구체적으로 분석과정에서 「남매」를 내적 구성의 논리와 현실 반영의
측면이라는 두 축에서 접근하는 것도 이와 무관하지 않다. 내적 구성이
작가가 자신을 투영함으로써 나타난 소설적 형식이라면, 현실 반영은 보
다 더 객관 현실의 문제와 관련되어 있다. 실제로 「남매」를 분석한 「작
가의 눈과 문학의 세계」는 '작가의 눈'을 리얼리즘과 관련시켜 설명하는
이론적 부분과 작품의 내적 구성 논리를 분석한 부분, 그리고 작품에 반
영된 현실의 문제를 검토한 부분으로 구성되어 있다.

그러나 이 글에서는 아직까지 작가 주체와 현실, 작품 사이의 변증법
적 연관이 체계적으로 설명되지 못하고 있다. 그래서 그런지 작품 분석
도 내적 구성의 논리와 현실 반영의 문제가 유리된 듯한 인상이다. 예컨

---

22) 임화, 「작가의 눈과 문학의 세계」, 『조선문학』 13, 1937.6.

대 임화는 이 작품이 예술 작품으로서 내면적 진실성은 갖고 있으나, "작가가 적발한 악의 본질과 묘사된 생활 환경의 가치"가 본질을 외면한다면서 아쉬움을 표하고 있다. 요컨대 작품 구성은 좋은데, 현실 반영에서는 미흡했다는 식이다.

그러나 엄밀한 의미에서 작품 구성이라는 형식 역시도 현실의 문학적 반영의 결과이다. 현실의 문학적 반영이란 작품에 대한 전체적인 규정인 까닭에 작품 구성과 현실 반영이 따로 놀 수는 없다. 작가가 현실을 인식하고 이를 작품으로 창작하는 과정은 하나의 일관된 과정이므로, 반영과 표현도 내적 연관을 갖게 마련이다. 이런 점에서 임화의 「남매」 분석은 일정한 성과에도 불구하고 여전히 문제되는 지점은 남아 있다. 내용과 형식의 분리가 그것이다. 그러나 「사실주의의 재인식」과 그 이후 발표되는 일련의 '주체론'에서 임화는 이런 문제점을 털어내고 한국 근대 리얼리즘 이론의 한 정점을 보여주기에 이른다. 그것은 곧 주체에 대한 변증법적 이해에서 비롯된 것이기도 하다.

예의 「사실주의의 재인식」은 카프 해산 이후, 혼돈을 보이던 당시 문학 현실을 앞에 두고 혼돈의 본질과 타결책을 제시한 글이다. 임화는 혼돈을 두 방향으로 정리하는데, 그것은 '포복(匍匐)적 리얼리즘'에 바탕을 둔 관조주의적 경향과, 낭만주의에 토대를 둔 주관주의적 경향이다. 전자가 주로 엄흥섭·이기영·한설야 등의 소설과 박영희류의 평론에 나타나는 주된 경향이라면, 후자는 임화·윤곤강 등의 시와 임화 자신의 '낭만 정신론'에서 유래된 것으로 정리한다. 특히 박영희류의 비평이 비평의 사상적 질을 저하시키고 전망을 결여한 채 지도적 임무를 포기한 결과를 초래했다면, 낭만 정신론은, 의도하지는 않았다고 하더라도, 비평에 있어 감상주의와 인상주의, 불가지론, 풍류성, 복고주의 등과 결부될 가능성이 있음을 지적한다. 아울러 그는 스스로 낭만정신론이 "시적 리얼리티를 현실적 구조 그곳에서 찾는 대신, 정신을 가지고 현실을 규정하려는 역도된 방법에 있었든 것"23)이라고 규정함으로써 비판의 핵심에

다가선다. 이것은 우리가 낭만정신을 검토하면서 지적했던 주―객 통합의 원리로서 주체의 문제를 근본적으로 반성하는 의미를 갖는다. 그의 말대로 낭만 정신이란 현실에서 나오는 것이 아니라 현실 바깥에 있는 정신에서 나오는 것이기 때문이다.

그렇다면 혼란의 원인으로서 관조주의와 주관주의를 극복할 대안이란 무엇인가? 그것은 다름 아닌 리얼리즘이다. 물론 이때의 리얼리즘이란 관조주의와 주관주의를 지양한 것으로서의 리얼리즘이다. 임화는 지양의 원리, 주체―객체 통일의 원리를 주체의 실천에서 찾는다. 바로 여기에 그의 주체론이 갖는 핵심적인 의미가 있다. 임화가 주체의 실천에 눈을 돌렸을 때, 그에게 주체란 고립된 개인의 신념을 넘어서는 것으로 이해되기 시작한다.[24]

일체의 주관을 현실에 종속시키라거나, 의식의 능동성에 대한 집착만으로 주체의 문제는 해결되지 않는다. 여기에는 주체에 대한 일방적인 불신과 신뢰가 동전의 양면처럼 잠재해 있을 뿐만 아니라, 주체를 단자(單子, monad), 고립된 개인으로밖에 사고하지 못하는 인식의 일면성이 원인과 결과로 결합되어 있다. 그러나 임화의 리얼리즘론에서 상정된 주체와 현실은, 현실에 규정받는 주체, 주체와 관계된 현실이고, 따라서 주체는 현실 속에서 발전하고 운동하는 존재이며, 현실도 주체에 의해 변화될 수 있는 존재이다. 그리고 현실과 주체를 매개하고 연결하는 것은 다름 아닌 실천이다.[25]

---

23) 임화, 「사실주의의 재인식」, 『동아일보』, 1937.10.8~10.14; 『문학의 논리』, 86면.
24) 임화의 리얼리즘론에서 미적 주체성을 직접적인 주제로 다룬 것은 조정환이다. 그러나 그는 미적 주체성과 실천 개념을 노동자 계급 당파성에 입각한 당파적 실천으로만 설정해 이 시기 임화의 문제의식을 제대로 읽어내는 데까지 이르지는 못한다. 조정환, 「1930년대 현실주의논쟁과 프로레타리아문학의 독자성문제」, 『민주주의 민족문학론과 자기비판』, 노동문학사, 1989. 임화의 주체론에 대한 이론적 평가가 본격적으로 이루어지는 것은 신두원(1991)에 와서이다.
25) 그렇다고 여기에서 필자가 '실천만능론'을 주장하려는 것은 아니다. 실천만이 모든 것을 좌우한다는 생각은 경험주의로 일탈할 우려가 있다. 주체―객체의 변증법에서

일찌기 「포이에르바하」론의 저자가 실천으로부터 유리된 사유가 현실적이냐 비현실적이냐는 논쟁은 한 개 '스콜라' 철학적 문제이고 실천만이 차안성을 증명하리라고 말 한 것을 기억할 필요가 있다.

우리는 생활 그것과 같은 문학을 요구하지 않는가? 정히 한 개의 생활적 실천인 문학 그 가운데에서 주체성은 자기의 정당성을 증명하고 객관적 현실과 통일되는 것이다. (…중략…)

이러한 문학은 과학과 더불어 인간생활에 있어 깊은 실천적 의의를 갖는 것이다. 그러므로 리얼리즘이란 결코 주관주의자의 무고처럼 사화(死化)한 객관주의가 아니라 객관적 인식에서 비롯하여 실천에 있어서 자기를 증명하고 다시, 객관적 현실 그것을 개변해가는 주관화의 대규모적 방법을 완성하는 문학적 경향이다.26)

그러면 임화가 생각한 실천이란 구체적으로 무엇을 가리키는 것인가? 그의 말을 빌자면 그것은 "예술적 실천, 즉 리얼리즘적 실천"을 의미한다. 뒤에서 다시 설명하겠지만 임화가 특히 리얼리즘적 실천을 유달리 강조한 것은 그가 엥겔스의 발자크론의 의미를 간파하면서부터이다. 사실 그는 '낭만적 정신'을 주장할 당시만 하더라도 이를 제대로 파악하지 못하고 있었다.27) 그 동안 발자크나 톨스토이의 작품을 자연주의라고 했다가, 부정적 리얼리즘이라고 하는 등 자기 입장도 분명치 못했고, 평가에도 인색했었다. 이는 1920년대 초반의 염상섭·현진건 등에 대한 평가에서도 비슷하게 나타난다. 「조선 신문학사론 서설」을 집필할 때만 해도 그는 기계적 반영론에 경도되어 있었으므로, 이들에게서 본격적인 리얼

실천이란 그 같은 경험주의와는 다르다. 실천만능론은 오히려 김남천의 입장과 유사하다. 김남천이 경험주의에 경도되고 있다는 것은 조정환, 『민주주의 민족문학론과 자기비판』(노동문학사, 1989)을 참조

26) 임화, 「사실주의의 재인식」, 『문학의 논리』, 93~94면.

27) 임화는 같은 글에서 스스로 "당시에(낭만주의를 주장하던 시기에—인용자) 우리는 엥겔스의 발작크론을 읽고 있음에도 불구하고 세계관과 예술적 사상과 리얼리즘의 관계에 대하여 명백한 이해를 가졌었다고는 말할 수가 없었다."(『문학의 논리』, 86·87면)고 말한다.

리즘을 발견할 이론적 토대가 부족했던 것이 사실이었다. 그러던 임화가 엥겔스의 '발자크론'이 지닌 이론적 함의를 재평가하게 되면서 리얼리즘에 실천적 의미를 부여하게 되었고, 작가들에 대한 평가의 기준에서도 리얼리즘을 최우선으로 놓게 되는 것이다.

그런데 임화의 이런 변화는 공교롭게도 중일전쟁으로 대표되는 일제의 강화된 탄압과 무관하지 않다는 점에서 의미심장하다. 사회가 준전시체제로 돌입하는 것을 바라보면서 임화는, 과거와 같은 조직적이고 공개적인 문학운동이나 정치투쟁이 더 이상 가능하지 않게 되었음을 체감했을 터이고, 작가들도 개인적 차원의 문학 활동 이외에 다른 길을 모색한다는 것이 현실적으로 거의 불가능하다고 느끼리라 판단하였을 것이다.

1937년 이전까지만 하더라도 그는 비록 카프가 해산되었을망정 프롤레타리아 혁명의 현실적 가능성까지 포기했던 것으로 보이지는 않는다. 그런 까닭으로 그는 여전히 '위대한 낭만적 정신'을 외치고 '당파성'을 내걸 수 있었다. 그렇지만 시시각각으로 변하는 현실의 힘은 그의 이런 주관적이고 관념적인 현실 인식을 압박해서, 그로 하여금 현실의 논리를 더욱 냉정하고 객관적으로 인식하도록 작용했으리라 생각된다. 따라서 임화가 조직 운동으로서의 문학을 포기하면서 리얼리즘을 작가들에게 내놓았을 때, 그것은 주체 재건의 방법론적 의미가 강한 것이었다. 다시 말해 조직적 운동체에서 떠나 개인으로 돌아간 작가들로 하여금, 여전히 중심을 잃지 않고 창작에 나설 수 있는 방법론으로 제시된 것이 리얼리즘이었다.

그러므로 창작방법이란 작가에게 창작하는 방법뿐만 아니라 생활하는 방법까지를 암시할 수 있지 않으면 아니 된다. 이곳에 문예이론의 지도적 임무란 것이 발휘된다고 나는 믿고 싶다. 뿐만 아니라 오늘날 작가들이 이론에게 제출하는 기본 요구도 이곳에 있을 것이다. 왜 그러냐 하면 방금 작가들이 해결해야 할 초미의 급무는 결코 일개 문학상 과제가 아닌 때문이다.

작가로서보다도 한 인간으로 현실의 파랑을 횡단할 길은 무엇이냐는 완전히 엄숙한 세계관 상의 대 문제다. 무엇이 한 사람의 백면(白面) 작가를 절박한 세계관 상의 결정적 국면 하에 직립시키는가? 실로 오늘날 이곳 현실이 갖는 바 표열(漂烈)한 성격이 여기 있다.[28]

「사실주의의 재인식」이 발표된 이후 얼마간, 임화는 이 문제를 핵심적 과제로 삼아 글을 쓴다. 그 기본 방향이란 앞에서도 말했듯이 엥겔스의 발자크론에 토대를 둔 '리얼리즘의 승리'론이다. 임화는 변화된 현실에서 작가들의 사상성이 저하되고 작품의 침체현상을 보면서 작가들에게 리얼리즘적 실천의 중요성을 언급한다. 특히 그가 리얼리즘적 실천을 강조한 데는 주체-객체 변증법의 핵심 범주로 '실천'의 의미를 인식한 것과 무관하지 않다. 실천을 통해 주관은 현실에 개입하고, 현실을 변화시키며, 현상과 본질의 변증법을 인식할 수 있다. 현실과의 실천적 관계로 주체 역시 변화·발전하게 되는 것은 당연하다.

그러나 임화가 작가들에게 리얼리즘적 실천을 강조했다고 해서, 정치적 실천이 어려우므로 차선책으로 예술적 실천을 선택한다는, 선택의 논리에 의존한 것은 아니다. 오히려 그는 예술의 특수성으로부터 예술적 실천의 중요성을 지적하고, 거기에서 세계관이 형성되고 주체가 재건되는 논리를 발견하고 있는 것이다. 주체가 재건될 때에야 정치적 실천의 정당성 역시 주체 내부로부터 확신된다. 임화가 리얼리즘적 실천을 강조한 것은 그 때문이다.

따라서 작가에게 있어서는 예술적 실천이란 것이 매개하는 중심계기라는 데 작가의 세계관이 형성되는 과정에 특수성이 있는 것이다.
유명한 엥겔스의 발자크론 가운데 적용된 분석방법은 사적(史的) 이론의 일반공식이 아니라 예술실천의 이러한 구체성에서 출발한 것이라고 나는 생각한

---

28) 임화, 「주체의 재건과 문학의 세계」, 『동아일보』, 1937.11.11~11.16; 『문학의 논리』, 46면.

다. 그러므로 우리들이 자기 재건의 노선으로 고를 것은 예술적 실천 일반이
아니라 리얼리즘적 실천 그것이다.[29]

리얼리즘적 실천은 작가를 좋은 생활 실천(예술적 실천이 아닌!)으로 인도
할 뿐만 아니라 와해된 주체로 하여금 "객관 현실의 양양한 파악으로 끄
을어 가고, 확립된 세계관은 생활적 예술적 실천에로 작가를 인도하여,
작가는 실천을 통하여 자기의 세계관을 혈육으로서 주체화"시킬 수 있
는 것이다.

그러면 도대체 리얼리즘이란 무엇이길래 이런 가능성을 내포한 것일
까? 임화는 이를 리얼리즘의 고유한 구조와 자기 법칙에서 찾는다. 좋은
사상이 곧바로 훌륭한 예술이 되지 못하듯이, 사상이나 철학을 형상으로
번역하는 것이 리얼리즘이 아니라, 문학 나름의 구조와 법칙으로 현실을
인식하는 것이 리얼리즘이기 때문이다. 그리고 현실에 대한 리얼리즘적
인식의 핵심은 다름 아닌 전형화이다. 리얼리즘은 현실을 인식하는 하나
의 관념 형태, 즉 광의의 사상의 한 형태로서 독자적 위치를 가지며, 전
형화를 그 내용으로 한다는 것이다. 따라서 작가들이 리얼리즘적 실천에
섰을 때에야 비로소 "사회적 대립의 장렬한 본질과 조우할 것이며, 암담
한 현실이란 심각한 내적 갈등의 일 포말에 불과함을 최종적으로 인식"
할 수 있게 되는 것이다.

이렇게 보아 온다면 임화가 이 무렵 리얼리즘적 실천에 왜 그토록 의
미를 부여하는 것인지가 이해된다. 개인으로서의 작가가 리얼리즘에 자
기를 의탁할 때, 임화 투로 말하자면 현실의 포말 위에 부유하는 관조주
의와, 현실을 관념적으로 재단하는 주관주의를 넘어서서 위대한 문학을
창조해낼 수 있을 뿐만 아니라, 생활에서도 자기를 세우고, 사상과 세계
관의 혈육화에 이를 수 있기 때문인 것이다.

임화의 이같은 주체 재건의 방법은 파시즘에 맞서는 문학의 진경을 보

---

29) 임화, 「주체의 재건과 문학의 세계」, 『문학의 논리』, 55면.

여주고 있다. 게다가 그의 문장은 유려하고 장엄해서 일종의 비장미까지 느끼게 해, 식민지 치하 지식인의 고뇌와 지적 응전의 극치를 보여준다.

결국 임화의 리얼리즘관에는 작가들이 리얼리즘적 실천을 감행함으로써 주체를 세워나갈 수 있다는 실천적 방법론의 성격이 깔려 있다. 그러나 우리는 여기에서 리얼리즘적 실천이 들어서면서 세계관의 자리가 슬그머니 사라지고 있다는 점에 주목하게 된다. 이것은 임화에게 있어서 주체의 이념적 지향이 핵심 관건이 아니라는 사실을 의미한다. 물론 그는 세계관을 "자기 재건의 길인 동시에 예술적 완성의 유력한 보장"[30]이라고 해서 중요시하지만, 더 이상 핵심은 아니다. 핵심은 리얼리즘적 실천이기 때문이다.

이제 과거처럼 그는 노동자 계급 당파성을 전면에 내걸지 않는다. 휴머니즘 논쟁을 결산하는 글에서도 그는 과거처럼 노동자 계급의 입장에서 휴머니즘을 비판하고 대안을 모색하기보다는, 리얼리즘을 제안함으로써 자기 주장으로 삼는다. "리얼리즘을 통해서만 우리는 휴머니즘을 파악할 수 있고, 그것 없이는 문학이 제 세계 속에 진정한 휴머니즘을 실현할 수 없다"[31]는 것이 주장의 핵심이다.

임화의 이런 변화는 사실, 당대의 문학 현실에 대한 인식과 카프에 대한 평가와 맞물려 있다. 그는 카프의 오류를 소시민의 관념적 급진성에서 비롯된 것이라고 평가한다. 현재의 문단도 어떤 중심을 상정하기에는 너무나 무력하게 총체적으로 방황하고 있음을 아프게 깨닫는다.[32] 리얼리즘의 기준에서 작가들은 너나 할 것 없이 미달되고 있고, 이념만으로 카프의 주류성을 평가하려는 자세는 해소되기에 이른다.

이같은 배경에서 임화는 작가들에게 예의 리얼리즘적 실천을 권고한 것인바, 이는 과거처럼 관념화된 세계관을 중심으로 한 편가르기에서 벗

---

30) 임화, 『문학의 논리』, 65면.
31) 임화, 「휴머니즘 논쟁의 총결산」, 『조광』 30호, 1938.4; 『문학의 논리』, 235면.
32) 임화, 「방황하는 문학정신」, 1937.12.12~12.15.

어나고 있음을 의미한다. 그는 리얼리즘적 실천을 지향하는 소시민 작가 일반을 염두에 둔 것이지, 카프 작가를 중심에 둔 것은 아니었다.[33] 문제는 세계관이 아니라 리얼리즘이었던 것이다. 아무리 세계관에 투철하더라도 작가가 리얼리즘적 실천에서 일탈한다면 그것은 올바른 실천으로 인도되지 못하는 것이기 때문이다. 임화가 한설야의 『황혼』과 『청춘기』를 놓고 상반된 평가를 내렸던 것도 이런 점에서 이해가 가는 일이다. 요컨대 리얼리즘이 세계관에 우선하는 원칙이 된 것이다.[34] 결국 임화는 리얼리즘을 통해 새로운 주체를 건설하려 한 것이고, 그리고 그것이 조선 현실에서 당면한 과제라고 여긴 듯하다.

2) 근대문학의 완성을 향한 도정 — 이론의 역사화, 역사의 이론화

위와 같은 입장이 증폭, 집중되어 나타난 것이 그의 「세태소설론」과 「본격소설론」이다. 이 두 글은 1930년대 중반 무렵부터 현재에 이르기까지 임화의 이론적 발전과 한계가 고스란히 담겨져 있는 데다가, 그의 변화된 문학사에 대한 입장 및 현재 문단을 보는 구도 또한 비교적 일목요연한 체계로 정립되어 있어 주목을 끈다. 아울러 이들이 하나의 체계로 엇물려 임화가 지향하는 리얼리즘의 역사적 성격이 드러나고 있다는 점에서 중요한 비평사적 의의를 지니기도 하다.

우선 우리는 이 두 편의 글에서, 임화가 리얼리즘을 통해 근대 문학을

---

33) 이에 대해서는 하정일의 『민족문학의 이념과 방법』(태학사, 1993)을 참조.

34) 임화의 다음과 같은 언급에서 그의 생각을 엿볼 수 있다.
　"작가가 진보적 생활 실천자임에 불구하고 예술경향 상, 반리얼리스트이었다면 예술창작 그것뿐만 아니라 생활 실천 그곳에까지 악영향을 미칠 수 있다 할 것이요, 작가가 비진보적임에 불구하고 예술경향 상 리얼리스트이었다면 예술을 비진보적 생활 실천이 파급하는 악영향에서 최대한으로 방어할 수 있고 나아가서는 비진보적 세계관 그것을 개변시킬 만큼 반작용을 할 수도 있는 것이다." 「주체의 재건과 문학의 세계」, 『문학의 논리』, 54·55면.

역사적이고도 이론적으로 사유하고 있다는 점에 주목할 필요가 있다. 임화가 조선문학의 당면 과제로 "고전적 의미의 소설 양식의 완성"이라고 말한 것은 그가 리얼리즘을 통해 근대 문학을 지향하고 있음을 보여준다. "고전적 의미의 소설 양식"이란 다름 아닌 부르주아 발흥기의 발자크, 졸라를 염두에 둔 것이다. 지금까지 리얼리즘 이론에 대한 탐색이 그로 하여금 '근대'를 자각하게 만든 것이다. 임화는 리얼리즘을 주체의 측면에서 사고하면서 급기야 주체―객체의 변증법으로 실천의 개념을 인식할 수 있었고, 실천 개념을 통해 '리얼리즘의 승리'론을 주체의 방법론으로 내걸은 바 있었다. 그런데 그가 깨달은 리얼리즘의 승리란 바로 전형화 방법이었는바, 이는 그가 서구 리얼리즘의 역사를 확인하면서 얻은 결론이었다. 이 같은 이론적 탐색은 미적 반영론에 토대를 둔 리얼리즘을 이론적이면서도 역사적으로, 역사적이면서도 이론적으로 파악하는 계기로 작용하면서, 자연스럽게 조선의 문학 현실에 대해서도 새롭게 접근하도록 만들어 주었다.

그런데 임화가 조선소설의 과제로 본격소설을 내걸었다는 것은, 그가 식민지 조선 사회의 과제를 근대 사회의 완성으로 보고 있다는 점에서 문제적일 수밖에 없다. 임화가 문면에서 밝힌 근대 사회란 자본주의의 발흥과 근대 시민 계급의 성장으로 요약될 수 있을 터인데,35) 이 점에서 조선의 신문학사를 바라보는 그의 고뇌가 담겨 있다. 왜냐하면 리얼리즘의 근대적 성격을 자각한 임화에게, 조선의 신문학이란 반(半)봉건적으로

---

35) 명민한 임화로서는 근대사회가 민족국가의 수립과 연결된다는 것을 모를 리 없었다. 그러나 그는 이를 명시적으로 언급하지는 않는 / 못한다. 임화가 근대사회를 민족국가의 수립에서 찾고 있었다는 것과 근대문학을 민족문학에서 찾고 있었다는 단초는 조선문학의 정의에 대한 앙케이트에 대한 대답, 「객관적 사정에 의하여 규정된다」, 『삼천리』 76호(1936.8)에서 찾아볼 수 있다. 그는 이 글에서 인도와 아일랜드의 타고르, 예이츠의 문학은 진정한 인도, 아일랜드의 문학이 아니라 침략자에게 굴종당한 표식이라고 말하면서, 진정한 문학은 금후에 다시 시작될 것이라고 지적한다. 이런 언급이 조선을 염두에 둔 우회적 서술이라는 것은 쉽게 짐작할 수 있다. 그러나 이는 말 그대로 단초에 불과한 것이어서 체계적 이론으로까지 수립된 정도는 아니었다.

밖에 보이지 않았기 때문이다.

<blockquote>
누언하는 바와 같이 소설은 개인으로서의 성격과 환경과 그 운명을 그리는 예술이라 서구적 의미의 완비한 개성으로써의 인간 또는 그 기초가 되는 사회 생활이 확립되지 않는 한 소설양식의 완성은 기대할 수 없는 것이다.

이런 의미에서 진정으로 개성이기엔 다분히 봉건적인 신문학, 또한 개성적이기보다는 지나치게 집단적인 경향문학은, 결국 조선에 소설양식을 완성할 수 없었다.[36]
</blockquote>

결국 임화는 조선문학의 과제가 근대를 지향하는 것이고 그것은 리얼리즘을 통해 완성될 수 있다는 생각을 갖고 있었다. 그렇다고 임화가 지금까지의 조선 신문학사를 전면 부정하는 면에 서는 것은 아니다. 오히려 그는 불충분하나마 본격소설에의 지향을 조선 신문학의 전통으로 보고 있는 것이다. 그리고 이런 기준에서 이기영과 이광수, 한설야와 이태준을 같은 반열에 올려놓는다.[37]

이런 인식은 위에서도 잠깐 암시되고 있지만 당대 조선문학의 지형도와 날카롭게 대립된다는 점에서 의미를 찾을 수 있다. 다시 말해 세태와 내성으로 분열된 조선 문학의 현실은 근대적 과제를 온전히 수행하지도 못할뿐더러, 근대 이후의 역사적 산물도 아니라는 인식이 임화의 뇌리 속에 강하게 자리잡고 있음을 암시하는 것이다. 임화가 보기에 조선문학은 미약한 물질적 토대와 "유별난 생활 과정"으로 근대문학의 완성에 이르지 못한 까닭에, 당시 유행사조였던 세태와 내성도 근대 리얼리즘 이후의 서구 모더니즘 문학과 그 질을 달리 할 수밖에 없는 것이다. 그렇다고 분열된 세태 묘사나 심리 묘사로 근대적 리얼리즘이 완성되는 것을 기대할 수 있는 것도 아니다.

결국 그는 1930년대 후반 새롭게 형성되는 문학적 지형이 결코 조선

---

36) 임화, 「본격소설론」, 『조선일보』, 1938.5.18~5.25; 『문학의 논리』, 375면.
37) 임화, 「본격소설론」, 『문학의 논리』, 371면.

문학의 중심일 수 없고,[38] 중심은 리얼리즘에서 찾아야 한다고 생각한 셈이다. 그가 이렇게 생각한 데에는 조선 사회가 아직 근대의 과제를 완수하지 못했기 때문이라는 인식이 크게 작용하고 있었다고 보아야 할 것이다. 임화는 의연히 근대의 과제를 리얼리즘에서 찾았고, 세태와 내성 역시 이런 한에서만 그 의의를 부여했던 것이다.

> 세태의 묘사라든가, 심리의 묘사 등은 소설의 중요한 이대 요소이고, 또한 과거의 조선소설이 이 영역에서 규범될 만한 아무 것도 만들어 놓지 못 하였던 만큼, 그것이 성과라는 것을 무시할 수는 없다. 그럼에도 불구하고 요즈음 소설에선 미약하나마 형성되려하던 본격소설에의 지향이 쇠퇴하고 의연히 조선선 고전적 의미의 소설양식의 완성이란 당면의 숙제로 남아 있음을 잊어서는 아니 된다.[39]

조금 도식적으로 말한다면 임화에게 있어 조선 문학의 과제는 근대문학의 완성이고, 근대문학의 완성이란 다름 아닌 리얼리즘인 셈이었다. 따라서 세태와 내성은 변질된 근대이거나, 근대문학으로 가는 일시적 우회로, 근대문학의 완성을 통해 지양되어야 할 것일 따름이었다.

그런데 한편 이 무렵 임화의 리얼리즘론은 그 역사적 성격과 지향을 이론적으로 체계화시켰다는 긍정적 의미 이외에, 이론 내적 균열의 조짐을 드러내기도 해서 문제적이다. 이런 문제는 그가 본격소설을 성격과 환경의 조화라는 단선적인 논리로 유형화시킨 데서 발견된다. 「사실주의의 재인식」을 쓸 무렵만 하더라도 그에게 1차적인 것은 리얼리즘적인 실천과 전형화의 논리였다. 그러나 「세태소설론」을 집필할 때 그의 리얼리즘론은 전형화와 실천보다는 작품의 내적 구조로서 '성격과 환경의 조

---

38) 임화는 「문단시감」(『조선일보』, 1938.7.17~7.23, 『문학의 논리』에서는 「문단적인 문학의 시대」라는 이름으로 수록되어 있다)에서 현재 문단의 중심을 이루고 있는 것은 장차 주변으로 물러가야 할 것들이며, 게다가 문단의 중심이 문학의 중심이 되는 것은 아니라고 말한다.
39) 임화, 「본격소설론」, 『문학의 논리』, 386면.

화'라는 도식으로 정립된다. 성격과 환경의 조화란 물론 엥겔스의 발자크론에 나오는 '전형적 환경 하에서의 전형적 성격'을 염두에 두고 나온 말이지만, 전형화는 간 데 없고 인물과 환경의 하모니, 성격과 환경의 조화만이 유형화된 논리로 전면에 서게 된다.[40]

이 같은 유형화의 논리에는 현실 반영의 문제가 이론적 연관으로 개입할 통로가 없어질 수도 있다는 문제점을 안고 있다. 임화가 이광수와 이기영의 작품에서 형태적인 공통성을 발견하고 이 두 작품의 변별을 '정신'에서만 찾은 사실이 이를 반증한다. 성격과 환경의 조화라는 작품 내적 구조에서 작품의 질을 변별하는 것은 '정신', 이념 이외에는 찾을 수 없다.

이같은 분석틀에 현실 반영의 문제가 이론적으로 끼어 들어갈 공간이 없다면, 반영과 작품의 내적 형식 사이에는 이론적 균열이 발생하게 된다. 작품의 내적 구조에 초점이 맞춰진 '인물과 환경의 갈등과 조화의 논리'는 가만 생각해 보면 어느 시대, 어떤 서사물에 대입해도 분석이 가능한 틀이다. 잘못하다 보면 현실 반영의 문제는 이런 분석틀 바깥에 존재하는 것으로 여겨질 수도 있다. 이는 전형화가 인물과 환경의 조화라는 유형화의 논리로 바뀐 탓이다. 그는 주체와 객관이 실천을 통해 교섭한다는 사실을 인식하고 있었지만, 이것이 성격과 환경의 조화로 논리적 비약을 하면서 주체의 실천이 괄호로 묶여 버리는 결과를 초래하기도 한다. 그랬을 때 성격과 환경은 다시 분리되고 마는 것이다.

특히 세태와 내성이란 개념으로 1930년대 후반 소설의 침체와 혼란을 날카롭게 지적했으면서도, 그는 "작가 내부에 있어서 말하려는 것과 그리려는 것의 분열"이라고 말함으로써 작가 주체의 이원화된 분열로 설명하고 만다. 그렇지만, 생각해 보자. 1930년대 후반 소설의 침체가 정말 주체가 분열되어 있어서 초래된 것인가? 분열이란 원래 하나이던 것이

---

40) 이런 논리는 사실 「한설야론」(『동아일보』, 1938.2.22~2.24)에서 이미 예견된 바이긴 하다.

나누어진 것이므로 다시 통합되면 문제는 사라진다. 그러면 세태와 내성이 통합된다고 본격소설이 될 수 있을까? 그렇지 않은 것이다. 다음과 같은 임화의 논리를 보자.

> 「구보 씨의 일일」에는 지저분한 현실 가운데서 사체(死體)가 되어 가는 자기의 하루 생활이 내성적으로 술회되었다면, 『천변풍경』 가운데는 자기를 산송장을 만든 지저분한 현실의 여러 단면이 정밀스럽게 묘사되어 있다. 그러므로 이두 소설이 훌륭한 의미에서 조화 통합되었다면 우리는 어떤 본격적인 예술소설을 연상할 수가 있다.[41]

이것은 뭔가 잘못된 이원론이다. 엄밀히 말해 「소설가 구보 씨의 일일」과 『천변풍경』은 조화, 통합으로 해결될 문제가 아닌, 전혀 다른 차원의 질적 비약을 통해 가능한 것이기 때문이다. 현실의 혼돈을 분석, 유형화하는 임화의 논리에는 이제 주—객 변증법으로서의 실천 대신에 주—객 이원론이 들어설 조짐마저 보인다.[42] 임화가 조선 신문학사를 본격소설의 지향이라고 정리하면서 과거 작가를 모두 같은 범주로 묶을 수 있었던 것

---

41) 임화, 「세태소설론」, 『동아일보』, 1938.4.1~4.6; 『문학의 논리』, 350 · 351면.
42) 조금 단순화시키자면 임화의 유형화 논리는 다음과 같은 도식을 초래할 수도 있다.

	주체	객체
분열	내성소설	세태소설
통합	통속소설	본격소설

주체와 객체 / 분열과 통합의 관계에서 나오는 소설의 유형이란 위의 네 경우이다. 예컨대 주—객체가 분열 상태일 때 주체의 측면에서 내성소설이 나온다면, 객체로 중심이 이동했을 경우에는 세태소설이 등장한다. 반면에 주관적으로 주—객통합을 시도하게 되면 통속소설이 되고, 현실의 입장에서 주—객이 통합되었을 때, 비로소 본격소설이 된다. 그러나 임화는 「최근소설의 주인공」(『문장』, 1939.9)에서 인간의 운명과 생애 가운데에 사회의 주체적 측면이 표현됨을 설명하고 있다. 성격과 환경 사이의 교호관계, 그리고 그를 통해 반영되는 현실의 모습을 그는 간과하지 않고 있었다. 따라서 임화의 소설론을 무작정 유형화 논리로 몰아 붙이는 것 역시 경계해야 할 것이다. 연구자는 다만 여기에서 임화의 이론틀 내에서 발견되는 유형화의 위험성을 지적하려는 것이다. 임화는 이 시기에 들어와 이 둘 사이에서 매우 위태로운 곡예를 하는 것처럼 보인다.

도 이런 분리된 이원론의 구도에서 나온 것이다. 그러나 1930년대 후반의 주체는 분열되어서가 아니라 변질되었기에 문제가 있었던 것이며, 이것은 변질된(분열된 것이 아닌!) 현실에서 유래된 것이다. 그렇다면 본격소설도 분열된 주체의 통합(세태와 내성의)이나 성격과 환경의 조화가 아닌, 주체의 재건과 현실의 전형화를 통해 가능한 것이었을 터이다.

5. '사실(事實)'과의 길항(拮抗)과 생활로의 퇴각

한편 임화의 평론은 1930년대 말, 정확히 말해 1938년 8월에 발표된 「사실의 재인식」을 시작으로 또 다른 변화의 조짐을 보인다. 그 변화의 원인이란 말할 것도 없이 파시즘의 등장과 전시체제로의 전환이라는 정세의 변화에서 찾을 수 있겠지만, 임화 개인에게서는 현실의 변화를 지켜보면서 스스로를 반성하는 데서 나온다.

> 나는 최근의 소설이 세태소설과 내성소설로 분열되고 있음을 분석하면서 그 통일을 위하여 구체적으로 무엇을 작가들에게 제시해야 할지 실로 막막치 아니할 수 없었다. 물론 나는 그것을 소위 '본격소설'의 길을 개척함에 있다고 결론하였으나 유감인 것은 그 논리가 작가들로 하여금 창작하는 붓대에 흘러내리는 산 혈액이 될만한 것이 아니라는 것은 아무래도 부정할 수가 없다.43)

이론적인 당위성은 있다고 하더라도, 그것이 현재와 같은 시대에서 정말 현실성이 있는 것인가에 대해 그는 고민하고 있는 것이다. 이른바 '사실(事實)'의 힘에 그 역시도 눈을 돌리지 않을 수 없었던 것 같다. 그는

---

43) 임화, 「사실의 재인식」, 『동아일보』, 1938.8.24~8.28; 『문학의 논리』, 121면.

이제 '사실'을 인정해야 할 것이라고 말한다.

그렇지만 한가지 분명한 것은 그가 말하는 '사실의 인정'은 결코 백철의 사실수리론(事實受理論)과는 궤가 다르다는 점이다. 그가 사실을 인정한다는 것이 현실의 변화 앞에서 절망한다거나, 사실을 받아들임으로써 신체제의 논리로 간다고 해석되어서는 곤란하다.44) 위의 인용 역시, 절망에서 나온 말이라기보다는, 반성을 통해 새로운 모색을 다짐하려는 의도에서 나온 것임을 글 전체의 맥락이 증명한다. 그는 오히려 '사실과의 길항(拮抗)'을 강조한다. 사실을 주관적으로 거부할 것이 아니라, 실천적으로 맞서야 한다고 생각한 것이다. 임화가 말한 '사실의 인정'이란 이런 뜻이다. 현실감각이 있는 평론가(그는 이를 정치란 말로 표현한다)라면 현실의 논리 속에서 대안을 모색해야 한다는 것이 그의 생각이었다.

> 물론 기정 사실의 승인이란 것이 이태리의 이디오피아 점령으로 대영제국의 주권의 양보 내지 포기로 끝난다면 그것은 하나의 굴복이다. 그러나 반대로 기정의 사태는 이미 확정적임에 불구하고 관념적으로 그것을 부정하는 나머지 그 나라의 외교 정책이 모순에 빠지고 무능에 끝난다면 이것은 벌써 능한 의미의 정치는 아니다.
> 기정 사실의 인정은 그 사태를 기초로 하여 자기발전의 확고한 현실적 노선을 발견함에 이름을 의미한다.45)

그렇지만 그의 논리는 사실과의 길항 이상으로 진전하지는 않는다. 현실의 논리에 관심을 돌리는 한편으로 그는 어떤 총체적 대안을 제시하

---

44) 이훈은 「1930년대 임화의 문학론과 근대성」, 민족문학사연구소 엮음, 『민족문학과 근대성』(1995)에서 임화의 이글을 두고 기정 사실의 인정을 파시즘 수용으로 해석하려 한다(422면). 그러나 필자가 보기에 이 글의 핵심은 사실수리론이 문단적 영향력을 넓혀가는 것에 대해 그 나름대로 제동을 걸려고 했었다는 데 있다. 글의 전체적 맥락이 그를 보여준다. 그는 사실을 인정하자는 것보다, 사실에 어떻게 임할 것인가에 비중을 두고 있는 것이다.

45) 임화, 「사실의 재인식」, 『문학의 논리』, 130면.

는 것으로 나아가지 않는다. 그 대신 그는 문단과 저널리즘의 관심사에 대해 활발한 관심을 보여준다. 그러나 여기에는 다만 현실과 문단을 바라보는 태도와 포―즈만이 있을 뿐이다. 안함광은 임화의 평론을 두고 '유격술'이라고 했거니와, 안함광과는 다른 의미로 우리는 이 시기 임화의 평론에서 유격술을 발견한다. 「전체주의 문학론」이 그렇고, 「시민문화의 종언」, 「생산소설론」이 모두 그렇다.46) 신체제적 지향을 드러내는 듯한 제목을 달고 그는 교묘하게 게릴라전을 수행하고 있는 것인지도 모른다. 문학사 집필 또한 이와 다르지 않다. 아카데미즘이란 방어벽을 치고 그는 견결하게 자기 길을 걸어가고 있는 것처럼 보인다.47)

당시 문단 초미의 관심사였던 세대론에 대해서도 그는 비교적 여러 편의 글을 발표한다. 세대론이 단순히 문단 내의 세대 간의 갈등이나 차이만이 아닌, 문학적, 이념적 지향을 강하게 띠고 있었다는 점에서 의미를 지니는바, 임화는 신세대를 향해 문학의 현실 연관성을 강조하고 이를 입증하기 위해 「소설문학의 20년」을 집필하기도 하는 것이다. 요컨대 그에게 옹호해야 할 가치는 여전히 리얼리즘이었다.

1940년에 들어와 발표된 「리얼리즘의 변모」48)에서도 그는 리얼리즘의 가능성을 끈질기게 탐색하고 있다. 리얼리즘에서 현실이 의미하는 바를 설명하고는, 역설적으로 이제는 현실이 아니라 생활에서 리얼리즘을 발견해야 한다고 주장한다. 현실이란 이미, 주체가 살아갈 공간은 아니었던 것이다. 일상으로서의 생활조차도 이제는 옹호하고 지켜나가야 할 것임을 암시하는 것이다.

---

46) 이런 글들은 다양한 해석의 가능성이 공존한다. 「생산소설론」도 그렇고, 「시민문화의 종언」도 그렇다. 화제 자체는 일제의 국책적 과제이지만, 그가 문제에 접근하는 방식은 여전히 실재에 토대를 둔 변증법에 기초하고 있다. 사유방식 자체는 변화하지 않고 있는 것이다.
47) 그는 1939년부터 1941년까지 『조선일보』와 『인문평론』에 「개설 신문학사」, 「신문학사」, 「續 신문학사」, 「개설 조선 신문학사」라는 이름으로 근대문학사 집필에 나선다.
48) 『문학의 논리』에는 「생활의 발견」이란 이름으로 실려 있다.

바꿔 말하면 현실 대신에 맞이한 부득이한 세계로서의 생활이 아니라 역시 소중히 할 것으로서의 생활, 혹은 그것을 긍정하고 그 속에서 무슨 새 의의를 찾아보려는 세계로서 생활이 문학 위에 등장하게 되면 그때는 여태까지 우리가 현실이란 것과 대비하여 생각해 오든 생활과 새로운 의미의 생활이 약간 의미가 달라진다.

그것은 이미 새로운 오늘날이란 시대의 현실로서의 중대한 의미를 함축하게 된다. 즉 새로이 발견된 현실로서의 생활, 그것이 곧 현실을 버린 뒤에 생활의 발견이 초래한 중대한 결과가 되는 것이다.[49]

현실은 일상적 생활마저 지켜가고 소중히 해야 할 정도로 급박하게 돌아가고 있었다. 이제 임화의 비평이 한국어로 쓰여진 한국 문학으로서 의미를 갖는 것은 대략 이 언저리까지이다. 그는 금광업자인 최남주가 설립한 학예사와 관계하면서 단행본 출판에 관여하기도 한다. 이따금 평론을 쓰기도 하지만 그전의 이론적 긴장이 연속되는 모습을 발견하기는 힘들다. 어쩌면 그것은 연구자가 다른 차원의 문제틀로 접근해야 할 영역으로 보인다. 그의 평론이 다시 빛나게 부활하는 것은 1945년 8월 해방을 맞이하면서이다.

---

49) 임화, 「생활의 발견」, 『태양』, 1940.1; 『문학의 논리』, 338면.

해방직후 임화의 민족문학과 통일독립

좌우와 남북

김재용

1. 민족문학의 시각에서 읽는 해방직후의 임화

민족문학론을 제기한 초기 이론가 중의 한 사람인 임화의 문학에 대해 민족문학론의 시각에서 고찰한다는 것은 너무나 당연한 것으로 여겨져 비생산적인 일로 간주될 수 있다. 그렇지만 그의 민족문학론이 해방직후부터 정립된 형태로 제출된 것이 아니고 일정한 조정기간이 흐른 후에 선을 보였고 시간이 흐르면서 차츰 다듬어져 간 것임을 고려할 때 민족문학론의 시각에서 논리를 추적하고 재구성하고 평가하는 것은 매우 의의 있는 일이 될 수 있을 것이다. 또한 이 시기에 발표된 그의 시작품을 비롯한 제반 글을 이와 연관하여 읽게 되면 이러한 접근은 한층 생산적인 일이 될 수 있을 것이다.

해방직후의 민족문학은 민족문제의 해결에 집중하였다. 물론 민족문제의 해결이 그 자체로 다른 문제와 동떨어져 존재할 수 있는 것이 아니고 서로 연관되어 있기 때문에 고립시켜 볼 수는 없지만 이 시기에 가장 결정적인 것은 민족문제의 해결이었다. 자본주의 세계체제의 주변부로서 편입되어 있는 상태에서의 민족문제이기 때문에 근대의 극복이란 과제와 민족문제의 해결이란 것이 따로 떨어져 존재하는 것이 아니다. 근대를 넘어서는 것 자체도 역시 민족문제의 해결이란 과제와 연관될 때에만 의미를 갖게 되는 것이다. 이 시기 민족문제의 해결이란 통일독립을 의미한다. 물론 새롭게 수립하는 통일독립의 국가가 자본주의 세계체제의 중심부에서 나타났던 그러한 국민국가가 될 수는 없는 것이기는 하지만 그렇다고 해서 이미 국민국가의 형태로 중심부가 정립되어 있는 상황에서 이와 무관하게 통일독립의 새로운 국가를 상정할 수는 없는 것이다. 당시 미소를 비롯한 강대국들이 조선은 스스로 자치할 수 없기 때문에 신탁통치를 해야 한다고 말했던 것을 고려한다면 중심부의 국민국가와는 다른 형태의 국가를 수립하는 것은 민족문제의 해결이면서 다른 한편으로는 민주주의적 진전이라 할 수 있을 것이다.

통일독립을 통한 민족문제의 해결은 결코 쉬운 일이 아니었다. 미소가 남북에 진주해 있는 상황도 그러하지만 일제하 항일운동 과정에서 배태된 사회주의와 민족주의의 분열 역시 이를 한층 어렵게 만들었다. 그렇기 때문에 통일독립을 꾀하는 사람들은 이러한 현실의 바탕 위에서 최선의 길을 추구해야만 하는 것이다. 그렇지 않고 자신이 머리 속에서 바라는 정체를 중심에 놓고 이를 기준으로 구현하려고 할 경우 그것은 오히려 통일독립을 방해하는 일이 될 수 있는 것이다. 그런 점에서 이 시기 임화의 문학활동을 민족문학의 시각에서 제대로 평가하기 위해서는 좌우와 남북의 문제를 고려할 필요가 있다.

첫째 좌우익의 문제이다. 임화는 1945년 말 이후 명백히 좌우의 대립 속에서 자신의 생각을 펼쳐 나갔다. 모스크바 삼상회의와 그에 따른 찬탁 반탁 투쟁은 그 이전까지 익숙하지 않았던 좌우라는 말을 실감나게

해 주었으며 이러한 정치적 지형 속에서 시를 발표하고 민족문학론을 수립하였다. 그렇기 때문에 이러한 정치적 구도와 무관하게 임화의 활동을 보게 될 경우 그 핵심을 놓치기 십상이다. 특히 임화 자신은 현실과의 부단한 접촉 과정에서 좌우에 대한 자신의 생각을 수정해 나갔기 때문에 이러한 파악은 한층 중요하다.

둘째는 남북의 문제이다. 해방직후 한반도는 삼팔선 이남과 이북으로 갈라져 정치 일정이 진행되었다. 우리의 바람과는 무관하게 미소의 요구에 의해 형성된 이러한 질서는 그 심각성에도 불구하고 당시 일부 지식인들에게는 절실하게 다가오지 않았다. 특히 삼팔선 이남에서는 이러한 현상이 한층 심각한 양상으로 전개되었는데 그럴 수밖에 없었던 것은 멀리는 조선시대 가깝게는 식민지 근대 이후 서울이 항상 모든 정치의 중심으로 자리잡아 왔고 이것이 은연중 의식 속에 스며들어 있기 때문이다. 서울에서 머물고 있는 한 삼팔선이란 것이 크게 다가오기 어려웠고 따라서 삼팔선 이북의 평양을 고려한다는 것은 여간 어려운 일이 아니다. 임화의 경우 시기에 따라서 차이는 나지만 기본적으로 삼팔선 이북을 어떻게 보고 있었는가 하는 문제는 그의 사유에서 매우 중요한 것이다. 평양을 고려하지 못할 때에는 못하는 데로 평양을 고려할 때에는 고려하는 데로 그것은 중요한 의미를 가졌다.

2. 인민공화국 수립의 열망(1945.8~1945.12)

임화가 해방 후 처음 발표한 시는 「9월 12일」인데 다른 시와 달리 날짜가 시 제목으로 되어 있다는 점에서 깊은 주의를 요한다. 1945년 9월 12일에는 건국준비위원회 주최로 미군환영시가행진이 있었다. 정오 무렵 서울운동장에서 시작된 이 집회는 광화문에 이르는 시내 행진이었다. 20여 단체로부터 나온 약 만 명의 사람들이 벌인 이 시위에서 우리가 넘길 수 없는 것은 조선인민공화국 수립과 조선공산당 재건을 축하하는 목소리도 있었다는 점이다. 주지하다시피 인민공화국은 9월 6일 경기여고 강당에서 전국인민대표자대회가 열림으로써 공식화되었고, 조선공산당은 내부의 분열을 봉합하여 9월 11일 당이 재건됨으로써 비로소 당당할 수 있었던 것이다. 그렇기 때문에 9월 12일날의 이 행사에서 조선공산당의 재건과 조선인민공화국의 수립에 대한 축하가 따르지 않을 수 없었던 것이다. 그리고 조선인민공화국의 주도를 연합군의 일원인 미국이 승인해주기를 바라는 마음에서 연합군 환영 행사가 자연스럽게 뒤따랐던 것이다. 그런 점에서 이 무렵까지만 해도 조선인민공화국의 수립과 미군정 사이에는 표면적 대결이 없었다. 바로 그런 점으로 하여 임화는 미래에 대해 매우 낙관적이었던 것이고 따라서 이런 시를 내놓을 수 있었던 것이다. 박헌영을 칭송하는 군중들의 외침 속에 서 있는 임화로서는 과거의 고달팠던 시절이 눈 앞에 생생하게 떠올랐을 것이다. 일제로부터의 해방으로 하여 이렇게 종로 네거리에 서서 박헌영을 노래할 수 있다는 것이 결코 평범하게 느껴지지 않았을 것이다. 바로 이러한 감회를 그는 이 시를 통하여 노래할 수 있었다. 그 동안 조선공산당 재건을 둘러싸고 내분이 있었기 때문에 시를 쓴다는 것이 쉽지 않았을 것이고 이 시간까지 기다려야 했던 것이다. 그런데 이러한 시가 행진을 하고 보니 앞날이 매우 밝게 보였을 것이다. 또한 조선인민공화국이 선포되면서 앞으로 착착 진행될 일정이 눈 앞에 선히게 다가왔을 것이다.

조선 근로자의
위대한 首領의 연설이
유행가처럼 흘러나오는
마이크를 높이 달고

부끄러운
나의 생애의
쓰라린 기억이
鋪石마다 널린
서울ㅅ거리는
비에 젖어

아득한 산도
가차운 들窓도
眩氣로워 바라볼 수 없는
鐘路ㅅ거리

저 사람의 이름 부르며

위대한 수령의 만세 부르며
개아미 마냥 몽여드는
千 萬의 사람

어데선가
외로이 죽은
나의 누이의 얼골
찬 獄房에 숨지운
그리운 동무의 모습
모두 다 살아오는 날
그 밑에 전사하리라
노래부르든 旗ㅅ발
자꾸만 바라보며

자랑도 재물도 없는
두 아이와

가난한 안해여

가을비 차거운

길가에
노래처럼
죽는 생애의
마지막을 그리워
눈물짓는
한 사람을 위하여

원컨대 용기이어라.

종로 거리에는 그의 슬픈 기억이 촘촘히 서려 있지만 이제 그것에 연연할 필요가 없는 것이다. 그런 점에서 이 종로 네거리는 그에게 새로운 출발의 지점인 것이고 또한 희망으로 가득 찬 광장임에 틀림없다. 네거리에서 불렀던 지난날의 노래들은 이제 과거가 되고 말았으며 이제 같은 자리에서 노래하지만 그것은 이전과는 전혀 다른 것이다.

그러나 이러한 전망이 결코 쉽지 않다는 것을 깨닫는 데에는 그렇게 오랜 시간이 걸리지 않았다. 그 해 10월 10일 아놀드 군정장관이 인민공화국을 부정하는 견해를 내놓자 미래가 결코 순탄지 않을 수 있음을 느끼면서 일말의 불안을 갖게 되었다. 하지만 이 무렵만 해도 이것의 심각성을 거의 느끼지 못하였던 것으로 보이는데 그것은 이를 단순한 해프닝 정도로 인식하는 반박 어조에서 확인할 수 있다.

놀라운 글이다. 세계 대국 가운데 일국의 대변자의 담화로서 믿기 어려운 저열한 글이다. 근간 가두에 나붙었던 저열한 '삐라'에서도 우리는 이만치 저열한 예를 본 일이 없다. 나는 이 글이 아놀드 장군 자신의 손으로 된 것이라고는 아무래도 믿기 어렵다. 카이로 선언과 하지 장군의 선언에서 우리의 정치적 자유와 독립이 보장되어 있고 조선의 정체는 우리 인민 자신의 자유의사에 의해서 결정된다는 것은 미국을 위시로 한 모든 민주주의국가의 정치적 상식이 되어 있다. 우리 인민의 의사가 조선인민공화국을 지지하고 그것을 우리인민의 정부라고 생각할 때 여기에 간섭할 사람은 존재할 수 없는 것이고 또 민주주의의 정치 원칙이다. 비록 우리를 일본제국주의의 지배하에서 해방해준 미국과 소련일지라도 이것은 불가능한 일이다. 나는 카이론 선언과 하지 장군의 언명이 우리의 이러한 의견과 결코 차이가 있는 것이라고 생각 않는다. 거듭 말하거니와 인민공화국에 대한 발언권은 우리 인민의 자유의사에서만 존재한다.[1]

과거 일제하에서 조선공산당은 공개적으로 활동할 수 없었던 반면, 해방 직후에는 당당하게 종로 한 복판에서 행진을 할 만큼 세상이 변한 것을 두고 임화는 감격과 각오를 다졌다. 그러나 이로부터 한 달이 채 지나지 않아 미군정이 조선인민공화국을 부정하는 '명령'을 내렸을 때 그가 받은 충격을 우리는 상상할 수 있다. 그렇기 때문에 그는 애써 이를 부정하려고 하였을 것이고 이것이 위의 글에서 드러나는 것처럼 카이로 선언과 하지 장군의 언명을 되풀이하면서 아놀드의 발언을 부정하려고 하는 것으로 나타났던 것이다.

임화는 이것이 결코 심상치 않은 것이라고 보았지만 그렇다고 해서 그렇게 심각한 것은 아니라고 생각하였다. 중요한 것은 인민들의 자유의사이기 때문에 앞으로 어떻게 인민들을 조선인민공화국의 틀로 끌어들이는가에 따라 사태는 달라질 수 있다고 판단하였을 것이다. 조선인민공화국의 협소한 틀이기는 하지만 나름대로 민족통일전선을 구상하였고 이러한 전망 위에서 청년단체를 비롯하여 많은 사회단체의 결성에 관심을 기울였다. 이들의 노력을 시로써 고무하였던 것에서 나온 것이 「헌사」이다.

　　드는 손
　　마디마다 맺힌 피

---

1) 『자유신문』, 1945년 10월 13일자.

발을 구르면
따듯이 흘러나려
너른 會場은
온전히 한 심장

여기
인민공화국의
수도가 있다

11월 29일에 열린 청년단체총동맹 결성식장[2]을 가리켜 인민공화국의 수도라고 할 수 있었던 것은 그가 이들 청년들의 힘에 조선의 미래를 걸고 있었기 때문이다. 미군정이 조선인민공화국을 부정하는 마당에서 이를 극복할 수 있는 것은 오로지 이들 민중의 힘에 바탕을 둔 통일전선밖에 없다고 임화는 생각하였을 것이다. 그렇기 때문에 이 결성식장의 뜨거운 열기를 보고 감격하였고 이를 노래하였다. 이 시의 마지막에서 "우리는 단지 / 죽는 법을 배워 / 돌아가면 그만이다"라고 한 것을 미루어 볼 때 앞으로 전개될 만만치 않은 싸움을 통하여 조선인민공화국을 수립해야 한다고 생각했던 것 같다.

1945년 12월 12일 하지가 조선인민공화국을 부정하는 발언을 명백하게 하자 조선문학동맹의 이름으로 이에 반박하는 성명서를 발표하였는데 이때의 논리 역시 아놀드를 비판할 때와 마찬가지였다. 하지에 대한 반박 역시 조선인민공화국은 인민들의 자유의사에 의해 결정된 것이기 때문에 이를 기반으로 국가를 수립해야 한다는 것이다. 이러한 생각은 당시 조선문학동맹의 위원장이었던 홍명희의 그것[3]과는 일정하게 거리

---

2) 1945년 11월 29일 청총 서울시 연맹 결성대회가 열렸다. 그 해 12월 11일부터 사흘 간 전국대회가 개최되었다. 이 시의 끝에 '1945.11'이라고 부기되어 있는 것을 볼 때 서울시 연맹 결성대회를 보고 쓴 것 같다.

3) 홍명희는 서울신문에 발표한 성명에서 자신과 의논 없이 이 반박이 이루어졌음을 밝혀 놓고 있다. 이에 대해서는 강영주 교수의 『홍명의 연구』(창작과비평사, 1999)를 참조

가 있는 것으로 진정한 의미의 민족통일전선으로 보기에는 편협했다.

임화가 조선인민공화국을 강조하면서 이의 수립을 위해 온갖 힘을 경주한 데에는 이승만과 김구가 귀국하면서 중경임정을 추대하는 움직임이 만만치 않게 등장하면서 자신의 구상대로 통일전선이 이루어지지 않는 위기의식이 일정하게 작용하였다. 중경의 임정은 해내외 독립운동의 하나에 지나지 않은데 그들은 자신이 가장 중심이라고 주장하면서 이의 특권화를 요구하고 있다고 임화는 보았다. 그렇기 때문에 임화는 일제하에서 독립을 위해 싸운 여러 경향의 사람들을 앞세우는 일이 필요하였다. 그가 이 무렵에 「학병 돌아오다」와 「길」을 발표한 것 역시 이러한 문맥에서 파악할 수 있다. 그리고 연합군의 한 축인 소련의 역할을 강조하는 「발자욱」이란 시를 발표한 것도 미국을 상대화시키는 일의 한 과정임은 다른 설명이 필요치 않을 것이다.

이제 이 시기에 임화가 남북의 문제를 어떻게 보고 있는가 하는 점을 살펴보자. 임화가 조선공산당을 중심으로 인민공화국을 건설하기 위하여 민족통일전선이 필요하다고 생각하였을 때 그것은 이남 내부에서의 좌우익의 대립을 중심에 놓고 생각하는 것이었지 남북 전체를 고려하는 것은 아니었다. 물론 임화는 남북을 통틀어 통일국가를 고려하였지 분단국가를 상정한 것은 결코 아니다. 문제는 남북이 미소의 군정을 받고 있기 때문에 야기되는 차이를 제대로 보지 못했다는 점이다. 1946년 10월에 이르면 남북 사이에는 현저한 차이가 발생하였는데 그 핵심은 역시 미소의 정책에 기인하는 것이었다. 그러나 이남에 머물고 있었던 임화에게 이러한 감각은 쉽게 생기지 않았다. 서울이 한반도의 중심이고 일단 인민공화국만 들어서면 남북은 쉽게 뭉쳐진다고 생각하였기에 여기에 진력하였다. 그러나 삼팔선 이북에 있는 문학가들은 이 무렵에 들어서면 남북 문제가 좌우 문제 못지 않게 심각한 것이고 이것에 문학가들이 주목해야 한다고 보았다. 이 점은 이 시기 이북에서 활동하였던 두 문학자 안함광과 한설야의 경우를 보면 금방 알 수 있다.

안함광은 1945년 11월 20일 서울 천도교 대강당에서 열린 전국인민위원회대표회의에 황해도의 대표로 참석하였는데 그가 이 회의에서 보고한 내용은 이 문제와 관련하여 주목할 만하다. 회의 이틀째 되는 날 각 지방의 정세보고가 이루어졌는데 남쪽의 경우 지방에 따라 별 차이가 없기 때문에 한 두 개의 경우로 끝났고 당시 회의 참석자들의 요구에 따라 삼팔선 이북의 보고를 듣기로 하였다. 그 첫 대표로 황해도 대표로 참석하였던 안함광이 보고를 하는데 그는 삼팔선 이남과 이북이 다른 점을 중심으로 설명하였다. 특히 인민위원회를 기초로 하여 친일파의 재산을 회수하여 나누어주는 일이 소련 군정의 방해 없이 제대로 이루어지고 있음을 강조하면서 이것이 남쪽과 다름을 역설하였다. 그가 준비한 전체 보고문이 없어 판단이 쉽지 않지만 이 보고된 내용만을 볼 때 삼팔선 이남과 이북이 각각 다른 상황으로 나아가고 있고 이것을 주목해야 한다는 것이다. 이러한 감각과 판단은 그가 삼팔선 이북에서 활동하고 있기 때문에 상대적으로 자연스럽게 느끼는 것이겠지만 그것은 어디까지나 남북의 통일을 통한 독립의 문제에 중요성을 두고 있었기 때문에 가능한 것이었다.

이런 맥락에서 다시 보아야 할 것은 1945년 12월 13일의 조선문학동맹 결성 직후 한설야의 발언이다. 8·15 직후 문학가 조직은 조선문학건설본부와 조선프롤레타리아문학동맹으로 대립되었다가 1945년 12월 13일날 합동대회를 열었다. 이것은 두 단체의 통합의 의미를 갖는 것이기도 하지만 삼팔선 이남과 이북의 문학인들이 한 자리에 모이는 의미도 갖는다는 사실이다. 조선문학건설본부가 만들어질 때에도 급조된 까닭에 문학가들이 많이 참석하지 못하였고 이에 대한 반발로 나온 조선프롤레타리아문학동맹 역시 과거 카프 참가자 중 중요한 인물이었던 이기영과 한설야 등의 인물이 빠진 채 이루어졌다. 이기영과 한설야를 비롯하여 최명익·김사량 등은 삼팔선 이북에 있었기 때문에 이 논의에 참가할 수 없었던 것이다. 그런 점에서 1945년 12월 13일에 열린 조선문학동맹 결성식은 비로소 남북 좌우의 문학인이 처음으로 얼굴을 맞대고 일을 논의하는 자리라 할 수 있다. 이기영과 한설야를 비롯하여 19명의 북한 문학인들이 1945년 12월 10일 서울로 내려와 결성일인 13일의 회의에 참가하였다. 그런데 여기에 참여한 사람들 특히 삼팔선 이남과 이북의 사람들 사이에는 당시의 현실을 놓고 서로 다른 감각을 가졌던 것으로 보인다. 이북에서 내려온 한설야의 경우 삼팔선 이남과 이북의 분리가 자칫 잘못하면 분단으로 이어질 수 있음을 지적하면서 이에 대해 각별한 관심과 통일전선의 필요성을 강조하고 있다.

> 38도선이란 마치 국경 이상의 장벽이 되어있어 자칫하면 모든 운동이 분열과 불통일을 가져오기 쉬운 현단계에 있어서 이 분열과 불통일에 대한 극복 즉 통일전선에의 움직임과 그 전개가 조선민족통일전선에 있어 그의 가장 크고 긴급한 중요 과업으로 되어 있는 것은 진실히 민족재건의 뜻을 두고 있는 누구나가 다 같이 느끼고 있는 문제이다.[4]

회의를 마치고 난 직후에 신문에 쓴 이 글에서 한설야는 당시 삼팔선을 국경 이상의 장벽이라고 표현하고 있는데 이는 그가 당시에 미소가 각각 남북에 진주해 있는 상황을 얼마나 심각하게 받아들이고 있는가 하는 점을 단적으로 보여준다. 이 글을 쓴 시점이 1차 미소공위가 결렬된 1946년 5월 이후도 아닌 1945년 12월 경이라는 것을 생각할 때 그의 현실인식이 얼마나 정확한가 하는가를 짐작할 수 있다. 한설야를 비롯한 문학인들이 내려온 까닭도 바로 여기에 있음을 간접적으로 확인할 수 있다. 오늘날 우리는 이 회의의 회의록을 가지고 있지 못하기 때문에 과연 그 속에서 무슨 논의가 일어났는가 하는 점을 자세히 알 수는 없다. 그러나 회의 직후에 발표된 한설야의 이 글을 통해 볼 때 좌우의 대립뿐만 아니라 남북의 통합에 대해서도 이야기가 많이 오고갔음을 알 수 있

---

4) 한설야, 「문학운동에 대한 잠견」, 『중앙신문』, 1945년 12월 15일

고 또한 그 과정에서 한설야를 비롯한 이북 문학인들이 느끼는 현실인
식과 임화를 비롯한 이남 문학가들이 느끼는 그것 사이에는 일정한 차
이가 있음을 알 수 있다.

임화는 조선인민공화국이 수립되면 삼팔선 이남과 이북은 자연스럽게
통합될 수 있을 것이라고 믿었기 때문에 안함광이나 한설야가 가졌던
그러한 위기의식을 거의 가지고 있지 못했던 것이다. 그렇기 때문에 이
후 조선문학자대회가 열렸을 때 삼팔선 이북은 그냥 임시적으로 '총국'
을 설치하는 것으로 대신할 수 있다고 쉽게 생각할 수 있었던 것이다.

3. 좌우대립과 임시정부를 통한 통일독립(1945.12~1946.5)

임화의 전망은 1945년 12월 말에 발표된 모스크바 삼상회의의 결정을
계기로 점차 바뀌어져 나가기 시작하였다. 이 결정이 공표되자 인민공화
국의 길과 임정추대의 길이라는 좌우 대립이 한층 심각한 양상으로 발
전하였다. 좌익은 임시정부 수립을 위한 미소공동위원회의 개최를 요구
하였고 이후 전개될 상황을 대비하여 사회단체를 조직하는 일에 분주하
였다. 우익쪽은 반탁을 기치로 하여 강하게 반발하여 나왔고 심지어는
미군정을 업고 좌익에 대한 테러를 가하기도 하였다. 본격적인 미소공동
위원회의 가동을 앞둔 미군정 측으로서는 당시 세력이 강하였던 좌익쪽
을 약화시킬 필요가 있었기에 암묵적으로 우익의 테러를 묵인하였다. 바
로 이러한 형국이 양쪽의 대립으로 나타난 것이 바로 학병동맹에서 일
어난 테러사건이다. 1946년 1월 18일 반탁대회를 마치고 나온 학생들이
인민당·청총·조선인민보사·서울시인민위원회 등을 습격하고 나아가
학병동맹에서 나온 학생들과 충돌하였다. (학병동맹에서는 학생들이 출

동한 적이 없다고 발표하였다.) 다음날 새벽 3시반경에 장택상이 직접 이끄는 경찰이 삼청동에 있는 학병동맹회관을 습격하여 총기를 난사하면서 체포하는 과정에서 학병 3명이 죽었다. 박진동·김성익·이달 세 학병 출신이 즉사한 것이다. 이 일로 하여 좌익은 우익을 가리켜 파시스트라고 공개적으로 규정하게 되었다.[5] 임화 역시 이 사건을 보면서 이러한 생각을 가졌음을 죽은 학병들에 대해 쓴 「초혼」을 보면 알 수 있다.

> 돌아오라
> 朴 晋 東
> 金 星 翼
> 李 達
> 외로운 너이의 영혼은 어느 하눌 가에 있나뇨
> 밤 하눌 차운 길에 간단 말도 없이 호올로 나서
> 너이는 동무도 없이 어데로 어데로 걸어 가나뇨
>
> 어느 동족이 있어 너이를 죽이되 戰士로써 하지 아니하고
> 도적의 떼와 같이 어두운 밤 소리도 없이 하였나뇨
>
> 원수의 쫓임에 어린 사슴처럼 주검의 따에 이르러서도
> 조국의 하눌을 우러러 보든 눈은 다시 어듸메서 조국을 바라보나뇨
>
> 너이의 영혼은 아즉도 조국의 하눌에 있느냐
> 돌아오라 가든 길 멈추어 다시 우리에게 돌아오라.

새벽에 도적의 떼처럼 몰려와 학병들을 죽였다고 함으로써 임화는 이러한 사태가 명분이 없는 정당하지 못한 파시스트의 야비한 일로 규정

---

5) 우익을 파시스트라고 부를 수밖에 없음을 토로한 글로『학병』제2집에 실린 김태준의 글 「학병참안의 경과를 듣고」를 들 수 있다. 이러한 인식은 단지 김태준뿐만 아니라 이 시기 좌익 대부분의 사람들에게 공통된 것이며 임화 역시 그러하였다.

하였다. 이 일을 계기로 임화는 우익과 좌익의 대립을 민주와 반민주의 파시스트 사이의 싸움으로 보게 되었다.

모스크바 삼상회의의 결정 이후 본격적인 미소공동위원회가 마련되기에 앞서 좌우는 각자 자신의 정치결사체를 만들기 시작하였다. 1946년 2월 14일 만들어진 민주의원은 미군정의 자문기구로 하려던 본래의 의도와는 무관하게 이승만과 김구를 중심으로 하는 우익의 전위정치결사체가 되었고, 우익의 이러한 움직임에 반대하여 좌익에서는 민주의원이 만들어진 그 다음날인 2월 15일에 민주주의민족전선을 결성하였다. 좌익의 입장에 서 있던 임화는 민전의 입장에서 민주의원을 공격하였는데 그것이 바로 그의 시 「3월 1일이 온다」이다.

不幸한
同胞의
머리 우에
自由 대신
「南朝鮮
民主議院」의
旗ㅅ발이
느러진

外國官署의
지붕 우
조국의 하눌이
刻刻으로
나려앉는
서울

우리는
흘린 피의

더운 느낌과
가득하였든
萬歲소리의
記憶과 더부러
人民의 自由와
民主朝鮮의 旗ㅅ발을
가슴에 품고

눈을 떠도
눈을 떠도

틔끌이
날려오는 날

봄보다도
일찍 오는
三月一日 앞에
섰다.

　그는 당시 우익의 민주의원과 좌익의 민주주의민족전선의 대립을 민주와 반민주의 대립으로 간주하였다. 그리하여 우익의 민주의원과 거기에 속해 있는 사람들을 반민주적 파시스트라고 보고 비판하였다. 미군정의 힘을 업고 만들어진 민주의원이기에 그는 외국관서의 지붕 위에 민주의원의 깃발이 걸려 있다고 표현했다.

　임화가 보기에는 민주진영의 단결만으로 충분히 미소공동위원회를 추동시킬 수 있고 그 과정에서 임시정부를 세울 수 있으며 그 임시정부는 인민위원회에 기초한 인민공화국이 될 수 있다고 보았던 것이다. 이것은 미소공동위원회의 한 축을 담당하고 있는 소련의 역할에 큰 기대를 걸고 있었기 때문인데 이는 미국이 엄연히 미소공동위원회의 일원이라는 사실을 과소평가한 것이다. 미국과 소련은 각자의 구상을 가지고 있고 이 둘이 합의할 수 있는 정부의 구상을 우리 내부에서 마련하지 못하는 한 미소공동위원회는 제대로 될 수 없고 나아가 임시정부의 수립이란 민족국가의 건설의 계획은 원천적으로 봉쇄된다는 것 그리고 이러한 결과는 분단으로 이어져 결국 동족상잔을 피하기 어려울 것이라는 점을 임화는 인식하지 못하였던 것이다.

그런데 실제 이 시가 발표된 이후 벌어진 3·1운동 기념식은 임화의 이러한 확고한 인식에 균열을 내었다. 해방 후 처음으로 맞는 3·1절 기념식을 좌우익이 따로 하는 불상사를 막기 위하여 많은 사람들이 노력하였음에도 불구하고 좌익쪽은 남산에서 3·1기념전국위원회를 개최하였고, 우익쪽은 서울운동장에서 기미독립선언기념전국대회를 개최하였다. 우리 내부의 이러한 분열이 외국에 어떻게 비쳤을가는 어렵지 않게 짐작할 수 있다. 실제로 좌익쪽에서도 조선인의 불명예를 폭로하는 것을 두려워한 나머지 예정되었던 시가행진을 취소하였다. 기념일 이전에 이미 「3월 1일이 온다」라는 시를 쓴 임화 역시 가두행진마저 취소하는 이러한 현실을 보면서 좌우익의 분열이 앞으로 어떤 사태를 불러올 것인가 하는 점에 대해서 깊이 느꼈을 것이다. 하지만 이를 타개하는 방도를 그는 역시 민주주의의 역량 강화를 통한 반민주주의의 타도에 있다고 보았다.

그 점을 확인할 수 있는 또 하나의 작품으로 「나의 눈은 핏발이 서서 감을 수가 없다」를 들 수 있다. 이 작품은 1946년 5월 1일 노동절을 맞이하여 쓴 것인데 당시 우익에 대한 임화의 반감과 비판을 확연하게 읽을 수 있다. 전평이 만들어진 이후 이에 대항하기 위하여 우익쪽에서는 대한독립촉성노동총연맹이란 단체를 만들었다. 1946년 3월 10일에 시천교 교당에서 김구 안재홍 등 당시 반탁을 주장하던 우익의 인사들이 참여한 가운데 결성되었다. 이 단체가 이 시기에 들어 문제가 된 것은 미소공동위원회에서 가장 핵심적인 논의거리가 된 것이 협의 대상 단체였기

때문이다. 미군정을 비롯한 우익쪽에서는 자신들의 편이 될 수 있는 사
회단체를 확대할 필요성이 있었기 때문에 이러한 단체를 만들었다. 다른
단체와 달리 노동조합의 경우 우익보다는 좌익이 당연히 그 역사적 전
통을 가지고 있음에도 불구하고 이러한 단체를 급조하는 것에 대해 임
화는 분노했을 것이다. 그렇기 때문에 그로서는 핏발이 서서 눈을 감을
수 없다고 표현했던 것이다. 이 시의 다음 대목은 임화가 이들에 대해
얼마나 강한 분노를 가지고 있는가 하는 점을 잘 표현해주고 있다.

> 꾀꼬리 우는 시냇가에 발을 잠그고 해마다 조국에 향그런
> 五月一日이 오면
> 회파람 불며 불행한 동포의 지나간 이야기를
> 사랑하는 우리 어린 것들에게 들려줄 메이데이를 위하여
> 大韓의 병든 가축을 치는
> 너이들의 운명을 파멸로 인도해야겠다
> 아아 나의 눈은 핏발이 서서 감을 수가 없다.6)

　　"대한의 병든 가축을 치는 / 너이들의 운명을 파멸로 인도해야겠다"라
고 하는 대목에서 바로 우익에서 급조한 노동단체에 대한 강한 비판을
읽을 수 있다. 다른 단체가 아니라 노동단체에 있어서도 우익이 이러한
것을 만든다는 것을 임화로서는 참을 수 없었던 것으로 보인다. 특히 이
시를 쓸 무렵에는 미소공위가 임시정부를 수립하기 위한 협의대상을 선

---

6) 위에 인용된 것은 1947년에 출판된 시집 『찬가』에서 옮겨온 것이다. 그런데 당시 이
　시가 발표된 『현대일보』 1946년 5월 1일자 원문을 보면 한층 더 그 뜻이 분명하게 드
　러난다.
　　　"꾀꼬리 우는 시내 가에 발을 잠그고
　　　해마다 祖國에 香그런 五月一日이 오면
　　　휘파람 불며 不幸한 同胞의 지내간 이야기를 듣기 爲하야
　　　大韓獨立勞動總聯盟의 병든 家畜을 치는
　　　너이들의 運命을 破滅로 引導해야겠다
　　　아아 나의 눈은 핏발이 서서 감을 수가 없다"

정하는 문제로 의견이 첨예하게 갈리고 있을 무렵이라 더욱더 그 분노가 컸을 것이다. 그렇기 때문에 이 단체가 이미 3월에 만들어진 것임에도 불구하고 노동절을 즈음하여 비판을 가하는 것이다.

그렇다고 하더라도 이 시에서 해외에서 독립운동 등을 하다가 들어온 사람들을 일본의 '양우(良友)'라고 표현하는 것은 너무나 감정적 차원의 것이다.

우리들의 어버이가 미어진 잔등에 짐짝과 더불어
우리를 업고 고향을 떠날 때
너이들은 어디에 있었느냐
우리들의 어린 것이 낯선 도시에 와서
호을로 눈물지우며 외로이 잠자든 공장에서
너이들은 어떻게 살었느냐

우리들의 동무가 주림과 박해에 못이겨
성낸 이리처럼 싸움에 일어났을 때
너이들은 무엇을 하였느냐

너이들은 국외에서 싸우지 않고 승리를 기다리었고

너이들은 우리의 교만한 주인으로 행복하였고
너이들은 능히 일본군경의 良友이었다

해외에서 돌아온 사람들은 그 나름대로 일본에 타협하지 않고 견뎌온 것이 사실임에도 불구하고 이처럼 일본군경의 양우라고 비판하고 국외에서 싸우지 않고 승리를 기다리었다고 하면서 비난하는 것은 당시 임화가 얼마나 좌우 대립 속에 갇혀 민족문제를 편협하게 보았는가를 단적으로 보여주는 것이라 할 수 있다. 당시 우익의 핵심 중의 한 축이 김구였고 그는 중국에서 임시정부를 끝까지 지켜왔기에 민중들이 이를 인

정하고 있는 터인데 굳이 임화는 이러한 사실을 외면하면서 그 대립을
강조하고 있는 것이다. 단지 좌우익의 대립이란 구도 속에서만 현실을
보고 있기 때문에 이러한 어처구니없는 일이 벌어지기도 했던 것이다.

미소공위에 큰 기대를 갖고 있었던 임화로서는 자신들의 지반을 이루
고 있는 민중의 힘을 바탕으로 임시정부를 수립하고 나아가 인민공화국
을 건설한다는 것이었는데 이렇게 노동단체마저도 우익이 대항단체를
만들었기 때문에 이를 참을 수 없었던 것이고 그리하여 이렇게 당시 현
실에 맞지 않는 판단을 했던 것으로 보인다. 실제로 1946년 5월 1일 해
방 후 처음 맞는 노동절은 전평 주최의 집회가 서울운동장 야구장에서,
대한노총 주최의 집회가 서울운동장 육상경기장에서 각각 개최되는 대
립이 발생하였다. 임화의 이러한 현실인식은 비단 시에서 뿐만 아니라
평론에서도 그대로 드러났다. 1946년 4월 15일부터 3일간 열린 민족문화
건설전국회의에서의 보고문인 「조선에 있어 예술적 발전의 새로운 가능
성에 대하여」에서도 줄곧 ‘반민주주의적 십자군’에 대한 비판을 일삼고
있는데 이 역시 당시 우익을 가리키는 것이다.

임화가 민중의 힘에 큰 기대를 걸고 미소공위를 통하여 인민공화국을
건설하겠다고 하면서 우익에 대해 이렇게 가차없는 비판을 행할 수 있
었던 데에는 당시 남북이 삼팔선으로 나누어져 있는 현실에 대해 안이
하게 바라보고 있는 것과 연관을 가지고 있다. 만약 남북이 갈라져 있는
현실을 심각하게 고려하였다면 이렇게 우익에 대한 이러한 비판을 행할
수는 없었을 것이다. 분단이 될 수 있다는 우려가 조금이라도 있었다면
이를 막기 위해서도 우익과의 극단적 대립은 피하는 길을 택하였을 것
이다. 좌우의 대립과 남북의 대립이 중첩되는 상황은 가장 나쁜 것이기
때문이다. 그런 점에서 우리는 이 시기 임화의 남북의 문제에 대한 시각
을 더불어 살펴볼 필요가 있다.

통일독립국가의 건설이란 당시의 과제를 염두에 둘 때 빠뜨릴 없는
것이 바로 삼팔선 이남과 이북의 관계이다. 앞서 보았던 것처럼 임화는

인민위원회에 기초한 인민공화국을 미소공동위원회의 힘으로 건설할 수 있을 것으로 보았기 때문에 삼팔선 이남과 이북의 문제는 그렇게 어려운 문제가 아니라고 보았다. 미소공동위원회의 결정으로 임시정부가 수립되면 자연히 남북의 임시적 분리가 해결된다고 보았던 것이다. 실제로 삼팔선 이북 지역을 소련이 관리하고 있기 때문에 미소공동위원회의 합의 아래 임시정부가 수립된다면 그의 생각대로 이남과 이북의 통일은 그렇게 어려운 문제가 아닌 것이다. 그렇기 때문에 임화는 이에 큰 기대를 걸었고 실제로 1946년 1월 23일에 열린 미소공동위원회 환영대회를 서울운동장에서 했는데 선전부의 일원으로 참가하여 적극적으로 이를 밀고나가기도 하였다.7) 이는 그가 얼마나 공위에 큰 기대를 가졌는가 하는 가를 단적으로 보여주는 것이라 할 수 있다.

문제는 미소공동위원회의 합의이다. 통일독립국가를 건설하려면 미소의 합의로 임시정부가 수립되어야 하는데 여기에는 많은 문제가 존재하였다. 소련뿐만 아니라 미국이 이 회의의 한쪽 축을 형성하고 있으며, 미국은 자신들과 어느 정도 부합할 수 있는 정당과 사회단체들이 이 공위의 협상대상으로 들어오는 것이 가능할 때 합의에 이를 수 있다고 생각하였다. 이러한 사정을 고려할 때 중요한 것은 친일파를 제외한 모든 세력이 정견의 차이에도 불구하고 임시정부를 수립하기 위해서 협조를 해야 한다는 것이다. 그렇지 않을 경우 미국과 소련은 평행선을 달릴 수밖에 없고 그 과정에서 통일독립은 사라지고 동족상잔의 내전만이 남게 되는 것이다. 이러한 사태의 심각성을 인식하지 못하고 반탁의 우익 세력을 파시스트라고 규정하면서 비판하는 것은 결국 미소공위를 성사시켜 임시정부를 세움으로써 통일독립 국가를 건설하려는 주관적 의도에도 불구하고 결국 분단을 야기시키는 결과만을 초래하는 것이다. 그런데 임화를 비롯한 좌익 세력은 민주주의 민족전선을 내세우면서 반탁의 우

---

7) 김남식, 『남로당 연구』, 돌베개, 1984, 221면.

익 세력을 비판하는데 열중하였다. 그들은 민중의 지지를 받지 못하고 있기 때문에 이러한 비판으로 하여 쉽게 공위의 협의대상에서 뺄 수 있을 것이라고 낙관하였던 것이다.

그런데 이렇게 낙관하는 데에는 자신들이 속한 민주주의민족전선은 민중에 바탕을 두고 있기 때문에 민중적 기반이 없는 우익의 반탁세력과는 비교가 되지 않는다는 우월감도 작용하여겠지만 더욱 중요한 것은 삼팔선 이남과 이북이 현재 나누어져 있는 상태를 아주 손쉽게 해결할 수 있다고 보고 있는 점이다. 만약에 삼팔선 이남과 이북에 미국과 소련이 각각 군정을 행하고 있다는 사실을 심각하게 받아들였다면 이러한 우월감에 쉽게 빠지지 않았을 것이다. 당시 남북 좌우의 협조를 이야기했던 지식인들은 자칫 잘못하여 남북이 갈라지고 나아가 동족상잔의 무서운 결과가 올 수 있다는 것을 예감하였기 때문에 이를 막는 최선의 것으로 남북 좌우의 협조를 요구하였던 것이다. 이런 점을 미루어 볼 때 임화를 비롯한 좌파가 민중의 힘을 과도하게 믿고 현실을 안이하게 생각하였던 것으로 보인다.

1945년 12월 13일에 열렸던 조선문학동맹 결성대회에 참석하였던 이북의 한설야가 삼팔선이 의외로 강한 것임을 주지시키면서 이를 고려해야 한다고 했음에도 불구하고 임화는 서울중심주의를 자연스럽게 내면화하였다. 이것은 신탁통치 파동이 터진 후 여건이 이전과 상당히 달라졌음에도 불구하고 변하지 않는다. 1946년 2월 8일에 열렸던 조선문학자대회에서의 일련의 결정을 보면 이를 확인할 수 있다. 임화를 비롯한 일부 문학인들은 앞서 말한 것처럼 삼팔선 이남과 이북의 이러한 분리는 일시적인 것이고 앞으로 인민공화국이 들어서면 쉽게 해소될 수 있는 것으로 보고 있었다.

문학의 대중화와 문학운동의 도시편중주의를 시정할 것과 특히 38도선이 철폐되기까지 북부조선에 특수한 사정에 비추어 총국을 설치할 수 있는 것

삼팔선이 곧 철폐될 것이기 때문에 그때까지는 특수한 사정에 비추어 총국을 설치할 수 있다고 한 것은 임화를 비롯한 당시 조선문학가동맹의 주류가 얼마나 현실을 안이하게 생각하고 있었는가를 짐작하게 하는 대목이다. 삼팔선 이남과 이북 문학가 사이의 협조 대신에 서울에 중심을 두고 이북에 총국을 두자고 하는 것은 당시 남북에서 이루어지는 현실의 변화를 제대로 읽지 못하고 철저하게 서울중심주의에 매몰되어 있음을 확연하게 보여주는 것이다. 이러한 태도는 당시 이북의 문학가들에게 독자적인 문학조직을 만드는 것을 합리화시키는 계기를 제공하기도 했다.8)

4. 민중의 힘과 서울중심주의의 동요(1946.5~1947.5)

5월 9일 하지 중장은 미소공동위원회의 무기 휴회에 대한 특별 성명을 발표하였다. 미소공동위원회의 휴회 소식은 임화에게 격심한 충격을 가져다 주었을 것이다. 그가 그토록 바라던 것은 미소공동위원회의 성사를 통한 조선 임시정부의 수립이었고 인민공화국을 만드는 것이었다. 그런데 미소공동위원회가 결렬되자 그의 실망은 컸던 것이다. 특히 미국에 대한 그의 분노는 한층 컸을 것이다. 또한 미소 공위가 결렬된 이후 미군정은 좌파에 대한 탄압을 노골적으로 하기 시작하였는데 그 중의 하나가 5월 18일날 해방일보를 정간시킨 것이다. 정판사 사건으로 복잡한 정국이 펼쳐지는 가운데 벌어진 신문 정간은 그 탄압을 가장 극적으로 보여주는 것이었다. 5월 19일날 쓴 것으로 되어 있는 「깃발을 내리자」는

---

8) 김재용, 「민주기기론과 북한문학의 시원」, 『분단구조와 북한문학』, 소명출판, 2000.

바로 이러한 상황에 대한 이해가 선행되어야 제대로 이해할 수 있는 작
품이다.

　　가난한 동포의
　　주머니를 노리는
　　외국 商舘의
　　늙은 종들이
　　廣木과 통조림의
　　밀매를 의논하는
　　廢 王宮의
　　商標를 위하여
　　우리의 머리 우에
　　國旗를 날릴
　　필요가 없다

　미소공동위원회가 덕수궁에서 열렸던 것을 고려하면 이 시에서 왜 폐
왕궁의 이야기가 나오는가 짐작할 수 있을 것이다. 시인의 분노는 이에
멈추지 않았다. 이제 남은 과제는 어떻게 하면 미소공동위원회를 다시
속개시켜 임시정부를 수립할 수 있는가 하는 문제였다. 그들 스스로 이
를 속개할 리는 만무하기 때문에 민중의 힘으로 이들에게 압박을 가하
는 수밖에 없는 것이다. 그리하여 좌파 진영은 6·10만세 운동 20주년이
되는 날 이를 기념함과 동시에 미소공동위원회 속개를 촉진하는 시민대
회를 열었고 임화는 이에 맞추어 「청년의 6월 10일로 가자」라는 시를 발
표한다.

　　外國商舘의 늙은 머슴이
　　남조선 정부의 龍床을 어루만지며
　　꿈꾸는 榮華를 위해서가 아니라
　　또다시 노예가 되려는

동포의 위태로운 자유를 위하여

젊은 동무여
또 한번 죽어도 오히려 기꺼운
청년의 六月十日로 가자

이 시에서도 당시 미소공위를 휴회시킨 미국에 대한 강한 분노를 표시하고 있다. 외국상관의 늙은 머슴이 남조선 정부의 용상을 어루만진다고 했던 것에서 이 땅의 독립을 미국이 방해하고 있다고 비난하고 있음을 알 수 있다.

이러한 민중의 압력에도 불구하고 미소공위가 열린다는 소식은 들려오지 않고 오히려 좌파 진영의 검거 소식만 들려왔다. 결국 조선공산당은 이대로 물러섰다가는 더 이상 자신의 뜻을 펼칠 수 있는 가능성이 없다고 판단하여 이른바 '신전술'이라고 불리우는 전면적인 저항에 나섰다. 이것이 바로 9월의 총파업과 과 10월의 항쟁이다. 「우리들의 전구」는 바로 9월 철도 총파업에 부치는 임화의 노래이다.

우리들이 사랑하는 철도로 하여금
신생하는 조국의 富가 集散하는 運河가 되게 하기 위하여
형언할 수 없는 기아의 고통과 싸우고 있을 때
인민의 원수들은 외방 물자와 虎列剌를 실어다가
苦難한 동포 가운데 가난과 불행을 펼쳐놓았다

이 시에서도 민중들의 독립을 미국이 방해하는 것으로 보고 있음이 역력하다. 일제로부터 벗어나 자주 독립국가를 건설하기 위해서는 경제적 자립이란 것이 중요하고 그런 점에서 철도라는 것은 그 중추를 담당할 수밖에 없다. 그런 점에서 철도 노동자들의 파업은 바로 미국을 반대하면서 자주 독립을 쟁취하려고 하는 것이다. 다른 시에서처럼 직접 미

국을 지칭하고 있지는 않지만 이것은 당시 검열을 피하기 위한 것에 불과한 것이고 정작 그의 중대 관심사는 민중의 힘을 업고 압력을 가함으로써 미소공위를 성사시키고 좌파에 대한 탄압을 중지시키려고 하는 것이다. 그러나 현실은 이들이 바라던 대로 되지 않았다. 10월 항쟁은 미군정의 무력 앞에 목표를 이룰 수 없었고 막대한 피해만을 초래하였다. 임화는 매우 절망하였다. 1년 전과 비교하면 상황이 너무나 다른 것이다. 공산당이 대로에 나와 확성기로 선전할 때 가졌던 미래에 대한 낙관과 현재의 처지는 너무나 다르다. 이 싸움에서 살아남은 사람들은 미군정의 검거를 피해 산으로 들어가기 시작하였다. 이들을 바라 볼 때의 임화의 마음은 가누기 어려울 정도로 심한 고통을 겪었을 것이다. 이제 쓰러져 가는 진용을 붙들어 매는 것이 급선무가 된 것이다. 바로 이러한 상황에서의 비장함을 노래한 것이 바로 「높은 산 봉우리마다」이다.

　　　타오르는 불ㅅ길
　　　걷잡을 수 없어
　　　몸으로 몸으로
　　　고함치며 몰려가는 밤

　　　더운 피 흘리며 죽은
　　　동무의 소름끼치는 비명
　　　잠결에도 귀에 쟁쟁하여

　　　아아 원수보다도
　　　잔인한 마음을 지니고

　　　農軍의 두터운 가슴
　　　골작마다에 있고
　　　번개처럼 빛나는
　　　人民抗爭隊의 눈이

남조선 높은 산
봉우리 봉우리에 있구나

동무의 소름끼치는 비명이 잠결에도 귀에 쟁쟁하다고 했는데 이는 바로 이 시기 임화의 심정일 것이다. 이 시에서 우리가 주목해야 할 것은 '인민항쟁대'이다. 미군정의 탄압을 피해 산으로 들어간 이 야산대야말로 이후 임화의 시에서 자주 등장하는 인민항쟁대의 원형이 된다. 어쩌면 이 시는 이후 임화의 순탄하지 않은 삶을 예고한다.

민중의 힘을 업고 미군정에 압력을 가하여 미소공위를 성사시키고 이를 바탕으로 인민공화국의 조선임시정부를 세우려고 하였던 임화의 희망은 미군정의 막강한 물리력 앞에서 여지없이 깨어져 나갔다. 이 과정에서 임화는 제국주의에 대한 새로운 인식을 가지게 되었고 이는 자신의 민족문학론에 구체적 내용을 부여하는 결정적 계기가 되었다. 임화는 「민족문학의 이념과 문학운동의 사상적 통일을 위하여」에서 이전과는 매우 다른 주목할 만한 견해를 내놓고 있다. 근대적인 의미의 민족문학과 현대적 민족문학을 구분하면서 20세기 들어 식민지로 떨어져서 그러한 조건 속에서 형성된 민족은 서구 근대의 민족과 같은 것이 될 수 없고 그것과는 다른 현대적인 민족이라고 주장한다. 따라서 민족문학 역시 근대적 의미의 민족문학이 아니고 현대적 의미의 민족문학이어야 한다는 것이다. 이는 해방직후 그가 민족문학을 펼치면서도 식민지의 문제라든가 제국주의의 문제에 대해서 중요한 인식을 하지 않았던 것에 비하면 현저한 변화라고 할 수 있을 것이다. 물론 이러한 인식의 변화가 민족문제의 중요성에 대한 인식과 이를 해결하기 위한 주체의 새로운 설정의 문제에까지 닿았는가 그렇지 않은가 하는 것은 이 글 자체만으로는 판단하기 어렵다. 민족문제를 중요하게 생각한다는 것은 계급문제에 대해서 이전과는 다른 인식을 가지기 시작했다는 것을 말한다.

민중의 힘에 의한 압력이란 구상이 현실에서 좌절되면서 그가 겪은 큰 변화 중의 하나는 남북을 바라보는 눈이다. 앞에서 지적한 것처럼 임화는 남북의 문제에 대해서 매우 쉽게 생각해왔다. 이남의 민중 역량으로 미소공동위원회를 성사시키고 이를 바탕으로 인민공화국의 임시정부를 세우면 남북의 통합이 자연스럽게 이루어질 수밖에 없다는 것이다. 미소공동위원회는 단순히 이남에 국한된 것이 아니고 남북 전체를 통틀어 이루어지는 것이며 또한 이 위원회를 바탕으로 이루어질 임시정부 역시 이남에 국한된 것이 아니고 남북 전체에 걸친 것이기 때문에 이 역시 쉽게 이루어질 것으로 보았다. 따라서 삼팔선 이북의 문제는 미소공동위원회만 이루어지면 자동적으로 해결될 것이다. 그는 이남에서 좌우의 협조가 필요하지 않은 것처럼 이북의 정치세력과의 연대와 같은 것도 별로 중요하지 않았다. 그러나 미소공위가 휴회되고 9~10월의 항쟁이 좌절되면서 이북에 대해 다른 생각을 가지게 되었다. 이북의 민중적 역량이 이남과는 다르게 성장하였고 특히 물리적 탄압으로부터 자유로웠기 때문에 그 역량이 그대로 보존되어 있는 것을 깨달았으며 이는 현재의 처지에서 매우 중요한 원천이 된다는 것에 시선이 갔다. 그렇기 때문에 그는 그 동안 서울이 당연히 중심이고 평양은 부차적인 것으로 생각하였던 것을 지양하고 서울과 평양을 같은 비중으로 생각하기 시작하면서 이제 더 이상 조선과 북조선이 아니라 남조선과 북조선으로 인식하게 되었다. 그가 10월 항쟁 시기에 목숨을 잃은 동지들을 위해 이 시기에 지은 노래인 「남조선 형제 잊지 말아라」는 이러한 변화를 단적으로 보여주는 작품이다. 이 노래의 가사는 1947년 2월 8일 견지동 시천교당에서 열린 남조선문화옹호총궐기대회를 위해 지어진 것이다. 10월 항쟁이 실패한 후 그나마 남아 있는 것은 문화인들이었기 때문에 이들이 주동이 되어 미군정의 물리적 탄압에 맞서고 나아가 미소공위를 성사시키기 위하여 마지막 압력을 가하려고 하였다. 이를 위해 1947년 1월 8일 종합예술제를 열었다. 이러한 의도를 알아차린 미군정 당국은 이를 좌절시키기 위하여 장택상 명의로 정치적 소재를 다룬 모든 연행활동을 금

지하는 고시를 발표하였다. 이제 문화 분야까지 장악하겠다는 미군정의
의도를 그대로 보여준 이 법은 당시 조선문화단체총연합의 예술가들에
게는 결정적 타격이 될 수 있는 것이었다. 그렇기에 이에 맞서서 집회를
하였는데 바로 그것이 남조선문화옹호총궐기대회이다. 그런데 이 대회에
서 불리어질 노래의 가사를 지으면서 임화는 '남조선'이라고 이름하면서
자신들의 위치를 상대화하고 있다는 것은 매우 흥미 있는 일임에 틀림
없다. 조선과 북조선이 아니라 남조선과 북조선이다.

  그런데 이 대회에서 우리의 관심을 끄는 것은 이 노래의 제목에 나타
난 서울중심주의의 변화에 국한되지 않는다. 그가 이 대회에서 한 연설
의 내용이다. 『문학평론』 1947년 4월호에 발표한 「북조선의 민주건설과
문화예술의 위대한 발전」은 흔히 임화를 논하는 자리에서 거의 묵살당
하게 되는 것 중의 하나인데 그럴 수밖에 없는 것은 갑자기 그가 왜 북
조선을 논하고 있는가를 그의 의식상의 변화 과정 속에서 읽어낼 수 없
기 때문이다. 그런데 10월 항쟁 이후 이남의 좌파의 처지와 이를 반영한
임화의 생각을 고려하면 이는 그렇게 낯선 것이 아니다. 임화는 비로소
서울중심주의에서 벗어나 삼팔선 이북을 볼 수 있었고 분단의 문제에
대해 처음으로 심각하게 생각하였던 것이다. 1945년 12월 삼팔선 이남과
이북의 작가들이 서울에 모여 향후 진로를 이야기할 때 삼팔선 이북의
작가들이 이 문제를 심각하게 이야기하는 것에 반해서 임화를 비롯한
이남의 작가들이 대수롭지 않은 문제로 간주했던 것을 고려할 때 이러
한 변화는 매우 큰 것이라 할 수 있다. "지금에야말로 우리들 문화예술
가는 물론 남조선의 모든 동포들이 북조선에 대하여 깊이 관심하지 않
으면 안 될 때가 왔다고 우리는 생각합니다"라고 했던 것은 바로 임화
자신의 이러한 변화를 보여주는 가장 결정적 대목이 아닌가 생각한다.
그렇다고 해서 그가 이남을 떠날 생각을 했던 것은 아니다. 삼팔선 이북
과의 관계 속에서 자신의 처지를 상대화하는 이러한 임화의 변화는 어
디까지나 서울에 머무는 것을 전제로 한 것이다. "우리는 문화 예술인이

그렇게 위대하고 발전하는 북조선을 동경하면서도 그리로 가는 대신에 남조선까지를 북조선과 같이 만들기 위하여 피를 흘리고 싸우는 것입니다"라고 했던 대목 역시 임화의 그러한 인식을 그대로 드러낸 것이라 할 수 있다.

1946년 11월 8일에 있었던 조선문학가동맹의 조직개편이다. 조선문학가동맹은 중앙집행위원회를 열고 두 가지의 조직 개편을 하였다. 하나는 삼팔선 이북에서 활동하고 있는 문학가들을 중앙집행위원에서 제외하는 작업이다. 다른 하나는 이들을 대신하여 그 동안 조선문학가동맹에 거리를 두고 있었던 중도파의 작가들을 대거 영입한다는 것이다.

우선 전자부터 살펴보자. 부위원장이었던 이기영과 한설야, 그리고 중앙집행위원이었던 윤기정·한효·이동규·박세영·안함광을 조직에서 제외시켰다. 삼팔선 이북에서 활동하던 이들 작가들을 조선문학가동맹에서 제외시킨 것을 이들과의 결별로 해석할 수 있겠지만 이는 대단히 잘못된 것이다. 이들을 조선문학가동맹에서 제외시킨 것은 이들에 대해서 처음으로 인정하는 것이라 할 수 있고 이는 그 동안 서울에 있는 조선문학가동맹을 항상 중심에 놓고 생각하던 것을 버리고 삼팔선 이북에 객관적으로 존재하면서 독립적으로 활동하고 있는 북조선예술총연맹의 존재를 인정했기 때문에 가능한 것이다. 그 동안은 북의 문학 단체를 조선문학가동맹의 북조선 지역 총국 정도로만 인정해왔기 때문에 그들을 조선문학가동맹의 맹원으로서만 인정하였다. 그런데 이제 그들을 조선문학가동맹과는 대등한 다른 조직의 일원으로 인정하게 되는 것이다. 조선문학가동맹의 조직 개편은 이러한 차원에서 이해해야 할 것이다.

다음은 중도파 작가들을 영입한 것에 관한 것이다. 삼팔선 이북에서 활동하고 있는 작가들을 제외한 자리에 이병기를 부위원장으로, 양주동 염상섭 조운 채만식 박태원 박노갑을 중앙집행위원으로 선임하였다. 이것은 앞서 말한 것처럼 민족문제에 대한 임화의 재인식과도 관련이 있다. 임화는 인민항쟁이 좌절되면서 비로소 미국이란 존재에 대한 인식을 새롭게 할 수 있었고 이에 따라 제국주의론에 입각한 민족문학론을 새롭게 설정할 수 있었으며 나아가 기존의 민주주의민족전선의 틀이 대단히 편협한 것임을 깨달았던 것이다. 그렇기 때문에 우선 자신의 관여하고 있는 조선문학가동맹이나 조선문화단체총연합부터 그 범위를 넓혀나가야 한다고 생각했던 것이고 이것이 조직 개편 때 중도파 작가들을 적극적으로 끌어들이는 중요한 요인이 작용했던 것으로 보인다.

5. 국제노선의 좌절과 월북(1947.5~1947.11)

1947년에 들어 임화가 내심 얼마나 심한 고통에 시달리고 있었는가 하는 것은 이 시기에 그가 시 작품을 거의 발표하지 않았다는 데서 어느 정도 짐작할 수 있다. 박헌영을 비롯한 남로당 지도부의 일부가 해주로 근거지를 옮겼을 뿐 아니라 그나마 남아 있는 사람들도 미군정의 물리적 힘 앞에 제대로 활동을 할 수 없는 상황에서 그가 할 수 있는 것은 거의 없다고 해도 과언이 아니다. 미소공동위원회는 재개될 가능성을 거의 보여주지 않는 가운데 미국과 소련의 냉전이 시작될 조짐을 보이는 상황에서 그는 어떤 형태의 시도 쓰기 쉽지 않았을 것이다. 어두운 터널 속에서 그가 할 수 있는 것은 현재의 상태를 유지하면서 새로운 정황이 전개되는 것만을 기다리는 길 밖에 없었던 것이다.

이러한 상황에서 미소공동위원회의 재개는 임화에게 새로운 희망으로 다가왔을 것이다. 밖으로부터 들려온 이러한 소식은 암중모색하고 있던 임화에게는 새로운 출구를 보여주는 것으로 생각되어졌을 것이다. 1947년 5월 21일 미소공동위원회가 재개되자 임화는 그 동안의 부진을 벗고 활발하게 움직인다. 그로서는 이것이 마지막 기회라고 생각하였을 것이다.

  그런데 이 시기에 그가 이전과 다른 현실인식을 했는가 아니면 그대로인가를 살펴볼 수 있는 자료는 별로 많지 않다. 그런 점에서 「민족의 원수를 제외한 정부를」(『문화일보』, 1947.6.6)는 매우 소중한 글이다. 2차 미소공위가 열리기 전에 협의 당사자 자격이 거론되고 있을 때 쓴 이 글에서 임화는 김성수와 장덕수가 친일을 했기 때문에 이들이 속한 한민당은 친일의 당이라 일본이 미소 공위의 협의 당사자가 될 수 없는 것과 마찬가지로 협의 당사자가 될 수 없다는 요지의 이야기를 하였다. 미소공위가 난항을 겪는 데에 가장 큰 걸림돌로 작용한 것이 바로 이 협의 대상의 문제였다. 그런데 이 글에서는 친일을 한 사람만을 제외시키자고 했다는 점에서 이전과는 다른 입장을 보여준 것으로 해석된다. 이전에는 모스크바 삼상결정을 찬성하지 않는 사람들은 모두 다 제외하자고 하는 쪽이었다. 그렇기 때문에 과거에 독립운동을 한 민족주의자들 중에서 모스크바 결정을 반대한 사람들도 이 대상에서 제외하여야 한다는 것이었다. 그런데 이제는 과거 친일한 사람을 거론하고 있다는 점에서 일정하게 바뀐 것으로 해석할 수 있다. 물론 여전히 친일을 한 사람과 그들이 속한 당을 같이 이야기하는 것의 문제점은 있기는 하지만 분명 그 동안 인민공화국의 이상 속에서 걸어온 길에 대한 반성일 수 있을 것이다. 조선문학가동맹이 1946년 11월에 많은 중도파 작가들을 조직 속으로 끌어들이려고 했던 것과 동일한 문맥이라 할 수 있을 것이다.

  미소공위 재개를 계기로 민주주의민족전선 진영의 활동을 보장할 수 있는 여건의 조성을 요구하였다. 이 시기에 발표한 시 「박헌영 선생이시어 우리게로 오시라」(『문화일보』, 1947.6.13)는 바로 그러한 열망의 소산이다. 6월 11일 3주일에 걸친 미소 협조의 결과로 제11호 성명서가 나왔는데 이는 공위에 참여할 민주정당과 사회단체를 명시하는 것이었다. 박헌영은 이남에서의 활동이 어려워졌기 때문에 이강국 등을 대동하고 해주로 올라가 있는 상태이었다. 미소공위가 명시한 정당과 사회단체가 참가하여 회의를 진행하려면 이 정당과 사회단체의 대표인 박헌영의 체포령을 거두어야 한다는 민주주의민족진영의 요구를 임화는 자기 식으로 표현한 것이 바로 이 시인 것이다. 6월 20일에 열린 문화단체총연합 중앙집행회의에서 임화는 미소공동위원회에 참가할 문화단체총연맹의 대표로 선정되기도 한다.[9] 그리하여 2차 미소공위의 공간을 이용하여 그 동안의 침체를 벗고 활동할 수 있도록 하기 위하여 그리고 2차 미소공위를 성공적으로 마무리하여 이루지 못한 임시정부의 수립을 건설하기 위하여 배전의 노력을 기울였는데 이것의 실천적 외화가 바로 문화공작대 파견이었다. 6월 말부터 4지역으로 나누어 서울의 문화예술인들이 순회하면서 예술활동을 통하여 미소공위를 성공시키려고 노력하였는데 임화는 이들이 떠나기 전에 「문화공작단 출발에 제하여」(『문화일보』, 1947년 6월 29일)라는 글을 발표하여 이 운동이 갖는 의미를 강조하였다.

그러나 이러한 자기반성은 때를 놓친 것이었다. 이러한 것은 1차 미소공동위원회가 열릴 무렵에 이야기되어야 했던 것이다. 미소가 아직 냉전적 대립으로 젖어들기 전에 이러한 해결책이 모색되고 친일을 한 일부의 사람을 제외한 많은 사람들이 연대하여 미소공위에 압력을 넣었다면 이는 주변 강대국의 이해에도 불구하고 관철시킬 수 있었으며 또한 이것은 이후 비록 인민공화국의 수준은 아니라 하더라고 친일파를 제외한 민주공화국이란 통일독립의 국가를 만들 수 있었을 것이다. 그러나 한반도 내에서 좌우가 갈려 여전히 그 연대가 쉽지 않고 미소가 냉전적 대립으로 격화되기 시작하는 이 시점에서 그러한 대응은 결정적인 힘을 발휘하기 어려운 것이다. 그렇기 때문에 반성과 이에 입각한 새로운 대응에도 불구하고 미소의 대립으로 인한 공위의 결렬을 막기는 중과부적이었다. 8월 중순 이후 불어닥친 검거 선풍으로 말미암아 자신들을 보위하는 것조차 힘든 상황이 되어 버린 상태에서 9월 17일 미국에 의해 한국문제가 유엔으로 넘어가자 모든 희망은 사라졌다. 이제 그는 서울과 이

---

9) 『조선일보』 1947년 6월 22일자.

남 어디에서도 미래의 희망을 읽을 수 없었기에 11월에 그는 고향 서울을 뒤로 하고 해주로 올라가게 된다.

6. 움직이는 민족문학 그리고 어려움

해방직후 임화의 민족문학은 결코 고정된 것이 아니었다. 현실과의 부단한 교섭 속에서 변화된 것이기에 그 변모 양상을 내적으로 추적하고 이것이 갖는 의미를 찾아내는 것이 중요하다. 특히 좌우와 남북에 대한 그의 입장이 바뀌어나가는 과정은 매우 중요한 의미를 갖는 것으로 충실히 재구성할 수 있을 때만이 우리에게 그 모습을 드러낸다. 그런 점에서 1946년 10월의 인민항쟁의 실패를 경험하고 난 다음 그가 당시 중도파 문학인들을 새롭게 인식하고 나아가 삼팔선 이북을 주목한 것은 매우 큰 의미가 있다고 생각한다. 그의 민족문학이 빛을 발하던 것은 바로 이 무렵이다.

임화의 이러한 인식은 부단한 자기 갱생에서 얻어진 것이기에 매우 소중한 의미를 갖기는 하지만 때를 놓친 측면이 있다. 해방직후 민족문학의 협소함을 자각하면서 새롭게 출발하려고 하였던 때는 미소간의 냉전적 대립이 국제적으로 형성되면서 한반도에도 그 여파를 미치기 시작할 무렵이라 그 이상의 현실적 진전은 어려웠다. 이로 인하여 운신의 폭이 좁아진 그 세계 속에서 그가 획득한 자기 갱신은 그 빛을 발하기 어려웠다.